Guide astrologique des cœurs brisés

Silvia Zucca

Guide astrologique des cœurs brisés

ROMAN

Traduit de l'italien
par Sophie Royère

Albin Michel

Édition originale italienne parue sous le titre :
GUIDA ASTROLOGICA PER CUORI INFRANTI
chez Casa Editrice Nord s.u.r.l. en 2015

À mon père,
pour son anniversaire.
Et à ma mère,
qui m'a appris à lire.

PROLOGUE

Le zodiaque peut attendre

Certains jours, vous en avez plein le dos. Vous vous réveillez avec la certitude que tout va aller de travers. Que vous feriez mieux de rester au lit, de vous tourner vers le mur et de vous pelotonner sous la couette.

Si on était dans un film, ma voix annoncerait, en off, que la dernière chose dont j'ai envie, c'est de me lever, et que je préférerais de loin l'option : KIT DE SURVIE.

Dans ce fameux « kit de survie », outre une photo des abdos de Hugh Jackman, des Haribo et un paquet de pop-corn, je conserve précieusement des films qui n'ont pas leur place dans la vidéothèque de la cinéphile que je prétends être (et en VHS, s'il vous plaît !)... Car oui, je l'avoue, pour faire la nique au triple K (pas du Ku Klux Klan mais de Kubrick-Kiarostami-Kusturica), dont les coffrets sont bien en vue dans la « Billy » Ikea de mon salon, je dissimule sous mon lit plusieurs films sulfureux... tels que *Coup de foudre à Notting Hill*, *Dirty Dancing*, *Pretty Woman* et *Ghost*...

Oui, j'avoue. Quand tout va mal, je me fais une overdose de pellicules à l'ancienne. Pourquoi ces films-là en particulier ? Pourquoi les comédies romantiques des années 80 et 90 ? Parce que je suis une éternelle petite fille, et que ces films sont ma madeleine de Proust. Dès les premiers plans, ils m'accueillent à bras ouverts dans le monde protégé et rassurant de mon enfance. Grâce à eux, je me dis que la vie n'est pas totalement dénuée de sens et que, quand tout semble aller de travers, le happy end n'est jamais très loin : à la 120e minute, pile à temps pour le générique de fin.

Cette journée s'annonce justement comme une de ces fameuses « journées kit de survie ». Je le sais avant même d'ouvrir les yeux, quand mon réveil se met à sonner. C'est tentant. Très tentant. Évidemment, c'est toujours le lundi, quand une réunion digne d'un sommet de l'ONU est prévue.

Certes, hier soir, j'avais bien senti que me shooter à *Eternal Sunshine of the Spotless Mind* n'était pas une très bonne idée. Surtout quand j'ai décidé, pour couronner le tout, d'arroser le film, et mon chagrin, avec la bouteille de champagne Louis Roederer destinée à fêter le premier anniversaire d'une histoire d'amour… que je n'ai jamais fêté.

Dans la vie, on se fait parfois du mal délibérément. Non ?

Alors, en m'extirpant de mon lit, je regrette cruellement cette nuit qui s'est terminée, dans un élan très classe, par une étreinte avec la cuvette des toilettes et de stupides larmes essuyées entre deux haut-le-cœur.

En pèlerinage vers la cuisine, je me prends à espérer qu'une double dose de caféine aura un effet miracle-à-Lourdes et me réveillera de ma catatonie. Puis, toujours en mode automatique, j'allume la radio pour écouter les nouvelles et constater, pleine d'empathie, qu'il y a pire que moi.

Enfin, je prends mon courage à deux mains et je file vers la salle de bains. *OhMyGod*. Dans le miroir, le portrait de Dorian Gray en pyjama s'impose à moi, version femme. Les cernes me donnent un air de panda coiffé d'une moumoute.

Carlo, je te déteste : voilà ce que je me dis alors que je ramasse ce qu'il reste de moi et de l'orgie de *junk food* éparpillée dans l'appartement.

Carlo, c'est ma grande histoire d'amour. Cinq ans ensemble. Cinq ans et sept mois, douze jours et quatre heures (à quelques minutes près) d'une relation remontant maintenant à deux ans.

Bien sûr, en deux ans, n'importe quelle fille aurait rebondi. Je n'ai pas dérogé à la règle. Enfin, j'ai essayé, vu les cas sur lesquels je suis tombée après lui (le dernier en date, Giorgio, qui m'a laissé en héritage ce maudit champagne). Le problème, c'est que durant ses multiples aventures, Carlo n'a jamais manqué à l'appel, bien qu'on ne soit plus ensemble. Je me suis toujours dit que notre lien, en fin de compte, était bien au-delà de l'amour tel qu'on le conçoit d'ordinaire : une relation plus complexe, qui transcende l'attraction physique. À la *Quand Harry rencontre Sally*.

C'est sur le divan de Carlo que je me suis réfugiée chaque fois que mes jules de ces deux dernières années m'ont brisé le cœur. Réciproquement, j'ai écouté les confidences de Carlo sur ses conquêtes éphémères. Toujours consciente qu'*éphémères*, elles le resteraient.

Sauf que cette fois, Carlo se marie.

Dans sept mois.

Et il a fallu que ce soit Facebook qui me l'apprenne. Cette bimbo de Cristina a annoncé au monde entier sur son mur : *Je suis enceinte, Carlo et moi on se marie en septembre, le jour de mon anniversaire !*

Merveilleux. Félicitations. Et un « va-te-faire-foutre » long comme la cathédrale de Milan, ça te branche ? Et dire que je nous croyais amies.

Non pas que j'envie Cristina. Mais entre Carlo et moi, c'st moi qui aurais dû me marier la première. « Les dames d'abord », non ?

Et là, on touche à un autre problème de taille : mon âge. Je ne suis plus toute jeune, puisque je viens de franchir le cap des trente ans. Je voudrais tellement rencontrer quelqu'un, tomber amoureuse (et que ce soit réciproque, si possible) et fonder une famille. Là, j'ai plutôt l'impression d'être en lice pour battre sainte Catherine, vu ma poisse phénoménale.

… les syndicats de transports en commun ont confirmé leur mouvement de grève pour aujourd'hui. Nous vous rappelons que

le service sera interrompu entre 8 heures 45 et 15 heures, puis de 18 heures jusqu'à la fin du service...

Je suis assise sur la cuvette des toilettes, la tête posée sur les genoux, lorsque cette annonce à la radio se fraye un chemin jusqu'à mes oreilles.

Voilà qui produit sur mes nerfs l'effet d'une douche d'adrénaline. La réunion commence à neuf heures et demie et ma voiture sera chez le garagiste jusqu'à mercredi.

Alice, réveille-toi ! Comment as-tu pu oublier ? Il est déjà 8 heures 04, d'après l'horloge de la salle de bains. Sachant que l'arrêt de tram est à environ dix minutes d'ici, il m'en reste à peine vingt pour passer du look *Carrie – La Vengeance* à une version low cost de moi-même, Alice Bassi.

Adieu, douche du matin. Adieu, fer à lisser. Adieu, vernis à ongles. Ah non, lui, je le mets dans mon sac, j'aurai peut-être le temps de m'en passer une couche en arrivant au bureau.

Je passe en mode avance rapide et attrape dans l'armoire une de mes tenues classiques, pour ne pas avoir à me prendre la tête sur l'assortiment des couleurs.

Au final, je décroche un meilleur timing que Carl Lewis : en dix minutes, me voilà dehors, maudissant la bordélique chronique que je suis et qui a renoncé sans trop savoir pourquoi à emporter un parapluie.

Sous une pluie battante, je cours vers l'arrêt du tram. Là, je rejoins la foule de déportés qui attendent l'arrivée du numéro 4 avec une tête de dix pieds de long.

Il est 8 heures 16, et quelqu'un crie qu'en fait, il n'y a plus de tram. Je reprends mes calculs mentaux. D'ici à mon arrêt de métro, il faut environ un quart d'heure à pied... Je traverse déjà la rue au pas de course, essayant d'ignorer royalement la pluie qui trempe ma veste et mes cheveux.

Je me mets à marmonner entre mes dents comme un mantra : « Quelle journée de merde, quelle journée de merde ! »

En guise de réponse, j'ai droit aux reproches d'une octogénaire campée à un feu rouge et armée d'un caddie : « Mademoiselle, vous savez que ce n'est pas joli-joli, les gros mots dans la bouche d'une femme ? Vous ne voulez donc pas trouver de mari ? »

Je me concentre sur la couleur du feu, avec une réponse vache prête à fuser. Mais le feu passe au vert, et j'épargne mon souffle et ma bile en me mettant à courir.

Tandis que mes collants à rayures sont éclaboussés jusqu'aux genoux, je regrette mon « kit de survie », et surtout *Ghost*. Parce qu'au moins, dans le film, le héros est un fantôme et il est inenvisageable qu'après l'épilogue il change d'avis et quitte Demi Moore pour en mettre une autre enceinte.

« Je suis désolé, mesdames et messieurs, le dernier vient de passer », annonce le petit homme qui referme l'entrée du métro.

Ce n'est pas possible. Je nage en plein cauchemar. Pour mériter une telle journée, j'ai dû commettre un crime impardonnable dans une vie antérieure, comme faire frire des enfants à la Fête de la bière, lors de la compétition des Ogres, lacérer des œuvres d'art ou être la productrice de l'immonde *Highlander 2*.

Je m'accroche à mon dernier espoir : le numéro de taxi dans le répertoire de mon smartphone. Au bout d'un quart d'heure supplémentaire passé sous la pluie, mon ange, mon sauveur arrive : le bien-nommé Wapiti 28 47.

« Bonjour », lui dis-je sur un ton peu convaincu.

Le type au visage buriné à la Crocodile Dundee me regarde un instant, puis me montre un journal posé sur le siège arrière. « Vous ne voudriez pas vous asseoir là-dessus, madame ? Sinon, le siège va être tout trempé. »

Bien sûr. Parfait. Je déteste qu'on m'appelle « madame ». Et voilà que je dois mettre mon cul sur du papier journal ; non mais, il me prend pour une morue sur un étal de marché ou quoi ? Aimable, je lui réponds : « Aucun problème. » Il ne manquerait plus que je me mette à me disputer avec Crocodile Dundee, au risque d'être déchargée en pleine en rue, à des kilomètres de mon boulot.

« C'est la plaie, cette grève, hein ? constate-t-il en redémarrant.

– Ça c'est sûr.

– Heureusement que Wapiti est là. »

Je vois qu'il me cherche des yeux dans le rétroviseur. Les siens sont bleus, et avec son visage marqué et son gilet en similicuir lustré, il fait vraiment *old cow-boy*. Une espèce d'attrape-rêves indien harnaché de plumes est suspendu au rétroviseur.

« Qu'est-ce que c'est ?

– Merci pour cette question. Le wapiti est un élan canadien. Considéré comme un animal sacré en médecine chamanique. Il symbolise l'équilibre. Si les personnes qui l'ont pour esprit-guide n'atteignent jamais leur but les premières, elles poursuivent en revanche leurs objectifs avec constance, sans dépenser toutes leurs énergies. »

J'espère surtout que ce Wapiti atteindra le but pour neuf heures et quart.

« Il me semble que vous avez besoin de rééquilibrer vos énergies, si je puis me permettre. À votre âge, vous devriez commencer à prendre soin de vous. Avez-vous déjà essayé la lithothérapie ? »

À mon âge ? *À mon âge* ? Dieu du ciel, fais-moi descendre de ce putain d'élan canadien déguisé en Citroën ! Non mais, quel âge il me donne, celui-là ? Certes, je ne suis pas maquillée, j'ai toujours des cernes de panda, et ce matin, mes cheveux n'ont rien à envier à ceux de Johnny Depp dans *Edward aux mains d'argent*… mais je n'ai quand même pas un pied dans la tombe !

Le pied, je l'ai dans la tombe quelques minutes plus tard, quand Wapiti s'arrête devant la porte cochère de Love Angeles. Love Angeles, c'est la petite chaîne de télé pour laquelle je me plie en quatre tous les jours depuis dix ans. J'ouvre la portière et plonge le pied dans un cratère rempli d'eau. Parfait.

En retenant une grimace mi-rageuse mi-dégoûtée, je demande : « Combien je vous dois ?
– Ça fera vingt-deux euros soixante-cinq. Allez, je vous l'arrondis à vingt-deux euros cinquante. »
Généreux, le chaman.
J'ouvre mon portefeuille. Pour m'apercevoir que je n'ai que dix euros en espèces. Merde. Comment l'annoncer à Wapiti-Dundee ? Je me vois déjà en pleine lithothérapie par lapidation. « Excusez-moi un instant… »
Quand je relève la tête, j'aperçois Raffaella, ma collègue, enveloppée dans un trench-coat Gucci impeccable, portant un parapluie et des bottes de la même teinte gris-mauve. Pas un de ses cheveux ne dépasse. Elle, les gouttes d'eau l'évitent avec déférence.
« En taxi, carrément, me dit-elle avec un clin d'œil. On ne se refuse rien…
– Attends, Raffa ! Tu ne pourrais pas me prêter treize euros ? Je te les rends au déjeuner.
– Pas de problème, ma chérie. Tu es sûre que ça te suffira ? me fait-elle en me tendant un billet de vingt. Garde la monnaie, tu te prendras un thé chaud à la machine. Tu n'as pas l'air en forme. »
Je dis au revoir à Wapiti-Dundee et me dirige avec elle vers l'entrée, où je n'ai jamais été aussi heureuse de pointer. Ouf, mission accomplie. Il est 9 heures 17. Il me reste presque un quart d'heure pour essayer de reprendre une apparence humaine.
Derrière moi, Raffa montre du doigt ma face pile.
« Oh, mon Dieu, Alice, qu'as-tu fait à ta jupe ? »
En soulevant un peu ma veste, je comprends pourquoi : j'ai un article de presse imprimé sur les fesses. Grâce à Wapiti-Dundee et à son idée géniale de me faire asseoir, trempée, sur un journal.
Je la quitte rapidement et dévale les escaliers qui mènent aux studios d'enregistrement. Les toilettes se trouvent juste à côté, ainsi que la loge stylisme où on garde quelques tenues de scène. Avec un peu de chance, j'y trouverai des fringues à ma taille.

« Bonjour. »

Un homme se tient devant la machine à café, à côté de la régie. Il se tourne vers moi et m'observe. « Vous êtes nouvelle ? Vous êtes perdue ? »

Nouvelle, moi ? C'est lui, le nouveau, plutôt ! D'après sa taille, son jean, son regard magnétique et ses cheveux en brosse, il doit être un aspirant comédien de *Mal d'amour*, la sitcom qu'on tourne dans le studio Alpha. Il y a peut-être des castings ce matin. Et à mon avis, avec son air de Richard Gere version baraqué, il a ses chances.

Je réponds à Richard Gere version baraqué : « En fait, ça fait un moment que je ne suis plus nouvelle », avant de conclure avec audace : « Mais occasion garantie… » Quand je suis nerveuse, je finis toujours par dire des conneries.

Je trace ma route vers les loges, dans lesquelles je dégote deux jupes. La première est une jupe crayon d'un improbable jaune canari. L'autre est une espèce de jupette à plis noire, qui pourrait faire l'affaire si elle n'était pas constellée de paillettes. J'ai donc deux options : ressembler à Titi, ou rivaliser avec Britney Spears. Je choisis Britney puisque les paillettes, après tout, passent assez inaperçues sur du sombre.

« Félicitations, ça vous va bien. Quelle émission présentez-vous ? me demande Richard Gere version baraqué, qui finit de siroter son café puis vise la poubelle avec son gobelet en plastique.

– Oh, je… non, je ne suis pas présentatrice… », lui dis-je avec un sourire charmeur. S'il pense que je passe bien à l'écran, c'est que je ne suis pas si mal en point que ça.

« Ah, d'accord. Il me semblait bien aussi, mais comme vous alliez chercher cette jupe dans la loge… »

Je m'éloigne déjà, faisant onduler mon bras en guise de salut. L'épée de Damoclès de la réunion plane toujours au-dessus de ma tête ; il me reste dix minutes, à peine.

J'ai tout juste le temps de m'occuper de mes cheveux, en les frictionnant un peu avec du papier, et de me maquiller le minimum syndical. Voilà, je ressemble un peu moins à un panda et un peu plus à un porc-épic. Sympa, la ferme des animaux.

« Oh, Alice, te voilà, enfin ! m'apostrophe Enrico, mon chef. Téléphone au bar et fais monter un thermos de café. Récupère aussi des gobelets en carton. Et des serviettes. »

Pas de doute, je suis montée en grade depuis mon mi-temps de serveuse dans la pizzeria en bas de chez moi.

J'arrive dans la salle de réunion, mais on dirait que tout le monde est en retard. J'ai le temps d'installer les blocs-notes, les stylos et les carafes d'eau, et de vérifier si les feutres du tableau fonctionnent bien. Puisque je suis toujours seule, je me dis que j'ai peut-être une minute pour retoucher le vernis écaillé sur un de mes ongles. Je n'en ai pas pour longtemps.

Alors que je donne le dernier coup de pinceau, Carlo fait son entrée en me jetant un coup d'œil et un sourire coupable. Mon Dieu, il serait incapable de cacher qu'il a volé un bonbon. Je fais l'innocente, évidemment : le code d'honneur de la femme accomplie, forte et indépendante commande d'afficher un certain je-m'en-foutisme. Je continue donc ma séance de vernis, en regardant fixement mes mains comme Léonard sa *Joconde*.

Du coin de l'œil, j'aperçois Carlo qui prend place, très loin de moi. Parfait. Je souffle sur mes ongles et agite les doigts avec beaucoup de féminité. Je me crois sortie de la cuisse de Jupiter, le reste du monde n'existe plus.

Soudain, j'entends quelqu'un s'éclaircir la voix.

Alors je lève les yeux.

Tout le monde est arrivé. Raffa secoue la tête puis murmure quelques mots à l'oreille d'Enrico. Cristina pose une main sur le bras de Carlo, qui fronce les sourcils avec une expression un peu triste. Mais surtout, debout devant le tableau, je découvre le P-DG de la chaîne, alias le Présidentissime, et Richard Gere version baraqué. Ce dernier s'éclaircit à nouveau la voix : « Bien, si vous avez fini de vous faire les ongles, je dirai que nous pouvons commencer, monsieur le Président. »

Je ferme les yeux. Et je pense à la cassette de *Dirty Dancing* sous mon lit. « On laisse pas Bébé dans un coin. » À ce moment-là, Bébé se lève avec assurance et montre à tout le monde de quoi elle est capable, même si elle est plutôt moche, avec son gros nez. La revanche des pseudo-vieilles-filles.

Moi, par contre, je reste pétrifiée : aucun Patrick Swayze n'apparaît pour me tendre la main. De toute façon, je ne pourrais pas la prendre, ça écaillerait mon vernis.

À la place, il y a ce type, celui que je croyais être un de ces comédiens bellâtres qui se prennent pour De Niro dans *Taxi Driver* dès qu'ils doivent enchaîner plus de trois répliques. Il n'affiche plus le sourire avenant de tout à l'heure à la machine à café. Son regard est dur quand il me regarde en plissant les yeux.

« Bien, commence le Présidentissime d'un air solennel, comme vous le savez, notre chaîne a toujours été de taille modeste. Nous sommes une modeste "grande famille" qui a maintenant envie de se développer. Le moment est donc venu de tenter le grand saut, un changement nécessaire si nous ne voulons pas disparaître. Voilà pourquoi M. Davide Nardi est venu nous prêter main-forte. Durant les prochains mois, il réalisera un audit de l'entreprise, puis nous indiquera comment et où intervenir. Où apporter des changements, quels services élargir, et où *procéder à des coupes budgétaires…* »

Je cligne des yeux et regarde Nardi, comme si je le voyais pour la première fois. En fait, j'ai une vision de lui portant une capuche noire et une faux. Pour moi, il n'est qu'un coupeur de têtes, engagé par le Présidentissime pour éliminer du personnel.

Et moi, entre ma jupe à paillettes et ma séance de vernis à ongles, je viens de lui donner la pire image possible.

À la fin de la réunion, Raffa me tape sur l'épaule, d'un air contrit. Comme si elle venait faire ses adieux à un moribond. « Rien ne presse pour l'argent du taxi, je venais juste de passer au distributeur. Tu sais bien comme je suis : je pense *toujours* à tout », conclut-elle en lançant un regard complice à Nardi. Avant de battre des cils dans sa direction.

Soudain, j'ai envie de vomir. Au moment où je franchis la porte, j'entends Nardi déclarer : « Évidemment, toutes vos propositions pour le développement de la chaîne sont les bienvenues. Que ceux qui auraient une idée d'émission ou de nouveau format intéressant n'hésitent pas à en parler, et nous étudierons la chose ensemble. »

Pourquoi pas une émission sur la recherche d'emploi, *Embauché ou licencié* ? Dix ans d'expérience, un diplôme en communication et un en cinéma, tout ça aux chiottes !

« C'est plein de bactéries. »

Je relève la tête. Je suis assise par terre dans l'un des box des toilettes, coude appuyé sur le couvercle fermé. Ça m'a semblé le meilleur endroit pour réfléchir à mon avenir.

Devant moi se dresse un grand type aux cheveux blonds, avec une boucle d'oreille tape-à-l'œil au lobe gauche. « Pardon ? »

Il me sourit, s'accroupit à côté de moi et secoue la tête. « Ma chérie, si je puis me permettre, tu n'as pas le teint très frais.

– Oui, aujourd'hui, c'est un jour sans. »

Je soupire. « C'est compliqué, en ce moment. Tout va de travers. Tout ! »

Il pose sa main sur la mienne. À son majeur, il porte une bague gravée de symboles étranges. « Je sais », me dit-il en opinant du chef.

Je le regarde dans les yeux, et en effet, c'est comme s'il savait déjà tout. J'ai la sensation qu'il possède toutes les réponses. Comme la marraine de Cendrillon, sauf que c'est un homme et qu'il a les cheveux peroxydés, les yeux soulignés de khôl et une boucle d'oreille.

Il me regarde à son tour, avec bienveillance, puis me demande : « Tu es Balance, pas vrai ? »

BÉLIER

Vous voyez ces hommes faits d'un seul bloc, ces cow-boys brut de décoffrage qui ne posent jamais de questions, notamment parce qu'ils sont incapables d'articuler une phrase grammaticalement complexe ? C'est le portrait type du Bélier. Un être basique, capable de faire preuve d'une admiration débordante face à des événements tels que la découverte du feu ou l'invention de la roue, mais génétiquement inapte à saisir certaines nuances relatives au sens commun de l'hygiène ou de la galanterie (qu'il considère comme des symptômes fâcheux de débauche sexuelle).

En résumé, Tarzan était sûrement Bélier. Alors, si vous ne voulez pas récupérer votre homme dans un arbre, vous feriez mieux de passer votre chemin.

1

Le fabuleux destin d'une Balance

C'est comme ça que tout a commencé. Quand on imagine les moments cruciaux de sa vie, on s'attend à ce qu'ils aient lieu quand on est au top de la forme. Épilée et parfumée. Mais moi, il faut toujours que je me distingue des autres : mon apogée, il faut que je le vive assise dans des toilettes d'entreprise, les cheveux encore trempés, du mascara dégoulinant sur les joues.

Je répète : « Balance ?

– C'est un signe du zodiaque, m'explique-t-il.

– Merci, je sais ce qu'est une Balance. »

Mais je suis très surprise, parce qu'il a visé juste. Je suis vraiment Balance.

Il se lève, sans me quitter des yeux. Et il me tend la main. Je la prends, elle est chaude ; sa poignée de main est ferme quand il me soulève pour m'aider à reprendre une position de femme *sapiens sapiens*.

« En tout cas, excuse-moi, mais je n'y crois pas. L'astrologie, c'est pour les gogos. On n'est plus au Moyen Âge. »

Il hausse les épaules puis me tend à nouveau sa main droite.

« Moi, c'est Tio.

– Quel prénom bizarre, lui dis-je en lui serrant la main. Moi, c'est Alice.

– C'est mon pseudo. L'abréviation de Tiziano. Je suis

comédien. Ne t'inquiète pas, la plupart des gens ne croient pas aux horoscopes. Même s'ils les lisent quand même. »

Tout en m'approchant du lavabo, je me dis qu'il a raison. Il m'est souvent arrivé d'en lire.

Je me rafraîchis le visage. J'évite au maximum de me regarder dans le miroir, car je sais que je serais fin prête pour tourner un film d'horreur de Dario Argento. « Tu sais ce qui me fout le plus en rogne ? lui dis-je en essayant d'esquisser un sourire dans sa direction. Quand je lis dans mon horoscope que c'est une période favorable : que j'ai au moins trois étoiles dans les domaines de l'amour, du travail et de la santé, alors que je me sens une vraie loque, que je viens de me faire larguer et que je risque de perdre mon job. Tu vois, ça me donne envie de prendre mon téléphone et d'appeler le type qui l'a écrit, de le couvrir d'insultes et de lui annoncer que je vais porter plainte contre lui. Bref, quand je lis un horoscope positif alors que tout est nul dans ma vie, je me sens comme une vraie paria. Je m'imagine que tous ceux de mon signe sont montés dans le bus de la chance, et que moi, on m'a claqué la porte au nez. »

Tio me regarde, perplexe, puis sourit. « Eh bien, tu viens d'y monter, dans le bus de la chance, ma chérie. Je dirais même que te voilà dans un bel avion, et en classe affaires, par-dessus le marché. » Il me fait un clin d'œil et me prend par le bras. « Mesdames et messieurs, attachez vos ceintures. C'est le commandant Tio qui vous parle. Le décollage est imminent. »

Nous nous dirigeons vers la porte.

« Tu sais quel est ton premier coup de chance ? Je t'invite à déjeuner. J'ai quelque chose à fêter : on m'a pris pour un rôle dans *Mal d'amour*. »

Je lui souris, car je suis encore capable de me réjouir du succès des autres, malgré le tsunami qui vient de bouleverser ma vie. « Comme ça, tu m'expliqueras ce que tu faisais dans les toilettes des dames.

– Euh, en fait c'étaient celles des hommes. »

Quand j'ouvre la porte, on se retrouve nez à nez avec Carlo, qui sursaute aussitôt en me voyant.

Oh, merde…

« A… Alice ! » Il se gratte la tête, tandis que son sourire vire à la grimace. « Écoute, je… je voulais te parler. »

Certes, je peux encore me réjouir des victoires des autres, mais il y a des limites. La dernière chose dont j'ai besoin, c'est de toucher du doigt le bonheur de Carlo et sa future paternité.

Je braque mon regard sur Tio, désirant de toutes mes forces qu'il me lance une corde pour me tirer des sables mouvants.

Et le miracle a lieu. Tio se comporte comme une parfaite bonne fée. « Excusez-nous, mais nous partions déjeuner… nous devons parler travail », dit-il d'un air si professionnel que je suis presque convaincue par ses propos. Il assure, comme comédien.

« Tu dois être un faux maigre. » À moins qu'il n'ait été enfermé dans une cage sans nourriture pendant trois jours, l'avidité avec laquelle il a réussi à ingurgiter tout ce que son plateau contenait tient du *Guinness des records*. Moi, je suis encore en train de chipoter avec mes macaronis trop cuits.

« J'ai un bon métabolisme et, comme beaucoup de Gémeaux, j'ai une structure mercurielle. Je suis nerveux et enjoué.

– Encore l'astrologie ? OK, alors explique-moi comment tu as fait pour deviner que je suis Balance.

– Actuellement, le ciel n'est pas dans une disposition favorable pour les natifs dc la Balance. Saturne sera rétrograde pendant tout le mois. Le Soleil est entré en Bélier depuis quelques jours. Et sur la constellation de la Balance s'accumulent des situations compliquées, tant du point de vue émotionnel, à cause de Vénus en carré avec Jupiter, que du point de vue professionnel, à cause de l'opposition de Pluton et du transit négatif d'Uranus. »

Je fronce les sourcils. D'une part, je n'ai rien pigé et, d'autre part, mes oreilles ont filtré tout son discours et produisent une synthèse instantanée : c'est confirmé, j'ai le syndrome de la poisse intersidérale. « Alors, en résumé, il n'y a rien à faire : ce n'est pas spécialement moi… Je dois subir la situation. Je suis cuite. »

Tio se met à rire et me tapote la main comme un vieil ami. « Mais non, va. Il ne s'agit que d'une période que les transits changeront bientôt. Et savoir ce qui t'arrive au niveau astrologique peut t'aider à prévenir certaines défaillances. En gros, si tu sais qu'il va pleuvoir, qu'est-ce que tu fais ? Tu prends un parapluie. »

Je soupire. « Ce n'est pas pour faire celle qui se plaint tout le temps, mais on ne peut pas dire que tout allait mieux avant ce mois-ci. » Oh, bien sûr, j'ai eu des pics de bonheur, ces deux dernières années, mais c'était comme sur des montagnes russes : le panorama est magnifique jusqu'à ce que vous ayez droit à un double twist et à un looping.

Tio soupire : « Les natifs de la Balance n'ont pas eu la vie facile. Tout ça à cause du transit de Saturne dans leur signe pendant presque deux ans. Que veux-tu y faire ? C'est la planète de la discipline et des épreuves de la vie. Mais la bonne nouvelle, c'est qu'elle vient de passer en Scorpion. Et comme c'est une planète lente, elle ne reviendra pas dans l'orbite de la Balance pendant les trente prochaines années.

– Ce qui ne tue pas rend plus fort. »

« Alice… »

Quand je lève les yeux, je découvre Carlo à quelques mètres du bar de la cantine. Il a l'air encore sur le qui-vive. Bien fait. « Qu'est-ce que tu veux ? Tu ne vois pas que je suis en train de parler ?

– Alice, s'il te plaît, je sais que…

– Si tu le sais, pourquoi tu me cherches, alors ? Tu ne vois pas que je suis occupée ? Est-ce que je t'interromps quand tu es en réunion ? »

Tio se retourne un instant, puis se remet à me regarder et lève les yeux au plafond.

Je marmonne : « C'est vraiment dommage qu'il ne soit pas Scorpion. » Après un rapide calcul, je déduis que la guigne de Saturne ne l'atteindra pas avant au moins douze ans. Trop tard, donc, pour compter dessus. Je dois me renseigner pour savoir si une autre planète un peu plus rapide pourrait lui porter la poisse en attendant.

Mais voir son visage devenir écarlate me remplit déjà de satisfaction.

Je le regarde s'éloigner, et mes oreilles enregistrent le commentaire de Tio : « Tu dois avoir Mars en chute dans le milieu du Ciel : ça rend très agressif et pas très diplomate. »

Je fais un geste de la main pour minimiser l'incident.

« Oh, en fait c'est mon ex… Disons, mon ex le plus mémorable. » En réalité, en comptant toutes les relations merdiques que j'ai vécues après lui, je devrais dire que c'est mon ex-ex-ex-ex-ex… À condition que je n'aie oublié personne. « Nous avons une relation… très compliquée.

– Il est de quel signe ?

– Du Verseau. »

Tio regarde l'heure distraitement. Il m'a dit qu'après la pause déjeuner, il devait se présenter à la loge stylisme pour ses habits de scène. « Le Verseau est le signe de la liberté et de l'expérimentation. C'est difficile de l'enraciner. Il aime le risque et l'imprévisibilité. »

Ah, alors Carlo a fait d'une pierre deux coups : le risque, de toute évidence, il l'a couru, et l'enracinement, il sera bien obligé de l'accepter, avec un joli test de grossesse positif. Mais au-delà de ces considérations, je culpabilise quand même un peu de l'avoir traité comme ça. Je lève les yeux, le cherchant à travers le bar, mais il a dû repartir. Puis-je vraiment mettre mon agressivité sur le compte de Mars ?

« Entre le Verseau et la Balance, il existe une certaine harmonie, en effet, continue Tio. Mais si l'entente n'est pas renforcée sur le plan érotique, alors le Verseau a tendance à se disperser. La bonne nouvelle, pourtant, c'est qu'une relation d'amitié loyale et sincère peut s'instaurer entre les deux natifs. »

Il ne m'apprend rien. Une vague de mélancolie m'assaille alors. Ce n'est ni la faute de Carlo ni la mienne si notre relation s'est terminée. La cohabitation nous a prouvé que nous n'étions pas faits l'un pour l'autre. Nous nous tapions sur les nerfs, même si nous nous aimions. Nous avions sensiblement les mêmes passions, les mêmes objectifs, mais les chemins que nous choisissions pour les atteindre étaient trop différents. Par exemple : je suis totalement bordélique, alors qu'il a toujours été maniaque et exigeait de tout classer par ordre alphabétique, des DVD au contenu des placards de la cuisine. Je devais donc me souvenir de chercher les biscottes à côté du bicarbonate, et non pas près du thé ou du sucre.

« Tu vois ? Tu sais déjà que potentiellement, avec les natifs du Verseau, ça ne peut pas bien finir. En général, les Balances souffrent avec des signes qui ne savent pas prendre soin d'elles ou qui sont trop rigides, comme les Capricornes, les Vierges ou les Taureaux. Toi, il te faudrait un beau Lion, un mâle alpha, dominant mais capable d'être attentif à sa compagne. Ou alors un Sagittaire aventureux. Avec un Scorpion, attends deux minutes…

– Ah non, pas de Scorpion, lui dis-je en me levant. Moi, j'ai eu ma dose, qu'il se coltine Saturne tout seul maintenant. Au pire on en reparle dans deux ans, quand il passera la patate chaude à quelqu'un d'autre ! »

Quand je quitte Tio au stylisme, on s'échange nos numéros de téléphone, et il me promet qu'il m'appellera très bientôt. Il m'embrasse sur les joues et me murmure que c'est à Vénus que nous devons notre rencontre.

L'espace d'un instant, je suis tentée de l'ajouter au groupe « Dingues sans espoir » (plutôt fourni dans mon téléphone), mais je décide de lui laisser une chance et d'attendre la suite.

2

Un, deux, trois, Bélier

J'ai beau éprouver un certain scepticisme à l'égard de la théorie astrologique prônée par Tio, elle n'en reste pas moins fascinante. L'idée de la prédestination, d'une structure supérieure me donne l'impression d'être moins larguée. À une époque, j'avais eu envie de me consacrer au Feng Shui. Pas à la légère, du genre un coussin rose par-ci, un rideau vert par-là. Non, je m'étais mis en tête de réorganiser mon appartement de fond en comble.

C'était juste après le mariage de Paola, ma meilleure amie.

En vérité, je n'ai pas toujours vécu seule ces dernières années. Je suis une fille sociable, et Paola a été la troisième et la dernière de mes colocataires. Comme les deux qui l'ont précédée, Sara et Marta, elle est tombée amoureuse et a fait ses valises au bout de quatre mois à peine.

Après son départ, je me suis imaginé que mon appartement était le catalyseur de forces supraterrestres stimulant les unions. Une sorte d'agence matrimoniale naturelle : viens vivre chez moi, tu seras vite casée.

Certes, j'aime beaucoup mes amies, mais si ça marchait aussi pour moi, ce ne serait pas de refus. Et comme Sara, la première, m'a quittée pour aller vivre avec son compagnon, que Marta, la deuxième, s'est mariée et que Paola a carrément eu un enfant, il m'a semblé que ce pouvoir miraculeux prenait de l'ampleur.

D'où le Feng Shui. J'ai donc essayé de revoir la disposition générale de mon appartement afin de canaliser les énergies dans ma direction. J'ai même changé de chambre pour occuper celle qui avait été la leur.

Mais rien à faire, je suis pire qu'Obélix : la potion n'a aucun effet sur moi. J'ai même réalisé l'exploit de faire empirer la situation : me voyant si passionnée par le feu sacré propitiatoire, l'homme avec qui je sortais à l'époque a soudain changé d'avis sur notre relation et décidé d'y mettre fin.

En pleine crise existentielle, j'ai alors tout redisposé comme avant, et mon manuel de Feng Shui a fini en papier à nettoyer les carreaux. Au moins, je peux dire qu'il m'a aidée à y voir un peu plus clair.

Mais ne vous méprenez pas : je suis vraiment heureuse pour mes amies, surtout pour Paola. Qu'elle ait trouvé un homme tel que Giacomo et qu'ils s'aiment à la folie m'apporte un certain soulagement : ils sont la preuve vivante que le véritable amour peut réellement exister dans ce monde.

Aujourd'hui, je suis contente de la retrouver parce que, avec l'arrivée de son bébé, les occasions se font rares. Heureusement, ce soir, Giacomo a proposé de le garder pour nous permettre d'aller boire un verre. On va en profiter pour faire le point sur tout ce qui s'est passé dans nos vies depuis la dernière fois qu'on s'est vues. En quinze ans d'amitié, Paola et moi sommes devenues expertes en analyse de nos émotions mutuelles. S'il existait une chaire d'anatomie pathologique émotionnelle, nous en serions sans aucun doute les présidentes d'honneur.

Notre premier Spritz est entièrement consacré à son accouchement (sujet que nous avons déjà largement approfondi, mais qui n'a toujours pas fini de nous fournir matière à réflexion), aux risettes de Sandro (images à l'appui) et au changement fondamental que constitue pour une femme la maternité, entendue comme prolongement de soi en dehors de soi, vers un autre. Mais la philosophie ne fait pas le poids face à la deuxième tournée de Spritz. Nous abordons alors des sujets plus prosaïques tels que le sexe (inexistant dernièrement pour toutes les deux, pour des raisons diverses et variées), les hommes (les miens, en théorie, mais là encore, c'est le désert des Tartares) et enfin les signes du zodiaque (considérés comme la somme des trois : astrologie appliquée au sexe et donc à la recherche de l'homme idéal).

« Hé, j'ai lu quelque part que les natifs du Scorpion sont très fougueux. »

En soulevant mon verre à moitié vide (je suis de ceux qui voient toujours le verre à moitié vide), je lui explique : « D'après Tio, l'essentiel n'est pas tant la propension d'un signe à l'amour que sa compatibilité avec les autres. Quand tu y réfléchis, c'est assez juste. Ça revient à dire que c'est la personnalité qui compte. » Puis j'ajoute : « Prends Carlo. Il est Verseau. Avec une Balance, comme moi, la compatibilité est possible, paraît-il, mais jusqu'à un certain point. Après, le Verseau se disperse. Et Carlo est assez dispersé, je dois dire.

– Comment ça ? Je croyais que tu ne supportais pas sa maniaquerie.

– Oui, je ne la remets pas en cause. Je veux dire surtout qu'il est plutôt dispersé dans ses relations. Après moi, combien il a eu de nanas ? Il ne tenait jamais très longtemps. Comme avec moi, d'ailleurs. Il n'est pas fait pour avoir une histoire qui dure toute la vie. »

Paola se racle la gorge. « Mais Cristina est enceinte… Et ils vont se marier. »

Le verre à moitié vide devient soudain complètement vide après une longue rasade. « Oui. Mais il est quand même dispersé », dis-je d'un air résolu. Je ne peux pas imaginer qu'il ait été dispersé uniquement avec moi. Que j'aie été celle avec qui il ne voulait pas se marier, celle qui avait un truc qui clochait.

Paola ne renchérit pas et clôt la conversation en haussant les épaules. « En tout cas, il a été un peu dispersé question sperme. À mon avis, il n'est pas du genre à vouloir se jeter tête baissée dans la paternité. »

Nous éclatons de rire.

« Plus sérieusement, comment tu comptes gérer la nouvelle situation à ton boulot ? »

La nouvelle situation à mon boulot a un prénom et un nom : Davide Nardi.

Je soupire et hèle la serveuse. J'ai besoin d'un troisième Spritz pour braver cet épineux sujet. « Je ne sais pas. Je compte faire profil bas. Tu vois ces documentaires où de petites bestioles aux yeux apeurés tentent d'échapper à leur prédateur en se confondant avec une feuille ou un caillou ? Je pensais essayer de me confondre avec le sol ou mon bureau, dans l'espoir qu'il oublie que j'existe. »

Paola se penche vers moi et attrape ma main juste avant que je puisse attaquer mon nouveau verre (bien plein cette fois). « Et pourquoi tu ne considérerais pas que c'est LA grande occasion de ta vie ? Ça fait des années que je t'entends te plaindre qu'on ne te valorise jamais. Ça fait des années que tu fais profil bas ! Petit poussin, tu as grandi et tu es prête pour le grand saut. »

Inutile d'ajouter qu'un poussin qui a grandi est une poule caquetante qui finira tôt ou tard dans une casserole. « Ce serait bien, mais...

– Tu as un problème d'estime de toi ! » Paola me regarde en prenant son air de psy. « Si tu n'es pas la première à croire en toi, comment peux-tu exiger que les autres le fassent ? Prenons l'exemple des hommes, tiens : quelle sorte de mec tu comptes rencontrer si tu n'as que ton besoin d'être aimée à offrir ? Ce n'est pas un homme, que tu veux, mais une béquille. »

Le problème avec Paola, c'est qu'elle vise toujours parfaitement juste. « D'après toi, qu'est-ce que je devrais faire avec Nardi, alors ?

– Déjà, évite de te cacher, c'est clair. Tu dois te montrer proactive et efficace. Montre-lui que tu as du potentiel. Tu es bien plus intelligente que la plupart des gens qui travaillent là-dedans. »

Pro-active et intelligente.

J'ai l'impression d'entendre soudain la musique de *Working Girl : Let the river run / let all the dreamers wake the nation*... Je me sens comme Melanie Griffith, prête à me battre pour garder mon job et obtenir un bureau avec plein de fenêtres. Et en attendant, qui sait, choper mon Harrison Ford. Ou plutôt mon... Davide Nardi ?

Mon Dieu.

« Excuse-moi un instant. »

Je me lève et me dirige vers les toilettes.

Les effets collatéraux de trois Spritz sont les suivants : vessie gonflée et pensées carrément tordues. Je fais couler de l'eau froide sur mes poignets, et il me semble que j'ai déjà les idées un peu plus claires. Quelle absurdité d'imaginer Nardi (un instant, un instant seulement !) en possible candidat au rôle de prince consort. Est-ce que je ne serais pas atteinte du syndrome de Stockholm ?

Quand je rejoins Paola, j'ai l'impression de voir double. Puis je m'aperçois que quelqu'un est effectivement assis à côté d'elle.

« Salut, moi, c'est Luca. »

Scanner : mâle, blanc. Âge : entre trente-cinq et quarante ans. Cheveux : châtain clair. Yeux : marron. Épaules : pas mal... et surtout : pas d'alliance à la main gauche.

« Enchantée. Alice. » Je lance à Paola un regard lourd de sous-entendus. *Alors il suffit que je m'éloigne un instant pour que tu dragues ?*

« Luca est un collègue du journal, m'explique-t-elle.

– Oui. Un collègue très étonné de voir Paola la petite maman passer la soirée dans un bar. »

Je ris sournoisement et prends place avec eux. « C'est moi qui l'entraîne sur la mauvaise pente.

– Bien joué ! » Cette fois, c'est lui qui me scanne des pieds à la tête puis me sourit d'un air satisfait. « Il ne faut jamais renoncer à sa vie sociale. Ne faites pas comme moi. Avec ma copine, j'ai eu beau y aller à fond, avec balades romantiques, voyages, soirées aux chandelles… »

Copine ? Halte, déjà casé ! Danger. Voyant rouge.

« Elle a fini par me claquer la porte au nez ! Anna m'a quitté parce qu'elle avait *besoin de respirer.*

– Oh, soupirons-nous en chœur, Paola et moi.

– Je ne savais pas, je suis désolée, dit Paola en me jetant un coup d'œil à la dérobée.

– Alors, je cherche à reprendre contact avec mes amis. Bref, j'essaie de profiter de la vie. »

Pauvre, pauvre garçon ! Il a dû souffrir le martyre, pense l'Infirmière Alice.

« Mais ça me va très bien comme ça. Tiens, voilà mes copains. » Luca se lève. « J'espère te revoir, Alice. On organisera une sortie avec Paola, si ça te dit. »

Nous le regardons s'éloigner et rejoindre trois ou quatre types au comptoir.

« Je suis vraiment désolée pour lui, le pauvre, dit Paola. Il est vraiment sympa. Et très professionnel, en plus. »

Je fais l'idiote et avale ma dernière gorgée de Spritz. « Et… tu sais de quel signe il est ? »

Paola me regarde de travers puis esquisse un sourire. « Bélier, je crois. »

3

Une Balance en Enfer

Une femme qui conduit est une femme qui maîtrise sa vie. Et ce malgré les apparences, au vu des éraflures qui émaillent la carrosserie de mon vieux tacot. Mais comme je l'explique à ceux qui me reprochent de ne pas l'avoir retapée, ma voiture est une sorte de métaphore de l'âme : certaines blessures ne peuvent cicatriser.

Et puisque je n'en suis pas encore aux injections de Botox, je peux affirmer que nous nous ressemblons.

Après l'accident de la semaine dernière, elle et moi nous sommes enfin retrouvées. Je suis donc particulièrement euphorique sur le trajet du boulot.

La nuit a chassé tous les nuages, apportant sur Milan un air de printemps qui donne envie de chanter.

Je suis presque arrivée, mais je crois que j'ai le temps de m'écouter une petite chanson. Je me mets donc à fouiller dans la boîte à gants en quête de ma radio. J'y dégote un méli-mélo de paperasses, de tickets de parcmètre jamais jetés… Où est passée cette radio, bon sang ? Je me baisse et tends ma main sous le siège.

La voiture se déhanche sur la route.

Quelqu'un, derrière moi, klaxonne.

« Hé, du calme, oh ! » Je lève la main vers la moto qui me double puis freine un peu plus loin devant moi, au feu rouge. « Tout ça pour t'arrêter toi aussi ! » dis-je en la rejoignant.

Enfin, je trouve mon autoradio, qui se met à tourner à plein régime quand je l'accroche. C'est *Dancing Queen* d'ABBA, exactement ce qu'il fallait ! Moi aussi, je veux être la reine du bal. Je me mets à entonner le refrain en tapant en rythme sur le volant et en me balançant sur mon siège.

Je tourne la tête : le motard a visiblement les yeux rivés sur moi, bien qu'avec son casque intégral je ne puisse pas découvrir son visage.

Ma vitre est ouverte, j'imagine donc qu'il entend mes glapissements ainsi que ceux d'ABBA. Oups…

Sauf qu'aujourd'hui, je n'ai pas l'intention de me laisser déstabiliser aussi facilement. Que m'a répété Paola ? « Aie confiance en toi. » Je dois me montrer sûre de moi et ne pas me faire ballotter au gré des événements. Je le lorgne donc avec nonchalance, en chantant à son intention. Quand le feu passe au vert, je lui fais un clin d'œil et mets les gaz.

J'éclate de rire toute seule et nous nous disputons les derniers kilomètres, la moto et moi, en nous coursant entre chaque feu rouge.

Au dernier, la sonnerie de mon téléphone m'annonce l'arrivée d'un message sur WhatsApp. Je me gare, la moto me double une dernière fois et je lui fais un petit coucou de la main, avant d'attraper mon smartphone pour voir qui m'écrit.

J'ignore les appels manqués de Carlo, et les efface en tirant la langue.

En revanche, je découvre un message de Tio, qui me fait sourire.

Bonjour, petite Balance !

Cette journée aura pour toi deux facettes. Tu es énergique et audacieuse, grâce à Vénus en aspect de trigone avec Jupiter. Mais ton envie d'agir et de faire tes preuves sera remise en question par Saturne et Mercure, qui pourraient t'apporter des révélations inattendues, capables d'entamer légèrement ton enthousiasme, ou bien des charges de travail inhabituelles, qui solliciteraient toute ta patience. Confrontations possibles avec des personnes ayant des idées opposées aux tiennes. Côté cœur, Vénus en carré avec Pluton t'invite à la prudence et t'offre une possibilité d'amour puissant et tempétueux.

Après un smiley, il conclut : *J'arrive à une heure pour le maquillage. J'apprécie particulièrement les sandwiches au thon.*

Je ferme ma voiture, le sourire aux lèvres. Et c'est seulement en me tournant vers le portail d'entrée que j'aperçois la moto de tout à l'heure, garée juste à côté. Le type est justement en train d'en descendre.

Je caresse l'idée de me planquer dans le bar d'à côté jusqu'à ce qu'il soit parti. Mais je décide d'assumer. Je traverse la rue d'un air effronté pendant qu'il enlève son casque.

Où sont donc les trompettes du *Magicien d'Oz* quand on en a besoin ?

Davide Nardi retire ses gants de motard et se tourne vers moi pour me regarder d'un air sérieux. « C'est dangereux, de chercher son autoradio en conduisant. »

Euh… et chanter en faisant des grimaces à l'homme qui pourrait vous faire licencier ?

« Hum… b'jour… »

Les cheveux ébouriffés par son casque et le visage un peu échauffé, il ressemble encore plus à Richard Gere dans l'une des scènes sulfureuses d'*American Gigolo*. Malgré ma récente candidature à l'Oscar des plus belles gaffes, mon sang ne fait qu'un tour, comme dans un flipper quand la bille atteint le maximum de points. Je passe du chaud au froid en moins de deux.

Je fais un point sur mes fonctions vitales. OK, je ne peux pas compter sur l'usage de ma langue, mais mes jambes peuvent encore me porter. Alors en avant, Alice, tourne les talons et dirige-toi vers cette maudite porte !

« En tout cas, tu as une belle voix », ajoute Davide Nardi derrière moi.

Je cligne des yeux et quand je me retourne, il ébauche un sourire.

Je soupire et me décide à pointer.

J'ai peu de temps pour ruminer ma performance. Et encore moins pour analyser l'effet que Nardi (Nardi le coupeur de têtes, Nardi l'ennemi public numéro 1) a eu sur moi avec son blouson de cuir et son air de *bad boy*.

Une fois entrée à la rédaction, je me rappelle qu'Enrico, le responsable de prod, en plus d'être mon supérieur, passe un casting pour un rôle dans un film sur la chasse aux grizzlys. Et qu'il va sûrement signer le contrat. Pour le rôle de l'ours.

« Comment ça, le studio n'est pas prêt ? » S'ensuit un monologue ponctué d'injures qui pourraient faire un joli prologue au énième épisode de *L'Exorciste*. « Vous n'avez rien calé du tout ? Où est passée Alice, bon sang ? »

Je piaille : « Je suis là ! »

Devant lui, le directeur de la photo et le réalisateur de plusieurs de nos émissions semblent réduits à l'état de lilliputiens par les cris de Grizzly-Enrico.

Ils ont l'air soulagés en m'apercevant, mais je ne me fais aucune illusion : pour eux, je ne suis pas la mère Teresa des techniciens télé. Juste de la chair fraîche. Enrico me gueulera dessus, et ils s'éclipseront à toute vitesse dans les studios, où ils s'activeront comme les Oompa-Loompas pour préparer le plateau.

« Où étais-tu, nom de Dieu ? Tu as des horaires de travail, oui ou non ? »

Inutile de lui rappeler qu'il est neuf heures et que le mardi, on commence toujours à cette heure-ci. Je lui demande : « Qu'est-ce qui s'est passé ? » C'est bien, Alice. Tu es pro-active.

« Luciano me dit que les gars ne sont pas prêts en studio. Personne ne savait que les calages devaient être faits et que cette semaine on devait tourner un épisode supplémentaire parce que la semaine prochaine, Marlin sera à Rome. »

Je suis sous le choc. C'est moi qui les prépare, les calages, mais en fonction des informations qu'on me transmet. Or personne ne m'a parlé de cet épisode supplémentaire. « Enrico, tu ne m'as envoyé aucun mail à ce sujet. »

À ces mots, il devient écarlate et je crains un instant qu'il ne lui pousse des canines de Dracula. « Comment ça, je ne t'en ai pas envoyé ? Je... On en a parlé !

– Non, tu ne m'as rien dit ! Bon sang ! »

Mais je n'ai pas le temps de me disputer avec lui. Je me dirige vers mon bureau et m'empare du dossier qui contient tous les documents de production de *Bonjour Milan*, l'émission qu'on doit tourner. Puis je détale à nouveau vers le studio.

Du couloir, les hurlements d'Enrico sont stridents comme la sirène d'une ambulance et se confondent avec ceux des techniciens, dominés par la voix de Marlin, depuis la loge maquillage. « Deux épisodes à tourner, et vous n'êtes pas encore prêts ! Sainte Incompétence ! » braille-t-elle sous le pinceau de la maquilleuse.

Je n'entre même pas lui dire bonjour et me dirige directement en studio, où le directeur de la photographie est accroché à l'échelle, en train d'installer l'éclairage. Je lui hurle : « Inonde-la de lumière, elle sera contente. » Marlin aime être illuminée comme la Vierge de Lourdes, elle dit que ça lui lisse les rides.

Puis je fonce voir le réalisateur, Luciano, et on jette un coup d'œil ensemble sur le conducteur, pendant que dans la loge attenante les premiers invités commencent à s'assoupir. « On va les tourner tranquillement, ces deux numéros, sans péter un câble, Lu'. »

Luciano hoche la tête et me regarde dans les yeux. « Il fallait que ça tombe aujourd'hui, Alice ! » me reproche-t-il faiblement en regardant par-dessus mon épaule.

Je me tourne un instant et j'entrevois au fond du couloir le Présidentissime appuyé contre la porte de la loge maquillage, qui fait du charme à Marlin. Davide Nardi est juste derrière lui, en train de glisser quelques pièces dans le distributeur de boissons.

« Je sais, Luciano... Je suis désolée, je balbutie. Je n'étais pas au courant pour l'épisode supplémentaire. Enrico ne m'a rien dit.

– Tout le monde est sur les nerfs depuis qu'on passe pour des *has been*, et que des coupes budgétaires sont envisagées. À la direction, ils attendent de nouvelles idées. Des programmes innovants. Du nouveau personnel. Et nous, on se fait choper en pleine faute professionnelle ! »

Il me quitte en secouant la tête.

De nouvelles idées ! Je frémis rien qu'en pensant à ce qu'ils pourraient encore bien inventer.

« On pourrait avoir un café ? » hurle quelqu'un depuis la loge des invités, et je me remets en mouvement.

« Bien sûr ! » dis-je en arborant mon sourire le plus Ultra Bright. Je fais le tour des invités avec ma petite ritournelle : « Café, thé… »

Davide Nardi se tourne vers moi et je ne peux m'empêcher de penser à la réplique de *Working Girl* : « De l'eau ? Thé ? Café ? … Moi ? » J'ajoute le dernier mot en pensée et croise soudain son regard.

Il m'observe quelques instants puis sourit. « Pas de café pour moi, merci, mais j'aimerais bien une bouteille d'eau. Le distributeur vient d'avaler mes pièces. »

Action, réaction, Alice.

Mais je reste plantée là pendant que les invités m'assaillent de leurs commandes.

« Bien sûr. »

Avec quelques secondes de retard, je me dirige comme un automate vers le distributeur. Ce n'est pas la première fois que ce maudit truc se détraque. Mais nous avons mis en place une méthode presque infaillible. La méthode dite *du cocotier*.

J'arrête un collègue qui passe près de moi. « Sergio, j'aurais besoin du *cocotier*, s'il te plaît. »

Sergio opine du chef, tandis que Nardi nous rejoint. « Je peux vous donner un coup de main ?

– Attrape le distributeur de l'autre côté », lui dit Sergio avant que j'aie pu intervenir.

Ils le penchent vers l'arrière et je reste immobile, observant Nardi jouer à X-Man avec le distributeur de boissons.

« Alice ! »

Sergio me rappelle à la réalité : à mon tour, maintenant, puisque c'est moi qui ai eu l'idée du *cocotier* ; je ne peux plus me défiler.

Je soupire. Alors, sous les yeux du coupeur de têtes, je donne un violent coup de reins dans la machine.

Aussitôt, celle-ci expulse deux bouteilles dont je m'empare et que je remets à Nardi. « Voilà. Tenez. » Je me sens rougir de honte et m'éloigne à la hâte sous le prétexte de servir des cafés aux invités.

« Merci pour le… *cocotier*… Alice », dit-il dans mon dos.

OhMyGod.

« Alors ? Vous n'êtes pas encore prêts ? crie Enrico qui entre-temps nous a rejoints à la régie. Alice, si on n'est pas prêts dans cinq minutes… »

Mais qu'est-ce qu'il lui prend ?

Heureusement, j'arrive à me transformer en femme bionique et, au bout de trois minutes, c'est parti pour le générique. En général, les *private jokes* fusent, notamment sur Marlin, mais en présence de Nardi et du Présidentissime, on entendrait une mouche voler en régie aujourd'hui. Je ne suis pas la seule à avoir le trouillomètre à zéro.

C'est sûrement pour cette raison qu'Enrico est si nerveux lui aussi.

« Aujourd'hui nous recevons M. Paolo Claretti, qui possède l'une des plus importantes collections de disques au monde. Est-ce que vous vous rappelez les vieux LP ? Les 33 tours… Aujourd'hui, avec les CD, qui sont des 45 tours…

– STOOOOP !!!! »

Enrico frappe le mur avec une telle force qu'il le fait trembler.

En studio, plusieurs invités ricanent, tandis que Marlin regarde autour d'elle, l'air égaré. « Pourquoi on s'est arrêtés ? demande-t-elle en approchant sa bouche du micro accroché à son décolleté, ce qui a pour effet de le faire grésiller.

– Parce que tu n'y connais rien ! hurle Enrico. Voilà pourquoi on s'est arrêtés, bon sang. On est déjà *short*, et Sa Seinteté ne sait même pas que les CD ne fonctionnent pas avec des tours ! Attends que j'arrive et tu vas voir… »

Je me précipite vers Enrico et l'entraîne dehors en le tirant par un bras. C'est vrai que les techniciens ont surnommé Marlin Sa Seinteté… C'était juste après sa mastoplastie de l'année dernière. Mais en général, il évite d'utiliser ce surnom. Et il devrait d'autant plus l'éviter quand le Présidentissime est dans les parages, car il paraît que c'est son protecteur.

Je l'engueule un bon coup : « Tu vas te calmer, oui ?

– Si tu avais fait ton travail, alors oui, je me calmerais : on est en retard, je te signale ! »

J'inspire et compte jusqu'à trois. S'il m'avait prévenue à temps, tout aurait été calé. Je ne suis quand même pas devin !

Je vais plutôt compter jusqu'à cinq.

« Je m'en occupe. Mais pas de bêtises, s'il te plaît. »

Je retourne au studio où j'annonce à Marlin que nous devons recommencer à partir de la présentation de M. Claretti. Je lui explique dans les grandes lignes la différence entre un LP et un CD.

Cinq autres minutes passent, le temps de remettre les caméras en route et de faire le raccord de Marlin de manière crédible.

En sortant du studio, je m'appuie un instant contre la porte métallique, ferme les yeux et inspire profondément. On n'en est même pas à la moitié de la journée.

Lorsque je les rouvre, deux personnes ont les yeux rivés sur moi : Davide Nardi, depuis la porte, et Carlo, du fond du couloir. Ce dernier lève un doigt, comme pour attirer mon attention, mais je secoue la tête et me précipite vers la régie, fonçant presque sur Nardi.

4

Un Gémeaux pour l'éternité

J'ai du mal à croire qu'on ait réussi à enregistrer les deux numéros de l'émission.

En entendant le générique de fin, je voudrais faire la roue comme un paon à l'intention d'Enrico mais, en me retournant, je l'aperçois derrière la porte vitrée du standard, en pleine conversation animée au téléphone.

Je lance le « à vous les studios » et, après un petit arrêt au bar, je me présente au maquillage de *Mal d'amour* avec deux gros sandwiches au thon. Mon sourire se fige en découvrant Tio tartiné d'autobronzant, le nez chaussé d'une paire de petites lunettes rondes.

« Et… tu es censé être qui, là ? »

Il mord dans son sandwich en essayant de ne pas abîmer son fond de teint.

« Je chuis Marchius Alvars…, marmonne-t-il en mâchonnant. Marcus Alvarez De la Rosa. Cousin de Ferdinando Prandi. Et ex-petit ami de sa fiancée. Nous avons eu une histoire à l'adolescence, pendant ses vacances à Tenerife. »

Je secoue la tête. Pas un brin d'imagination, ces scénaristes ! Il faut voir comment ils l'ont grimé, en plus ! On dirait un croisement entre Zlatan Ibrahimović et Harry Potter. On lui a même mis des extensions. « On peut savoir pourquoi tu as une cicatrice sur le front ?

– Après mon histoire avec Matilda, j'ai mal tourné et un soir des types m'ont entraîné dehors. Tout le monde pensait que j'étais mort. Ils m'avaient passé à tabac, frappé à la tête, et j'avais perdu la mémoire. Mais maintenant… Ta-daaa ! Me voilà ! »

Je ne cherche pas à savoir pourquoi le cousin de ce Ferdinando Prandi s'appelle Marcus Alvarez De la Rosa. J'en ai déjà ma claque des engueulades de *Bonjour Milan* et de tout le reste.

« Alors, tu as reçu mon message ? me demande Tio.

– Oui, lui dis-je, un peu distraite.

– Et alors ?

– Je l'ai lu… Mais aujourd'hui, c'est le bordel, et… »

Je me tourne vers lui, toujours ébahie par son déguisement.

Tio me sourit : avec tout ce maquillage, ces cheveux longs, cette cicatrice et son air d'enfant savant, il est vaguement inquiétant.

Je fouille dans ma poche pour prendre mon portable et relire son message du matin.

La journée avait bien commencé et, après la soirée avec Paola, j'avais vraiment envie de montrer de quoi j'étais capable. Tio m'avait bien annoncé que je serais énergique et audacieuse, mais qu'ensuite Saturne et Mercure… Le message évoquait des charges de travail inhabituelles.

En fixant mon écran, je lui demande : « Comment as-tu fait ?

– Je te l'ai dit, c'est ton horoscope. La position des planètes dans ton signe est très claire. »

Je ne sais pas encore ce que j'aurais pu faire pour améliorer la situation. Ah, un instant… « Et "l'amour puissant et tempétueux" ? » Je me plante devant lui et le fusille du regard, lui barrant le chemin. « Je le veux et je l'exige, cet amour puissant et tempétueux ! Comme c'est écrit ici. Les écrits restent, comme tu le sais ! »

Je pourrais me mettre à hurler. « Ne me dis pas que seuls les points négatifs vont se réaliser.

– Hé, je ne sais pas, un peu de patience, je ne suis pas une agence matrimoniale. Ce sont les transits des planètes qui disent ça. »

Nous marchons dans les couloirs, en attendant sa première scène, lorsque j'entrevois Carlo. Je bénis le *character designer* qui a créé la chevelure léonine de Tio : elle me dissimule comme un buisson.

« Tu ne pourras pas toujours l'éviter, tu sais ? »

Oui, je sais… Mais au moins jusqu'à ce que son mariage soit passé… Je la connais, Cristina, au nom de notre ancienne amitié elle pourrait me solliciter comme demoiselle d'honneur et me garder une place au premier rang pour assister à son triomphe.

Je soupire et fourre mon portable dans ma poche.

Mais je sursaute aussitôt en le sentant vibrer furieusement contre ma cuisse.

Je découvre le message d'un numéro inconnu.

Hello, c'est Luca, le collègue de Paola. On s'est vus hier soir. Je me demandais si ça te dirait d'aller boire un verre un de ces quatre.

Je lève les yeux vers Tio, aussi incrédule que Luke Skywalker quand Maître Yoda fait léviter des objets devant lui par la seule force de sa pensée. Lorsqu'il me donne une tape sur l'épaule, je sursaute et lance un cri de joie pure. « Dois-je en déduire que c'est un HOMME ?! »

Je hoche la tête et il se met à improviser une danse de la pluie dans le couloir. « Alors, c'est qui, le meilleur ?

– Tu es… phénoménal. »

Dans ma tête éclatent des feux d'artifice, un conflit mondial, bref, un vrai boxon. Luca est mignon. À son avantage, il bénéficie de :

1) l'aval de Paola, qui le trouve brillant et sympathique ;

2) son message, écrit dans un italien impeccable, ce qui, à notre époque, avec tous ces « ki » et « ke » et conjonctions en perdition, ne doit pas être sous estimé ;

3)… eh bien, il a demandé mon numéro de téléphone et me propose un rendez-vous : n'est-ce pas là le signe qu'il a bon goût ?

Tio continue d'ondoyer devant moi, et je lui annonce soudain : « Je crois qu'il est Bélier. »

Il s'arrête tout net.

« Qu'est-ce qui ne va pas ? »

Il me regarde comme s'il venait d'apprendre que son ticket gagnant pour l'Euro Millions n'était plus valable.

« Non, rien, mais… Bélier… bref. Bon, il y a de nombreux paramètres à prendre en compte, non ? »

Il sort son téléphone et commence à pianoter sur le clavier en fronçant les sourcils.

Je l'observe, mais je pense déjà à ce que je vais mettre pour la soirée avec le collègue de Paola. Ça fait des mois que je ne suis pas sortie avec quelqu'un, et je suis excitée comme une écolière.

Amour puissant et tempétueux, me voilà !

« En fait, le Bélier est un signe tellement volontaire… qu'il peut se montrer égoïste, parfois. Voire anxieux. Et toi, petite Balance, tu as déjà vécu tant de bouleversements dans ton passé récent…

– Mais c'est bien ça justement, non ? Puissant et tempétueux. »

Ça doit être ça.

Tio hoche la tête. « Oui… » Il soupire et prend mon visage dans ses mains. « J'ai l'impression d'être une vieille tante qui a peur de te laisser voler de tes propres ailes. Mais je te suivrai pas à pas, compris ? »

J'en ai presque les larmes aux yeux. Cet homme, que je connais depuis si peu de temps, s'inquiète pour moi ! Je le prends dans mes bras. « Tu es vraiment exceptionnel, tu sais. »

Rien que le fait d'avoir un ami comme lui me donne de l'assurance. Le sentiment d'être protégée. Pénétrée de ce nouveau bonheur, je me sens généreuse comme mère Teresa et voudrais sincèrement pouvoir partager ses qualités avec le monde entier. « Il faudrait te cloner. Si toutes les filles avaient un ami comme toi, je suis sûre que le pourcentage de chagrins d'amour dans ce monde diminuerait drastiquement. »

Il rit de bon cœur. « Une sorte de gourou, hein ? Oui, je crois qu'un turban ne m'irait pas trop mal…

– Plus qu'un gourou, un guide… un guide astrologique… des cœurs brisés. »

TAUREAU

Si vous avez eu un terrible accident qui vous empêche d'agir ou de penser, de parler ou ne serait-ce que de décider s'il vaut mieux respirer par la bouche ou par le nez, alors dans ce cas – et seulement dans ce cas –, le Taureau est l'homme qu'il vous faut. Le Taureau parle, le Taureau décide, le Taureau agit, nullement découragé par le fait que vous réclamiez d'avoir voix au chapitre. À ce propos, devinez un peu : quel était le signe d'Hitler ?

5

Balance au bord de la crise de nerfs

C'est officiel : je n'ai rien à me mettre.

La moitié du contenu de mon armoire est entassée sur le lit, l'autre répandue dans ma chambre, en plusieurs petits tas.

Et je n'ai pas la moindre idée de la façon dont je vais m'habiller ce soir.

Sur le conseil de Tio, j'ai laissé passer dix jours depuis le premier message de Luca.

« Tu ne vas quand même pas t'avouer vaincue tout de suite, Alice ? Le Bélier est un chasseur, tu vois. S'il ne flaire pas le parfum du défi, il ne s'amuse pas et moi, je perds tout intérêt à l'histoire. Tu ne voudrais pas que j'y perde tout intérêt, pas vrai ? »

Bien sûr que je ne veux pas qu'*il* y perde tout intérêt. Par conséquent, j'ai inventé quatre apéros, deux anniversaires, une sortie cinéma, un dîner chez mes parents (ça, c'était vrai malheureusement) et même un enterrement de vie de jeune fille.

Mais l'autre jour, Paola a compris qu'il y avait anguille sous roche. « Allô, Alice ? Comment ça, tu es à l'anniversaire de ma sœur, ce soir ? Qu'est-ce que tu manigances ? Je croyais que tu voulais un rendez-vous avec Luca… Il dit que tu es overbookée. Depuis quand es-tu si prise ? »

J'ai dû lui expliquer l'histoire du Bélier et préciser que je ne voulais pas lui laisser croire que je brûle de sortir avec lui.

« OK, mais là ça suffit, m'a-t-elle coupée au milieu de mon

sermon astrologique. Et puis excuse-moi, avec tout le respect que j'ai pour ton ami voyant, mais je le connais, Luca. Ce n'est pas le genre que tu t'imagines. C'est un homme doux, avec du caractère, mais gentil. Bref, pourquoi tu n'essaies pas d'être plus spontanée ? »

Je lui ai expliqué que Tio est astrologue et pas Merlin l'Enchanteur, et qu'avec la spontanéité, comme elle dit, j'ai toujours fait chou blanc.

Mais j'ai fini par céder. Après tout, un jour ou deux de plus, ça ne change pas grand-chose.

En tout cas, je n'ai pas perdu mon temps en attendant ce rendez-vous. Durant ces dix jours, je me suis imposé un régime de vie à côté duquel la diète de Demi Moore dans *À armes égales* ressemble à des vacances aux Bahamas.

Réveil à six heures tous les matins pour faire des flexions et des extensions avec une vieille VHS, *Abdos-fessiers* de Jane Fonda. C'est ma mère qui me l'a refilée, il y a plus d'un mois, parce qu'elle et mon père sont en train de vider la maison pour la repeindre.

Aux petits sauts pour avoir des fesses fermes à la Barbarella, j'ai associé le régime dépuratif des moines tibétains. Ce qui signifie que je me nourris comme une chèvre depuis dix jours. Heureusement, mes hanches ont un peu fondu et je me sens en paix avec moi-même.

Bref, je suis tonique. Je suis canon. Je suis prête.

Mais aussi complètement paniquée : qu'est-ce que je vais me mettre ?

Provocante/élégante, ou *casual*/chic ? Femme fatale ou *girl next door* ?

Je m'assieds sur mon lit et lance un appel au secours à Tio.

Dans la minute qui suit, mon téléphone sonne et je m'y agrippe comme au dernier canot de sauvetage du *Titanic*. « Allô !

– Salut, ma belle, alors comment se passent les préparatifs ? »

À l'autre bout de la ligne, c'est Paola qui doit avoir senti les vibrations de mon désespoir. « Ça ne pourrait pas être pire. Qu'est-ce que je peux mettre ?

– Pourquoi tu t'inquiètes comme ça ! Sois nature. Sois toi-même. »

Très juste. Téléphone vissé à l'oreille, j'erre entre les décombres de mes vêtements et y pioche mon jean moulant. Avec un chemisier un peu cintré, je suis plutôt pas mal. Rien de transcendant, mais je peux toujours customiser la tenue avec quelques bijoux fantaisie.

La sonnerie d'un message entrant me fait sursauter. Cette fois, c'est Tio.

Fais-le succomber avec ton sex-appeal. Talons hauts et minijupe. Le Bélier est un carnivore, tu dois le faire saliver devant la marchandise, et lui suggérer en même temps que tu n'as aucune intention de la lui faire goûter.

En effet, se présenter accoutrée d'un jean et d'un chemisier échancré n'est pas le *must* en matière de séduction. J'abandonne mes vêtements à leurs tas respectifs et m'en vais fouiller ailleurs.

« Écoute, Paola, et si à la place je mettais mon corset un peu sexy, celui qui fait très Moulin Rouge ? »

J'envoie immédiatement la photo à Tio, qui me répond une nanoseconde plus tard par une émoticône pouce levé et des points d'exclamation.

« Tu es folle ? Ça, c'est bon pour aller en boîte… et encore ! Je t'avoue que je l'ai toujours trouvé un peu vulgaire. Et puis tu risques d'être paralysée sur ta chaise à l'idée qu'au moindre geste, un de tes nichons déborde. »

Ouais. Elle a raison. J'aurais déjà beaucoup de choses à surveiller pendant la soirée. Pas de Moulin Rouge, donc.

J'écris à Tio un laconique : *Non, ça ne va pas, c'est too much…* Et je me remets à chercher.

« Écoute, Alice, Luca est un type plutôt simple. Si tu veux, mets une minijupe, mais tu ne crois pas qu'il devrait se concentrer sur toi en tant que personne, plutôt que sur tes seins et tes jambes ? Après tout, quand il t'a rencontrée tu étais habillée normalement et tu l'as quand même intéressé. »

Exaspérée, je me jette sur le lit et fixe le plafond en envisageant de tout annuler.

Tandis que Paola continue son sermon sur la spontanéité, je reçois un autre message de Tio.

N'oublie pas, tu dois le faire saliver. Le Bélier est le signe des instincts primaires. Il peut passer pour un homme simple, mais en réalité c'est un volcan endormi. Sa femme idéale est une fausse ingénue. Il aime disputer l'os, comme un chien, mais il manque d'imagination et c'est à toi de lui laisser imaginer de quoi est fait l'os.

Je me relève et me mets à farfouiller comme une forcenée parmi mes vêtements. En essayant de tenir compte de leurs suggestions contradictoires, voici ma tenue au moment où j'évalue mon reflet dans le miroir : jupe aux genoux avec fente latérale, chemisier échancré hypermoulant et chaussures à petits talons. Tout faux, Alice : on dirait une version moderne de Mary Poppins. Je me déshabille pour recommencer de zéro. Bottes montantes, minijupe, top moulant. Je suis fin prête pour le tapin. Nul. Je tente le trio tee-shirt, pantalon et ballerines. OK, quand je déciderai d'aller dans une boîte lesbienne, je saurai que c'est la tenue idéale.

Je m'affale sur le lit, et ma seule pensée vaguement positive c'est que je brûle plus de calories qu'avec les exercices matinaux de Jane Fonda.

Le énième message de Tio ressemble au coup de grâce.

Au fait : en tant qu'animal primaire, le Bélier aime les couleurs franches. Bref, du rouge, ou du jaune. N'oublie pas, c'est un signe de feu, et ces couleurs lui correspondent parfaitement. J'espère t'avoir aidée.

Euh… bien sûr !

« Alice ? Tu es là ?

– Oui, Paola… »

Je navigue en haute mer, mais merci, Paola.

« Tu veux que je vienne te donner un coup de main ?

– Non, ça va, je vais bien arriver à me décider. »

En plus, ne serait-ce que pour me frayer un chemin vers la porte, il me faudrait un quart d'heure.

« OK, je te laisse alors. Salut, ma chérie. Amuse-toi bien. »

Je pose le téléphone sur le lit et reprends ma quête, déterminée à ne plus me laisser distraire. Mais trois secondes plus tard, il se remet à sonner.

C'est ma mère.

Je réponds, parce que pour ma mère je suis encore une adolescente et qu'elle s'inquiète quand je ne réponds pas à ses appels. « Salut, maman…

– Salut, ma puce, alors ? »

Voilà l'amorce typique de ses conversations téléphoniques, simplement parce qu'elle s'ennuie. « Excuse-moi, maman, mais je dois sortir.

– Tu n'es jamais disponible quand je t'appelle.

– Pardon… c'est que j'ai un rendez-vous et que je dois encore m'habiller. »

Pourquoi ai-je craché le morceau ? Un silence de plusieurs secondes s'ensuit.

« Avec un homme ? » me demande-t-elle au bout d'un moment.

Je soupire. « Non… enfin, oui, mais c'est un ami… »

Elle soupire elle aussi. « Guido, Alice doit sortir avec un homme, ce soir.

– Maman !

– Très bien, qu'est-ce que tu vas te mettre ? » me demande-t-elle ensuite.

Telle mère… telle fille !

« Je ne sais pas encore, maman. J'étais en train de me décider.

– Pourquoi tu ne passerais pas à la maison ? Tu sais qu'on est en train de faire les cartons, et dans ton armoire j'ai retrouvé ta belle jupe à pois, et ton chemisier avec le col en dentelle et l'épingle camélia. Tu te souviens ? »

Mon Dieu, donne-moi la force. « Maman, je les mettais quand j'avais douze ans. » J'aurais dû avoir honte, à l'époque. C'est sûrement à cause de la jupe à pois et du chemisier à col en dentelle que j'étais une enfant perturbée. Qui voudrait se montrer aux côtés d'un saint-honoré atteint de rougeole ? « Excuse-moi, je dois vraiment te laisser.

– Viens chercher tes affaires un de ces jours, Alice ! me crie ma mère au moment où je vais raccrocher. Au garage, il n'y a plus de place et j'ai besoin que tu emportes tout ce bazar.

– D'accord, maman. Salut. »

Quand le téléphone sonne à nouveau – un numéro masqué, cette fois –, je me dis que je n'arriverai jamais à sortir de chez moi. « Allô ?

– Alice, c'est Carlo. Excuse-moi d'avoir masqué mon numéro, mais il faut que je te parle. S'il te plaît. Il se passe un tas de choses et je n'y comprends plus rien. » Il parle précipitamment, m'assaille d'un flot de paroles. « Je sais que tu l'as mal pris pour Cristina, pour l'enfant… Bref, je peux comprendre que tu sois jalouse… et susceptible… Mon Dieu, tu as toujours été si horriblement susceptible…

– Jalouse, moi ? SUSCEPTIBLE, MOI ?!?

– Tiens, tu vois.

– Alors si je suis si horriblement SUSCEPTIBLE, qu'est-ce que tu veux de moi ? » Je hurle, en écrasant presque mon téléphone.

« Un peu de compréhension ! Et pas que tu me traites comme un *pario* de Calcutta !

– Un *paria*, espèce d'inculte.

– Mon Dieu, quand tu fais Madame Je-sais-tout, tu es odieuse. Mais pourquoi je perds encore mon temps avec toi ? Est-ce que tu te demandes parfois pourquoi les hommes s'enfuient à chaque fois ? À moins que ce ne soit toujours la faute du destin ? Ou que ce soit toi qui fasses toujours les mauvaises rencontres ? Et si c'était toi, la mauvaise rencontre ? »

Alors là, non. « Ça suffit ! Je n'ai pas besoin de tes sermons. Nous n'avons plus rien à nous dire. De toute façon, les choses importantes, tu me les apprends par Internet, pas vrai ? J'attendrai donc que tu m'annonces la date de ton mariage sur Facebook pour t'écrire un message de félicitations sur ton mur. Pour le reste, bon vent et surtout fous-moi la paix. » Je balance mon téléphone sur mes oreillers et la pièce se met à vaciller.

Je regarde les vêtements éparpillés, incapable d'aligner deux pensées cohérentes : *casual*, élégant, couleurs franches, sobriété, simplicité, sensualité, charme... Carlo et Cristina, Tio, le boulot, Paola, les mauvaises rencontres, moi comme mauvaise rencontre... Je n'arrive plus à respirer. Mon cœur bat la chamade. Je crois que je fais une attaque de panique...

Grâce au ciel, j'ai des calmants dans ma table de nuit. J'en avale un et m'accorde cinq minutes pour m'allonger sur le lit. Respire, Alice. Respire.

Mais un instant plus tard, le cauchemar recommence. « Putain ! » J'attrape à nouveau le téléphone qui sonne.

Non, il ne s'est pas passé juste « un instant »... mais presque une heure.

« Hum, salut, Alice. C'est Luca. Je suis en bas de chez toi. »

6

La Balance, le Bélier, sa femme et son amant

Dans l'ascenseur, la cabine vibre sous mes pieds. Et si j'y restais enfermée ? Cette idée me terrifie. Ce serait la cerise sur le gâteau : on est samedi soir et qui sait combien de temps je devrais attendre les secours ? Heureusement, j'arrive indemne au rez-de-chaussée, pour m'apercevoir que les vibrations ne sont pas dues à l'ascenseur mais aux basses d'un haut-parleur. Devant la porte cochère trône une voiture de sport rouge feu, d'où provient un raffut assourdissant.

Je hurle un « Salut ! » en ouvrant la portière, puis m'aplatis presque au sol pour entrer.

« Ah, Alissson, bonsoir ! Bienvenue ! » me lance Luca, en estropiant mon prénom, à l'américaine. Alissssson.

« Hey, Luke, lui dis-je en riant.

– Tout va bien ? Je commençais à me dire que tu avais changé d'avis…

– Non, pas du tout, excuse-moi. J'ai reçu quelques coups de fil qui m'ont retardée dans mes préparatifs.

– Hein ? » crie-t-il.

Évidemment, s'il baissait un tout petit peu le volume on arriverait peut-être à se comprendre sans devoir utiliser la langue des signes.

« Jolie voiture !

– Elle te plaît ? C'est mon bébé. Ça ne fait même pas un mois que je l'ai… »

Tout en passant la marche arrière, il tient à me donner des détails sur la cylindrée, la vitesse maximale et son installation stéréo digne d'une boîte de nuit. J'entends la moitié de ce qu'il me raconte mais, de toute façon, je n'y connais rien en voitures, alors ça ne change pas grand-chose.

Je finis par lui demander : « Où on va ?

– Dans un endroit de dingue ! À Porta Romana, *of course.* Ils font un *negroni sbagliato*[1] du tonnerre.

– Ah oui ? Moi ce n'est pas ma tasse de thé... On y dîne, aussi ? »

À Milan, un apéritif digne de ce nom suppose qu'on s'y goinfre de tout et n'importe quoi. Il ne me répond pas, très certainement assourdi par le vrombissement de la voiture et par l'autoradio, par-dessus lesquels il continue de s'égosiller.

En effet, nous entrons dans LE bar de parvenus milanais par excellence, avec des types bronzés aux UV qui portent leur col de polo relevé comme la cape de Dracula. Sans parler des lumières tamisées, des murs aux pierres apparentes et des flammes de deux mètres de haut, heureusement emprisonnées dans des structures métalliques. Très scénographique.

« Luca ! *Hey, bro' !* » À notre entrée, l'un des serveurs salue Luca par un *high five*, puis lui serre la main dans le style rappeur. « Hé, ça fait un moment qu'on t'a pas vu. Comment va Anna ? »

Je m'avance, attendant qu'il me présente. Mais Luca bredouille quelque chose que je ne comprends pas. D'ailleurs, entre sa voiture et cet endroit, il n'y a pas un décibel de différence.

« Qu'est-ce que je vous sers, les amoureux ? »

Je tends la main vers la carte, tandis que Luca déclare : « Deux *negroni sbagliati*, *bro'* ! »

---

1. Le *negroni sbagliato* (littéralement Negroni raté) est un cocktail typique des soirées mondaines de Milan. Il est composé de 1/3 de Martini rouge, 1/3 de Campari, 1/3 de prosecco, d'un zeste d'orange, et se boit bien frais. (*Toutes les notes sont de la traductrice.*)

Je crois qu'il n'a pas entendu tout à l'heure quand je lui ai dit que je n'aime pas ça, mais il serait impoli de le lui répéter. Je souris et me tourne vers le buffet. « Alors comme ça, Paola et toi vous vous êtes rencontrés au journal », dis-je, une fois que nous sommes seuls, lui, moi et le *boum-boum* du haut-parleur suspendu au-dessus de nos têtes.

Il me sourit et se met à parler de son travail, de ses collègues et de Paola. « J'ai beaucoup d'estime pour elle. Elle est vraiment douée, pour une femme. » Je voudrais lui demander des éclaircissements sur cette dernière remarque, mais il a entamé un monologue sur ses rêves d'avenir. « En fait, tu vois, quand j'y suis rentré, je ne voulais pas vraiment être vendeur d'espaces publicitaires. Moi, je suis journaliste, enfin, plutôt grand reporter. Je veux faire le tour du monde et vivre à fond. »

Le *negroni* me dégoûte vraiment, mais son récit sur sa virée de *free climbing* en Malaisie n'est pas mal. De même que celui sur le *diving* aux Philippines, et celui sur le *trekking* au Kenya. Sans oublier celui sur le *rafting* dans le Colorado. Ah, et aussi le kayak en Équateur et le deltaplane au Zimbabwe…

J'ai les oreilles qui bourdonnent, je ne sais si c'est à cause du bruit de fond ou de toutes ces infos sur les sports les plus extrêmes, pratiqués dans les endroits les plus reculés de la planète.

« On pourrait prendre un truc à manger, qu'est-ce que tu en dis ? »

En m'approchant du buffet, je sens mon téléphone vibrer. C'est un message de Tio.

Alors ? Comment ça va ? Est-ce qu'il arrive à détacher les yeux de ton décolleté, ou bien est-ce qu'il est déjà complètement sous le charme ?

J'ai fini par faire un mix, pour ménager la chèvre et le chou. Je porte une robe courte en velours rouge (une couleur franche qui rappelle le feu des Béliers, comme me l'a conseillé Tio), fluide sur les hanches (de façon à pouvoir bouger avec naturel, comme me l'a suggéré Paola). Mais je me rends compte avec horreur que, dans ma hâte, je me suis lamentablement trompée de chaussures. Non qu'elles ne soient pas assorties à ma robe… elles le sont, mais chacune à leur manière.

J'ai enfilé deux godasses différentes.

Une noire, l'autre zébrée de bandes rougeoyantes. Comment ai-je pu être aussi distraite ?

J'essaie de cacher mon pied rouge derrière l'autre jambe en remplissant mon assiette, sans même regarder ce que j'y mets, puis je détale sans demander mon reste vers ma place, en boitant comme un échassier.

Je réponds au message de Tio pour l'informer de mon erreur magistrale. Je sais qu'il n'est pas très content de ce rencard. Il n'a jamais pu supporter les Béliers. Et il n'admet pas que ses prévisions sur l'homme qui m'est le plus adapté puissent, ne serait-ce que partiellement, être erronées.

« Comme ça a l'air bon, tout ça, dis-je en m'asseyant. Cet endroit est vraiment chouette… »

Luca recommence avec l'Île de Pâques, puis bifurque ensuite vers la Nouvelle-Guinée, où il est allé récemment en vacances avec des amis pour faire du *bungee jumping*. « … tu vois, ça fait un FLASH de sentir la force de la nature comme ça. Tu captes ? Tu as les sens en éveil, tu respires à fond… »

J'approuve, essayant de lui suggérer que je suis pendue à ses lèvres. « Moi, tout ça me fait un peu peur, tu sais. Je suis une citadine, et…

– Je comprends, en général les femmes ont peur de ce genre de choses. Ce sont des sports pour les hommes, les vrais. Mais tu pourrais venir me voir, une fois. Je pourrais te faire essayer un truc simple, comme le *bungee jumping*. Ça se fait partout, maintenant. C'est simple, tu es attachée et tu n'as qu'à te laisser aller. »

Moi, du *bungee jumping* ? Pour rebondir comme Tarzan,

suspendue à un élastique ? Laissez-moi réfléchir… C'est non. « Ça a l'air super intéressant. Mais je n'ai jamais été trop portée sur les sports extrêmes, en fait. » Et heureusement, parce que avec ma maladresse congénitale je serais déjà morte si je m'étais prise pour Indiana Jones.

À ce moment-là, une brèche s'ouvre dans la discussion. Je sens que c'est mon tour de parler un peu de moi, alors j'attaque sur le cinéma, mon boulot à la télé, mon intérêt pour la culture et…

Et là, deux possibilités se présentent : soit Luca est soudain victime d'un strabisme foudroyant, soit il a vu une apparition juste derrière moi.

« Hummm… ça doit être… heu… sympa de travailler dans une librairie… », commente-t-il vaguement.

Le barman de tout à l'heure s'approche de nous, sourit puis se penche pour lui parler à l'oreille.

« Merci, *bro'*, lui dit Luca en lui donnant une tape sur l'épaule. Tu m'excuses un instant, Alissson ? »

Je le suis du regard et m'aperçois qu'il se dirige vers une bimbo blonde de deux mètres de haut, une Claudia Schiffer vêtue d'une brassière trop petite et d'une minijupe couvrant pudiquement son string.

Luca lui fait la bise, puis serre la main de son compagnon, retenant sa main pendant au moins huit secondes. Sa mâchoire se contracte comme celle de Hulk quand il est en pleine transformation.

Quand il revient, des gouttes de sueur perlent à son front et ses yeux sont légèrement effrayants. « Tu veux autre chose à manger ? Allez, viens. » Il recule ma chaise comme un vrai gentleman, puis m'accompagne au buffet, en posant sa main sur ma taille et en me murmurant à l'oreille, sur le ton de la confidence : « Tu es très belle ce soir, est-ce que je te l'ai déjà dit ? »

Non, il n'avait en effet pas encore émis une seule appréciation. De mon côté, j'espère toujours qu'il ne remarque pas ma chaussure zébrée.

À présent, Luca se montre réellement attentionné. Il me demande ce que j'aimerais manger et me sert, sans me quitter d'un pas. Il me fait même goûter une olive en approchant ses doigts de ma bouche, puis les lèche aussitôt après en me regardant dans les yeux. Si l'olive n'avait pas cette terrible farce au piment, je me croirais dans la bande-annonce de *9 semaines 1/2*.

En toussant et en crachant ce qu'il en reste dans une mini-serviette en papier, je me dis : *Tu vois, Tio, ce Bélier n'est pas le grossier personnage que tu me dépeins.* Il est attentionné et poli, tout comme le disait Paola. Je commence à me détendre et me laisse raccompagner à notre table, réconfortée par sa main chaude posée sur mes reins.

« Ah, pardon, ma chérie. » Luca s'arrête à mi-chemin et se tourne vers une autre table. Celle où sont assis Claudia Schiffer et son compagnon. « Je vous présente Alisssson. »

La bimbo blonde me sourit en serrant les dents. « Anna. »

Anna… Minute : Anna, son ex ?

« Quel plaisir, Alissson, poursuit Anna.

– En fait, c'est Alice. »

Elle me scanne des pieds à la tête. Bon sang, c'est vraiment une femme dans toute sa splendeur, génétiquement programmée pour détailler sans pitié ses rivales. Pour remarquer ma chaussure zébrée, surtout.

Mais elle relève aussitôt les yeux, et pour tout commentaire elle se contente de croiser les jambes devant Luca, en mode *Basic Instinct*.

« Salut, me lance son ami, dont je découvre qu'il répond à l'improbable prénom de Loup. Venez, asseyez-vous un moment avec nous. »

Comme Luca n'hésite pas une seconde, je fais le tour de la table et m'assieds à côté de Loup.

Tandis qu'on nous sert deux autres *negroni*, que je n'arrive pas à décommander cette fois non plus, j'apprends qu'on se trouve dans le bar fétiche de Luca et Anna. Bref, quand ils étaient ensemble, ils venaient toujours ici. Comme c'est mignon...

« J'espère que ça ne te dérange pas, ma chérie, si maintenant j'y amène Alissson, dit-il en tendant la main à travers la table pour m'effleurer les doigts.

– Mais bien sûr que non, chouchou, répond Anna. Après tout, j'y ai bien amené Loup, pas vrai ? »

Elle effleure le menton de son compagnon actuel de la pointe de l'index.

« Alors on pourrait trinquer un petit coup », commente Loup, qui rappelle aussitôt l'un des serveurs et commande des shots.

Malgré son allure sensuelle, Anna se révèle être une espèce de walkyrie en matière d'alcool. Elle engloutit deux shots de vodka l'un après l'autre, sans frémir. Après le deuxième, elle regarde Luca et lui fait un clin d'œil. « Tu te rappelles au Mexique ? On les avait rétamés à coups de tequilas. »

Pendant qu'ils commencent à raconter une anecdote sur des Mexicains bourrés, je m'excuse et me lève pour aller aux toilettes.

Il fait vraiment chaud. Je me sens un tantinet à côté de la plaque, comme si je me voyais de l'extérieur et au moins à un mètre des choses.

Depuis les toilettes, j'écris à Tio.

Va se passe bein. Luca ets syma et m'a pris la majn. Mais il ya son ex et ça craknt. Keske je fais ?

Sa réponse arrive dans les trente secondes.

Tu es saoule ? Ton message est délirant. Son EX ? Il te met peut-être à l'épreuve. Il veut être l'objet de la conquête. Mais toi, ne cède pas. Sois provocante tout en gardant tes distances. Parle avec les autres. Fais-lui comprendre qu'il n'est pas ta seule proie. Et arrête de boire.

Certes, j'ai un peu la tête qui tourne, mais je ne perds pas le nord.

Quand je reviens à notre table, je remarque que les autres sont sortis devant le bar. Loup a roulé un joint et Anna engloutit son énième shot… J'ai perdu le compte de ce que j'ai bu, alors elle…

« Une taffe ?

– Hum… non, merci… je ne fume pas. »

Ils éclatent de rire tous les trois. « Putain, tu es peut-être la seule sur terre, tu le sais ?

– Non, c'est que… »

Bon, pour qu'ils s'arrêtent de rire, je tire deux taffes.

Je me retrouve avec un shot de vodka à la main, que je ne me rappelle même pas avoir commandé. Mais je m'amuse. En fait, Anna est sympa et Loup pas mal dans son genre. Il est même super. On discute… euh, je ne sais pas trop de quoi, mais qu'est-ce qu'il me fait rire. Il est hilarant.

« Tu veux une autre vodka ? Moi, j'en reprends une », me dit-il en me caressant la hanche.

À ce moment-là, je ne suis plus très sûre qu'Anna et lui soient ensemble. Tiens, à propos, où sont passés Anna et Luca ? Ils ont dû aller commander à boire. Le bar s'est tellement rempli que les gens sont debout, et je ne les vois nulle part.

Pendant ce temps, Loup se serre contre moi. *OhMyGod*, j'ai du mal à respirer et la tête me tourne.

« Tu veux venir un moment en voiture avec moi ? On va écouter un peu de musique.

– Non, la seule chose dont j'ai besoin, c'est d'air frais sur mon visage.

– Alors, je t'accompagne faire un tour. Il y a un petit parc, juste là derrière. »

Sa main se pose légèrement sur ma fesse.

« Alice ? »

En me retournant, je reste interdite, comme si j'avais une vision.

« Raffaella ?

– Je ne savais pas que tu venais à *The Cavern*.

– Je suis avec des amis, ce n'est pas mon coin d'habitude… Et toi ?

– Oh, moi, j'habite juste à côté. »

À ce moment-là, quelqu'un la rejoint et lui passe une margarita.

Je le savais. Je le savais, que je devais écouter Tio. J'ai trop bu et maintenant, j'ai des hallucinations perverses.

« Il y a un monde fou », dit l'homme, puis il se tourne vers moi et me reconnaît. « Alice ! bonsoir. »

Alors comme ça, Davide Nardi est réellement ici, devant moi. « Bon… bonsoir. »

Loup décolle enfin sa main de ma fesse et la tend vers eux. « Enchanté, Loup. »

Davide hausse les sourcils. Il regarde Loup, puis me dévisage. « Alors, vous êtes le Petit Chaperon rouge ? » dit-il ensuite en détaillant ma robe rubis et en esquissant un sourire.

J'éclate de rire. Ce détail m'avait échappé. Que cet homme est drôle ! Quel boute-en-train. Je n'arrive pas à m'arrêter.

« Alice, tu te sens bien ? » me demande Raffaella.

Le Loup… le Petit Chaperon rouge… le petit parc… la main de Loup sur mes fesses… *OhMyGod*, je divague complètement ! Je me mords férocement l'intérieur de la joue, dans l'espoir que mon attaque de fou rire hystéro-alcoolique se calme. « En fait, j'étais là avec quelqu'un d'autre. » Où est passé mon Bélier ?

« Ah, vraiment ? » lance Davide en tendant le cou, comme s'il pouvait localiser Luca sans l'avoir jamais vu.

« Bizarres, tes chaussures », remarque alors Raffaella. Quelle plaie, celle-là. À présent, Loup comme Davide sont en train de les observer.

« C'est… un modèle spécial. Tu sais, la mode… On ne sait plus quoi inventer.

– Je vais te chercher à boire, chérie ? » me demande Loup, qui se remet en mode pieuvre et m'attire contre lui.

Instinctivement, je fais un pas pour m'éloigner, mais je me prends le mur en pleine figure.

« Sans alcool, alors », précise Davide en soulevant son cocktail.

J'ai encore envie de rire. Avec son blouson de cuir noir et son verre rempli de fraises des bois et de mini-parasols, il est plutôt drôle.

Il disparaît dans le bar en suivant Loup, tandis que Raffa et moi restons sur le trottoir, entourées des autres habitués sortis pour fumer ou prendre une bouffée d'air frais.

« Tu te sens bien, Alice ? Tu ne m'as pas l'air très… stable. »

Je lève le pouce pour lui faire comprendre que tout est OK. « Il m'en faut bien plus, crois-moi. Mais toi, par contre, qu'est-ce que tu fais avec Nardi ?

– Oh, rien. Tu sais, j'essaie juste d'être sympa. Je l'ai accompagné visiter un appartement. Il n'est pas de Milan et il cherche à s'installer pour les quelques mois où il restera travailler avec nous. »

C'est-à-dire tout le temps qu'il lui faudra pour nous dégager l'un après l'autre. Mais c'est gentil de la part de Raffaella de lui donner un coup de main. Après, elle fournira peut-être l'entreprise en tee-shirts avec des cibles imprimées sur le devant, histoire de l'aider à viser juste.

« Mais non, va. Ce n'est pas ce que tu crois. Au fond, il travaille pour le bien de la chaîne. »

Comment a-t-elle fait pour entendre mes pensées ? Je me couvre la bouche d'une main. Bon sang, j'ai pensé tout haut. Très gênée, j'avale la dernière goutte d'un verre de bière posé près de moi.

« Hé ! » Un type près de nous me regarde de travers. « Tu sais quoi ? C'était le mien. »

À ce moment-là, Davide revient vers nous avec une petite bouteille d'eau. « C'est vraiment le bordel pour se faire comprendre là-dedans. Ils voulaient me refiler de la *grappa* à tout prix. Tiens. » Il tourne le bouchon sans le retirer tout à fait et me la tend.

« Il faut absolument que tu goûtes ça, dit Loup, qui nous a rejoints, un cocktail multicolore à la main. C'est fabuleux.

– Il ne vaudrait mieux pas », répond Davide.

« Hé, il y a des amis à moi, là-bas ! s'exclame Raffaella. Viens, Davide, je vais te les présenter. Comme ça, si tu prends l'appart', tu connaîtras déjà un peu de monde… »

Elle l'attrape par le bras et l'entraîne, et ses derniers mots se perdent dans le brouhaha.

Loup me tend le verre. Il serait impoli de refuser d'y goûter puisqu'il l'a commandé exprès pour moi. C'est bon. Frais. Et puis la façon dont le monde se transforme quand on a un peu d'alcool dans le sang n'est pas déplaisante. Devant moi, les gens se métamorphosent en silhouettes multicolores ondoyantes.

Il y a même des lucioles. Des tas de lucioles jaunes qui dansent devant mes yeux. Je sens que mes jambes sont toutes molles.

Puis, plus rien.

7

Le crépuscule du Bélier

Non, je ne suis pas tombée dans les pommes. Je suis tout à fait consciente, et j'entends tout distinctement. Même trop, car il me semble que les bruits se sont carrément amplifiés. Par exemple, le verre qui se brise et éclabousse mes maudites chaussures est un coup de tonnerre dans mes tympans. Le hic, c'est que je ne vois plus rien. « Je crois que je vais m'asseoir un peu…, dis-je en forçant sur les muscles de mes yeux écarquillés.

– Viens, ma voiture est garée tout près. » Loup me serre contre lui pour me soutenir, puis on s'en va vers je ne sais où. Il m'appuie contre une voiture, et j'entends la portière s'ouvrir. « Assieds-toi, vas-y. »

Putain, et si je reste aveugle ? Merde alors… Je ne verrai plus jamais un homme de toute ma vie !

Je l'entends ricaner. « Mais non, tu ne vas pas rester aveugle. Et puis, pourquoi t'inquiéter des hommes : je suis là, moi. »

Oh, Sainte Vierge, j'ai de nouveau pensé tout haut.

Ce sont ses lèvres que je sens tout près de ma bouche ?

« Non, attends…

– Mais si, allez, un petit bisou…

– Je ne suis pas très fraîche, je crois… »

Mais il m'embrasse encore et je sens sa main sur mon genou.

Je rassemble mes forces et me relève. Naturellement, ma tête cogne contre la portière et je fais deux pas avant de m'écrouler sur les genoux, pour une rencontre du troisième type avec le bitume.

Des mains me saisissent délicatement aux aisselles. « Qu'est-ce qui s'est passé ? »

C'est la voix de Davide Nardi, très en colère.

« Je… je ne vois plus rien…

– Qu'est-ce que tu lui as encore filé à boire, crétin ?

– Je suis désolé, je ne m'étais pas aperçu qu'elle était dans cet état. »

Quelqu'un me soulève de terre. Mon visage se colle à un tissu lisse et vaguement parfumé. Du cuir. C'est le blouson de Davide Nardi. « OK, maintenant, tu peux t'en aller », grogne-t-il.

Je crie à l'adresse de Loup : « Attends ! Tu es de quel signe ? »

Je n'entends pas sa réponse car Davide m'emmène aussitôt.

Bon sang, Debra Winger, elle, n'était pas aveugle quand Richard Gere l'emportait dans ses bras à la sortie de l'usine dans *Officier et Gentleman*. J'ai l'impression d'être au cinéma, quand l'idiot assis devant moi se lève et me fait rater la plus belle scène. Sauf que là, c'est moi l'idiote, car je ne peux blâmer personne d'autre que moi. Tio m'avait bien dit qu'il fallait que j'arrête de boire !

« Qui est Tio ? »

Merde. J'ai encore parlé à haute voix. Je sens que Davide me fait asseoir sur un banc et qu'il reste à côté de moi. Je n'arrive pas à tenir ma tête droite, elle retombe sur son épaule.

« Tu as parlé d'un certain Tio. Quel drôle de prénom !

– En fait, euh… Tio est un ami. Il m'avait prévenue de ne pas trop boire. »

Je l'entends soupirer. « Si c'est ça, je te l'avais dit moi aussi. J'ai comme l'impression que tu n'écoutes personne. Tu n'en fais toujours qu'à ta tête, non ?

– Et je finis par me la fracasser.

– Oui, il s'en est fallu de peu, sur le bitume. »

Je sens quelque chose de frais contre mon front, et je relève un peu la tête.

« C'est juste un mouchoir humide, m'explique-t-il. Tu as dû faire une baisse de tension. »

Eh oui, et je ne peux sûrement pas lui dire que j'ai aussi fumé de l'herbe. Je sens ma tête rebondir. « Tu n'es quand même pas en train de rire ?

– Qui, moi ? Non, je te jure…

– Mais je le sens à sa voix.

« Je suis à l'article de la mort, Hannibal Lecter pourrait faire un excellent pâté avec mon foie… et toi, tu rigoles ? Remarque, que peut-on attendre d'autre de quelqu'un comme toi ? »

Je le sens se crisper. « Comment ça, *quelqu'un comme moi* ? »

Non, Alice, arrête. Qu'est-ce qu'il y avait dans ce cocktail, le sérum de vérité de Jack Bauer ? « Ce que je veux dire, c'est que ton job t'impose de tout considérer avec détachement.

– Je comprends. Comment tu te sens ? Ta vue ? »

Je n'y vois toujours rien. En revanche, mon estomac est en train d'incuber une espèce d'Alien. Je murmure en relevant la tête : « Je crois… Je crois que je vais vomir. »

Je me lève en vacillant, et il me saisit par un bras, écartant les cheveux de mon visage juste avant que je me mette à vomir.

« Excuse-moi. » Je suis la reine de la lose. « Excuse-moi. » Mais je vais peut-être me réveiller et découvrir que tout cela n'est qu'un affreux cauchemar, comme la mort de Bobby dans *Dallas*. Quel horrible scénario.

Quand j'ai fini de vomir, le brouillard devant mes yeux se dissipe. Je ne tiens pas encore bien debout, mais au moins, j'y vois.

En relevant la tête, j'aperçois Davide tout près de moi. Mon Dieu, pourrais-je retourner dans le noir, s'il te plaît ? Il maintient mes cheveux derrière ma nuque. Il a l'air tendu.

Je cligne des yeux. Alors, il s'aperçoit que je le vois enfin. « Salut. » Il esquisse un sourire en coin. Pourquoi faut-il qu'il soit si sexy alors que j'ai encore un arrière-goût de bile dans la bouche ?

Je dois être maudite pour me fourrer en permanence dans des situations si merdiques. Et avec lui, en plus. Quelle injustice qu'il soit aussi fascinant. À qui peut-on envoyer une protestation contre le destin ?

Davide sourit et se mord les lèvres. « Tu es foldingue », commente-t-il. Puis il me soulève comme une marionnette et me redresse, fouille dans sa poche et m'essuie les lèvres avec un mouchoir. « Ça va mieux ? »

Pendant que je hoche la tête, les larmes me montent aux yeux. Je suis un vrai désastre. Au travail, avec Carlo et avec tous les autres hommes. Je suis seule et sans perspectives. Oh, non, voilà que j'ai le vin triste !

« Pourquoi as-tu demandé son signe du zodiaque à ce mec ? » me demande Davide en me raccompagnant au banc.

Qu'est-ce que je dois faire : lui raconter la théorie de Tio ? Après tout, je crois vraiment que les signes du zodiaque ont un certain intérêt, notamment pour faire de l'écrémage. Ça rendrait service à beaucoup de gens si Tio était à leur disposition, parce que je ne suis pas la seule à avoir des problèmes, non ? J'ose espérer que non.

Quelqu'un comme Tio pourrait aider les autres à y voir plus clair dans leur vie. Dans une période de crise comme celle que je traverse, ses conseils pourraient s'avérer salutaires. La télévision devrait s'emparer du sujet. Et proposer une émission reconnue d'utilité publique qui expliquerait les relations entre les êtres à travers le positionnement des planètes. Moi, par exemple, je suis mon propre cobaye et ça marche. Je suis une espèce de Marie Curie des signes du zodiaque, j'expérimente sur le terrain, sans filet. Ici, la science est en action.

Je l'entends rire. « Un guide astrologique, hein ? » Il s'accroupit devant moi et soulève un de mes pieds. Je me rends compte alors que je suis pieds nus. Mes chaussures dépareillées sont dans les poches de sa veste. Il me les enfile l'une après l'autre et, l'espace d'un instant, je me prendrais presque pour « cette salope de Cendrillon », comme le dit l'amie de Julia Roberts dans *Pretty Woman*. « Tu vas arriver à marcher ? »

8

Mercredi, folle Balance

J'essaie d'entretenir mon amitié avec Jane Fonda et, après un dimanche passé à somnoler pour me remettre de ma gueule de bois, aujourd'hui je me suis levée tôt pour faire de la gym. Comme ça, en arrivant au boulot, je suis carrément en avance et je peux m'autoriser un deuxième café à la machine, en toute tranquillité. Je me sens libérée d'inutiles appréhensions et en paix avec moi-même.

Pourtant, mon téléphone doit avoir un problème de réseau parce que je n'ai encore reçu aucun message de Luca.

« Ah, tout fonctionne ? Je suis donc joignable sans problème… D'accord », dis-je au type du call center que j'ai appelé pour faire réparer ma ligne.

Dans ce cas, ce doit être Luca qui n'arrive pas à m'envoyer de messages.

Je me demande encore ce qui a pu lui arriver : pendant la post-cuite d'hier, je me suis fait un sang d'encre, sans compter les avis sur le sujet de mes deux meilleurs amis.

Pour Paola : j'ai fait valoir mes droits de femme, même si j'aurais pu essayer de comprendre le point de vue de Luca, m'interroger sur ce qui lui était arrivé et découvrir, peut-être, qu'il avait besoin d'aide. Elle pense que j'aurais pu faire preuve de plus d'empathie à son égard, ce qui nous aurait rapprochés. Bref, d'après elle, il existe une raison à sa disparition. Un coup de fil lui annonçant que ses parents ou ses grands-parents ont eu un accident. Je devrais cesser de tirer des conclusions hâtives et me concentrer pour analyser les sentiments que j'ai éprouvés en passant du temps avec lui – en attendant qu'il m'appelle. Parce qu'il m'appellera, malgré mon comportement de femme libérée – car embrasser un autre homme et rentrer chez moi avec un autre encore, ce n'est pas du tout mon genre et ne révèle sûrement pas que j'ai envie d'une relation stable et durable (sujet sur lequel je me permets d'émettre une objection, car Luca m'a embrassée par traîtrise et je ne suis pas certaine que Davide m'ait ramenée chez moi où, de toute façon, grâce à Dieu, il ne s'est rien passé… du moins je crois).

Pour Tio : le Bélier a blessé mes tendres sentiments de petite Balance romantique, agissant en cohérence avec sa nature rustique et essayant sournoisement d'inverser les rôles pour se faire pourchasser à son tour. Il m'a lâchement abandonnée et n'a aucune excuse, ni comme homme, ni comme signe du zodiaque. Mieux vaudrait pour lui qu'il ne rappelle plus jamais. J'ai eu raison de faire preuve d'une attitude détachée. En conclusion, j'ai bien fait de lui montrer qu'il n'est pas seul sur terre en embrassant un autre homme et en rentrant chez moi avec un autre encore (sujet sur lequel je me permets d'émettre encore une objection, car Luca m'a embrassée par traîtrise et je ne suis pas sûre que Davide m'ait ramenée chez moi, où, de toute façon, grâce à Dieu, il ne s'est rien passé… du moins je crois).

D'après Tio, mon comportement s'est révélé en parfaite adéquation avec le caractère de la Balance, signe éthéré et vaguement incohérent. Même si Luca apprenait que j'en ai embrassé un autre et suis rentrée chez moi avec un autre encore, ça jouerait en ma faveur : d'abord parce qu'il me considérerait comme une proie très convoitée, ensuite parce que j'éviterais l'erreur de lui laisser croire que je suis intéressée par une relation stable et durable.

Je me réchauffe aux rayons du soleil qui filtrent par la fenêtre et reste un instant émerveillée par la vision de Davide qui gare sa moto et retire son casque, puis passe sa main dans ses cheveux ébouriffés. Je le suis du regard jusqu'à ce que je sente le bout de mon nez contre la vitre. À ce moment-là, je me souviens que je n'ai aucun moyen de descendre à mon bureau sans passer par le couloir et le hall, ce qu'il fera lui aussi pour rejoindre le sien au premier étage. Je le croiserai forcément. Sauf si j'arrive à me confondre avec les pots des plantes ornementales.

Qu'est-ce que je vais lui dire ?

Je ne peux pas l'affronter maintenant. Je ne suis pas prête. Je ne le serai jamais, c'est vrai, mais je ne peux pas le rencontrer de si bon matin.

Je me faufile dans le couloir en m'aplatissant comme un ninja contre le mur, et j'essaie de me glisser dans le premier bureau venu. Sauf que la porte est encore fermée. Soudain… *eurêka* ! Je suis sauvée ! Au fond, il y a les toilettes. Je peux m'y enfermer et attendre une dizaine de minutes, le temps qu'il soit passé.

Dommage que le couloir soit interminable, il serait même parfait pour un remake de *Shining*. Avec mes talons hauts, qui font partie de mon programme « injection de confiance », courir revient à défier la mort. Tout ce que je peux me permettre, c'est un léger trot, au maximum.

« Alice ! »

Prise la main sur la poignée de la porte.

« Hum, bonjour. » Comment dois-je l'appeler, maintenant ? Monsieur Nardi ? Davide ?… Dark Vador ?

Lorsqu'il s'approche, il hausse les sourcils, ce qui lui donne un air perplexe. « Tout va bien ? Je veux dire, *tu* vas bien ? »

Je serre mes bras autour de mon corps. « Oui, oui, ça va. Merci.

– Je suis désolé de ne pas t'avoir appelée, hier. »

À présent, c'est moi qui le regarde d'un air ébahi. Je me sens mal à l'aise car j'entrevois une lueur particulière dans ses yeux. Une lueur que je ne connais pas, dont je ne me souviens pas. En fixant la pointe de mes chaussures, je marmonne : « Pas de problème. »

Il soupire : « En fait, j'aurais voulu te parler. Bref, ça aurait été normal, après l'autre nuit… Avant de nous revoir au boulot. »

En un instant, mes joues se vident de leur sang. Comment ça, *après l'autre nuit* ?

La vérité, c'est que je ne me souviens de rien après avoir joué à *Pieds nus dans le parc* avec lui. Mais s'il s'était passé quelque chose entre nous, quelque chose d'extraordinaire, je ne pourrais pas l'avoir oublié. Si ? J'écarquille les yeux en essayant de glaner un indice dans son expression.

Je voudrais avoir une télécommande pour pouvoir mettre sur « pause » et choisir correctement mes mots. « Ne t'inquiète pas, je ne l'ai pas mal pris… »

Prends ton temps, Alice. Prends ton temps.

Puis je tressaille.

Non, non, non !

Pourquoi ai-je cette terrible image en tête ? J'ai sûrement rêvé. Ou alors je confonds avec une comédie romantique vue au cinéma.

Primo, c'est comme si je voyais mon souvenir de l'extérieur : l'image de Davide me chargeant sur ses épaules, alors que c'est impossible. Deuxio, si je m'étais évanouie, je ne pourrais pas me souvenir de Davide me ramenant chez moi dans ses bras et montant les trois étages, n'est-ce pas ? Tertio, pourquoi Davide m'aurait-il portée sur ses épaules puisque j'ai l'ascenseur ?

OhMyGod, on a peut-être passé une nuit fougueuse et, à présent, il se sent coupable parce qu'il pense qu'il a profité de moi.

Davide esquisse un sourire. « Je suis désolé de ne pas t'avoir appelée pour m'assurer que tu allais bien, mais je n'avais pas ton numéro. »

Je le toise de nouveau, et un soupir de regret m'échappe : quel dommage que je ne me souvienne d'absolument rien. « Eh bien… si c'est ça… on peut y remédier », lui dis-je en lui rendant son sourire et en ajoutant – quelle coquine ! – un petit clin d'œil.

Il fronce les sourcils. « Bien sûr, mais pas besoin. Viens me voir dans une heure dans mon bureau, ça ira ? »

Je ne m'attendais pas du tout à ce revirement de situation. Je suis sûre que Paola me ferait des reproches. Je devrais me dominer un peu étant donné la position de Davide dans l'entreprise. Alors que là, je joue avec le feu, je couche avec l'ennemi ! Il faudrait que je saisisse cette occasion pour lui expliquer que c'était une malencontreuse erreur, que je n'étais pas moi-même à cause de l'alcool, etc. *OhMyGod*, heureusement que j'ai pris une douche ce matin.

Tout en m'éloignant vers mon bureau, je m'arrête et me retourne vers lui, qui s'apprête à sortir.

« Davide ?

– Oui ?

– Tu es de quel signe ? »

Il sourit et me fait un clin d'œil. « Bravo ! Tu tiens le bon bout. »

Au cours de l'heure suivante, je passe mon temps à regarder la pendule – toutes les trois minutes environ – et à me creuser la tête pour me rappeler mes acrobaties au lit avec Davide. Le néant total. Après les escaliers, que j'ai vraiment dû monter sur son dos, dans ma tête ne subsiste qu'un trou noir de la taille de l'astéroïde d'*Armageddon*.

Raffaella entre dans le bureau, plus resplendissante que jamais. Soit elle a un coiffeur en bas de chez elle disposé à lui faire sa mise en pli à sept heures tous les lundis matin, soit Dieu s'est montré profondément injuste au moment de la distribution des cheveux entre les êtres humains. « Salut, ma chérie. Tu t'es bien remise ? » me demande-t-elle, et deux de nos collègues relèvent la tête de leurs bureaux respectifs pour me regarder.

« Qu'est-ce qui s'est passé ?

– Oh, rien… je n'étais pas très bien.

– Alice est un vrai camionneur, explique Raffaella en me poussant du coude. Si vous saviez ce qu'elle picole ! »

Bienvenue à une réunion d'alcooliques pas très anonymes.

Je minimise l'événement en murmurant : « Mais non, juste quelques verres... »

Raffaella n'a pas l'air de m'écouter. Elle soupire en regardant autour d'elle puis prend, l'espace d'un instant, l'air mélancolique de Heidi disant adieu à ses montagnes.

« Il s'est passé quelque chose ?

– Non, non, rien. » Mais elle sourit comme si elle avait un secret. Elle secoue ses boucles aux reflets caramel. « Un truc chouette, en fait... mais je ne peux rien dire. »

Elle disparaît aussitôt après, légère comme un papillon.

En regardant l'heure, je m'aperçois qu'il reste dix minutes avant le rendez-vous avec Nardi. Davide...

Je cours aux toilettes ; mon cœur danse la macarena. Je vais me refaire une beauté et essayer de me calmer.

Devant le miroir, Raffaella se tartine la bouche de gloss. Elle me sourit, jette sa tête en avant et secoue ses boucles avec ses mains, avant de se redresser, séduisante comme Rita Hayworth dans *Gilda*, puis de s'éclipser.

Je fais de même, dommage que j'aie l'air de m'être coiffée avec un pétard. Je finis donc par opter pour une queue-de-cheval.

Au moment de sortir, je reçois l'horoscope de Tio.

Cette journée commence avec la Lune dans ton signe, mais ce n'est pas une garantie de sérénité. La tension est forte du point de vue professionnel et sentimental. Des nouveautés en vue, mais le vent qui les apporte ne correspond pas du tout à tes attentes. Un mois intéressant s'annonce dans le domaine professionnel mais, aujourd'hui en particulier, c'est au niveau des sentiments que tu te sens sous pression.

Cher Tio... S'il savait.

Je monte à l'étage en essayant de me tenir bien droite. Mon cœur bat à tout rompre dans ma poitrine.

J'atteins la porte du bureau de Davide et pose la main sur la poignée, essayant de me donner du courage. « Je peux entrer ? »

Il est debout devant la fenêtre. Quand il se retourne, le soleil illumine ses cheveux de reflets dorés.

Raffaella et le Présidentissime se retournent eux aussi pour me regarder.

« Oh, pardon, je ne voulais pas vous déranger. »

Davide fait un pas en avant. « Je vous en prie, mademoiselle Bassi, asseyez-vous. »

Je déglutis et regarde Raffaella. Elle non plus ne semble pas trop savoir ce qui se passe.

Puis une pensée me traverse. Ils vont me licencier !

L'amour, tu parles ! *Pretty Woman*, Cendrillon et toute la clique, un beau ramassis de conneries ! La vérité, c'est que je me suis ridiculisée, j'ai montré ma facette la plus pitoyable, mon côté irresponsable et fragile. J'ai superposé tous les clichés des comédies romantiques aux récents événements, imaginant qu'un homme comme Davide Nardi pourrait éprouver de l'intérêt pour moi. Alors qu'il a été embauché pour élaguer le personnel de l'entreprise. Programmé pour tuer. Et moi, je me suis offerte à lui sur un plateau d'argent.

Je m'assieds et attends la sentence.

« Davide m'a beaucoup parlé de vous, mademoiselle Bassi », commence le Présidentissime.

Ah oui, vraiment ? Laissez-moi deviner, au lieu de faire mon numéro, dimanche, il a tapé le sien pour lui raconter toutes mes prouesses. Tout à fait charmant… « Oui, mais je peux vous expliquer. Cela ne m'arrive pas tous les jours.

– J'imagine. Et des explications plus détaillées, c'était justement ce que nous attendions. Comme vous le savez, nous ne pouvons pas nous permettre d'investir de l'argent sur nos salariés sans garanties. »

Il parle clairement du salaire qu'il va me retirer. *OhMyGod*, comment je vais faire ?

« Monsieur le Président, intervient Raffaella, cela me semble un peu précipité. Sur la seule base de quelques bavardages… » Heureusement qu'il reste des gens disposés à m'accorder leur confiance. Je lui souris avec gratitude, mais sa bouche se durcit en un rictus, avant qu'elle ne se tourne vers Davide. « Après tout, ce que j'ai fait aussi… »

Bon sang, je n'aurais jamais pensé que son amitié allait jusque-là.

« Raffaella, je ne dis pas que ton projet n'est pas valide, mais il est très coûteux. Et la chaîne ne peut pas se le permettre en ce moment », dit Davide.

Alors là, je n'y comprends plus rien. De quoi parle-t-on, par pitié ?

« En effet, continue le Présidentissime en posant sa main sur mon épaule, l'idée d'Alice convient davantage. En plus, elle est innovante et rafraîchissante. Aucune autre chaîne ne l'a jamais proposée avant nous. C'est expérimental et correspond pleinement à la nouvelle image que nous voulons donner pour capter un public plus large. »

Je croise le regard de Davide, et il me semble que ses lèvres ébauchent un très, très léger sourire. « Si vous êtes disposée à plancher sur le sujet les prochains jours, nous pourrions être prêts à tourner l'épisode pilote de *Guide astrologique des cœurs brisés* à la fin du mois. »

GÉMEAUX

A-t-il une personnalité, aucune, cent mille ? Le natif des Gémeaux est l'un des signes qui font la fortune des psychanalystes. Le natif des Gémeaux ne souffre pas d'un simple dédoublement de la personnalité, oh non ! Il en a tellement, des personnalités, qu'elles ont besoin d'organiser une réunion de copropriété pour régler leurs litiges. Et justement parce qu'il vit dans cette espèce de chaos originel, le natif des Gémeaux est incapable d'avoir une seule idée, une seule opinion, une seule femme. Ce qu'il affirme aujourd'hui n'a aucune influence sur ce qu'il fera demain. Alors, si par un heureux hasard il lui arrive de se rappeler qu'il doit aller au cinéma avec vous deux jours après vous l'avoir proposé, vous êtes autorisée à entendre les cloches du mariage : on dirait bien qu'il vous considère comme une relation sérieuse.

9

Working Balance

Cette semaine, je n'ai pas dû dormir plus de quatre heures par nuit. Le reste du temps, je l'ai passé ici, dans le studio Delta dépourvu de fenêtres, sans jamais savoir s'il faisait jour ou nuit, s'il pleuvait, s'il ventait ou si la Terre avait été envahie par les extra-terrestres.

Depuis dix jours, à la rédaction, en studio et même à la cantine, on ne fait que parler astrologie et programme innovant.

C'est comme si je me retrouvais dans un épisode de *La Quatrième Dimension*, et que tout à coup connaître le signe du zodiaque de quelqu'un était plus important que connaître son propre groupe sanguin après un accident de la route. « Deux centimètres cubes de Capricorne, docteur, sinon on va le perdre ! »

L'air est saturé d'électricité, d'adrénaline... et de sueur. Car, disons-le tout net, on a dû concevoir le nouveau programme, les décors et tout le reste du jour au lendemain. Le temps consacré aux hobbies personnels, notamment l'hygiène pour certains, a été réduit à la portion congrue.

Aujourd'hui, j'arbore moi-même une belle tresse qui, en plus de me donner un petit air de Lara Croft, dissimule le fait que je ne pourrais pas être l'heureuse gagnante d'un concours de L'Oréal.

Cheveux à part, je me suis mise sur mon trente et un pour tourner le pilote d'une émission où mon nom apparaît dans le générique : j'ai enfilé un beau tailleur gris et mes Christian

Louboutin flambant neuves. À elles seules, elles m'ont coûté presque intégralement le bonus que j'ai encaissé pour la trouvaille du programme. Dommage que mes pieds aient déjà gonflé de manière inversement proportionnelle à mon portefeuille.

Après avoir passé la tête par la porte de la loge maquillage, je demande : « Quelqu'un a vu Tio ? » Mais aucune trace de lui.

« Alice ! Alice, attends ! me crie Marlin en chassant la maquilleuse comme une mouche indésirable.

– Qu'est-ce qui se passe, Marlin ?

– Regarde ça. »

Avec nonchalance, elle soulève l'une de ses jambes et la pose sur la table, puis décolle de sa cheville un pansement gros comme le poing.

Apparaît le tatouage d'une demoiselle dans le plus simple appareil, qui ressemble étrangement à Marlin elle-même et sourit en regardant ses seins. À côté du dessin est inscrit : ARIÈS.

« Je l'ai fait tatouer hier après-midi », m'annonce-t-elle, toute fière.

Déconcertée, je lui demande : « Mais pourquoi y a-t-il écrit ARIÈS, qui signifie Bélier, alors qu'on dirait le symbole de la Vierge ? Ça ne devrait pas être plutôt VIRGO ? »

Elle me regarde en grimaçant. « Nan, trop vulgaire. »

Un frisson me parcourt l'échine et je sors au moment où elle ajoute :

« De toute façon, je suis Poissons. »

Tout commentaire additionnel serait superflu.

« Alice, les invités sont là, figure-toi ! crie Luciano depuis la régie.

– Dans la salle d'attente ?

– Comment on va tous les faire rentrer ? On ne peut quand même pas les entasser comme des vaches. »

Tout ça parce que la chaîne a imaginé une touche géniale à rajouter au programme : le *reality show*. Outre les invités classiques, spécialistes de l'astrologie ou non, douze concurrents, un par signe, nous suivront aussi d'une semaine à l'autre. Quand il s'agit d'idées rafraîchissantes et innovantes, nous savons vraiment nous faire remarquer.

D'accord, mes signes ne sont peut-être pas des vaches, mais ils se comportent comme un troupeau en furie. Heureusement, je peux les reconnaître d'un seul coup d'œil, car on a fait imprimer des tee-shirts avec les signes du zodiaque qui leur correspondent. Je porte mes doigts à ma bouche et les siffle comme Heidi ses chèvres. « Hé, toi, le Taureau, tu pourrais descendre de l'échafaudage ? » dis-je à celui qui se prend pour Spider-Man sur l'échelle qui conduit aux éclairages.

Il me regarde de son œil bovin pendant quelques secondes, et je prie pour ne pas avoir à jouer les Calamity Jane pour le rattraper. D'autant plus qu'avec mes sublimes chaussures, je risquerais de me rompre le cou.

Je ramène l'ordre en distribuant des sandwiches, et je prends bonne note de la nécessité de me refournir en fleurs de Bach pour les prochaines fois.

Je me dirige vers le couloir lorsque j'entends à nouveau hurler derrière moi : « Alice ! Putain, j'ai perdu l'optique du Steadicam ! Je veux bien que tu sois devenue productrice de programme, mais il faut bien que quelqu'un surveille, ici !

– Ferruccio, s'il te plaît, tu ne vas pas t'y mettre toi aussi.

– Je ne m'y suis certainement pas mis de mon plein gré. Normalement, à cette heure-ci, je suis déjà chez moi en train de mater un film. Au lieu de ça, on est tous là en train de préparer *ton* émission. Alors collabore un minimum. »

Reste zen, Alice. C'est ce que mon cours de yoga de l'année dernière aurait dû m'apprendre, mais je me demande si les leçons de base ne sont pas celles que j'ai loupées. Je me répète pour me calmer : *frotter, lustrer*, comme dans *Karaté Kid*. Le générique sera lancé dans une demi-heure. « Demande à Enrico. Après tout, c'est lui le directeur de production, non ? »

Ferruccio me rit au nez. « Elle est bien bonne, celle-là. Si seulement on savait où il est ! »

Je m'éloigne en lui assurant que je vais le trouver.

« Et n'oublie pas d'imprimer les conducteurs, me crie Luciano en sortant sa tête de la régie.

– Mais c'est Raffaella qui devait le faire !

– Elle, elle dit qu'elle te l'avait dit à toi. »

OK. OK. Je pars en courant, ignorant la douleur causée par les ampoules qui se forment sur mes pieds. Louboutin ne se contente pas de mon compte en banque, il veut aussi ma peau.

Je monte au premier étage et à deux pas du bureau d'Enrico, je l'aperçois, à trois heures, dans l'alcôve des distributeurs de snacks. Pris en flagrant délit de pillage de gâteaux, prêt à transgresser :

A) le régime permanent auquel je sais que son médecin l'a soumis, après un soupçon d'infarctus il y a six mois ;

B) et, ce qui est plus important, mon ordre du jour qui prévoit qu'il m'assiste, avec la vigilance et l'agilité d'une fouine.

Lorsque je l'appelle, il sursaute et laisse tomber sa prise à terre : quatre jus de fruits, trois barres au chocolat, deux gâteaux et un paquet de biscuits à la confiture allégée (histoire de se donner bonne conscience). Puis il grince des dents : « TOI ! Qu'est-ce que tu fabriques ici ? Tu devrais être dans les studios, tu n'as pas encore compris, depuis dix ans que tu bosses ici ? »

Non, maître Miyagi ne serait pas du tout fier de moi, lorsque je me redresse de toute ma hauteur (aidée de dix centimètres de talons) et lui crie que c'est peut-être lui qui ignore quels sont ses devoirs ici. Je n'en peux plus d'entendre dire que tout est de ma faute. *Frotter, lustrer*, mon cul.

Enrico se débarrasse de son butin et pointe vers moi son doigt grassouillet enveloppé dans un bandage improvisé avec scotch et Kleenex. « Et arrête de te plaindre comme tu le fais tout le temps, hein, maintenant que tu as mijoté tout ce bordel et que tu nous as fait marner jour et nuit avec ton émission. Je ne sais même plus à quoi ça ressemble, chez moi, tellement j'y passe peu de temps en ce moment ! Mais toi, tu t'en fiches, hein ? Qu'est-ce qu'on s'en balance, de la vie des autres ! L'important, c'est que mademoiselle se fasse bien voir des chefs, et en attendant Enrico s'occupe de tout organiser ! Comme si je ne m'étais pas déjà assez saigné pour cette boîte ! »

Il est en train de devenir bleu comme le Grand Schtroumpf. Je ne voudrais pas être obligée d'improviser un massage cardiaque ou, Dieu m'en préserve, un bouche-à-bouche. « Enrico, calme-toi maintenant. Tu verras que tout ira bien, mais j'ai besoin que tu me donnes un coup de main. Je suis désolée, nous sommes tous fatigués. Je te comprends…

– Non, tu ne comprends pas. Tu ne comprends vraiment pas les dégâts que tu as faits. » Il s'éloigne vers son bureau. « Je descends tout de suite. Toi, passe devant », me dit-il en sortant la clé de sa poche et en l'introduisant dans la serrure.

Je cours derrière lui. « Attends, je dois imprimer les conducteurs. Je vais le faire dans ton bureau. »

Mais il m'arrête : « Plus d'encre ! »

Cinq minutes plus tard, je suis de retour en régie, en train de distribuer les conducteurs comme des frisbees. Mes pieds et moi, on prie le Seigneur que Tio soit bien au maquillage. La loge grouille de signes du zodiaque, mais pas trace de Tio.

La Vierge a apporté son propre maquillage et en refuse tout autre, parce qu'elle a la peau sensible. Le Taureau proteste parce qu'il n'est pas une tapette, lui, et refuse que le moindre pinceau l'effleure. Le natif de la Balance, en revanche, s'est prêté plus que volontiers à l'exercice, mais ça prend un temps fou, parce qu'il hésite sur la nuance du fond de teint.

La maquilleuse me lance un regard désespéré, puis ferme les yeux et fait une grimace. « Raffaella m'a dit que ce programme est ton œuvre… »

OK, OK. C'est bien moi. Prise en flagrant délit. Je suis plus perfide que Keyser Söze et j'ai ourdi ce plan pour vous nuire, uniquement parce que je vous déteste.

Avant de repartir en trottinant, j'aperçois Enrico qui s'approche de la régie et je cours le prévenir qu'il manque un objectif. Lorsqu'il se retourne, je me rends compte qu'il a un œil mi-clos, gonflé et injecté de sang. « Qu'est-ce que tu attendais pour me le dire ! » crie-t-il avant de rejoindre Ferruccio en courant.

Désormais, j'encaisse sans broncher. Mon unique but est de trouver Tio. Sinon, adieu émission, adieu Alice Bassi.

Mais je sais où il peut être.

Mal d'amour.

En effet, bien que je l'aie prié de renoncer à son rôle, Tio a pleurniché qu'il est, et reste, un acteur. Et qu'il veut jouer. Pourtant, ça se saurait, si les acteurs de *soap operas* savaient jouer. Malheureusement aujourd'hui, c'est jour de tournage pour eux aussi, et Tio est occupé sur le plateau.

J'entre dans le studio Alpha sur la pointe des pieds. Quelques lumières tamisées éclairent la scène d'une chambre dans laquelle, Tio, couché, s'agite comme en proie à un cauchemar.

Je m'avance et, en véritable professionnelle, j'attends qu'ils finissent de tourner. Puis je m'approche du réalisateur : « Excusez-moi, je suis la productrice du *Guide astrologique.* » Il vaut toujours mieux mettre en avant ses titres avec certaines personnes. Et aussi parce que j'aime bien le dire, je l'avoue.

« On a terminé », coupe-t-il.

Alors, contente d'avoir fait valoir mon autorité, je vais aider Tio à ramasser les vêtements que son personnage a éparpillés par terre.

« *No es buena para mí, Salva.* »

Je tiens à la main une chaussette récupérée sous le lit de camp, lorsque cette voix, chaude et pâteuse, caresse les *s* comme le velours sur la peau nue.

Le timbre latin me fait relever brusquement la tête, et je me cogne contre l'angle en bois, en maudissant monsieur Ikea et sa famille sur sept générations. Je me retourne, toujours dans la noble position du quatre pattes, et me retrouve devant des jambes garnies par un pantalon en daim.

« *Tenemos que filmarla otra vez. Para mí, la luz no era perfecta.* »

Une main olivâtre se tend vers moi, et je l'attrape instinctivement. Je remarque l'avant-bras qui se gonfle, mettant en évidence la veine la plus sexy du monde.

Puis mon regard franchit la ceinture de l'inconnu. *Somebody up there likes me*, me dis-je en avisant un ventre plat et musclé qui mériterait une ola de stade. Le sillon de poils sombres et fins sous le nombril me laisse bouche bée, comme le loup de Tex Avery. Et ces abdos… *Ces abdos !* Ce n'est donc pas uniquement une invention perverse des pubs Dolce & Gabbana ! La tablette de chocolat existe ! Dieu existe !

Telle une miraculée, j'achève mon panoramique sur un visage à la mâchoire volontaire, aux yeux noirs, aux sourcils épais et aux cheveux à faire baver d'envie Daniel Day-Lewis dans *Le Dernier des Mohicans*.

Un soupir post-coïtal m'échappe, qui me vaut de petits toussotements de la part de Tio. « On doit y aller, sinon Enrico va gueuler. »

Je cligne des yeux. « Enrico… qui ?

– Mais oui, Alejandro, laisse-les partir. On pourra la refaire demain », dit le réalisateur, en baissant ensuite la voix pour s'adresser à son assistante : « Quel casse-couilles. Pour moi, la dernière était bonne. On l'a refaite dix fois. »

« Vous êtes encore là ! s'exclame une autre voix derrière moi. Alice, te voilà ! Ça fait une demi-heure que je te cherche ! »

En me retournant, je vois Raffaella qui s'avance majestueusement (elle ne marche pas, mais *s'avance majestueusement*) vers nous en brandissant le panneau avec le logo du *Guide astrologique*. « Plus que quinze minutes avant le direct. J'ai fait préparer les invités. J'ai donné l'ordre d'entrer aux signes du zodiaque. J'ai vérifié les séquences animées et vidéo. Il ne manque que Tio. Si seulement *tu pouvais* me donner un coup de main, s'il te plaît. »

Alors l'irréparable se produit : le bel Alejandro me quitte des yeux pour la regarder avec un sourire irrésistible. « *Hola…* »

Raffaella nous rejoint et s'adresse à lui dans un espagnol parfait.

Il rit et se passe une main dans les cheveux, puis me regarde à la dérobée. Qu'a-t-elle bien pu lui dire ?

Tio me tire par la manche.

« J'arrive tout de suite », dis-je en restant en arrière pour regarder Alejandro et Raffaella comme la petite marchande d'allumettes.

À ce moment-là, Raffa doit se rendre compte qu'il y a encore un tiers gênant entre elle et le Banderas de la chaîne, et elle se tourne vers moi en grimaçant. « Excuse-moi, Alice, me murmure-t-elle. Je sais que ce n'est pas très sympa, mais je te le dis en tant qu'amie : si tu peux, va te rafraîchir. Tu pues la sueur. »

Oh non… Je recule aussitôt d'un pas. Car je ne risque pas seulement de me griller auprès de l'homme aux tablettes de chocolat, non : le problème, c'est que j'ai encore trois heures de direct devant moi, durant lesquelles je vais devoir gérer plus de vingt personnes. Je ne veux pas empester comme un mouflon nain d'Eurasie inférieure.

Depuis la porte, je jette encore un coup d'œil au dos d'Alejandro en soupirant. Ses muscles resplendissent sous la lumière des projecteurs. Mais lui, il peut empester, et même, il *doit* empester. Un homme en sueur, ça fait sexy et viril, alors que la femme devrait être génétiquement privée de glandes sudoripares.

Mais j'ai peut-être une solution : pour mon dernier anniversaire, mes collègues m'ont offert un parfum que j'ai laissé dans le tiroir de mon bureau, et qui n'est pas encore ouvert. Hourra, j'aperçois la lumière au bout du tunnel !

10

La malédiction du Scorpion de jade

Quand il me surprend en train d'errer au premier étage, Enrico se met à crier : « Alice, qu'est-ce que tu fais encore ici ! »

Je ralentis, tout en gardant mes distances : j'ai l'impression d'être une lépreuse. « Je… j'ai oublié un truc. »

Il ferme la porte et se plaque contre elle, exactement comme moi contre le mur d'en face. Son œil est encore rouge et gonflé, et il a un trait de stylo Bic sur une joue. J'entends soudain un bruit de coups dans son bureau. Enrico sursaute. « B… bon sang, j'ai dû laisser la fenêtre ouverte ! Tu peux t'en aller. Mais dépêche-toi ! »

Je m'élance à toute allure, espérant ne pas laisser de sillage toxique derrière moi.

J'ouvre le tiroir de mon bureau et pousse un cri de jubilation : j'ai trouvé le Graal ! Je déchire à la hâte la protection en plastique du flacon et m'administre un jet décontaminant.

Je respire profondément.

Si profondément que j'en tousse.

Ce parfum sent l'arbre magique au Malabar et, mélangé à la sueur, il pourrait valoir un brevet d'arme de destruction massive.

Désespérée, je reviens vers la régie, dans l'espoir qu'en courant l'effet s'atténue. Mais je suis très gênée quand Tio s'approche de moi puis recule en me faisant signe qu'il me parlera plus tard.

« Générique dans une minute », croasse une voix dans le haut-parleur.

Enrico s'éloigne en prétextant qu'il va imprimer des décharges dans son bureau. Il ne me reste plus qu'à ravaler ma honte au moment où je m'asseois et que les deux personnes qui sont à mes côtés s'écartent de moi.

En ouverture de l'émission, Tio s'en sort avec les honneurs, discutant horoscope avec une telle confiance en lui qu'Élizabeth Teissier n'aurait pas osé le contredire. Le seul faux pas durant la première partie est dû à Marlin quand elle présente « l'invité sceptique », un représentant du CICAP, le Comité italien pour le contrôle des affirmations sur les pseudo-sciences. Après avoir jeté un coup d'œil à sa fiche profil, elle l'appelle « docteur » et lui demande s'il a découvert que certains signes du zodiaque sont particulièrement prédisposés à certaines maladies.

Dans sa malheureuse tentative pour la sauver, Tio bouleverse le déroulé de l'émission et, au lieu de présenter le concurrent Bélier, il choisit le Scorpion. Les natifs du Scorpion seraient, d'après lui, ceux qui auraient le plus besoin d'un contrôle médical à l'heure actuelle. « Dans le ciel de cette année, c'est en effet Saturne qui sera la planète dominante. Entrée depuis quelques mois en Scorpion, Saturne fera ressortir les faiblesses du signe et ses comportements incongrus. Cette planète pourrait particulièrement exacerber un trait déjà distinctif des Scorpions : le pessimisme. Pour ceux qui sont en couple et ressentent depuis un bon moment des difficultés, une rupture pourrait carrément être envisagée. L'introversion du Scorpion n'est pas une alliée. Ce signe devrait apprendre à communiquer davantage, à demander de l'aide lorsqu'il en a besoin. »

Je soupire et lève les bras au-dessus de ma tête pour les étirer, mais je les abaisse aussitôt, par peur que l'effet gaz sarin ne provoque une hécatombe instantanée en régie. Après m'être assurée subrepticement que personne ne s'est évanoui, j'entrevois au fond du couloir le macho de *Mal d'amour*, Alejandro. Cette fois, il porte un tee-shirt kaki, si moulant qu'on dirait que ses muscles sont dessinés dessus.

Son regard pénétrant croise le mien et il sourit en avançant de quelques pas. Je suis vraiment maudite, pour une fois que j'ai une once de demi-chance avec un étalon, il faut que je sente Cheval N° 5. Je suis donc en partie soulagée lorsque Raffaella l'intercepte à mi-chemin. J'en profite pour filer vers les toilettes les plus proches, dans l'intention de me décontaminer les aisselles.

En sortant, je me sens en paix avec moi-même, prête à surprendre le bel Alejandro avec les effets envoûtants du savon liquide.

Je passe à côté du placard lumières où j'entends du bruit ; imaginant que le bel Espagnol est en train de s'occuper du matériel, je propose mon aide en m'appuyant au chambranle de la porte, dans une pose languide et sexy. « Salut... »

Mais celui qui se lève d'un bond après avoir refermé la fermeture éclair d'un gros sac, c'est Sergio, mon collègue. « Ah, salut Alice. Tu as besoin de quelque chose ? Enrico m'a envoyé chercher des batteries.

– Ah, OK... hum... »

Je disparais sur-le-champ : c'est fou comme rien ne se déroule jamais, jamais comme dans les films.

J'entre en régie où on passe la publicité. Tio est sorti du studio pour prendre l'air. En me voyant, il m'entraîne à l'écart et me sourit. « Alors ?

– Bravo. Tu as été super. »

Je me hisse sur la pointe des pieds pour lui faire une bise sur la joue, et il me serre contre lui.

« Merci. Tu verras, ça ne pourra qu'aller de mieux en mieux maintenant que Sa Sainteté et moi nous sommes réconciliés. »

Je ris sous cape et lui fais signe de parler moins fort.

« Mon intention était de parler de l'état de ton ami, le Scorpion. Tu n'avais pas compris ?

– Tu as changé le conducteur pour me parler de… d'Alejandro ? »

Je me mords les lèvres pour ne pas sourire béatement, mais Tio fronce les sourcils.

« Non. » Il hausse un sourcil. « Pas d'Alejandro. D'Enrico.

– Pardon ? »

Il me prend par le bras et me fait signe de le suivre. « Écoute, je suis peut-être un spécialiste des signes du zodiaque, mais toi tu as des rondelles de salami sur les yeux. C'est typique de la Balance, de toute façon. Il ne va pas bien, crois-moi. Avec toi, un seul coup d'œil m'a suffi pour savoir de quel signe tu es. Alors tu penses que je ne me suis pas rendu compte qu'il est Scorpion, depuis un mois que je le connais ? Écoute ça. » Et il se met à énumérer, en comptant sur ses doigts : « De nature, il est assez ronchon, parce que la planète qui le domine est Mars. Mais il sait aussi être doux et tendre à sa façon. Tu n'as pas remarqué qu'Enrico a des manières paternelles avec vous tous ? C'est parce que le Scorpion est le signe des opposés et qu'on ne peut jamais s'y fier complètement. Dans le domaine des sentiments, il a tendance à être pudique parce qu'il n'aime pas montrer ses faiblesses. Voilà pourquoi il préfère être le premier à attaquer. Au cas où tu ne l'aurais pas remarqué, ton chef est complètement barré depuis quelque temps, il pète un plomb et réagit au quart de tour. En résumé : il est Scorpion, et Saturne lui en fait voir de toutes les couleurs. Il ne nous reste plus qu'à découvrir de quelles couleurs il s'agit. »

En entendant le compte à rebours pour le retour en studio, je renvoie Tio à son poste. Revenue en régie, je ne peux pas m'empêcher de chercher Enrico des yeux. Il n'est toujours pas là. Il avait dit qu'il allait imprimer un truc dans son bureau. Mais… je croyais qu'il n'avait plus d'encre ? En plus, tout à l'heure, il ne m'a pas laissée entrer. En me levant pour aller le chercher, j'ai l'impression d'être Jessica Fletcher, en plus sexy.

« Alice... »

Au son de cette voix, mes genoux deviennent comme des caramels mous. La porte du bureau de Davide est entrouverte et il me regarde. Il est si tard que je n'aurais jamais cru qu'il y avait encore quelqu'un là-haut. Mais le diable ne dort jamais, pas vrai ?

« Salut...

– Comment ça se passe ?

– Bien. Oui, bien. Tio est très pro. Marlin est... Marlin est superbe. »

Il soupire. « Pour le président, il était primordial qu'elle participe à l'émission. Mais toi, comment vas-tu ? Tu as l'air fatiguée. »

Instinctivement, je porte ma main à mon visage. Pourquoi est-ce que je me sens blessée par cette affirmation ? Il n'avait certainement pas l'intention de me vexer. Et je sais parfaitement que je ne fais pas partie de ces filles qui n'ont jamais un cheveu de travers même pendant leurs règles, ou qui se jettent de l'avion en parachute, le sourire aux lèvres. Non, moi, au premier signe de fatigue, j'ai deux poches sous les yeux. « J'ai pas mal couru, aujourd'hui. Tu sais comment c'est, quand on démarre une nouvelle émission. »

Il soupire à nouveau et se passe la main sur le visage. Si j'ai l'air fatigué, de son côté il semble porter tout le poids du monde. « Non. Je ne sais pas vraiment comment ça se passe, à la télé. C'est la première fois que je travaille dans ce milieu. » Il regarde par la fenêtre, et je reste fascinée quelques secondes par son profil.

« Comment ça ? Tu n'as jamais travaillé pour une télé ? »

Il secoue la tête. « Je fais des audits. Je suis un observateur. Mon job, c'est d'évaluer le personnel d'une entreprise. Comprendre son fonctionnement et en déceler les failles... Avec détachement. » Il déplace des feuilles sur son bureau et se lève en s'étirant. « Mais parfois, il me semble que rien ne change jamais... sauf les lieux. Rome, Paris, Barcelone... »

Je commente à ma façon : « Un peu comme dans un jeu vidéo », en pensant à toutes les personnes qu'il a dû rencontrer. À toutes les Alice Bassi qu'il a dû recevoir en entretien. À toutes celles qui l'attendent encore. Cette pensée m'inquiète et je m'agrippe plus fort à la poignée de la porte. Je le regarde dans les yeux, avec la sensation de me noyer.

Mais il rit. « Le jeu vidéo rend bien l'idée. Je suis presque un sans-abri.

– Et l'appartement ? Celui que tu es allé voir avec Raffaella ? »

Davide me regarde dans les yeux puis secoue la tête. « Il ne convenait pas. Je ne peux pas y amener mon chien.

– Tu as un chien !

– Il faut bien que quelqu'un me tienne compagnie. »

À ce moment-là, son téléphone sonne ; il regarde l'écran et ferme les yeux un instant avant de répondre. « Allô ? » Il lève son index vers moi, comme pour me demander d'attendre, et sort de son bureau en disant : « Au boulot. Oui, encore. »

Je soupire. Mais qu'est-ce que je fais là ? Qu'est-ce que je fais avec lui ? Pourtant, les escarpins rouges qui me massacrent les gros orteils ne sont pas tout à fait résolus à partir. Ils parviennent jusqu'à la porte, puis font demi-tour, même s'ils savent, comme je le sais aussi, que je dois trouver Enrico et qu'on m'attend en bas.

Du couloir, j'entends encore sa voix : « Je t'ai dit que c'était une mission importante. Je ne sais pas. Non. Pas ce week-end. »

Je souris car son bureau est un véritable fourbi : paperasse, gobelets de café, stylos, crayons et bibelots divers. Ce capharnaüm le rend un peu plus humain à mes yeux, et un peu moins Terminator.

Mon attention est soudain attirée par un élément familier. Mon prénom. Sous un stylo et à côté du CV de Sergio se trouve le mien, accompagné d'une photo d'identité dont j'aurais mieux fait de m'abstenir et sur laquelle j'exhibe une masse de cheveux à mi-chemin entre Doris Day et les Playmobil. Je m'en souviens, j'étais allée exprès chez le coiffeur. Mon Dieu, quelle honte que Davide l'ait vue.

Et si en définitive il n'était pas si méchant que ça, mais juste présenté comme tel ? Bien qu'il ait choisi un job en lice pour le prix de l'homme le plus haï de l'année, je parviens à l'entrevoir, *lui*, au-delà de tout le reste. Un homme seul, incapable de s'enraciner, qui se fuit lui-même en permanence.

Davide est-il vraiment cet homme-là ? Je jette un coup d'œil dans le couloir, mais il est trop loin et je n'entends pas ce qu'il dit. Lorsqu'il se retourne soudain, je soutiens son regard quelques secondes, puis mes oreilles se mettent à bourdonner et je m'éloigne à la hâte avec un petit signe de la main. Je dois repartir bosser. Je dois trouver Enrico. Je dois revenir en régie. Rester là, à errer entre son bureau et le couloir n'a aucun sens.

Contrairement à celle de Davide, la porte du bureau d'Enrico est fermée.

« Enrico ? » Poing levé pour frapper, je bondis soudain en arrière en entendant le hurlement de Tarzan. Sans y réfléchir à deux fois, je me précipite dans le bureau. Je reste alors bouche bée devant une scène de crime : on dirait qu'un serial killer graphomane a exprimé son malaise existentiel sur les murs avec le sang de ses victimes. « Mon Dieu, Enrico, qu'est-ce que… »

J'aperçois du coin de l'œil une petite chose qui se décroche à toute vitesse de sa jambe et s'enfuit.

« Qu'est-ce que c'était ?

– Je t'avais dit de rester en bas à la régie », répond-il.

Je fronce les sourcils et regarde Enrico, qui soulève son pantalon et se masse la jambe. Son mollet est violet et il a une marque de morsure sur le tibia. Alors il soupire et me tourne le dos en appelant : « Riccardino, s'il te plaît, sors de là. Allez, sois mignon, viens voir papa.

– Riccardino ? Tu as amené *ton fils* au travail ? Mais c'est interdit ! »

Enrico se tourne pour me regarder, furax. « Quelles paroles courageuses ! Venant de toi, en plus ! Sans toi et ta maudite émission, je ne serais pas dans une telle galère ! » L'écume lui sort presque de la bouche. « C'est toi qui m'as mis dans ce pétrin. Tu avais besoin d'inventer tout ça ! *Guide astrologique* de mes couilles, va !

– Enrico ! »

Je crie en cherchant des yeux l'enfant qui ne devrait pas entendre certains mots.

Enrico se mord les lèvres. « Riccardino, ne répète pas ça, hein ? Sois gentil avec papa.

– Ze veux maman. »

La petite voix provient de derrière l'étagère à dossiers. « Hé, salut, pitchounet. Coucou. »

Riccardino relève sa tête aux boucles dorées et me regarde avec des yeux plus bleus que ceux de son père.

« Il est adorable ! »

À cet instant, on frappe à la porte et je repousse l'enfant derrière le meuble tandis qu'Enrico court ouvrir. « Davide… tu as besoin de quelque chose ?

– Oui, excuse-moi, Enrico. Il faut que je te parle. D'ailleurs, il faudrait qu'on descende dans les studios. C'est pour une question assez grave. »

L'étagère tombe violemment sur moi, heurtant mon genou. « Aïe ! »

Enrico me foudroie du regard, et j'entends Davide lui dire : « Il y a quelqu'un d'autre ?

– Hein ? Non, juste Alice…

– Ah, alors elle peut venir elle aussi.

– Non ! » Enrico me foudroie du regard. « Alice ne peut pas venir maintenant. Alice doit rester ici et régler deux ou trois problèmes. »

J'ouvre la bouche pour répliquer, mais il ne m'en laisse pas le temps.

« Parce qu'Alice *me le doit.* »

Au moment où il referme la porte derrière lui, je lui demande : « Enrico, tu es de quel signe ? »

Il revient en arrière et me regarde d'un air méprisant. « Va te faire foutre. Je suis Scorpion. »

Ainsi, Tio avait raison, une fois de plus : Enrico, en bon Scorpion, subit indéniablement l'influence du méphistophélique Saturne. Et moi avec lui, maintenant, bon sang !

Qu'est-ce que je vais faire ? Bon, d'abord, je pourrais m'écarter de l'étagère et libérer l'enfant avant qu'il n'ait l'idée de me dénoncer à *Allô enfance en danger*. Puis je regarde autour de moi en quête d'un jouet qui pourrait le distraire.

« Regarde, Riccardino, regarde la jolie petite voiture. On joue avec la petite voiture ? »

Il me l'arrache des mains et se met à la taper contre le sol. « Je vais la casser, la petite voiture !

– Non, ne fais pas ça ! » J'essaie de la lui arracher des mains, parce qu'il fait un boucan de tous les diables, et qu'à ce rythme-là, ce n'est plus *Allô enfance en danger* dont on va avoir besoin, mais des pompiers. « Donne-moi cette petite voiture, allez… Donne-la-moi ! »

Mais il en profite pour me l'écraser sur la main de toutes ses forces juvéniles.

« Merde ! »

Je porte ma main à ma bouche, et des larmes de douleur me montent aux yeux.

Mais il s'est arrêté. « La merde, c'est comme la crotte ? me demande-t-il.

– Hum… non. En fait, je n'ai pas dit merde, techniquement. Non, je n'ai pas prononcé ce mot.

– Merde !

– Non !

– Merdecrotte, merdecrotte, merdecrotte !

– Ça suffit ! » Un éclair de génie me traverse l'esprit. « Ça te dit qu'on regarde un peu la télé ? »

Au cours de mes interminables discussions avec Paola, nous

sommes tombées d'accord sur le fait que la télévision est hautement nuisible à l'éducation. Nous avons toujours déploré que certains parents ne soient capables que d'abrutir les jeunes esprits en les plantant devant des programmes stupides. Devrais-je donc culpabiliser, alors que je cherche fiévreusement la télécommande ? Pas le moins du monde. D'ailleurs, ce n'est pas mon fils. Si j'avais une sarbacane avec des projectiles à la camomille et à la passiflore, je jure que je l'utiliserais.

Malheureusement quand je commence à zapper, je m'aperçois que la télé qui se trouve dans le bureau d'Enrico n'est que le moniteur de contrôle relié à l'émission. En gros, on ne voit en tout et pour tout que le studio Delta. Et plus précisément, le hors antenne de *Guide astrologique*, parce qu'on en est à la publicité.

« Le monsieur, il est tout nu ! » s'exclame Riccardino en montrant l'écran du doigt.

Je m'assieds au bureau et en levant les yeux vers le moniteur, j'aperçois Alejandro qui passe devant les caméras ; il a encore retiré son tee-shirt. Un instant plus tard apparaît Raffaella qui pose une main sur ses abdominaux et le pousse vers la sortie. « Oh, put... » Je m'arrête juste à temps et me tourne vers l'enfant d'un air coupable.

Riccardino me regarde fixement et déclare avec assurance : « Merde. »

Je soupire, l'écran vire au noir et, après l'interlude, l'émission reprend.

« Pour fasciner un Scorpion, déclare Tio, vous devrez vous montrer mystérieux. Mais même dans les meilleures relations, attendez-vous à une bourrasque à chaque instant. Pour qu'il vous reste attaché, vous devrez toujours rester fuyant. C'est aussi l'un des signes les plus dangereux du zodiaque, et s'il considérait que vous lui avez causé du tort, il serait capable de vous suivre à l'autre bout du monde pour vous le faire payer. »

Oh, au diable Enrico, Tio qui m'a envoyée le chercher, le Scorpion et tout le reste.

« J'ai soiiiiif ! » s'exclame Riccardino.

Sur le bureau d'Enrico se trouvent plusieurs packs de jus de fruits vides, dont un pas encore entamé. Tout en glissant la paille dans le Tetra Pak, je lui demande : « Tu veux celui-ci ? »

Il grimpe alors sur mes genoux et se met à boire goulûment. Quand il est calme, il est vraiment mignon, il n'y a pas de doute. Un vrai petit ange.

Depuis que Carlo et moi nous nous sommes quittés, j'ai réprimé mon instinct maternel. Mais la présence de cet enfant dans mes bras me procure une sensation particulière. Il pose sa petite tête bouclée contre moi et soupire ; il se détend. J'en fais autant, m'adossant à la chaise et savourant la tiédeur qui émane de son petit corps et se diffuse dans tout mon être.

Non, un instant. Pas vraiment dans tout mon être.

Je soulève Riccardino et lève les yeux au ciel en maudissant Saturne. Et le pipi du mouflet sur la jupe de mon tailleur.

« Bon sang de bonsoir, pourquoi on ne t'a pas mis de couche, petit suppôt de Satan ? »

Pour toute réponse, Riccardino éclate en sanglots. La seule solution, c'est d'aller nous laver et nous changer. Par chance, je trouve un gros sac rempli de vêtements de rechange pour lui. Moi, par contre, je vais devoir me servir une fois de plus dans la loge stylisme en priant pour dénicher au moins une jupette hawaïenne.

Mais cette fois, c'est la cata : il est si tard que la loge stylisme est fermée à clé. Il ne me reste plus qu'à laver ma jupe et essayer de la passer au séchoir automatique.

À quelques pas des studios se trouve une salle de bains réservée à la direction, avec douches et sèche-cheveux. C'est là que je me dirige en traînant Riccardino par la main. Pour lui, c'est un jeu bien plus amusant que de rester enfermé dans le bureau de papa.

« On dirait qu'on serait des petits bateaux ! me dit-il en ouvrant le robinet du lavabo et en m'éclaboussant.

– On dirait que tu serais un poisson et que je te mettrais la tête sous l'eau pour voir si tu respires ! » lui dis-je en guise de réponse tout en commençant à me déshabiller.

Car à ce moment-là, je sais que mon chemisier n'en sortira pas indemne si je le garde pendant que je me lave. Alors autant profiter de la présence d'une douche pour enlever les odeurs de sueur, d'Arbre Magique et de pipi.

Après avoir rincé mes vêtements, je confie le sèche-cheveux à Riccardino avec une consigne : « Tu es un cow-boy et tu pointes ce pistolet vers les vêtements, qui sont de dangereux bandits, tu as compris ? » Comme ça, au moins, il se rendra utile pendant que je me douche rapidement.

Tout en me savonnant, je continue de regarder derrière moi. Derrière le rideau opaque, je vois son ombre s'agiter. Je prie pour qu'il ne lui vienne pas à l'esprit de jouer à *Psychose* et de m'attaquer avec le sèche-cheveux pour s'amuser.

Quand j'ai terminé, je m'enveloppe dans la serviette de bain de la direction. Mais en fermant le robinet, je me rends compte que la salle de bains est vraiment trop calme.

En effet, en tirant le rideau, j'ai un choc. Riccardino a disparu. Et la porte est grande ouverte. Il est parti. Le pire, c'est que mes vêtements aussi ont disparu. Tous. Sauf une chaussure, qui joue les Cendrillon alors que je n'ai pas la moitié d'une citrouille à me mettre sur le dos.

« Riccardino ! »

Rien. Silence radio. Je passe la tête dans le couloir, mais le petit salaud reste invisible. Pourtant, j'ai l'impression d'apercevoir quelque chose par terre. Et comme ça ne m'avancera à rien de rester plantée là, même si je suis consciente d'être en pleine mission impossible, je cours récupérer mon soutien-gorge que le Petit Poucet a semé.

Je suis penchée en avant lorsque j'entends soudain des voix. J'ai juste le temps de ramasser mon sous-vêtement et de me glisser dans une pièce, avant que Davide et Enrico n'arrivent.

« L'honnêteté est prioritaire, Davide. Il est inadmissible de voler du matériel, et s'il a commis une erreur, il devra prendre ses responsabilités. »

Si seulement Davide n'était pas là, je pourrais attirer l'attention d'Enrico pour qu'il m'aide. Mais pour lui dire quoi, en fait ? « Heu, j'ai perdu ton fils… »

Mon Dieu, s'il savait que Riccardino court le marathon en solitaire dans les couloirs des studios, que je me balade nue comme lady Godiva serait le cadet de mes soucis.

Tout à coup, je l'entends rire. Bon sang, en plus il s'amuse, cet Attila au format Télétubbies !

La porte de la régie que nous utilisons pour le journal est ouverte.

« Riccardino ? Tu es là ? Allez, les blagues les plus courtes sont toujours les meilleures. Sors de là. »

Je tends la main vers l'interrupteur, mais je me souviens que, pour allumer, il faut d'abord faire fonctionner le panneau général qui se trouve de l'autre côté.

J'avance dans le noir, mais je m'arrête en apercevant une ombre courir d'un bout à l'autre de la pièce.

« Riccardino ! » Puis, après avoir repris mon souffle : « Allez, pitchounet, je ne te ferai rien. »

Je parviens à l'entrevoir dans la pénombre, mais il me bouscule et me fait trébucher, avant de filer par la porte.

Je me relève à tâtons et découvre que dans sa fuite, Baby Killer a perdu un autre de ses trophées. Dieu soit loué, c'est ma jupe. Encore humide, certes, mais au moins je ne risquerai plus de montrer mon côté pile (ou mon côté face, au choix).

Un instant plus tard, j'ai l'impression que je vais mourir en voyant Davide et Enrico traverser le couloir. Davide s'arrête à côté du pilier derrière lequel je suis cachée, et je prie qu'il ne soit pas doté d'une super-vue à rayons X.

« Tu viens, Davide ? l'appelle Enrico, qui s'est éloigné de quelques mètres.

– J'ai eu l'impression d'entendre la voix d'un enfant.

– Un enfant ? » Enrico se met à rire hystériquement. « Ici ? Un enfant ? Quelle idée !!!

– Oui… » Davide se tourne vers le couloir qui serpente entre les divers studios. « Là, au fond. »

J'attends qu'Enrico l'entraîne plus loin et je suis l'indication de Davide. Il avait raison. Maintenant que je suis plus proche, je l'entends moi aussi. « Riccardino ? »

Je le vois. Quelle trouille ! Il est immobile, de dos, comme la petite fille de *The Ring*. Soudain, il se retourne et me lance : « Je veux te faire bobo ! » Puis il m'attrape le mollet comme un rottweiler.

Après un temps qui me paraît infini, je me retrouve haletante au sol, estropiée mais avec mon chemisier bien en main. Riccardino alias Dracula le minus 0, Alice The Wrestler 1.

Tout en me traînant et boitant à moitié, pieds nus, je boutonne mon chemisier et envisage toutes les manières dont je pourrais me venger.

En tournant à l'angle, je m'en vais cogner contre un mur en béton armé qui n'était pas là auparavant, j'en suis certaine. Un mur qui m'attrape et me retient contre lui. Puis qui pose ses mains sur mes fesses. Un mur aux muscles frétillants et à la bonne odeur de cuir, masculine et virile.

Alejandro.

Son étreinte sur mes fesses ne semble pas vouloir diminuer d'intensité.

« Alice ! »

Ce coup de tonnerre, c'est la voix d'Enrico. Alejandro décolle ses mains de mes fesses et je vacille en arrière.

« Qu'est-ce que tu… ? Où est… ? »

Enrico pâlit, puis se mord les lèvres. Devant Davide, il lui est impossible de me parler de son doux chérubin.

Ah oui. Davide. Ils font la ronde comme des policiers. Le regard de Davide se pose sur Alejandro, puis sur moi, mais il ne dit pas un mot.

« Heu… tout est… sous contrôle », dis-je en trifouillant avec les boutons de mon chemisier pour me donner une contenance, car je me suis aperçue que j'avais boutonné dimanche avec lundi. « On était en train de parler de l'émission, avec Alejandro, et… je lui demandais… hum… de quel signe il était.

– *Sagitario*.

– Ah… intéressant. »

Déboulant dans le studio, après avoir expliqué à Enrico que si j'étais lui, j'envisagerais de faire appel à Super Nanny ou mieux, à un exorciste, je suis plus que jamais déterminée à ne pas me laisser distraire davantage.

« Découvrir le signe du zodiaque d'une personne, puis son horoscope, est une manière efficace pour commencer à la comprendre, explique Tio. Dans cette émission, nous vous donnerons des conseils pour vous familiariser avec l'astrologie. Vous voulez apprivoiser un Scorpion ? Comme c'est un signe qui aime les extrêmes, vous pourriez essayer des recettes épicées ou des desserts très sucrés… »

D'après moi, avec Enrico, au point où on en est, un collier d'ail serait plus utile.

« Mais surtout, préparez-vous à vivre au jour le jour, avec des coups de théâtre permanents. »

À ce moment-là, Luciano fait un plan d'ensemble du studio. Je crois que je suis victime d'une hallucination.

Contre le grand écran, derrière les fauteuils des invités, gît, solitaire, ma chaussure perdue. Je m'exclame : « Pub !

– Je ne peux pas, il reste au moins dix minutes. Qu'est-ce qui te prend ? » me demande Luciano.

Si ma Christian Louboutin est là, c'est que Riccardino n'est pas loin !

J'ignore les grognements de Luciano et, le plus discrètement possible, je me glisse dans le studio en regardant autour de moi.

Il y a les cameramen, l'assistant, les invités, Tio et Marlin… Mais Riccardino ? À moins que…

Quand je le découvre, j'ai un coup au cœur. Il a réussi à monter sur la grille qui fait le tour des éclairages, à presque quatre mètres du sol.

Lui aussi m'aperçoit et, en réponse à mes gestes désespérés, il soulève le dernier de mes vêtements et l'agite. Ma culotte.

Tandis que je grimpe à l'échelle, je ne sais pas si ce dont j'ai le plus peur, c'est qu'il s'écrase en bas, qu'il laisse tomber ma culotte sur la tête d'un invité, ou que quelqu'un lève les yeux et s'aperçoive que je suis nue sous ma jupe.

Riccardino, de son côté, a pris un air angélique. En version riquiqui du fantôme de l'Opéra, il dévale l'échelle de l'autre côté du studio.

Sauf que mon pied glisse et que je me retrouve à compter les barreaux avec mes fesses du premier au dernier. Je ravale quelques imprécations aussi appropriées que peu distinguées, puis m'engouffre par la petite porte de service pour ramasser ma culotte que Riccardino a laissée derrière lui.

« Alice ? »

Je nage en plein cauchemar. Je pourrais me réveiller en sursaut, là, tout de suite, et découvrir que je suis encore chez moi, et que rien de tout cela n'est réellement arrivé. Mais je reste là, mon slip à la main, les yeux rivés sur Davide.

« On peut savoir ce qui se passe, ce soir ? »

Il ne plaisante pas. Il n'a plus ce regard mélancolique et rêveur auquel j'ai eu droit tout à l'heure dans son bureau.

Qu'y a-t-il à dire, sinon : « Ce n'est pas ce que tu crois. Je peux t'expliquer ? »

Mais si j'ajoutais un « Ciel ! Mon mari ! » j'aurais écumé tous les clichés du genre et je préfère m'abstenir.

Ses yeux sont devenus deux fentes. « Tu ne la remets pas ? » dit-il en faisant allusion à ma culotte.

Je me mords les lèvres, il soupire puis me tourne le dos, m'accordant, dans sa grande bonté, une minute d'intimité.

« Alors ? Ça ne pouvait vraiment pas attendre ? »

Je cligne des yeux. « Eh bien, non, c'est Enrico, tu vois...

– Enrico ? » Il se retourne, et son cou vire au rouge. « D'abord cette espèce de King Kong, et maintenant Enrico ?

– Tu veux dire Alejandro ? »

À présent, nous ressemblons à deux tomates bien mûres dans un champ.

Alors je lui explique tout depuis le début, espérant qu'Enrico ne décidera pas de boire mon sang quand il saura que je l'ai trahi. Et que Davide ne choisira pas le côté obscur de la force en prenant des mesures contre nous pour avoir caché un mineur sur un lieu de travail réputé dangereux. Lorsque j'ai terminé, il me regarde comme si je lui avais révélé que le Présidentissime, en privé, aime se déguiser en bonne sœur et se faire fesser.

« Il t'a volé tes vêtements ?

– Après m'avoir fait pipi dessus, oui. »

Il se passe la main sur le visage et grimace. Je remarque alors que ses phalanges sont écorchées. « Tu t'es fait mal ?

– Ce n'est rien, juste une griffure. »

À nous deux, on ferait des dialoguistes choc pour *Mal d'amour*.

Je le regarde quelques instants, tandis qu'il s'éloigne de quelques pas, puis se tourne vers moi. « Tu viens ?

– Où ça ?

– Chercher le gamin. »

« Pourquoi tu as décidé de travailler à la télé ? »

Nous marchons parmi les décors de la série *Mal d'amour*, passant par les bureaux de puissants magnats d'aciéries puis dans les couloirs des urgences.

Aux coins des yeux de Davide se dessinent de fines lignes qui intensifient son regard.

« En fait, j'aurais voulu faire du cinéma, lui dis-je.

– C'est quoi, tes films préférés ? »

Je détourne le regard. « Oh, ceux des grands réalisateurs, bien sûr. Forman, Kubrick, Kiarostami, tu vois le genre... » Je me mordille les lèvres, essayant de me rappeler quelques autres.

Davide se penche un instant pour jeter un œil sous une table, au cas où Riccardino s'y serait caché, puis il se relève et me regarde. « Et en vrai ?

– Qu'est-ce que tu veux dire par là ?

– Que ce ne sont pas vraiment tes films préférés. Je sais quand tu mens, Alice. »

Et toi, qui es-tu, bon sang, un agent de la CIA ? « OK, tu as gagné. J'adore les films romantiques, pleins de quiproquos mais avec un beau happy end qui réconcilie avec l'univers. Ça fait un bien fou.

– Comme par exemple ?

– *Ghost*. C'est une très belle histoire d'amour.

– Hum, évidemment : il meurt. Qu'est-ce qu'il peut y avoir de plus merveilleux ?

– *Pretty Woman*.

– Ultra-romantique. Elle, c'est une put...

– *Somebody Like You* !

– *Like me* ?

– Mais non... c'est le titre d'un film. Ou alors *Quand Harry rencontre Sally*, *Coup de foudre à Notting Hill*... *Dirty Dancing*.

– Tu ne les trouves pas tous un peu datés, non ? Et en ce moment, il n'y a rien au cinéma que tu aimerais aller voir ? »

Je hausse les épaules. « Quand je les revois, j'ai l'impression de redevenir une gamine. Qu'est-ce que tu veux, j'ai toujours eu la tête dans les nuages. C'est à cause de mon père.

– Comment ça ? »

Je suis sur le point d'ouvrir la porte d'une armoire pour y chercher Riccardino, mais elle doit être mal installée, car elle vacille aussitôt.

Derrière moi, Davide l'attrape des deux mains, pour éviter qu'elle ne me tombe sur la tête.

« Attention ! »

Je me retrouve piégée entre ses bras et l'armoire. « Eh bien voilà », dis-je en essayant de ne pas penser à la chaleur de son corps et au battement de son cœur dans mon dos. « C'est lui qui a choisi mon prénom. Alice. Il m'appelle Alice au pays des merveilles. Mais moi, je dis qu'Alice au pays des gaffes serait bien mieux adapté. »

Je l'entends rire, tandis qu'il remet prudemment le meuble en place. Il reste derrière moi quelques instants encore. « Je crois que c'est juste un peu d'étourderie. Et peut-être un grand manque de confiance en toi. Heureusement, au boulot, tu as l'air de l'oublier. »

Je me retourne et je vois qu'il sourit. « Oui, je suis tellement étourdie que j'oublie même d'être étourdie. Et toi ? »

Nous traversons ce qui ressemble à un rayon de supermarché, avec des étagères remplies de produits bariolés.

« Aucune référence à David et Goliath. On m'a simplement appelé comme mon grand-père.

– Ce n'est pas ce que je voulais dire ! »

Je ris et me retourne brutalement, faisant valdinguer un bocal de légumes au vinaigre.

Davide l'attrape au vol et le remet en place. « Tu pourrais essayer d'oublier encore un peu ? Que tu es si maladroite, je veux dire. »

Je croise les bras devant ma poitrine et marche au milieu du rayon en décochant des coups d'œil furtifs aux étagères qui me défient de m'approcher. « Je te demandais pourquoi tu fais ce boulot… »

D'un air sérieux, Davide pose son regard sur le décor suivant. « Essayons d'aller par là. » Au lieu de me répondre, il prend la direction d'un autre décor et se met à l'observer comme une scène de crime. En évitant soigneusement de me regarder.

« Je dirais qu'il n'est pas là non plus. Je veux bien qu'il soit petit, mais il n'a pas pu se glisser entre les fentes du carrelage. »

Mon commentaire ne récolte qu'un regard et un soupir de sa part.

« Tu es toujours comme ça ?

– Comment ?

– Ironique.

– Je n'arrive pas à faire autrement.

– J'aime bien ça, mais… »

Il passe une autre porte, laissant ce « mais » en suspens. Mais quoi ?

Je le regarde d'un air interrogateur et il soupire de nouveau.

« Ce n'est pas facile de suivre ton rythme. »

Aïe, aïe, aïe. Un point en moins pour Alice.

« Ce n'est pas facile de suivre le tien non plus, lui dis-je sans agressivité, avec un sourire tendre. Un homme avec une belle carrière, et un bon poste. Bref, une fille pourrait se sentir mal à l'aise », et je glousse. Puis je dédramatise : « Mais toi aussi, tu es un homme, pas Iron Man. Toi aussi, tu as ta vie… Je veux dire, tu jouais sûrement avec les autres enfants comme je le faisais, et ta mère te grondait parce que tu ne voulais pas manger de légumes. Ce genre de choses, classiques chez un être humain. »

Mais je vois ses mâchoires se contracter. « Hum… non. »

Il n'ajoute rien et me tourne le dos. Une fois que nous avons traversé presque tous les décors sans trouver trace de l'enfant, il me tient la porte ouverte pour me laisser passer. J'ai comme la sensation que le sortilège est brisé. Nous sommes, en effet, immédiatement rejoints par Enrico, qui me lance un regard de travers, se mord les lèvres en lorgnant Davide puis me demande : « Pourquoi tu n'es pas en régie ? »

Je ne sais pas quoi dire. Enrico ne sait pas que Davide sait. Je sais que Davide sait, mais aussi qu'il ne devrait pas savoir ce qu'il sait. Mais Davide sait-il seulement qu'il ne devrait pas savoir ce qu'il sait ? J'ai la tête qui tourne.

« C'est moi qui l'ai appelée », dit Davide, ce qui me fait soupirer de soulagement. « Mais maintenant elle est tout à toi, si tu as besoin d'elle. »

Cela ne veut rien dire, mais ce « tout à toi » me serre l'estomac.

Dès que nous sommes seuls, je demande à Enrico : « Tu l'as trouvé ?

– Non, je ne l'ai pas trouvé ! Bon sang, Alice, comment tu t'es débrouillée pour le perdre ? S'il lui arrive quelque chose, Emilia va me tuer. Et moi, je te tuerai, que ce soit bien clair. »

Je grogne : « Ta femme ne pouvait pas le garder à la maison ? »

Il ébouriffe les quatre survivants qu'il ose encore appeler des cheveux. « Elle m'a dit que je devais passer un peu plus de temps avec mon fils. Et qu'elle avait besoin de repos. »

Même si je ne doute pas que la maman du Petit Éventreur ait besoin d'une trêve, je secoue la tête. « Et toi, tu dois travailler, Enrico. Il faut qu'elle comprenne. Tu ne peux pas amener un enfant ici, c'est potentiellement dangereux. Et une baby-sitter ?

– Emilia est partie, Alice. Cet après-midi. Elle a pris ses affaires et elle est partie. Elle est à la mer avec ses amies. Et les trois baby-sitters ont dit non. »

En effet, je comprends que passer une soirée avec un Hitler junior de cinq ans ne soit pas au top des priorités d'une adolescente. « Tu plaisantes ? Plus personne n'aime jouer à "je t'attache et te plante des aiguilles sous les doigts" ? Où va le monde ?

– Arrête, Riccardino est un enfant très vif, mais pas méchant. »

Je regarde son œil encore gonflé, la marque de stylo en travers de son visage dans le pur style *Scarface*, son doigt bandé et sa jambe à laquelle Riccardino l'incompris s'est accroché dans une imitation parfaite de piranha. Mais comment dire à un père que son fils aurait besoin d'un exorciste ? « Allez, on continue à le chercher. »

On se sépare de nouveau, pour ratisser une zone plus large. Lorsque j'arrive près de la régie, Luciano se penche au-dessus du mélangeur vidéo et m'arrête : « Ah, te voilà, Alice. » Je crains un instant qu'il ne veuille me faire un sermon lui aussi, mais il jette un coup d'œil vers le téléphone.

« Nardi a appelé. Il veut te voir dans son bureau. Il m'a dit de te dire qu'il l'a trouvé. Je ne sais pas quoi, mais il l'a trouvé. »

Je monte les marches quatre à quatre. Ah, cette petite peste va m'entendre. Quand j'en aurai terminé avec lui, alors on pourra dire qu'il ressemble à Macaulay Culkin, mais après sa cure de désintoxication.

J'ouvre la porte en grand, et me fige. Davide se tourne vers moi, sans se lever de son fauteuil afin de ne pas réveiller Riccardino qui dort dans ses bras comme un petit ange. « Je l'ai trouvé endormi, près du distributeur. Je crois qu'il avait faim, mais la fatigue a eu le dessus. »

Tous ces mots bourdonnent dans mes oreilles, car mon unique pensée, c'est qu'il n'y a rien de plus fascinant qu'un homme avec un enfant endormi dans les bras.

Il se lève. « J'aurais besoin que tu m'aides… »

En m'avançant vers lui, je m'aperçois que l'enfant a planté bien solidement ses dents dans l'une de ses mains. « Oh ! Mon Dieu…

– Il ne la lâche pas. Et il n'a pas l'air d'avoir l'intention de se réveiller. Je ne sais même pas comment il a fait, vu qu'il dormait.

– C'est sûrement un réflexe primaire, un peu comme pour les requins. »

Je pince son petit nez entre mes doigts et moins de trois secondes plus tard, Riccardino ouvre la bouche et lâche sa proie.

« Tu es une femme pleine de ressources, commente Davide en me donnant l'enfant et en se massant la main. Fais attention.

– Qu'il essaye avec moi, lui dis-je avec un clin d'œil. Je commence à penser que la sorcière d'Hansel et Gretel n'avait pas tous les torts. »

J'essaie de dégager une mèche de cheveux qui a glissé sur mon visage et me gratte le nez, mais avec Riccardino dans les bras ce n'est pas facile. Je souffle et ressouffle, ce qui a pour seul effet de la faire rebondir.

Davide tente de m'aider en effleurant ma joue de ses doigts.

D'instinct, je recule vers la sortie. J'ai déjà fait vraiment trop de gaffes avec lui, j'aimerais éviter la énième. Et comme je sens déjà que mon visage se couvre de plaques rouges, je me retourne et sors dans le couloir. « Merci de l'avoir retrouvé. Et de m'avoir appelée, plutôt qu'Enrico. En fait, merci de...

– De ne pas être le monstre que je devrais être ? Malgré mon job ?

– Ce n'est pas ce que...

– Mais si. C'est ce que tu m'as demandé tout à l'heure. Comment peut-on faire un boulot comme le mien. Alice, j'essaie de les sauver, les entreprises, pas de les détruire. Je voudrais que tu le comprennes. J'y tiens vraiment. »

Une fois de plus, il a cette façon si particulière de poser les yeux sur moi, comme s'il voulait lire au plus profond de mon être. Je n'arrive qu'à bredouiller un : « Bien sûr. Bien sûr que je comprends. » Et je m'éloigne en hâte, parce que la vérité, c'est que je suis totalement déboussolée.

La première chose que je fais, après avoir déposé Riccardino sur le petit canapé, c'est appeler Enrico pour lui dire que j'ai trouvé son fils et qu'il va bien. Quand il arrive, il me serre dans ses bras, pour me repousser aussitôt en grognant qu'on ne peut absolument pas se fier à moi et qu'il vaut mieux que je disparaisse.

Sur le seuil, je le regarde faire une caresse à son fils et je murmure : « Typique du Scorpion. »

Alors il me sourit et bat des paupières pour cacher une larme. « Allez, file. »

J'ai le cœur plus léger. Et je me dis soudain que j'ai peut-être été un peu égocentrique en imaginant que j'étais la seule à avoir des problèmes alors qu'Enrico, à deux pas de moi, est en pleine crise conjugale. Davide. Je pense à Davide qui me trouble tellement. Il a dit qu'il a pris un chien pour avoir de la compagnie. Ça ne doit pas être facile d'être toujours en déplacement, d'avoir conscience qu'on ne peut pas nouer de relations durables.

Rien que pour cela, je devrais garder mes distances, plutôt que de continuer de fantasmer sur Iron Man, Batman et autres super-héros solitaires.

Quand j'arrive en régie, l'émission est terminée et presque tout le monde est parti. Mais Raffaella est encore là, avec un grand sourire. « Enrico m'a dit que tu as eu des problèmes, ce soir. Ne t'inquiète pas, j'ai pensé à tout. » Au moment de passer la porte, elle se tourne vers moi. « Tu es au courant ?

– Au courant de quoi ?

– Sergio a été licencié. Je crains que le massacre n'ait commencé. » Elle me tape sur l'épaule. « Qui sait qui sera le prochain… »

Elle s'éloigne, et j'ai l'impression de me retrouver dans une bulle. J'entends la voix de Davide me prier de ne pas lui en vouloir, me déclarer qu'il n'y a rien de personnel quand il fait licencier quelqu'un. Et une image me revient, ou plutôt un souvenir. C'était tout à l'heure, quand Davide a répondu à un coup de fil et que je suis restée seule dans son bureau. À ce moment-là, en pensant non plus à son rôle dans l'entreprise mais à l'une de mes sempiternelles projections pseudo-romantiques, je me suis approchée de son bureau et j'ai vu le CV de Sergio. À côté du mien.

Qui sait qui sera le prochain…

Dehors, il pleut à verse. Je ne m'en étais même pas rendu compte. Je cours vers ma voiture : ma seule envie à présent, c'est de conduire, d'allumer la radio à fond, de m'étourdir de musique et ne pas penser aux récents événements. À Sergio qui n'a plus de boulot. À Davide qui l'a renvoyé. À moi, qui n'ai rien compris du tout, comme d'habitude.

Mais en arrivant au parking, je m'aperçois qu'une fois de plus mon étourderie m'a joué des tours : j'ai oublié mon sac à main en régie, avec les clés de ma voiture et tout le reste.

Je rentre en claquant violemment la porte, furax.

J'en veux à Davide parce qu'il m'a menti, parce qu'il n'est pas celui qu'il semble être ; et je m'en veux à moi-même parce que je continue d'interpréter les signes exclusivement dans un seul sens, comme si je mettais à chaque fois des lunettes roses. Je suis tellement en colère que j'ai du mal à respirer. Mes vêtements sont trempés, le tissu me colle à la peau, ce qui m'agace au point que je dois les arracher.

J'ai déjà retiré mon chemisier lorsque je m'aperçois que je ne suis pas seule.

Sur le seuil de la régie, Alejandro me regarde en silence, avec ses yeux latins, sombres et languides. Je m'approche, sans dire un mot moi non plus, sans détacher mon regard du sien.

D'un geste fluide et aguerri, il enlève son tee-shirt, arborant encore une fois ses abdominaux de compétition. Voilà de quoi j'ai besoin. Me perdre entre ses bras.

Ses lèvres ont le goût salé de ma désillusion.

CANCER

Ôtons sans plus tarder cette épine de notre pied : vous ne cuisinerez, ne raccommoderez, ne ferez le ménage, ni rien d'autre au monde, mieux que sa maman chérie. En comparaison de l'enfant Cancer… oh, pardon ! de l'homme Cancer, Œdipe était un petit être tout à fait équilibré, et très peu attaché aux jupes de sa mère. Mais vous aurez sans aucun doute l'occasion de rencontrer très prochainement votre rivale en amour, dès que le Cancer vous invitera chez lui pour jeter un coup d'œil à sa chambrette.

11

Le parfum du Sagittaire en noir

« Tu ne l'as quand même pas fait *pour de vrai* !

– Paola, c'était juste un baiser, je n'ai pas tourné une vidéo porno sur le pupitre de son. »

Pourtant, je suis aux anges car ce baiser était torride comme le désert de Gobi.

Je me suis sentie comme dans ces films américains où les héroïnes sont belles et intrépides. Si belles et si intrépides qu'à leur entrée dans un bar, elles n'ont pas besoin de faire l'effort d'ouvrir la bouche. D'un seul coup d'œil (beau et intrépide), elles ont déjà gagné un cocktail (gratuit), un mec pour la soirée (mais qui sera, comme dans tout film réussi qui se respecte, l'homme de leur vie), une robe blanche, une villa avec piscine, une batterie de casseroles en Inox 18/10, voire un ensemble matelas-sommier à lattes orthopédiques.

« Tu n'exagères pas un peu ? » me demande Paola au téléphone. Fidèle à son rôle de meilleure amie, elle se prend pour une tour de contrôle et dirige les manœuvres d'atterrissage. « Alice, écoute, je suis contente que tu aies vécu ça de manière si… si passionnelle, mais je ne voudrais pas que tu te fasses des illusions sur ce mec. Pour moi, un type qui se balade à moitié nu comme un gorille, en exhibant son attirail d'abdos… et qui te saute dessus alors que vous n'avez pas échangé trois mots, dans l'intention évidente de dégainer son anaconda… ce type-là ne m'a pas l'air de chercher l'âme sœur.

– Si tu continues, je vais avoir l'impression que c'était pas un baiser, mais un safari, dis-je en soupirant. De toute façon, je n'aurais pas pu aller plus loin.

– Grâce au ciel, Alice. Je suis contente que tu aies eu un peu de jugeote et n'aies rien fait d'irréparable.

– Oui, bien sûr, tu as raison, *mamie*. Mais c'est surtout que je n'ai pas défriché la zone. Demain, je me réserve une épilation intégrale chez l'esthéticienne. Et alors, s'il se retrouve dans ma ligne de feu, advienne que pourra. »

Je sais très bien qu'elle ne m'approuve pas : Paola est une adepte de la règle des cinq rendez-vous, pas un de moins et éventuellement un de plus. Mais au moins, elle se met à rire, et j'entends aussi son fils Sandrino rigoler dans le fond. Comme je sais que Paola met souvent le baby-phone pour avoir les mains libres, je remercie le ciel qu'il soit trop petit pour comprendre.

« Ne fais pas l'idiote, Alice, et attends pour l'épilation. » L'espace d'un instant, sa voix semble plus distante. « Oui, c'est Alice, mon amie. Tu peux me passer ce bocal ? »

Je balbutie : « Tu… tu n'es pas toute seule ?

– Ma mère est là, elle m'aide à préparer des bouillies à congeler. »

J'entends alors distinctement : « Bonjour, Alice ! Tu passeras le bonjour à ta mère de ma part.

– Bien sûr, madame. Et, euh… bonne journée à vous. »

Au téléphone avec Paola, c'est facile pour moi de jouer la femme fatale qui met les hommes à ses pieds dès qu'elle claque des doigts.

Alors que je suis encore novice à ce petit jeu et que j'ai dû inventer mille stratégies pour prendre un semblant de petit ami dans mes filets.

Mais vu les résultats, je devrais mettre le paquet sur l'entraînement.

Le lundi matin, au moment de pointer, je suis encore toute dépitée, même si le message de Tio aurait dû me mettre de bonne humeur.

Bonjour, petite Balance,

Tu rayonnes d'énergie et de joie de vivre, ce qui est une calamité pour les personnes de ton entourage. C'est dû à la pleine Lune en Balance, mais aussi à la conjonction Vénus-Uranus, favorable aux relations et aux nouvelles amitiés.

Mais attention à la Lune en transit négatif avec Neptune, qui te donne une propension à t'abandonner à l'illusion, à délaisser la réalité pour le rêve. La conjonction Vénus-Uranus peut occasionner des disputes avec l'être aimé ou te rendre impulsive dans tes choix sentimentaux et dans tes décisions. Cependant, Mercure et Pluton en sextile, ainsi que Mars et la Lune en trigone t'assurent une certaine perspicacité dans tes choix, et il sera difficile de te faire changer d'avis. En tout cas, tout semble indiquer que tu es en bonne voie pour affirmer ta personnalité et ta force. Surtout dans le domaine professionnel, où Saturne t'épaule, ce qui favorise la concentration et te permet d'affronter calmement des charges de travail potentiellement stressantes.

Je ferme les yeux et respire un grand coup, espérant remplir mes poumons de force et de détermination. Mais au moment où j'expire longuement, j'abandonne aussi toutes les belles résolutions que Tio essaie de m'inculquer. J'aurais beau imaginer que je suis une Super Woman qui n'a besoin de rien ni de personne, je ne peux pas ignorer le licenciement qui pourrait bientôt me tomber dessus. Tout comme je ne peux pas éviter de rencontrer Alejandro et d'assumer ma gêne après notre *magic moment* de mercredi soir.

En plus, je vais devoir affronter Davide. Je dois me rendre à l'évidence, Davide et moi n'avons rien à voir l'un avec l'autre, au mieux sommes-nous comme Superman et Super Nanny.

D'ailleurs, à propos de nounou, je passe la tête par la porte du bureau d'Enrico pour lui demander comment il va, si sa femme est rentrée et s'il a trouvé une pharmacie de garde pour acheter un sédatif à Riccardino. Mais il n'y a pas un chat au bureau, ce qui s'avère plutôt étrange pour un lundi matin.

Même l'open space est vide. Je rencontre seulement Conchita, en train de vider les corbeilles à papier, d'épousseter les bureaux et d'arroser les plantes. S'il m'est déjà arrivé de penser qu'elle est la seule à travailler ici, j'en ai à présent la certitude. « Salut Conchita, tu sais où sont les autres ? »

Elle hausse les épaules puis fait mine de porter une tasse à sa bouche, le petit doigt rigoureusement relevé. « *Touinqué* », dit-elle. Et quand je secoue la tête parce que je n'ai pas compris, elle ajoute simplement : « Bar. »

En traversant le couloir vers la cantine, j'entends un brouhaha qui va crescendo. Je pousse les portes pivotantes et découvre tout le monde réuni à l'intérieur. Ils trinquent au café et au jus de fruits. Le *touinqué* de Conchita.

« Félicitations ! s'exclame Enrico en tapant sur l'épaule de Carlo.

– Félicitations, Cristina ! » renchérit Raffaella en lui tendant un énorme paquet.

Pourquoi ai-je l'impression d'être tombée dans une fête de l'horreur style *La Quatrième Dimension* ? Ce genre de scène très années 50, où les femmes ont toutes de belles choucroutes crêpées et des jupes évasées, et vous présentent avec un grand sourire un gâteau composé de membres humains grouillant de vers.

Cristina se pavane en massant son ventre rebondi. Non, il ne s'agit pas d'un simple toast pour un succès professionnel. Je suis littéralement tombée au beau milieu d'une *baby shower party* (une fête prénatale dans nos contrées latines) pour la future progéniture de Carlo !

« Merci, les amis, vous êtes adorables », lance mon ex-amie sur un ton mielleux à vomir.

Au moment où Cristina ouvre l'enveloppe posée au-dessus du

paquet, Raffa m'aperçoit et comme au ralenti elle lève les mains et les porte à sa bouche. « Alice ! »

Tout le monde se tourne vers moi. Carlo fait un pas en avant, puis renonce, foudroyé par le regard noir de sa quasi-épouse et quasi-mère de son enfant.

« Euh, bienvenue parmi nous, Alice, et merci », dit Cristina en montrant le paquet enrubanné.

Puis Raffa vient vers moi, entourée par les secrétaires d'Eastwick de l'étage supérieur. « En fait, Alice n'a pas participé au cadeau », dit-elle, puis elle s'adresse à moi avec un air empreint de compassion : « Il m'a semblé plus délicat de ne rien te dire. »

Voilà, j'ai à présent la confirmation qu'on m'a sciemment écartée de cette sympathique petite sauterie.

Le pire, c'est que leurs sourires se sont figés, comme si la Méchante Sorcière de l'Ouest était arrivée pour emmerder Dorothée et compagnie.

Tout ce que j'arrive à balbutier pour tirer mon épingle du jeu, c'est : « Excusez-moi. » Même si j'aimerais me transformer en hologramme ou dire que je ne suis que le fruit d'une hallucination collective.

Je recule d'un pas, dans une tentative désespérée de regagner la porte, mais quelqu'un m'attrape par les épaules. « En réalité, Alice était au courant de ce pot. C'est moi qui l'en ai informée, quand je lui ai demandé de m'aider à chercher le cadeau. » Davide me pousse en avant. « Et en effet, nous avons fini par décider d'en offrir un ensemble. Le voici. » Il pose sur le gros paquet un paquet plus petit, mais bien emballé, avec un élégant ruban crème. « Voilà, c'est de ma part. Et de celle d'Alice. »

Je ne sais pas comment sa main a pu glisser le long de mon bras, mais à présent ses doigts effleurent les miens. Je le regarde dans les yeux, lorsqu'une voix persifle : « Oh, merci alors, que vous êtes gentils. N'est-ce pas, Carlo, qu'ils sont gentils ? Tous les deux. Davide *et Alice*. »

Mon regard se pose une fraction de seconde sur nos mains.

Davide retire aussitôt la sienne, pour la glisser dans sa poche. « Je t'en prie, Cristina. Félicitations », lui dit-il.

J'évite le baiser de Judas de Carlo et me penche vers les joues de Cristina, espérant m'en sortir avec la jugulaire intacte.

« Merci, Davide. Et Alice, répond quand même mon ex-petit ami. Merci de nous avoir offert une… mini-guitare acoustique.

– Hum, j'imagine que Carletto Junior nous ravira les oreilles… dans quelques années », ajoute Cristina.

À ce moment-là, Davide, oui, Davide Nardi, l'homme qui licencie plus vite que son ombre, qui vient peut-être d'écrire mon nom en haut de sa longue liste, se met à rougir. Entre parenthèses, on ne peut pas dire que les autres ont l'air plus aimables maintenant qu'il m'a apporté son soutien. Luciano et Ferruccio, tout particulièrement, me lancent des regards incendiaires. Si on naît Grande Faucheuse, on ne peut pas s'improviser Lancelot et jouer au chevalier le plus serviable du royaume.

Pour tirer Davide d'embarras face à Carlo et Cristina, je lui propose : « Je ne sais pas si tu en as déjà bu un, mais moi j'ai besoin d'un café. » Ce qui me semble un geste honnête. Je lui dois bien ça.

« Avec plaisir », me répond-il en me devançant vers le comptoir du bar.

Nous restons muets pendant que le barman prépare nos cafés. Il exécute une série de gestes mécaniques, et nous l'observons comme s'il présentait un numéro de funambule. Non pas que le spectacle soit particulièrement exceptionnel, d'autant plus qu'été comme hiver, il a toujours deux auréoles de sueur larges comme des côtelettes sous les bras. Mais nous focaliser sur un mouvement est un bon prétexte pour éviter de nous regarder.

« Comment ça s'est passé…

– J'ai appris que… »

Nous parlons simultanément, au moment où les tasses tintent dans nos soucoupes.

« Excuse-moi, dis-je.

– Je t'écoute. »

Il hoche la tête, évitant à nouveau de me regarder.

« Je voulais juste te demander si tu savais quelle est la part d'audience du premier *Guide astrologique.*

– Ah, oui. Eh bien, pas mauvaise, je crois. Mais on vérifiera plus tard, avec le président. »

Je soupire et avale mon café, espérant qu'il en soit vraiment ainsi. Parce que au train où vont les choses, pour chaque point de part d'audience perdu, ces deux-là pourraient jouer au tir au pigeon avec les salariés. C'était peut-être ce que sous-entendait Tio dans l'horoscope qu'il m'a envoyé : *une calamité pour les personnes de ton entourage.* Sauf qu'il n'a pas précisé si mes collègues allaient me poursuivre avec des fourches.

Lorsque je le vois froncer les sourcils et fixer un point derrière mon épaule, je me retourne d'un bloc, et me retrouve nez à nez avec Conchita, sa serpillière dans une main et une rose jaune dans l'autre.

Vision déconcertante.

Je lui lance : « Non merci. » Il faut dire que chaque fois que je vois une rose, il y a toujours quelqu'un pour la vendre derrière.

« Non. *Poutoi*, répond Conchita. *Appotée. Poutoi.*

– Je crois qu'elle veut dire qu'on vient de l'apporter pour toi, Alice, m'explique Davide. Merci, Conchita. »

Voilà le résultat quand on a des missions professionnelles à l'international : on finit par avoir l'oreille avec les langues étrangères.

Davide prend la fleur de la main de Conchita et me la tend, mais je reste immobile, à le fixer des yeux.

Au même instant, un bras entoure ma taille et des lèvres douces, chaudes et… *latines*, effleurent mon cou. Et une voix derrière moi murmure : « *Querida…* »

Dans une tout autre situation, je me mettrais peut-être à rire en pensant à Gomez dans la famille Adams et, en réponse au pincement que je sens sur mes fesses, je pourrais dire : « Merci, la Chose ! »

Mais il n'y a pas de quoi rire. Du moins pas en regardant Davide qui, après être resté un instant la rose à la main, à observer Alejandro qui danse la lambada contre moi à neuf heures du matin, finit par déposer la fleur sur le comptoir.

« Bon, eh bien, je dois y aller, marmonne-t-il. Bonne journée, Alice. »

12

Sous les jupes de la Balance

Dans une autre vie, j'ai été une grande fan de Rouletabille. Cependant, jamais, au grand jamais je n'aurais imaginé qu'un jour lointain, ma vie s'apparenterait au contenu de ses petits livres à la couverture jaune.

Mais c'est le cas. Me voilà confrontée au *Mystère de la rose jaune*.

Pas très original, comme titre, mais l'essentiel est là : cette rose, je n'ai aucune idée de son expéditeur.

J'admets que, sur le coup, et au vu de la concomitance des événements, j'étais persuadée qu'il s'agissait de l'œuvre de Goldorak. En effet, le bel Alejandro s'était matérialisé presque simultanément avec la fleur.

Mais il a aussitôt démenti et souligné que lui, il me l'aurait offerte *roja*, la rose, comme la *pasión*. Et je parie aussi qu'il n'aurait pas manqué de la tenir entre ses dents.

Il faut que j'appelle ma mère.

« Allô, maman ?

– Salut, ma puce, alors ?

– Hum, papa et toi, est-ce que vous m'auriez envoyé des fleurs au boulot, par hasard ?

– Attends, ton père est sur l'échelle. Aujourd'hui, il est tout excité. Il a déjà ciré toutes ses chaussures et maintenant, il joue à

Spider Man dans le débarras. Guido ! Descends de l'étagère, elle va se casser !

– Elle ne va pas se casser, j'y suis à peine appuyé, Ada. Aie un peu confiance en moi. Je suis peut-être à la retraite, mais je ne suis pas gaga.

– Bien sûr, bien sûr… Depuis qu'il est à la retraite, il ne sait plus comment prouver qu'il est un homme, un vrai. Fais attention, tu vas tomber. Si tu te casses le col du fémur, qui te poussera dans ton fauteuil ? »

Mon père grogne depuis le fond de la maison : « Je vais t'en donner, moi, du col du fémur, tiens !

– Bref, ce n'est pas vous qui m'avez envoyé des fleurs.

– Guido, Alice dit qu'elle a reçu des fleurs et qu'elle ne sait pas de la part de qui ! crie maman.

– Ce doit être une erreur ! » s'exclame très gentiment mon père.

Je suis piquée au vif. « Et pourquoi ce serait une erreur ? Est-ce que je n'ai pas le droit de recevoir des fleurs ?

– Ce serait une nouveauté, mon poussin. Tu sais bien comment sont les hommes, de nos jours. »

Et mon père, au loin, s'empresse de parodier un vieux slogan de publicité : « Si un inconnu vous offre des fleurs… c'est parce qu'il n'a rien trouvé de mieux pour vous mettre dans son lit. »

Je soupire. « OK, je dois y aller. Remercie papa pour le poème. »

En mettant fin à la discussion, un étrange frisson me parcourt l'échine. Et si c'était la première attaque d'un harceleur ? Après tout, créer une émission apporte une certaine notoriété, mon nom a même fini dans un entrefilet du magazine *City*.

Ce serait vraiment le comble que moi, qui n'ai pas l'ombre d'un petit ami, je sois harcelée à coups de roses jaunes par un dingue amoureux de moi. Si ce mec avait ne serait-ce qu'une once de courage et montrait son vrai visage, je pourrais mieux évaluer la situation.

« Je me demande bien de quel signe il est… »

Au déjeuner, j'essaie de me distraire de la menace imminente en déjeunant avec Tio.

« Tu as reçu une fleur, pas une oreille humaine ! me dit-il pour dédramatiser.

– D'accord, mais je voudrais bien savoir de qui.

– Parce que tu es curieuse comme une pie. » Il regarde autour de lui tout en mordant dans son sandwich et en mâchant goulûment. « Nardi ? Je suis sûr que c'est ton admirateur secret. Il fait le dur, mais au fond, c'est un grand timide. »

Davide. Je lève les yeux vers la mezzanine de la cantine. Il est attablé avec le Présidentissime et le directeur du personnel, Franco Minora, surnommé *Minority Report* à cause des lettres d'avertissement qui partent de son bureau.

« Je ne crois pas. Il avait l'air surpris par l'arrivée de Conchita.

– Par l'arrivée de Conchita ou par celle d'Abdos-Man ? »

C'est vrai, on ne s'est pas recroisés depuis ce matin, avec Davide. Je devrais me réjouir des effusions d'Abdos-Man, mais quand je repense à cet instant, je ressens une pointe de gêne.

« Quand on parle du loup… »

À ces mots, je me retourne vers les portes pivotantes par lesquelles est apparu Alejandro, qui scrute les alentours comme un cow-boy dans un saloon.

À la table voisine, l'assistante de *Mal d'amour*, Mara, lui fait un signe de la main, et il s'approche de son pas de guépard, fluide, indolent et ultra-sexy.

Sauf qu'il ne s'assied pas à la place qu'elle lui a libérée en retirant son sac ; non, arrivé à un pas de la chaise, Alejandro secoue sa crinière et dévie dans ma direction en regardant Tio comme un étalon emballé. « *Doulce Aliz*, te voici. » Il me prend la main, retire délicatement de mes doigts la fourchette glissée dans ma salade et pose un baiser sur mes phalanges. « Je t'ai *mucho* cherchée. Tu m'as manqué… »

Je soupire, mes yeux plongés dans ses yeux noirs comme la nuit.

« Vous ne vous étiez pas vus au petit déjeuner ? » intervient Tio qui postillonne quelques miettes de son sandwich vers nous.

Je le regarde par en dessous et il hausse les épaules.

Au lieu de lâcher ma main, Alejandro la tire vers lui et, tout en reculant, il m'invite à me lever.

« Elle n'a pas fini sa salade, dit Tio en levant nonchalamment les yeux.

– Ce n'est pas de nourriture qu'Aliz a besoin, répond Alejandro. Viens *conmigo, querida.* »

Envoûtée par son accent espagnol, moi aussi j'ai l'impression de marcher avec la sensualité d'un félin tout en regagnant la sortie.

Assise à mon bureau, je m'exclame en levant la main : « Je propose qu'on le soumette au vote. » En face de moi, Tio regarde avec perplexité le portable posé devant nous, dont le haut-parleur est enclenché.

« Pour moi c'est NON, Alice. NON, NON et NON ! s'exclame Paola à l'autre bout du fil.

– Alors d'après toi, ce soir, je devrais sortir avec Alejandro… *sans* m'épiler ?!

– Tu me poses une question, je te réponds. Si tu ne t'épiles pas, il ne te viendra pas à l'idée de passer à la casserole à votre premier rendez-vous. C'est stratégique, Alice. Avec les hommes comme lui, tu te retrouves sans culotte pour un demi-sourire. Méfie-toi ! »

Je soupire et adresse à Tio un regard de chiot abandonné.

« NON », dit-il en croisant ses bras devant sa poitrine. Et quand je fais ma moue de dépit, dans une ultime tentative pour l'attendrir, il s'appuie au dossier de la chaise pour mettre une plus grande distance entre nous. « Vous vous êtes déjà embrassés. Il vient de te demander de sortir avec lui ce soir. Et tu as déjà fait l'erreur de lui répondre oui tout de suite. Tu dois te rattraper d'une autre manière. Alejandro est Sagittaire, bon sang, c'est l'*homo* le plus *eroticus* de tout le zodiaque. Il te suffit de savoir que le Sagittaire est constamment obsédé par le sexe : s'il n'est pas en train de faire l'amour, il est en train d'imaginer qu'il le fait, ou bien il le fait tout seul. Bien sûr, quand l'occasion se présente de se rouler dans les draps avec un Sagittaire, on découvre un amant exceptionnel, super accessoirisé, le rêve interdit de chaque femme, l'expérience mystique par excellence…

– TIO ! s'écrie Paola à l'autre bout du fil.

– Excuse-moi, Paola. C'était juste en passant. Mais au final, le Sagittaire n'est pas un fanatique des relations durables. Voilà pourquoi il vaut mieux essayer de titiller son intérêt avant de l'autoriser à atteindre son objectif.

– OK, alors c'est clair, Alice. Deux contre un : pas d'épilation. Interdiction formelle. NIET. Compris ? Au moins pendant… écoute, je t'en accorde trois. Pas d'épilation les trois premiers rendez-vous.

– TROIS ? Tu es folle. Non, pire, tu es sadique ! »

Résultat, quand Alejandro passe me chercher, je me déhanche sur des bottes montantes à talons aiguilles, d'irréprochables collants bien épais et une minijupe.

Bien que je sois consciente de mon astuce, en m'approchant de sa voiture je me sens belle, fascinante et sophistiquée. Bref, la femme idéale pour un homme dénommé Sex-Appeal.

Mais Alejandro semble prêt à démentir toutes les conjectures de ces deux conspirateurs que j'appelle encore des amis. Tout d'abord, il ne me saute pas dessus comme je devais m'y attendre selon Paola, étant donné les prémices. Il ne tente même pas un petit pelotage rapide pendant les baisers de politesse sur la joue, comme je devais m'y attendre selon Tio. Au contraire, il est si gentil qu'il m'ouvre aussi la portière, geste que Carlo, en cinq années de relation, n'a pas daigné ébaucher une seule fois.

Il a même l'air un peu gêné : il change de station de radio dans la voiture et me demande quel genre de musique j'aime écouter, il se préoccupe de savoir si j'ai froid ou si je préfère baisser un peu la vitre, pour sentir l'air de la nuit sur mes joues.

Durant le trajet, il parle beaucoup. De lui, de Séville, de la

España. Il me demande si j'y suis déjà allée, ce que j'en pense, ce qui m'a plu. Bref, j'ai de plus en plus tendance à croire que les deux autres n'ont rien compris. Moi aussi, d'ailleurs, je me suis montrée un peu injuste à son égard. Je me suis toujours plainte du fait que les hommes ne jugent que sur l'apparence, se laissent uniquement prendre par l'aspect physique, sans aller au-delà. Et moi, ai-je fait mieux ? Je l'ai juste considéré comme un bel étalon, un morceau de choix aux biceps bronzés, aux cuisses d'acier et aux abdos…

Où en étais-je ? Ah oui, je suis en train de l'écouter.

« Alors tu vois, l'autre *noche* quand je t'ai revue à la régie, et que tu… Je dois m'excuser *contigo*, *porque no es mi manera* de faire. Mais tu me plais, *Aliz*. Et j'ai fini par profiter de toi. *Lo siento mucho. Y esta noche* ce que j'aimerais, c'est me faire *perdonar*. »

Sa stratégie pour se faire *perdonar* consiste à m'amener dans un bar qui, selon lui, plaira beaucoup à une fille « simple et spontanée » comme moi. Avec mes jambières en cuir et mes talons aiguilles, je ne me sens pas particulièrement simple et spontanée, ce soir. Ni très stable pour marcher dans l'herbe haute afin de rejoindre les lumières qui scintillent là-haut.

J'évite pour la deuxième fois de me fouler la cheville en m'arrêtant pour contempler les lanternes colorées qui oscillent dans la brise. « Comme elles sont belles, dis-je, afin de reprendre haleine.

– J'aurais peut-être dû te dire où je t'emmène, dit-il en souriant. Je ne voudrais pas que tu te fasses *del mal*. Attends… »

Il plie un peu les genoux et, sans aucun effort (je tiens à le souligner : sans aucun effort !), il me soulève dans ses bras et termine la traversée de la pelouse sur les quelque cent mètres restants.

À présent, si je me mettais à décrire les palpitations de son cœur et du mien, le parfum de ses cheveux qui flottent au vent et me chatouillent la joue, la chaleur que dégage son corps de mâle alpha et le grand trouble qui s'ensuit, je risquerais de passer pour une héroïne sentimentale à la Jane Austen. Que l'on sache seulement que je savoure chaque foulée de cette promenade au clair de lune. Lorsqu'il me dépose sur les planches de bois brut d'une espèce de piste de danse *en plein air*, je suis en extase totale.

Nous sommes entourés de quelques danseurs en tenues bariolées, qui se déplacent de manière synchronisée. On se croirait dans un film de Baz Luhrmann. Contente que son bras me soutienne encore, je lui demande : « Où sommes-nous ?

– Ici, *bailamos*. Flamenco, tango... des danses de *mi tierra.* »

Ce qui me donne l'impression non plus d'être à Milan, mais dans un bar interlope de Caracas.

Le problème, c'est que je ne sais pas esquisser un pas. Et pas seulement à cause de mes bottes, dont les talons se coinceront d'ailleurs sûrement entre deux planches dès que j'essaierai de bouger. Non, en réalité, j'ai toujours été raide comme un balai. Danser est pour moi un art inaccessible, et je voudrais pouvoir sortir une excuse : que j'ai une sciatique, ou que dans mon enfance j'ai fait le vœu sacré de ne jamais danser, pour obtenir une grâce. Mais il me tend la main. « C'est depuis que je t'ai vue que *quiero* t'avoir dans mes bras... Je veux *bailar contigo*, Alice. »

Comment refuser, quand c'est demandé si gentiment ?

Je me dis que si Jennifer Grey y est arrivée, moi aussi je peux, après tout. Je me signe mentalement et c'est parti.

Inutile de le préciser, Alejandro est un dieu de la danse.

Moi, absolument pas. Je trébuche, mais il ne s'énerve pas et me rattrape, me corrige en douceur, en me murmurant à l'oreille les mouvements que je dois exécuter. Je m'exécute donc et danse sans trop d'efforts.

Nous finissons échauffés, moi contre son torse haletant. Nos cœurs battent la chamade et nous nous regardons dans les yeux comme si nous avions déjà fait l'amour. Danser avec lui m'a procuré la même sensation, tout comme l'effleurer et sentir son étreinte sûre. Nous avons fait l'amour au sens le plus sublime et platonique du terme.

« Alejandro ? Je peux t'inviter à danser ? »

Qui est cette nana qui s'incruste aussi grossièrement entre nous ? Mon regard assassin reste sans effet, la fille m'ignore royalement et Alejandro (ce salaud) lui sourit et la prend par la main. « Comme ça, tu te reposes *un poquito* », me dit-il, sans se demander si je me sens prête pour un deuxième round, voire plus.

Je rejoins le bord de la piste d'un air très digne en essayant de ne pas les regarder. Mais je ne peux pas m'empêcher d'être rongée par la jalousie en la voyant se trémousser contre mon Sagittaire. Je m'attends à ce qu'il prenne ses distances d'une façon ou d'une autre, mais c'est sûrement la danse qui requiert tous ces frottements.

Je persévère dans la stratégie du comme-si-de-rien-n'était, faisant mine d'être intéressée, dans l'ordre, par : les lumières colorées, les danseurs, la musique, les musiciens, le bar (où j'ai le temps d'avaler plusieurs cocktails) et la campagne alentour, tandis que les danses s'enchaînent et qu'Alejandro a l'air d'avoir oublié qu'il m'a amenée ici. Personne d'autre ne m'invite à danser.

Puis, soudain, il réapparaît.

« *Y ahora* tu t'es assez *reposada* », me dit-il en m'attirant de nouveau vers lui.

Il ne m'avait donc pas oubliée ! Il m'a juste laissée reposer mes pieds.

Nous dansons de nouveau, cette fois sur une musique lente et sensuelle. Et ce sont de nouveau des caresses, ses lèvres contre mon oreille, son haleine chaude dans mon cou.

Enfin, il m'embrasse.

Il s'arrête brusquement au centre de la piste, en plein milieu de la danse, et penche la tête vers moi durant quelques secondes. Malgré la musique, je l'entends soupirer lorsqu'il plonge ses yeux dans les miens et me décoche un regard qui devrait être interdit aux moins de dix-huit ans. Puis il prend mon visage entre ses mains.

Est-ce à cause de la danse enfiévrée, des cocktails, ou simplement parce qu'il est Sagittaire jusqu'à la moelle ? Quoi qu'il en soit, je perds la notion du temps et de l'espace.

Non, non, il ne m'a pas droguée à mon insu, mais je ne sais pas comment nous nous retrouvons à côté de sa voiture. Nous continuons à nous embrasser, à nous caresser, à nous murmurer des mots insensés, qui ressemblent davantage à des soupirs haletants.

« Je ne sais pas depuis combien de *tiempo* je ne me suis pas senti comme ça. »

Je frotte ma joue contre la paume de sa main. Puis-je affirmer avoir jamais été plus heureuse ? Un moment aussi sublime a-t-il déjà existé ?

Mes pensées sont confirmées un instant après, lorsqu'il prononce ces mots : « *Aliz, mi vida* a été un chemin tellement *imperfecto*, j'ai couru, d'un pays à l'autre, d'un continent à l'autre. Comme si j'étais un *hombre* à la recherche d'autre chose, un naufragé qui meurt de soif… Mais je crois que j'ai trouvé ma fontaine *d'agua pura*. C'est toi, *Aliz*. C'est toi, *mi querida*. Fais *l'amor* avec moi… *por favor*… Viens au secours de *un hombre* agonisant. »

Comment pourrais-je refuser de venir au secours d'un homme agonisant ? Bon sang, je voudrais déjà être dans son lit…

Mais je ne peux pas ! À cause de Tio, de Paola et des poils superflus.

Je souris d'un air aimable et l'embrasse sur le bout du nez. « Excuse-moi juste une seconde, *querido*.

– *Claro, muñequita*. »

Je m'éloigne en catimini, fouille dans mon sac à main et compose le numéro de Tio, qui ne répond pas ; alors je fais celui de Paola, tout en me mettant dans la file d'attente au bar.

« Allô, Alice ? Tu es déjà rentrée ? Comment ça s'est passé ?

– Paola, bon sang ! Bon sang !

– Ma chérie, tu m'inquiètes. Qu'est-ce qu'il t'a fait ?

– Qu'est-ce qu'il m'a fait ? Qu'est-ce qu'il NE m'a PAS fait ! Qu'est-ce qu'il ne peut pas me faire… Et surtout, qu'est-ce que moi, je te ferai demain ! Alejandro est… il est simplement divin…

nous sommes amoureux… et je ne peux pas coucher avec lui parce que tu m'as interdit de m'épiler. » Je souris au danseur dans la file devant moi, qui s'est retourné et m'a regardée en haussant un sourcil. « Je vous en prie, je crois que c'est à vous », lui dis-je en battant des paupières.

« Alice, c'est justement ça que tu dois éviter. Allez, sois forte. Il y aura d'autres occasions. Après tout… s'il t'aime vraiment, il saura t'attendre.

– Tu n'as pas compris : c'est moi qui ne peux pas attendre ! Je vais te dire un truc : soit je trouve un rasoir, soit je me les arrache avec les dents un par un, ces poils.

– Non, Alice ! Je te l'interdis.

– Si, je vais m'épiler. »

Et je n'écouterai plus jamais ces deux-là de toute ma vie.

C'est enfin mon tour au bar. J'éloigne le téléphone de mon oreille, sans raccrocher.

« Excusez-moi, écoutez, euh, je sais que c'est une demande un peu spéciale… mais, vous n'auriez pas un rasoir, par hasard ? Dans le genre jetable, vous voyez le truc ? »

13

La Balance sur un toit brûlant

Je suis bonne pour une nuit blanche. Mais pas à cause de mon *latin lover*, malheureusement.

À cause d'une nouvelle rose jaune.

J'ai découvert en effet que les pires bars de Caracas ne prévoient pas de distribution illégale de rasoirs comme dans les hôtels. Et comme il serait un peu long de m'occuper de chaque bulbe pilaire avec un mini-parasol à cocktail, j'ai fini par laisser tomber.

Bien sûr, j'aurais pu dire à Alejandro de monter chez moi, puis aller chercher un rasoir dans la salle de bains. Mais comme j'avais laissé mon appartement (toujours sur les conseils avisés de Paola et Tio) dans un état post-atomique, j'ai fini par me faire une raison : ma nuit n'aurait de bouillante qu'une tasse de camomille pour me calmer les nerfs.

Je suis sortie de l'ascenseur sur un petit nuage, après un baiser capable de chambouler tous les points cardinaux. Et c'est là que je l'ai vue.

Sur le paillasson devant ma porte, une rose identique à celle que j'avais reçue au bureau.

OK, pas de panique. Et si c'était un message publicitaire des témoins de Jéhovah ? Hypothèse écartée, tout comme celle d'un vendeur au porte-à-porte qui serait passé par hasard sur mon palier et en aurait perdu une. Car elle est du même jaune que l'autre. À ce stade, il n'y a pas de hasard.

Je me penche pour la ramasser, et à cet instant, je suis prise de frissons. Cette fois, il y a un billet. Avec ces mots : *Tu te souviens ?*

OK, panique. De quoi devrais-je me souvenir ?

Je rentre chez moi en claquant précipitamment la porte derrière moi.

Écoute, Alice, c'est peut-être vraiment un admirateur secret. Est-ce que je ne crois pas de toutes mes forces aux situations les plus improbables des films romantiques ? Pour moi, une fille avec un grand nez peut remporter une compétition de danse sans avoir jamais dansé de sa vie, un libraire timide et maladroit peut trouver devant sa porte une superstar de cinéma qui tombe amoureuse de lui, deux personnes qui ne se sont jamais vues peuvent se sentir attirées l'une par l'autre depuis deux pays différents, et une prostituée peut épouser un millionnaire… Pourquoi ne pourrais-je pas être une de ces héroïnes ?

Le problème, c'est que j'ai toujours envisagé ma vie comme une comédie à l'eau de rose. Et si en fait, c'était un thriller ? Et si je me prenais pour Julia Roberts, alors que je ne suis qu'une figurante qui va mourir pendant les dix premières minutes du film et dont tout le monde se contrefout ?

Bref, entre mes ardeurs pour Alejandro et la perspective de finir comme une stupide pom-pom girl de film d'horreur, il me faut un bon moment avant de m'endormir. Même mon bon vieux « kit de survie » n'arrive pas à me réconforter. C'est dire.

Voilà pourquoi, le lendemain, jour de congé, je décide que j'ai besoin de me faire chouchouter. Je fais notamment appel aux talents d'une esthéticienne grâce à laquelle je pourrai me déshabiller sans être considérée comme le maillon manquant entre l'homme et le singe.

Après l'esthéticienne, dans l'après-midi, je traverse le parc

Sempione pour prendre le tram qui me ramènera chez moi. Je ne suis pas pressée : on doit se retrouver tard ce soir avec Alejandro, et je savoure donc la promenade au milieu des allées arborées en flânant dans la tiédeur printanière.

C'est vrai, mon histoire avec Alejandro ne fait que commencer, mais elle a déjà tous les atouts pour grandir et devenir merveilleuse. Et il n'y a rien de mal à rêver un peu, non ? On pourrait partir en vacances en Espagne cet été, par exemple. On pourrait aussi décider de s'y marier. Un mariage avec castagnettes et danses en tout genre, où je pourrais porter une robe à pois et à frous-frous, même si je déteste les pois et les frous-frous.

Qui aurait cru que j'épouserais un Espagnol ? Chouette. Ça fait très Melanie Griffith – à part que je ne suis pas blonde.

Soudain, mon portable se met à vibrer. Je le sors de mon sac en soupirant. C'est Alejandro. On s'envoie des mots doux depuis ce matin. Normal : on est amoureux.

Il m'écrit : *Comment faire pour ne pas* pensar en ti ?

Je lui réponds : *Avoue-toi vaincu. Et pense à moi.*

Concis et incisif. C'est bien, Alice. Tu lui fais plaisir sans trop t'étaler et sans lui faire croire que tu es pendue à ses lèvres.

Encore lui : *Travailler sans toi* es un suplicio. *Où est la* luz de mi vida *?*

Je soupire, puis réponds : *La* luz de tu vida *se prépare à tomber dans tes bras. Elle a pris un bain chaud aux pétales de roses…*

Encore une sonnerie. Insistante, cette fois.

C'est Tio. Pfff.

Ne va pas croire que je ne sais pas ce que tu trafiques ! Ta Lune est en conjonction avec Neptune, ce qui t'empêche de voir les choses de manière réaliste et facilite l'abandon à des états rêveurs et aux illusions. En plus, la position de Mercure dans ton ciel titille ton attirance naturelle pour le mystère… D'ailleurs, tu ne m'as pas répondu depuis ce matin. Bref, ne te fais pas d'illusions : je sais bien que tu manigances quelque chose ! Souviens-toi que le

Sagittaire est aussi doué pour séduire que pour prendre ses jambes à son cou. Je ne dis pas qu'il n'est pas sincère quand il te dit qu'il t'aime, mais il pourrait tout aussi bien le dire demain, avec la même sincérité, à une autre. En plus, je t'ai déjà expliqué qu'il faut aussi connaître l'ascendant pour être sûr. Découvre-le, et on en reparlera.

Je maudis Tio et son troisième œil astrologique. Il a dit qu'il m'aiderait à m'y retrouver avec les mecs, mais il n'est jamais satisfait. En passant, j'ai bien l'impression que le Sagittaire est un signe compatible avec le mien. Tio me l'a répété plusieurs fois, sauf que le jour où j'ai enfin rencontré quelqu'un qui me correspond, voilà qu'il me sort son histoire d'ascendant. Bon sang de bonsoir. Ça change la donne. Je n'ai aucune idée de l'ascendant d'Alejandro, moi ! J'ai bien essayé de le lui demander, mais il n'en sait strictement rien.

Je décide de couper à travers une pelouse. Je ne suis plus du tout dérangée par la vision de tous les petits couples qui se roulent dans l'herbe à la tombée de la nuit. Je ne me sens plus mise à l'écart. Moi aussi, demain, je pourrais très bien me retrouver sur cette pelouse.

Je suis en pleine visualisation de cette image digne d'un film des années 80, avec nos silhouettes, à Alejandro et à moi, qui s'embrassent devant un soleil couchant rouge feu, lorsque deux événements se produisent.

Le premier est la chute d'une météorite sur ma nuque, qui me déséquilibre vers l'avant.

Le second est un 38 tonnes tout en chair, pattes et bave qui me jette à terre, faisant voler mon smartphone avec le dernier message d'Alejandro : *Tu es si élégante* y hermosa.

Je me retrouve donc, *hermosa y* élégante, face contre terre.

Ma seule consolation, si l'on peut dire, c'est que cette fois, ma maladresse n'est pas en cause.

J'essaie de me relever, mais une longue langue chaude me lape la joue, ce qui me fait bondir en arrière.

« Attends ! s'exclame une voix derrière moi. Tout doux, Flash. Couché. »

J'ai une sensation bizarre, comme quand on reçoit un baiser inattendu dans le cou. Cela ne dure qu'une microseconde, et je ne sais pas si je le reconnais parce que je me retourne, ou si je me retourne parce que je le reconnais. Je sais juste que Davide est là, devant moi.

Il a l'air d'avoir rapetissé comme un Schtroumpf à côté de ce chien grand comme un cheval.

Il accourt à ma rencontre. « Alice, ça va ? Tu t'es fait mal ? Fais voir. »

Ce doit être le coup, le stress de la journée ou peut-être l'effet de ce dinosaure canin, mais je n'y comprends rien. Je continue de le regarder, avec le cœur qui bat à cent à l'heure dans ma poitrine lorsqu'il me soulève le bras. « Non… ça va, ne t'inquiète pas.

– Excuse-moi, Flash devient ingérable quand on joue à la balle. »

C'est alors que mon téléphone se remet à sonner, signe qu'il ne s'est pas cassé pendant ma chute. Heureusement ! Je craignais déjà d'avoir perdu le contact avec Alejandro. On a frôlé le drame.

« Viens, il faut nettoyer ça. »

Je me laisse entraîner par Davide, mais vérifie le message de mon autre main.

Ma beauté, j'ai hâte de goûter tus besos…

Je soupire et découvre, en me tournant, le museau de la bête féroce juste à mes côtés, mâchoires grandes ouvertes, avec sa grosse langue pendante et son haleine tenace qui me rappelle les retours de vacances, quand on découvre que l'électricité a sauté, ce qui a fait pourrir tout ce qui restait dans le congélateur.

« Ne t'évanouis pas. C'est juste un peu de sang », me dit Davide.

Du sang ?

...

Du sang !

Je regarde mon bras. Une coupure sanguinolente s'étale de mon poignet à mon coude.

Je m'accroche à Davide en rassemblant tout mon courage de femme forte et sûre d'elle, parce que je ne voudrais pas finir chargée sur le dos de cette espèce d'équidé comme une vulgaire besace.

Sans compter que ce truc pourrait prendre mon bras pour un bifteck. « C'est bien, Cujo... tout doux.

– Il s'appelle Flash. N'aie pas peur. Il est bon comme du bon pain. »

Non pas que je me sois attendue à ce que Davide soit fan des chiens de manchon à la Paris Hilton, mais je me demande comment un habitué des déplacements professionnels peut avoir eu l'idée de prendre un chien qui oblige à avoir le port d'armes.

Une sonnerie en provenance de mon portable annonce un nouveau message. J'y jette un rapide coup d'œil.

Qu'est-ce que tu fais ? Por qué *tu ne me réponds pas ?*

Mon Dieu, c'est vrai, je ne lui ai pas répondu. Et s'il s'inquiétait ? Et s'il pensait que je ne pense pas à lui ?

« C'est un danois, m'annonce Davide tout en plaçant mon bras sous l'eau de la fontaine. Il a besoin de courir et de temps en temps, on vient ici jouer à la balle. »

Plus précisément, avec un ballon troué, en cuir, dur comme du béton armé, qui m'a frappée en traître.

Le bras encore dégoulinant d'eau rougeâtre (heureusement, la coupure n'est pas profonde), je tape rapidement : *J'étais en train de décider ce que je vais mettre pour toi...*

Je reviens à Davide, qui me regarde en haussant un sourcil. « Il n'est pas cassé, au moins ? » me demande-t-il en désignant mon téléphone.

Ciel, pourquoi est-ce que je rougis ? « J'étais en train de vérifier. Non, il n'est pas cassé, heureusement.

– Tant mieux. Je suis désolé que tu sois tombée, me dit-il en regardant son chien. Viens, pour nous faire pardonner, Flash et moi on t'offre l'apéritif. »

Nous commandons une planche de charcuterie et deux verres de vin blanc. Davide insiste pour payer, et se rembrunit quand j'essaie de prendre mon portefeuille. « N'essaye même pas. »

Je baisse les yeux, flattée. Et je me sens vaguement coupable lorsque mon téléphone sonne à nouveau.

Je t'imagine pendant que tu t'habilles por mi, *pendant que tu mets ta petite* culottiña…

Je rougis et porte mon verre à mes lèvres.

« Avec toutes ces coïncidences, tu pourrais penser que je te suis. »

Les bulles me montent au nez et je me mets à tousser en me couvrant la bouche avec la main.

Dans ma tête est apparue l'image de la rose jaune. Et si Tio avait raison quand il dit qu'il imagine bien Davide en Cyrano de Bergerac ? En effet, il sait où j'habite, puisqu'il m'a ramenée chez moi une fois.

« Pardon ? » lui dis-je en m'étranglant.

Flash, cet abominable danois des neiges, aboie en retroussant les babines.

« Tu exagères. Je n'ai pas dit que c'est ce que j'avais fait. J'ai dit que tu pourrais le penser. J'ai pris un appartement à côté d'ici, finalement, dans le quartier Isola.

– Ah… » Je pourrais peut-être essayer d'articuler quelques mots au lieu de ponctuer son monologue d'exclamations. Mais la vérité, c'est que je suis troublée. Je me demande pourquoi Davide a toujours cet effet hallucinatoire sur moi. Effet sûrement aggravé aujourd'hui par le coup sur la tête, par l'euphorie due aux textos d'Alejandro et par l'haleine du chien qui, une fois assis, arrive presque à hauteur de mes yeux. « Je suis contente. Pour Flash aussi, dis-je en jetant encore un coup d'œil à mon téléphone, qui vient de sonner à nouveau.

– Oui. Il ne pouvait plus rester où on était avant, dit-il en détachant ses yeux des miens pour les poser sur mon portable. La journée, je lui laisse le balcon ouvert. »

Pendant ce temps, Alejandro devient de plus en plus ardent : De que color *est ta lingerie,* querida*? Fais-moi rêver* hasta la noche.

OhMyGod. L'espace d'un instant, je regarde dans le vide et j'imagine Alejandro en train de retirer son tee-shirt. Sauf que, une fois qu'il l'a retiré, ce n'est plus lui, mais…

Davide est toujours devant moi. « Ça va ? »

J'avale une gorgée de vin. Et je me force à répondre, tout en écrivant à Alejandro. « Bien sûr… oui… alors qu'est-ce que tu faisais ici ? »

Il continue de me regarder en fronçant les sourcils. « Je viens de te le dire. Alice, tu es sûre que tu ne veux pas qu'on aille aux urgences ? Tu es bizarre…

– Non, non. Ça va. Pas d'hôpital. »

Et s'il lui venait à l'idée de me laisser en observation toute la nuit ?

Davide se met à siroter son vin. « En réalité, ce que je voulais dire, c'était que ça me fait plaisir de t'avoir rencontrée. Parce que je voudrais t'expliquer certaines choses, Alice. »

La sonnerie du téléphone me distrait une fois de plus. Il sonne deux fois, trois fois. Alejandro est surexcité par la description de ma lingerie. Quand je relève les yeux, je vois Davide soupirer et croiser les bras sur sa poitrine.

« Excuse-moi. Tu peux me parler. J'en ai pour un instant.

– C'est en partie au sujet du boulot. Mais non, en fait, non, pas vraiment… Enfin, si, ça concerne le boulot, mais j'aurais besoin d'éclaircir quelque chose avec toi. Un truc qui est en train de se passer, et je voulais te demander… »

Les messages de mon étalon latin sont devenus délirants. Il en arrive même à faire allusion à certaines tortures spéciales auxquelles il va me soumettre avec sa langue. Mon Dieu. Qu'est-ce que je vais lui répondre ?

Je soupire, après avoir envoyé des émoticônes comme une gamine : « Tu disais donc, concernant l'émission ? »

Mais Davide se lève. « Rien, répond-il d'un ton sec, excuse-moi de t'avoir retenue. Il est évident que tu as autre chose à faire. On en reparlera au bureau. »

14

Un Sagittaire tout petit, petit

Je ne comprends pas pourquoi Davide est parti aussi vite.

Ni pourquoi, surtout, je continue de penser à lui, alors que je suis enfin chez Alejandro. Je suis vraiment stupide de me torturer à cause de ce que m'a dit un autre homme, alors que je suis près de mon PETIT AMI.

En passant, avec Davide, j'ai toujours l'impression qu'une partie de la situation m'échappe.

Mais je n'ai pas le droit de m'attarder sur ces considérations. J'y penserai demain. Maintenant, je dois me concentrer. Sur Alejandro.

Il a travaillé jusqu'au soir et je l'ai donc rejoint directement chez lui, dans le petit appartement qu'il a loué près des studios de télévision. N'en déplaise à Paola et Tio.

J'ai mangé un morceau avant, comme il me l'a demandé, puisqu'il devait rentrer tard. Comme ça, on ne perdra pas de temps.

Pendant qu'il prend sa douche, je fais un rapide check. Jambes : épilées, mais un peu de lait hydratant ne fera pas de mal. Aisselles : imberbes à souhait, mais un petit *pchiiit* supplémentaire de déodorant ne serait pas superflu. Cheveux : une légère vaporisation de laque et je me sens tout de suite mieux. Ongles : et si je me passais une autre couche de vernis ? Lèvres : bien sûr, mon rouge à lèvres ne va pas durer longtemps, mais imaginez sa réaction quand il sortira de la salle de bains et que je lui sourirai timidement en laissant entrevoir mes dents derrière des lèvres Rouge Passion…

Heureusement que j'ai apporté ma valise à roulettes, mon sac à main n'aurait jamais pu tout contenir.

« *Mi amor.* »

Nous y voilà. Je suis parcourue de délicieux frissons. Je sens sa bouche humide sur ma nuque.

Je suis toute frémissante. Sous l'effet de l'excitation, je me sens comme l'héroïne de ces romans porno soft toujours en tête des ventes. Sauf que moi, les nuances de grey, de blanc ou de noir ne m'intéressent pas : je veux vivre chaque instant en technicolor.

Alors, je me consacre à ses abdos si photogéniques, en les caressant comme les touches d'un piano.

Do ré mi fa sol la SI ! do.

Entre le *la* et le *do*, me voilà déjà sur le lit, prête à tourner le remake de *9 semaines 1/2* en trois secondes un quart.

Les mains latines d'Alejandro me caressent, me déshabillent, suivies de sa langue chaude et des gouttes d'eau froide qui mouillent encore ses cheveux et me tombent dans les yeux.

Au fond, c'est vrai, pas besoin d'y voir clair.

J'inspire profondément, car je veux m'enivrer de son odeur. Je cherche le parfum de cuir qui revient toujours dans les descriptions des romans de gare lorsqu'un homme se déshabille. Je ne sens que le parfum du gel douche, qui n'est d'ailleurs pas au pin sylvestre, mais aux fruits des bois. Qu'importe, puisque je vais vivre l'expérience sexuelle la plus mystique, la plus fulgurante, la plus satisfaisante, et la plus unique de toute l'histoire de l'humanité. S'il sentait le pain d'épices, cela n'aurait aucune espèce d'importance.

Au concours de Mister Zodiaque, le Sagittaire est soi-disant arrivé premier en se démarquant des autres signes avec plusieurs *longueurs* d'avance. *Dixit* Tio. Les astres disent aussi que j'aurai autant d'orgasmes qu'il y a d'étoiles dans la Grande Ourse. Hourra !

Il écarte mes jambes, puis se dresse au-dessus de moi et retire à cet instant seulement la serviette autour de ses reins.

Il me regarde. Je le regarde.

Je bats des cils virginalement, laissant glisser mes yeux sur son cou puissant, sur son torse viril, sur ses plaquettes de chocolat à faire s'évanouir les foules… puis sur…

OhMyGod, et si c'était une illusion d'optique après tout ce déploiement de muscles juste au-dessus ? L'effet est semblable aux éternuements qui, au moment où ils vous picotent le nez, ont l'air de pouvoir abattre une maison, mais expirent dans votre gorge en un petit râle.

Je fronce les sourcils, un très bref instant. On m'a appris qu'il est très impoli de toiser les gens, alors je replonge mes yeux dans les siens. En souriant poliment.

Qui sait, Alejandro est peut-être comme Sting qui, dans son jeune temps, était capable de faire l'amour plus de cinq heures de suite, et dont un seul regard pouvait vous faire jouir. Espérons-le, me dis-je tout en continuant de l'observer tandis qu'il s'approche de moi.

Allez, Alice, même s'il n'a rien de Rocco Siffredi, ce sera quand même une expérience formidable. Vous vous aimez !

Je raconterai à nos enfants le conte du Petit Poucet… et, comme dans tout conte qui se respecte, le finale ne pourra qu'être : ils vécurent heureux et eurent beaucoup d'enfants.

LION

Non, non, vous ne rêvez pas, c'est bien ça… LION !

Vous n'avez toujours pas compris ? J'ai dit : L-I-ON !

Vous êtes peut-être un peu simples d'esprit, alors ? Médiocres et dénués de tout sens esthétique ou d'esprit critique, pour ne pas comprendre sur-le-champ que si je vous dis LION, je n'ai pas besoin d'en dire plus… ?

15

Le Sagittaire est notre affaire

Pour votre information : si on était dans un conte de fées, l'histoire s'arrêterait là, et j'aurais déjà claqué derrière moi le portail de mon château enchanté, comme Cendrillon.

Mon idylle dure déjà depuis presque deux semaines. Quand je plonge mes yeux dans ceux, si noirs, d'Alejandro, j'ai l'impression de m'y noyer. Il peut me parler de tout et n'importe quoi, je reste pendue à ses lèvres sans souffler mot.

Nous faisons l'amour, bien sûr, même si ce n'est pas le centre de notre relation. Les regards, les paroles que nous échangeons, le dialogue qui s'établit entre nos deux âmes valent mieux que quelques heures de gymnastique au lit.

Je me sens tellement enrichie par tout ce qu'il est. Je suis si heureuse que ce soir j'ai décidé de faire mon annonce à mes parents. Rien qu'au téléphone, en les informant que je venais dîner chez eux, je les ai prévenus que j'avais de grandes nouvelles à leur annoncer.

Le prétexte, ce sont les fameux cartons, ceux qui contiennent mes affaires emballées par papa et maman avant de repeindre la maison. Même si je leur ai juste parlé d'un ami qui m'aidera à emporter mes affaires, ils comprendront tout de suite, à nos regards, à nos sourires, à la manière dont nos mains se chercheront et s'effleureront, qu'il y a quelque chose de spécial entre nous.

Et Tio devra enfin changer d'avis au sujet de mon Sagittaire, puisqu'il s'est presque invité à dîner ce soir et sera donc présent lui aussi. Je dois dire qu'il a été très gentil : il s'est fait prêter un utilitaire par un ami, afin de pouvoir charger toutes mes affaires sans difficulté.

Ce geste généreux lui a valu la profonde reconnaissance de mon père, qui apprécie beaucoup les gens organisés.

À peine a-t-il franchi le seuil de la maison que Tio a eu droit au tour du propriétaire. Avec explications illustrées des futurs travaux de rénovation.

Mon astrologue personnel suit papa et se montre intéressé par les techniques de peinture. Il pose des questions dignes d'un grand connaisseur devant l'imminente restauration de la chapelle Sixtine. « Je suis sûr que le résultat sera de tout premier ordre. Guido, vous êtes Capricorne, et les Capricornes ont une aptitude innée pour les travaux manuels. »

Mon père sourit d'enthousiasme, charmé par tous ces compliments.

Tio se tourne un instant vers moi. Papa est en train de sortir toute sa collection de babioles : il doit considérer que Tio ne pourrait pas continuer de vivre sans l'avoir vue. Il sourit à mon ami, qui me fait un clin d'œil. Je vais dans la cuisine chercher des assiettes et la nappe pour dresser la table.

Je regarde la pendule et attrape une assiette supplémentaire. Alejandro ne devrait pas tarder. Quel stress : après Giorgio, je m'étais promis que le prochain mec que je présenterais à mes parents serait le bon.

Justement, c'est Le Bon. L'autre soir, je lui ai proposé de regarder un de mes films préférés, *Before Sunrise*. Au bout d'une demi-heure, il m'a conjurée de lui épargner ce supplice. D'accord, il était un peu tard. Mais il a été si gentil qu'il m'a promis de faire n'importe quoi pour moi en échange. Voilà pourquoi il viendra ce soir.

« Ton ami est vraiment sympathique, dit ma mère, devant les

fourneaux. Et bel homme, en plus. » Elle fait un signe en direction du séjour.

Étrange que ma mère se compromette avec des appréciations sur un homme qui n'est pas mon père. Mais j'oublie toujours que, en plus de présenter mon émission, Tio est aussi une star de *soap operas*, et maman l'a déjà appelé Marcus trois fois, comme le personnage qu'il interprète.

Malgré moi, je lui jette un autre coup d'œil par la porte. Il faut dire que même sans la couche de maquillage dont on le plâtre pour le transformer en Marcus Alvarez, il a son charme : de longues jambes et les épaules carrées. Le genre d'homme qui fait toujours la une des tabloïds à scandales que mon père consulte durant ses longues retraites spirituelles aux toilettes, le genre d'homme qui change de nana comme de garde-robe, dans la tradition de George Clooney. Mais Tio est différent. Il n'a pas l'air intéressé par l'amour, en fait.

Il accroche encore une fois mon regard furtif et fronce les sourcils, avant de m'envoyer un baiser du bout des doigts.

L'espace d'un instant, je me demande s'il pourrait être le fameux expéditeur des roses jaunes. Ce serait insensé : on se parle tous les jours et il ne ménage pas ses efforts pour m'aider à rencontrer l'homme de ma vie.

À propos de roses, je n'ai pas parlé à Alejandro de la dernière que j'ai reçue, et qui est arrivée hier matin. C'est un *hombre latino*, après tout, la jalousie fait partie intégrante de son ADN comme ses yeux noirs, sa peau ambrée, son large thorax et… *amen*, on ne peut pas tout avoir dans la vie. Bien sûr, j'aurais préféré que ce soit *cela*, son trait dominant, si j'avais eu le choix, mais ce détail a dû rester coincé dans ses gènes récessifs. Quelle guigne.

Bon, après tout, la perfection fait toujours un peu peur, non ? Je préfère donc qu'il possède (ou plutôt qu'il ne possède *pas*) un attribut qui le rende humain. C'est plus sain…

Comme je l'ai déjà dit, le sexe n'est pas au centre de la vie d'un couple. Alejandro et moi avons beaucoup d'autres intérêts communs. Je ferais volontiers l'amour plus souvent, évidemment, surtout parce que j'en ai été privée pendant si longtemps. Mais je crois que j'exagère : je suis toujours en demande de caresses, de regards, de baisers. Tu regardes trop de films d'amour, Alice !

Disons que les hommes sont différents des femmes à ce niveau-là, c'est bien connu, ils sont plus rustres. Et les Espagnols le sont sûrement encore davantage. Enfin, cela ne veut pas dire que nous ne sommes pas amoureux.

Comme il est un peu tard et que papa est déjà en train de servir l'apéritif, je décide de l'appeler et me réfugie au fond du couloir. Je dois attendre quatre ou cinq sonneries avant qu'il ne réponde.

Pleine d'espoir, je demande à Alejandro : « *Hola*, *querido*, où es-tu ? »

Au moins trois secondes de silence s'ensuivent. « Hum, non, en fait... je suis sur *l'autopista.* »

Je fronce les sourcils. « Comment ça, sur l'autoroute ?

– Alice, *lo siento mucho*, mais *no puedo* venir ce soir. On m'a appelé pour un *trabajo*... un *trabajo* à l'extérieur, je suis en route *por* Vigevano.

– Quoi ? Vigevano ?

– Je suis désolé, Alice. *Perdóname*, je dois te laisser, je dois *cercar* l'argent pour *el* péage. *Besitos. Besitos.* »

Et il raccroche, sans autre forme de procès. *Besitos. Besitos* mon œil. Il a gâché ma surprise. Je pourrais bien annoncer à papa et maman que je sors avec quelqu'un, mais le charme est rompu. L'arrivée d'Alejandro aurait pu marquer un tournant dans ma vie. Qu'est-ce que je vais faire ?

« Tu vois bien à quel point tu es Balance ! me raille Tio, lorsque je l'entraîne à l'écart pour lui exposer le problème. Tu es perfectionniste, et quand tu te mets un scénario en tête, tu ne supportes pas de devoir le rectifier.

– Et moi qui pensais avoir une forme d'autisme. Alors que je suis affectée d'une forme de balancite aiguë.

– Hé, ne tirez pas sur le pianiste ! Je suis là, moi. Ça ne te suffit pas ? »

Il passe son bras autour de mes épaules pour me consoler et me donne un baiser sur la tempe.

Mon père nous rappelle à l'ordre, en nous tendant des cocktails sans alcool.

« C'est l'heure de l'apéritif, les enfants ! »

En fait, le problème n'est pas tellement qu'Alejandro ne puisse pas venir ce soir. Le fait est que dans ma tête, d'étranges mécanismes se déclenchent quand tout ne se passe pas selon mes plans. Ça y est, je vire parano. Et si je n'avais pas été assez attentionnée l'autre soir avec lui ?

La journée avait été rude. J'avais vu Davide, qui se montre désormais assez froid avec moi. Le troisième épisode du *Guide astrologique* a enregistré une baisse d'audience. C'est peut-être pour ça que Davide est si nerveux : après tout, c'est lui qui a soutenu mon programme auprès du Présidentissime. Je pourrais entrer à ce titre dans la *black list* de la chaîne.

Bref, ce soir-là, j'avais besoin d'être câlinée, je voulais qu'Alejandro me serre dans ses bras avec plus de tendresse que de passion. D'accord, je ne gagnerai pas l'Oscar des chorégraphies en chambre, mais j'ai parfois l'impression d'être une marionnette entre ses mains : tirée, tournée et retournée comme une côtelette.

Si je fais allusion à cet aspect de notre intimité, c'est uniquement parce qu'il ne peut pas venir ce soir. Autrement, je ne serais pas si cruelle.

« Alors, comment ça va ? Mieux ? » me demande Tio après quelques gâteaux apéritifs et des papotages stériles avec mes parents. Papa et maman viennent de s'éclipser dans la cuisine, et il en profite pour me prendre par le bras et faire quelques pas vers la fenêtre.

« Oui, à peu près. Après tout ce n'est pas plus mal si je ne l'annonce pas ce soir.

– *L'annoncer* ce soir, carrément !

– Façon de parler. »

Il me regarde de travers. « Alice, tu es sûre que ça va ? Je veux dire, d'une manière générale. Tu es sûre que tu te sens bien avec lui ? »

Je lui réponds en hochant vigoureusement la tête : « Bien sûr. Ce n'est pas toi qui me disais que la Balance et le Sagittaire sont deux signes compatibles ? *Très* compatibles ? »

Il soupire et glisse ses mains dans les poches de son jean, en se balançant d'avant en arrière, indécis. « Le Sagittaire est indubitablement un signe compatible avec le tien, et à mon avis un bon signe… mais il est souvent individualiste, et possessif. Mais surtout, c'est un esprit libre, qui aime partir à la conquête de la nouveauté et ne se met pas facilement en ménage. De plus, Alejandro est très beau, et espagnol.

– Je ne te savais pas raciste, Tio. Pourquoi un étranger devrait-il nécessairement être méchant ?

– Ce n'est pas ce que je voulais dire. » Il soupire. « Tu subis sans aucun doute le charme des *énormes* qualités de ce signe. Qui peuvent faire tourner la tête. Surtout à une femme. »

Pour dédramatiser, il me fait un clin d'œil, comme s'il en savait long, très long sur le sujet.

Euh, non, un instant. Pas si *long* que ça, bon sang ! Je me mords les lèvres, car je n'ai pas très envie d'aborder des sujets si intimes. Après tout, Tio est un homme, et papa et maman sont dans les parages. Mais la vérité, c'est qu'il y a ce truc… ce *petit* détail dont Tio m'avait parlé, concernant le Sagittaire… petit détail… Pour être petit, il est petit, pas de doute. Mais dans une relation, ça compte, non ? « Tu te laisses peut-être trop influencer par les signes du zodiaque pour juger les gens. Tout ne correspond pas forcément. Je t'assure. »

Il pose les yeux sur les immeubles qu'on voit par la fenêtre. « Bien sûr, commente-t-il en se mordant les lèvres. C'est donc une histoire sérieuse ? Je veux dire, c'est peut-être un peu tôt pour le dire… pour le présenter à tes parents, tu ne crois pas ? »

Je voudrais tant que Paola et lui me comprennent, après tout ce sont mes meilleurs amis. « Je suis heureuse, Tio. On n'arrive pas toujours à voir le bonheur quand on l'a entre les mains. Moi, j'essaie d'y être réceptive : quand Alejandro me prend dans ses bras, quand il m'embrasse, quand... bref, je suis heureuse. Disons, malgré la *longueur relative...* » Je toussote. « De notre histoire, je veux dire. »

Pourquoi faut-il toujours que je pense au sexe ? Tu es complètement à côté de la plaque, Alice. Tu as rencontré un homme magnifique et doux, rien d'autre ne devrait avoir d'importance. Après tout, le sexe revêt une importance très limitée. Sur le *long* cours, ce sont les sentiments qui comptent, non ? En plus, normalement ce sont les hommes qui font des réflexions sur le volume des seins ou la qualité de la prestation sexuelle. Pourtant, pour la faire *courte*, je continue d'y penser.

Et au vu des commentaires de Tio sur les capacités *démesurées* du Sagittaire, j'aimerais lui demander si cette exception à la règle pourrait être due, que sais-je... à son ascendant ?

« Disons que l'ascendant joue un rôle non négligeable, me répond Tio, après que j'ai tourné autour du pot et posé ma question. C'est un peu le masque derrière lequel on se présente au monde, qui détermine dans une large mesure la façon dont les autres nous perçoivent, la première impression. Avant le vingtième siècle, on le considérait même comme plus important que le signe solaire par son influence. »

Je pense à nos ébats, à Alejandro et moi. Dès qu'on passe la porte de sa chambre, c'est comme s'il devenait un autre homme. Au lieu de nous rapprocher, le sexe semble nous éloigner. Un fossé se crée entre nous, et nos corps ne parviennent pas à le combler. Quel ascendant démoniaque pourrait bien rendre les choses si compliquées ?

« On n'est pas obligé d'abuser du sexe, tu me diras. Dans une relation, ce qui compte, ce sont les sentiments qui unissent les personnes. Évidemment, le rapport physique a du poids, mais il ne fait pas tout, c'est même un pourcentage de *moindre* importance.

– Arrête un peu ! s'exclame Tio en me tapant sur l'épaule. Ton nez s'allonge ! Personne ne te croit. Le sexe a une importance fondamentale dans la vie d'un couple. Si ça fonctionne à ce niveau-là, ce sont de bonnes bases pour l'avenir. Sinon… »

Sinon ? « Sinon quoi ? Tu crois que sans le sexe une relation ne peut pas fonctionner ? » Je culpabilise déjà assez d'aborder le sujet, de prendre ne serait-ce qu'en considération l'hypothèse qu'Alejandro ait des failles (c'est inadmissible, pour une femme amoureuse), et voilà qu'il m'annonce que puisque je n'apprécie pas spécialement de faire l'amour avec mon « petit ami », notre relation est vouée à l'échec. Je suis une femme minable et sordide.

« Pour ton information, je suis très, *très* heureuse. Est-ce que tu peux en dire autant ? Où sont tes petites amies ? C'est sûrement toi qui as quelque chose à cacher ! »

Je vois son expression changer. La ligne de sa mâchoire se durcit, ses yeux s'étrécissent et deviennent d'un bleu sombre, presque d'acier, comme une tempête en mer.

Heureusement, ma mère intervient. Elle apparaît sur le seuil de la cuisine, souriante comme une ménagère de publicité, la soupière dans les mains.

Nous nous asseyons et je fusille Tio du regard. Pourtant, je sais que je ne dois pas lui en vouloir, il n'est pas responsable de ce qui m'arrive. « Bon, d'habitude je réserve ça pour Noël, annonce maman toute fière, mais ce soir nous avons un invité, si j'ai bien compris, et ça se fête, non ? Alors j'ai préparé une recette typique de ma famille, qui venait de Lidi di Comacchio : de l'anguille grillée. » Elle sourit en faisant un clin d'œil à mon père. « Guido m'en a trouvé une *bien grosse.* »

Je ferme les yeux, me demandant si je ne suis pas victime d'une conspiration. À moins que ce ne soit moi qui fasse une fixette sur ce « petit dilemme ». Sans ça, j'aurais évité cette sortie malheureuse avec Tio. Après tout, je ne sais rien de sa vie amoureuse.

La vérité, c'est que je suis rongée par la culpabilité. Oui, car en réalité, avec Alejandro… eh bien, si ce n'est pas un désastre intégral, c'est seulement parce que je finis toujours par déposer les armes. Et penser à quelqu'un d'autre.

La première fois, c'est arrivé par hasard. Par erreur. Absolument par erreur.

J'avais rencontré Davide cet après-midi-là et plus tard, au lit avec Alejandro, j'ai repensé à ce moment où je le regardais dans les yeux en imaginant qu'il enlevait son tee-shirt. Je ne sais pas ce qui m'a pris. Mais cette image m'a suffi pour me faire voir les étoiles.

Voilà, je l'ai dit. *Mea culpa*. J'ai conclu ma première fois avec Alejandro en pensant à un autre homme.

La deuxième fois, c'était parce que j'étais exaspérée. Je me suis forcée, vraiment forcée à me concentrer sur Alejandro. Alors que mon cœur était enfin en paix, mon esprit s'est mis à divaguer et j'ai repensé à ce que Davide essayait de me dire dans le parc. Une seconde de distraction a suffi. Bon sang.

« Tu es contente, Alice ? Tu aimes tellement l'anguille, me demande ma mère quand je lui passe mon assiette.

– Euh, oui. J'adore ça…

– Et ton *petit ami* ? » Quand mon père me pose cette question, je me retourne brusquement vers Tio, et il ajoute : « Tu en manges, de l'anguille ? »

S'ensuit un moment de gêne glaciale, durant lequel nos regards, à Tio et moi, se croisent avec hostilité. Alors je comprends tout.

Pour mes parents, *Devine qui vient dîner*, c'est Tio, et non pas Alejandro, dont ils ne savent rien.

« Guido, il faut toujours que tu fasses le trouble-fête ! Tu aurais dû attendre qu'ils nous l'annoncent eux-mêmes, non ?

– Oh, moi j'aime l'anguille, j'adore ça, répond Tio, les mâchoires serrées. Sûrement par une forme de sublimation, ajoute-t-il, en me décochant un regard torve. Quant à l'amour, je crois qu'il y a un malentendu. Alice ne me considère que comme un ami. C'est une native de la Balance, après tout, et comme tous ceux de son signe, elle rêve d'un amour exclusif et parfait.

– Ah, Alice a toujours été une perfectionniste, répond ma mère, déçue, en secouant la tête. Elle devrait apprendre que le bonheur est dans les petites choses. »

Tio hausse un sourcil dans ma direction, avec un air rusé et cruel, pas du tout disposé à me pardonner.

« Oui. C'est ce que lui dit toujours *son petit ami.* »

16

La guerre des étoiles

Voilà des jours que je n'ai pas reçu mon horoscope. Pourtant, j'en aurais bien besoin pour éclairer la situation. Avec Alejandro, impossible de trouver un moment pour nous voir. Je passe donc mon temps à vérifier le dossier des spams sur mon téléphone. Mais ce n'est pas à cause d'une erreur du système si je ne reçois plus les conseils de mon astrologue préféré. Plutôt d'une erreur humaine. Tio est fâché contre moi. Non, *je* suis fâchée contre lui. Paola affirme que nous sommes tous les deux idiots de persévérer dans ce jeu du silence.

Mais aujourd'hui, l'un de nous deux va devoir céder. Aujourd'hui, on tourne un épisode de l'émission, et nous devrons nous comporter comme les pros que nous sommes et mettre de côté nos désaccords personnels.

« Alice, nous avons un problème, me dit un collègue en entrant en régie pendant que je vérifie les séquences vidéo.

– Qu'est-ce qui se passe ?

– Marlin n'aime pas le conducteur.

– Comment ça ? Elle voulait qu'il soit imprimé sur du papier parfumé ?

– Très drôle. Elle veut interviewer elle-même l'"invité sceptique", l'astrophysicien. »

Je savais que ce moment arriverait. Le moment où je devrais

franchir le seuil de la loge et me retrouver face à face avec Tio. Ou mieux, lui de dos et moi me reflétant dans le miroir.

Je suis sûre qu'il m'a vue, et qu'il se cache délibérément derrière un exemplaire de *Tout le zodiaque*, faisant mine d'être plongé dans sa lecture. Dans l'autre fauteuil, Marlin considère cette attitude comme un affront personnel et soulève le flacon de démaquillant pour tenter de déchiffrer l'inscription en japonais à l'arrière.

« Alors ? » leur dis-je en posant mes yeux sur eux à tour de rôle, sans obtenir de réponse.

La seule qui se tourne vers moi, c'est Erika, la maquilleuse, qui secoue la tête et hausse les épaules. La pauvre, je ne l'envie pas.

Tio fait mine d'être absorbé par une publicité pour des pompes funèbres proposant des services en ligne. À moins qu'il ne soit en train d'ourdir une vengeance à mon encontre. Marlin saisit l'occasion et repose le flacon sur la table comme le juge de la Cour suprême son marteau. « J'ai présenté *Bonjour Milan ! Holidays together*, *Vivement jeudi…* et maintenant ? Je fais entrer les invités, puis je dois rester assise sur mon perchoir tout le reste du temps. Vous me prenez pour qui ? Une hôtesse d'accueil ? Une handicapée ? Si c'est comme ça que tu vois les choses, Alice, tu te mets le doigt dans l'œil ! »

Je ne peux évidemment pas laisser Andrea Magni, le célèbre astrophysicien, entre les griffes laquées de Marlin, après m'être mise en quatre pour le convaincre de participer à notre émission.

Tio se tourne vers Erika sans baisser son journal. « Chérie, pourrais-tu indiquer à notre productrice qu'elle ne peut pas accepter qu'un célèbre scientifique soit interviewé par quelqu'un qui pense que la tectonique des plaques est une danse ? »

Marlin ouvre et referme la bouche, indignée, puis se met à écraser ses ongles effilés sur l'écran de son smartphone. « Tectonique ta sœur. Tu vas voir ce que tu vas voir », marmonne-t-elle en composant le numéro privé du Présidentissime – Gyampi dans l'intimité – et en s'éclipsant dans le couloir pour pleurnicher.

Erika se tourne vers moi avec un regard éperdu. « Alice, Tio voudrait que je te dise… »

Minute. Je lève la main. « Excuse-moi, Erika, pourrais-tu dire à Tio qu'il devrait être plus poli avec ses collègues ? »

Erika me regarde d'un air ahuri, puis se tourne vers Tio, qui feuillette rageusement sa revue.

« Erika, pardonne-moi, commence-t-il d'un ton affecté, pourrais-tu transmettre à notre productrice les paroles suivantes ? » Il me regarde à travers le miroir et gronde : « Pour qui elle se prend ? » Et lorsque je fronce les sourcils en me disant que je ne dois pas m'abaisser à une telle mesquinerie, il ajoute : « Et dis-lui aussi qu'elle va attraper des rides si elle continue à faire cette tête. »

Quelle perfidie. Non mais je rêve, on se croirait à la maternelle ! « Erika, lui dis-je en ignorant son regard désespéré, pourrais-tu rappeler à M. Tiziano Falcetti que s'il n'avait pas débité le premier des informations sur la vie privée d'autrui, rien de tout cela ne serait arrivé ? »

Erika glisse rapidement dans son sac à main tous les accessoires de maquillage répandus sur la tablette. « Moi, j'ai terminé, dit-elle en rejoignant la porte.

– Erika ! » Ma voix est si aiguë que je ne la reconnais pas. Je ne me retourne pas, mais j'aperçois son reflet. Je fixe Tio dans les yeux. « S'il te plaît, dis à Marlin de venir me voir. Nous devons discuter des questions qu'elle posera à Andrea Magni lors de l'interview. »

Les dés sont jetés, me dis-je avec la satisfaction de celle qui vient de se tirer une balle dans le pied. Mais Tio ne pouvait pas s'en sortir comme ça. Non mais, pour qui il se prend ? Il n'a aucun droit de me sermonner sur ma vie. Surtout maintenant que je suis *heureuse*. Je n'ai besoin de rien ni de personne, moi.

Dommage, car il ne saura pas quel est l'ascendant d'Alejandro – Capricorne. Je le sais car j'ai demandé son heure de naissance à ma belle-mère, au téléphone. Oui, à sa mère. Bon, en réalité, je ne lui ai pas parlé directement, j'ai demandé à Alejandro de lui poser la question. Dommage.

Aussitôt dit, aussitôt fait, j'en ai déduit son ascendant. Ce n'est pas si difficile, vu le nombre de sites d'astrologie qu'on trouve sur Internet : des milliers, pour ne pas dire des millions.

Tio n'est pas indispensable. Qui l'est réellement en ce bas monde ?

Comme on n'est jamais mieux servi que par soi-même, j'ai téléchargé une chouette application sur mon téléphone. Pour moins de six euros par semaine (5,99 plus précisément), je reçois des informations en temps réel, des mises à jour sur les thèmes astraux, les décans, les maisons, les signes lunaires, les synastries, les éphémérides… tous ces trucs bizarres. Ça ne doit pas être très compliqué, si quelqu'un dont le métier consiste à se faire poser des extensions y est arrivé. Voyons voir un peu. Quand j'ouvre l'application, un arpège métallisé New Age retentit, et quelques secondes après avoir rentré mes données, un message de mon nouveau service astrologique apparaît sur mon écran : *La personnalité du Sagittaire ascendant Capricorne.*

Certes, le titre est un peu indigeste, mais après tout, c'est le contenu qui compte. Les explications sont longues et, j'imagine, très détaillées. Je commence à lire.

Les natifs est joyeux, honnêtes, remplir d'énergie, athlétiques et amateurs de voyages et de liberté.

Malgré le style boiteux (on ne peut pas demander à une *database* d'écrire comme Umberto Eco), voilà qui me paraît une définition *ad hoc.* Génial. Qu'est-ce que Tio attendait pour me le dire ?

Bonne santé héréditaire. Leurs parents pourrait être influence bénéfique sur sa situation financière. Terrains ou legs en héritage.

Voilà encore de quoi me faire plaisir. Je ne suis pas vénale, mais ce serait génial d'avoir un domaine en Espagne.

Dotés d'une émotivité en dents de scie, ils sont souvent instabilité, ombrageux, paresseux et avec créer une double vie.
Dans le pire des cas, dépendance à l'alcool et à la drogue.

Je ne comprends pas, est-il possible qu'en quelques lignes il ait pu passer de Docteur Jekyll à Mr Hyde ? Mon Dieu !

Personne sereine et sécurisante.

Me voilà tout à fait rassurée, à présent.

Très peu de possibilités d'hériter.

Fini les domaines en Espagne, semblerait-il. Dieu donne et Dieu reprend en un coup de baguette magique. Je soupire et en relevant la tête, j'entends quelqu'un toussoter. Je me retourne et découvre un homme planté devant moi, avec un je-ne-sais-quoi de décalé. Il porte une veste châtaigne avec des empiècements plus clairs aux coudes, de petites lunettes dorées et un gilet boutonné.

« Permettez-moi de me présenter. Andrea Magni, me dit-il en me tendant la main. Mademoiselle Bassi, je suppose ? »

Je me retiens à grand peine de lui faire la révérence ; on se croirait encore dans un roman de Jane Austen. « Enchantée. Alice Bassi. Mais appelez-moi Alice. » Comment s'adresse-t-on à quelqu'un qui a publié plus de dix livres sur l'astrophysique et remporté plusieurs prix ?

« Je vous remercie chaleureusement de m'avoir convié à votre émission, me dit-il en inclinant la tête avec un sourire très *british*.

– Oh, merci. Pas de quoi, c'est nous qui vous remercions…

euh… très chaleureusement d'avoir accepté de venir. Je vous en prie. »

Je l'invite à s'asseoir pour lui faire signer la décharge.

Je l'observe tandis qu'il remplit la fiche avec ses données, presque étonnée qu'il n'ait pas une écriture pleine de fioritures genre dix-neuvième siècle. Quand il inscrit sa date de naissance, je suis surprise de découvrir qu'il est né la même année que moi. Cet homme qui semble tout droit sorti d'une malle dans un grenier a été un enfant à la même époque que moi, nous regardions peut-être les mêmes dessins animés et raffolions tous deux des surprises dans les paquets de gâteaux. Je le regarde, plus éberluée que s'il me parlait de la fission de l'atome.

« Et donc, votre émission disserte sur l'astrologie », me dit-il en reposant son stylo.

J'acquiesce en frissonnant. Je suis consciente que parler astrologie à un scientifique revient à agiter un chiffon rouge devant un taureau, et je ne suis pas certaine que le majordome des *Vestiges du jour*, dans ce contexte, ne révélera pas son côté agressif. Après tout, il est Taureau, d'après sa date de naissance.

Et moi qui viens d'autoriser Marlin à l'interviewer. Mon Dieu, faites que cela ne se termine pas en tragédie. « Oui, comme vous le savez, notre émission s'adresse à un public très large, non spécialisé dans les sujets scientifiques, dis-je pour me justifier. Un public qui cherche surtout à se divertir. Mais nous tenons beaucoup à recevoir aussi des invités dont les avis divergent. Toutefois, je souhaiterais que votre interview porte sur des sujets qui vous tiennent à cœur, monsieur Magni, que vous nous expliquiez votre travail, disons, les recherches que vous menez… » J'espère réussir à l'amadouer, après tout le Taureau aussi est sous la domination de Vénus, non ? Il devrait donc avoir une tendance au narcissisme comme la Balance. Bravo Alice, tu as bien appris ta leçon.

« Évidemment, réplique-t-il, en général, la télévision ne se soucie pas de vulgariser les sujets scientifiques. Si c'était le cas, les esprits seraient plus éveillés et conscients, or c'est toujours la télé poubelle qui domine.

– À ce propos, nous tenons également à apporter une information de qualité à nos téléspectateurs. Parler d'horoscopes plus sérieusement que d'ordinaire.

– Le sérieux et les horoscopes ne sont pas des thèmes qui peuvent être liés, mademoiselle. Quoique, dans une optique purement ludique, je ne trouve rien de mal à consulter le mien, tout comme je considère qu'il est parfaitement légitime de lire une œuvre de fiction, soit dit entre nous. C'est une forme de distraction comme une autre, après tout. Bien sûr, vous et moi savons très bien que ce ne sont que des sottises tout juste bonnes à flatter de pauvres esprits.

– Voilà pourquoi nous ne comptons pas trop nous attarder sur votre aversion pour les théories astrologiques. En revanche, j'aimerais accorder une plus grande place à la science car, comme vous l'affirmez justement, on en parle encore trop peu. »

J'ai tout déblatéré en retenant ma respiration.

Avec l'ensemble de la rédaction, nous avons beaucoup débattu pour savoir si nous devions l'inviter ou pas. Mais je sais qu'avec lui l'audience va exploser, car il a beau être un scientifique renommé, il n'en est pas moins jeune et séduisant.

« Je vous remercie. Je serais ravi de pouvoir laisser au public l'impression qu'il existe d'autres domaines intéressants, au-delà de la facile charlatanerie des horoscopes, qui mériteraient d'être approfondis. Les gens pourraient très certainement être intéressés par les émissions de dioxyde de carbone libérées par la comète ISON, ou s'enthousiasmer pour les Super-Terres découvertes dans le système de Tau Ceti, à seulement douze années-lumière de notre Terre. La géologie appliquée aux planètes est une science qui "déchire", comme diraient les jeunes d'aujourd'hui. » Il ricane, satisfait de sa plaisanterie, tout en se levant. J'en fais autant pour l'accompagner en loge maquillage. Mais lorsque nous nous retournons…

« Bonjour, dit aimablement le scientifique en tendant la main. Andrea Magni. Vous êtes ?

– Professeur Tiziano Falcetti, marmonne Tio, le “charlatan” qui anime l’émission. »

Grâce au ciel, Magni encaisse sa gaffe avec un aplomb très *british*, tandis que Tio rentre ses griffes, dans la perspective des prochaines heures où il devra nous supporter, Magni et moi.

En passant devant lui, je bredouille : « Professeur ? » mais il ne daigne pas m’accorder un regard.

Sur le seuil de la loge apparaît une Marlin gainée dans une combinaison en latex qui ne laisse aucune place à l’imagination.

« Monsieur Magnat !

– Par Jupiter ! » s’exclame Magni qui, tout en dessous de sa croûte terrestre, a peut-être un noyau palpitant de passions physiques tout autant qu’astrophysiques.

« Bonsoir, monsieur Magnat. Je m’appelle Marlin et je m’occuperai de vous… interviewer. » Elle le prend par le bras et il n’essaie même pas de corriger son nom de famille. « Venez, venez, pendant qu’ils se tournent les pouces, on va parler un peu de plaques. Celles des continents. Qui se déplacent. Étiez-vous au courant ? Moi je m’en suis toujours doutée, plus ou moins. Les tectoniques, c’est toujours bien, il suffit de savoir les utiliser. »

Non, pas besoin d’être devin pour prévoir le désastre.

Consciente de ma défaite imminente, il ne me reste qu’à tenter le tout pour le tout avec la seule personne qui pourrait me sauver. Je suis prête à faire amende honorable, à payer, à jurer sur la tête de ma mère que je ne me risquerai plus à le contredire pour le restant de mes jours.

« Tio. »

Je lui lance un regard languide de chiot en détresse. Mais il me tourne le dos, lève une main comme pour me dire de me taire, secoue la tête et s’éloigne.

Je me sens vraiment seule, pour la première fois depuis des mois.

« Alors là, je vais m'énerver, commence Ferruccio, le régisseur lumière, en s'épongeant le front. On peut savoir où est passé le beau ténébreux, là, ton Espagnol ? »

Je me rebelle : « Ce n'est pas *mon* Espagnol ! », même si personne n'est dupe. Dans ce milieu, il est presque impossible de garder une liaison secrète. Mais Ferruccio a raison : Alejandro était d'astreinte avec nous, ce soir, pour lui donner un coup de main.

J'en suis heureuse. Au moins, on arrivera à se voir. Et même si on ne se l'est pas dit formellement, j'ai bien l'intention de rentrer avec lui après l'émission. Voilà pourquoi je suis venue en transports en commun ce matin. Nous pourrons enfin parler de nous et de notre avenir.

En proie à une angoisse professionnelle et sentimentale, je me réfugie derrière un pilier du couloir pour lire sur mon portable les descriptions de l'application.

Difficultés familiales, ou bien un père sévérité et une éducation spartiate. Mère psychiquement malade.

OhMyGod, et si c'était à cause de ça qu'il était distant ? En effet, après le coup de fil avec sa mère, il m'a paru triste. Tout s'explique. Voilà pourquoi il n'a pas voulu que je parle à sa génitrice. Il a peur que je le juge mal à cause de sa famille. Les addictions sont souvent le fruit d'une enfance difficile.

Le natif du signe ressent la nécessité d'une stabilité affective.

Très bon, ça. Très bon. J'avance et sursaute en lisant : *Tendance à tomber amoureux d'une personne étrangère.* Voilà ! C'est écrit NOIR SUR BLANC ! Et si j'envoyais un message à Tio ? Non, il ne vaut mieux pas.

J'appelle l'assistante à la réalisation de *Mal d'amour*. Elle se retourne puis m'adresse une grimace qui voudrait ressembler à un sourire.

« Mara, n'est-ce pas ? lui dis-je le plus aimablement possible. Sais-tu où je pourrais trouver Alejandro ?

– Ah ! éclate-t-elle en fronçant les sourcils, tandis qu'un large sourire éclaire son visage. Bienvenue au club.

– Que veux-tu dire ? »

Je sais que je ne lui suis pas sympathique, car chaque fois qu'on se croise, elle m'évite comme si j'étais une pestiférée.

« C'est ce qu'on se demande tous un peu, où est passé Alejandro », répond-elle.

A-t-elle dit « tous un peu » ou « toutes un peu » ? Parce que alors, ça change tout. Je crois plutôt qu'elle est jalouse. J'ai bien vu comment elle le regardait. Elle ferait mieux de se faire une raison, me dis-je. Alejandro a besoin de stabilité affective, d'une histoire sérieuse qui lui apporte une sécurité, avec tous les problèmes qu'il a connus par le passé. Et il l'a trouvée. Avec moi.

Je me retourne juste un instant, avant de sortir, et la vois qui me fixe avec un regard vide ; elle ouvre la bouche puis se mord les lèvres et se replonge dans le scénario qu'elle était en train de lire.

J'en profite pour aller aux toilettes et continue ma lecture par la même occasion.

Existence marquée par de beaucoup épreuves chroniques. Opérations, hospitalisations en maison de repos. Décès suite à maladie intestinale.

« Oh, non !

– Hé, tout va bien ? me dit-on depuis le cabinet attenant. J'ai des tampons, si tu veux. »

C'est une des hôtesses d'accueil et je me hâte de lui répondre que je n'ai besoin de rien.

Elle se tait un instant, puis tire la chasse. « Écoute, ils ne sont pas toujours fiables. Les tests de grossesse, je veux dire. Essaie de le refaire. » Et sans rien ajouter, elle quitte les toilettes.

Je me rince rapidement les mains et sors, pour justement aller me cogner contre lui, mon Espagnol fuyant. Il recule d'un pas et accompagne la porte des toilettes hommes pour s'assurer qu'elle est bien fermée. Je lui demande : « Tout va bien ?

– Bien sûr. J'étais aux toilettes. »

Je regarde un instant la porte fermée, puis lui. Il m'a l'air plus pâle que d'habitude. Me cacherait-il quelque chose ? « Est-ce que je peux t'aider ?

– Non, Alice. Je n'ai besoin de *nada*. Ne t'inquiète pas. »

J'essaie de marcher à côté de lui, tandis que nous nous dirigeons vers le studio, mais Alejandro a de plus grandes jambes que moi et il me dépasse. Je tente le tout pour le tout et glisse ma main sous son bras.

« *Perdona*, mais *tengo mucho trabajo* avec *Ferutchio*. Je n'ai pas de *tiempo* à t'accorder », dit-il en soulevant son bras et en me laissant plantée là, au milieu du couloir, les yeux braqués sur son dos musculeux qui s'éloigne.

Je ne suis pas en train de divaguer. Il y a quelque chose qui cloche et je dois en avoir le cœur net.

Le souvenir de son enfance heureuse suscite en eux une certaine mélancolie.

C'est donc ça, il a la nostalgie de chez lui, me dis-je en lisant un autre paragraphe (toujours mal écrit) de la description du Sagittaire ascendant Capricorne. Il est peut-être sincèrement attaché à ses parents, bien que son père l'ait frappé et que sa mère ait été enfermée dans un asile.

Un peu plus tard, je débarque devant ce qui ressemble à un peloton d'exécution.

Au premier rang, Tio. Pour l'occasion, il a décidé de ne pas rester en studio mais en régie, et il se fout ouvertement de moi, appuyé contre la porte. Il y a aussi le Présidentissime, venu pour Marlin et pas pour moi, évidemment, mais qui sera le premier à me manger toute crue si sa protégée fait un faux pas de trop et déprécie son image, celle de l'émission et de toute la chaîne.

Et puis il y a Davide, adossé au mur, mains derrière le dos, lèvres serrées.

Je sens qu'il est perturbé, soucieux, bien qu'il se contrôle parfaitement, comme toujours. Ce n'est pas lié à cette distance qui s'est instaurée entre nous depuis un mois, du moins pas ce soir. Son regard me traverse sans me voir vraiment. Il n'est pas concentré, il n'est pas là.

Je me rends compte que je ne le connais absolument pas. Hormis l'existence de Flash, qu'est-ce que je sais de sa vie ? Rien.

Alors je cherche Alejandro, espérant trouver un appui de son côté pour affronter cette nouvelle épreuve. Il est en régie, mais me tourne le dos et parle à voix basse avec Raffaella. Elle secoue ses cheveux, tout en se caressant le cou.

Soudain, on nous annonce qu'il reste trente secondes avant la reprise du direct. Je m'empare du micro, appuie sur le bouton qui me permet de parler avec le studio et demande à chacun de regagner sa place.

Les grands yeux verts de notre star crèvent l'écran : Marlin sourit avec ravissement à la caméra, prenant le temps de marcher en roulant des hanches jusqu'à son tabouret.

Sa présentation est impeccable : miracle, elle prononce le nom de Magni sans se tromper, et décline aussi sa profession sans erreur, aidée en cela, dans les deux cas, par le livre du savant qu'elle a en main.

Mais les ennuis commencent aussitôt après la première question : « Pourquoi étudier la composition des planètes ? »

Une petite question toute simple, qui suppose une réponse tout aussi dénuée de fioritures. Mais Magni a des projets pédagogiques plus vastes. Je vois Marlin vaciller sous un feu roulant de termes tels que géomorphologie, pétrographie, magnétosphère, hydrocarbures, champs magnétiques, paramètres orbitaux…

L'espace d'un instant, je me dis que la pauvre va s'évanouir. À sa place, je serais déjà tombée en pâmoison. Soudain, elle semble reprendre le dessus au mot « univers », qu'elle parvient à s'approprier (même si dans son vocabulaire elle l'associe plus fréquemment au mot « Miss »). Elle cligne des paupières, et déclare qu'elle se sent toujours submergée par l'immensité du firmament, si romantique, infini et insondable.

Eh oui, elle prononce vraiment le mot *insondable*. Je suis choquée. Mais Magni ne se laisse pas impressionner par les prouesses lexicales de Marlin ; il jubile, gonfle le torse et sourit, se lance dans une énième explication qui fait bâiller toute la régie.

« Par pitié, tirez-lui dans le genou ! » s'exclame Luciano au montage vidéo, en lançant un panoramique qui remonte des chevilles de Marlin jusqu'à son décolleté. Tentative désespérée de réveiller les téléspectateurs dans leurs foyers.

Le Présidentissime lui donne une tape sur l'épaule en guise de remerciement. « À ce rythme, il ne nous reste qu'à espérer que les gens s'endorment devant leur télévision avant de zapper.

– Pauvre Marlin, commente Raffaella. Jetée en pâture au loup. Pourquoi lui faire subir ça ? »

Elle secoue la tête, avec un air de poule soucieuse, puis jette un coup d'œil au Présidentissime.

« Je ne l'aurais jamais permis », commente-t-il tandis que son regard se pose une nanoseconde sur moi.

Je me couvre les yeux d'une main, submergée par l'impuissance.

Derrière moi, j'entends soudain : « Envoyez la publicité. Une longue séquence, c'est possible ? »

Davide est maintenant debout à côté de ma chaise et feuillette le conducteur d'un air suspicieux. « On avance le journal de 20 heures », dit-il ensuite en pointant son index sur le papier.

Je bredouille : « Mais c'est deux séquences plus loin. Il va manquer une demi-heure. » Je m'approche pour lire, puis lève les yeux sur lui.

« Nous avons le temps de nous organiser », me dit-il en posant sur moi ses yeux sombres comme du chocolat chaud, qui se plissent soudain, dessinant deux fines pattes-d'oie. Il me sourit. « On peut y arriver, Alice. Toi et moi, ensemble. »

Il me semble que mon sang fait des allers-retours dans mon corps, comme en chute libre.

« Avec Tio, ajoute ensuite Davide en s'adressant à lui, qui est encore appuyé contre la porte, bras croisés. Viens. »

Tandis que je demande à l'assistant-réalisateur de lancer la publicité, tous deux s'éclipsent dans la petite salle de rédaction attenante. À travers le mur en verre, je vois Davide s'asseoir derrière l'ordinateur et Tio lui parler en prenant place à ses côtés.

Je n'ai aucune idée de ce qu'il a en tête, mais je n'ai pas le temps d'y réfléchir, car je suis assaillie d'injures par notre Naine Rousse, qui martèle le sol en régie avec ses maxi-talons de quinze centimètres. « On peut savoir ce qui se passe ici, bon sang ? Le compte à rebours indiquait encore sept minutes ! Pourquoi avez-vous lancé la publicité ?

– Oui, pourquoi ? lui répond Magni en écho, tout en ajustant sa cravate verte qui ressort sur son gilet rouge. De grâce, pourriez-vous nous apporter une explication ?

– Eh bien, voilà… »

Que lui dire, que son interview était à vomir et qu'on n'y comprenait rien à rien ? Que Marlin se ridiculisait avec ses commentaires complètement à côté de la plaque ? Si au moins je pouvais faire appel au cinquième amendement, comme dans les films américains.

« Ma chère, tout se passait merveilleusement bien. Et soit dit entre nous, ce soir tu es particulièrement en beauté, intervient le Présidentissime. Mais le journal de 20 heures nous a demandé l'antenne. Je vous présente mes excuses, monsieur Magni, nous reprendrons au plus vite.

– Oh, diantre, que peut-il donc bien être arrivé ? » s'exclame l'astrophysicien.

Le Présidentissime fait un geste de la main. « Oh, rien de grave. Venez, je vous offre un café. »

Le journal se termine dans un peu moins de cinq minutes, et je prie pour que les téléspectateurs aient fait preuve de patience.

Alejandro passe à côté de moi à toute vitesse en tirant un câble.

« Qu'est-ce que tu fais ?

– *Ferutchio* m'a demandé de mettre plus de *luz* sur Marlin, dit-il en reculant d'un pas, sans lever les yeux.

– Tu veux que je t'aide ? » lui proposé-je en m'apprêtant à saisir le câble, mais il se retourne.

« Raffaella m'aide déjà. »

En effet, elle passe à côté de moi, portant une extrémité de câble avec deux doigts, pour ne pas trop salir sa menotte.

Je les regarde, interdite : Raffaella qui se place devant lui et lui qui pose sa main dans le dos.

« Alice… »

Davide est derrière moi. Si près que je n'ai qu'à lever le menton pour le regarder dans les yeux.

Il soulève à peine les commissures de ses lèvres. Son sourire ferait fondre les calottes glaciaires. Avec Alejandro qui vient de se débarrasser de moi en deux mots, il est normal que je me sente toute désorientée par un tel regard. Et puis, il est tellement proche de moi. Ne s'est-il pas rendu compte qu'il envahit mon espace vital ? J'avoue que ça ne me dérange pas plus que ça. Il sent bon, et la chaleur qui émane de son torse est rassurante.

« Qu'est-ce qu'il y a ? » dis-je en bredouillant.

Il ne répond rien. Il me regarde encore, avec son sourire magnétique, puis saisit un casque qu'il a posé sur le tableau de la régie et me le pose sur la tête.

Il recule et porte un micro à ses lèvres. « Tu m'entends ? Un, deux, trois… Un, deux… Alice, tu m'entends ? »

Je l'entends parfaitement bien.

Je hoche la tête dans sa direction, mais il ne prête pas attention à moi et rentre dans la petite salle de rédaction. Il me fait coucou par la vitre. « Tu m'entends toujours, Alice ? »

Je m'approche de la vitre de quelques pas. Puis je vois que mon casque dispose aussi d'un micro avec deux boutons. J'appuie sur l'un des deux et Davide sursaute en retirant son oreillette. L'allumage a dû provoquer un effet Larsen. « Excuse-moi, tu m'entends ?

– Oui, Alice. Alors, écoute. Voilà l'idée : on va faire le lien avec Marlin en l'équipant d'une oreillette branchée sur la fréquence de ton intercom, comme ça, elle pourra répéter ce que tu lui diras pour interviewer Magni sans faire de gaffes. »

Quoi ?

« Je ne suis pas astrophysicienne, je te signale. Si tu crois qu'elle ne fera pas de gaffes grâce à ce que je vais lui souffler, tu te mets le doigt dans l'œil. »

Il lève la main pour me faire taire. « Tu répéteras ce que moi je te suggérerai. »

J'objecte, car cette idée me paraît tout à fait tordue : « Dans ce cas, pourquoi tu ne lui parlerais pas directement ?

– J'aurai besoin de temps pour faire quelques recherches sur Internet. Moi non plus je ne suis pas expert en astrophysique, Alice. Tu devras rester concentrée, s'il change de sujet brusquement et que je suis trop absorbé par ma lecture pour m'en rendre compte. Deux esprits valent mieux qu'un. »

Je ne suis pas certaine qu'on puisse prononcer une telle affirmation quand l'un de ces deux esprits est le mien, mais c'est lui le chef.

« Tous à vos postes ! s'exclame Ferruccio en approchant sa chaise du poste de commande. Plus qu'une minute ! Tout le monde en studio. Alice ! »

Je détache à grand peine mon regard de Davide pour faire un signe de tête en direction du réalisateur. « Je suis prête.

– Vraiment ? »

La voix dense et chaude de Davide arrive directement dans mon oreille.

Je me tourne à nouveau pour le regarder.

Il lève la main et la pose sur la vitre, comme s'il voulait me toucher.

« Tu seras la femme… qui répare la femme. Tu es prête, Alice ? »

Ce n'est ni un frisson, ni le trac, ni une vague de chaleur qui réchauffe mon ventre. La vision de Davide est un tremblement de terre dans le calme parfait. Pas un seul mot ne me vient à l'esprit.

Enfin, je retrouve l'usage de mes membres. Ma main se détache de ma hanche pour se tendre vers la vitre. Je ne peux m'empêcher de penser combien cet instant est magique, selon mes critères et mes attentes, évidemment. Pas ceux de Davide.

« Encore dix secondes, Alice ! »

Mes doigts glissent à peine sur la vitre, juste au moment où Davide décolle sa main et se retourne pour s'asseoir derrière l'ordinateur.

« Re-bonjour à tous ! » s'exclame une Marlin rayonnante dès que la petite lumière rouge de la caméra pointée sur elle se rallume.

J'appuie sur le bouton de mon casque qui me permet de lui parler. « Nous nous excusons pour ce petit problème technique.

– Nous nous excusons pour ce petit problème technique », répète-t-elle avec un sourire complice, puis elle continue en suivant mes instructions : « Pour ceux qui nous ont suivis, nous allons continuer notre interview avec le professeur Andrea Magni. »

Je lui dis dans son oreillette : « Le célèbre astrophysicien…

– … qui tout bien considéré, mérite d'être célèbre pour son physique autant que pour ses connaissances en astrophysique », ajoute-t-elle, puis elle lui pose la question que je lui ai suggérée.

Dans mon casque, j'entends un *bip* puis la voix de Davide : « C'est toi qui lui as soufflé ça ? Ce mec te plaît ?

– Bien sûr que non !

– Bien sûr que non ! » répète Marlin en souriant à Magni.

Je me hâte de couper la communication avec elle, tandis que Magni hausse les sourcils.

« Miss Catastrophe, me murmure Davide, un sourire dans la voix.

– C'est toi qui me distrais », dis-je en boudant et en appuyant, cette fois, sur le bon bouton.

Je me retourne et le découvre, debout derrière la vitre. Il me regarde en sirotant son café dans un gobelet en plastique, puis revient à son PC.

Lorsque Magni exprime ses doutes de scientifique sur l'efficacité réelle de l'astrologie, Marlin (par l'intermédiaire de Davide et moi) propose à Tio – qui, Dieu soit loué, a consenti à revenir en studio – de donner son point de vue.

« Ouf, dis-je à Davide dans le casque, nous avons ménagé la chèvre et le chou.

– Laisse-moi deviner qui serait la chèvre », répond-il.

Le voilà qui se met à blaguer. Il me semble étrangement exalté, comme si ce jeu lui plaisait beaucoup et que son apathie l'avait totalement quitté.

Je me moque de lui : « Vous, monsieur Nardi, vous me cachez quelque chose. Dis-moi la vérité, tu joues à *The Truman Show.* »

Je l'entends rire. Je m'aperçois alors que c'est plutôt rare, car j'ai l'impression de découvrir un nouveau son, étrange venant de lui. « Ah, Alice, c'est toi qui es drôle, pas le *Truman Show.* »

Je me demande s'il me trouve amusante comme Buster Keaton, et donc irrémédiablement godiche. Ou plutôt comme Meg Ryan, alias Sally, un peu névrosée, bien sûr, mais tendre et séduisante.

Pendant ce temps, Magni raconte que l'astrologie a certes précédé l'astronomie, mais uniquement parce que l'époque où elle a vu le jour n'avait pas encore connu l'essor de la science. « Vénus est une planète déserte, enveloppée dans un amas de nuages et brûlante comme un four. Voilà la vérité. Même si je comprends très bien qu'il est beaucoup plus romantique de penser qu'elle est capable de nous fournir des informations sur notre avenir sentimental. » Il ébauche un sourire condescendant et regarde Marlin.

Nous pénétrons en zone dangereuse. Sur l'écran, je vois Tio piaffer d'impatience et prends l'initiative de ramener la discussion sur les rails en proposant à Marlin une question sur le travail de Magni, sans que Davide me la suggère.

« Joli coup, commente-t-il dans le casque, très bien, tu vois qu'on forme une belle équipe ? »

Je rougis mais, heureusement, je lui tourne le dos.

« Tu as du mal avec les compliments, hein ? »

Je reprends la discussion avec lui. « Qu'est-ce qui te fait dire ça ? » Voilà ce qui me fascine et m'effraie le plus chez lui. Il a l'air de tout savoir sur moi, sans que je lui raconte rien. C'est comme s'il avait de petites lunettes à infrarouges, de celles qu'on vend pour regarder à travers les vêtements.

« Tu réponds toujours du tac au tac, mais si quelque chose te trouble, tu ne sais plus quoi dire. Rien de plus normal. Maintenant, la vraie question, c'est : pourquoi tu n'arrives pas à accepter un compliment ? »

Je ne me retournerai pas. J'essaie de me concentrer sur ce qui se passe en studio, malgré les fourmillements que je sens dans ma nuque.

« ... je me suis toujours demandé pourquoi, déclare Magni de manière provocante, pour déterminer le signe du zodiaque, et donc le caractère d'une personne, les astrologues prennent en compte le moment de la naissance, et non pas celui de la conception. Après tout, elle est là, l'origine de la vie. Les astres n'auraient-ils donc aucune influence sur le fœtus ? Sont-ils masqués par l'enveloppe maternelle ? »

Tandis que Tio répond que c'est le détachement de la mère qui créé l'individualité, j'entends de nouveau un *bip* dans mon casque.

Je me prépare alors à prendre mentalement des notes à partir de ce que Davide me suggérera de répéter à Marlin.

« Ou est-ce parce que pour beaucoup de gens, il serait difficile de déterminer le moment exact de la conception, tu ne crois pas ? Les astrologues sont rusés », dit Davide d'une voix plus hésitante, comme s'il tâtait le terrain, puisque je ne lui ai pas répondu tout à l'heure.

J'appuie sur le bouton pour répondre : « Mais toi, de quel côté es-tu ? Est-ce que je dois vraiment lui dire ça ?

– Bien sûr que non ! Je te le disais en toute confidence. C'est un ramassis de conneries, ces horoscopes, non ? »

Je soupire et mets fin à la conversation, puis je me ravise et clique à nouveau pour répondre : « Conneries ou pas, je trouve souvent des correspondances entre les caractéristiques du signe et le caractère des personnes. Ensuite, évidemment, nous avons des vécus différents. Tu es de quel signe, toi ? Voyons voir un peu ! »

Sauf que je me suis encore trompée de bouton et que Marlin répète mes paroles.

« Mon Dieu…

– Hum… je suis du Taureau », répond Magni en studio.

Davide ricane dans mon oreillette. « Ah, Alice, tu es si… tu es la personne la plus drôle que j'aie rencontrée. Tu es unique. »

Je bats des cils et ressens un besoin pressant de me retourner vers la vitre. Je sens son regard sur mon dos.

Un nouveau *bip*, puis sa voix : « Mais ça, ne le dis pas à Marlin, par contre. »

En retirant mon casque, pendant le générique, j'ai les oreilles qui bourdonnent et le cerveau comme un vieux chewing-gum. À la régie, j'entends éclater des cris de jubilation parce qu'on a bouclé notre émission et parce que la soirée aurait pu se terminer en Waterloo.

« Bravo à tous, bravo ! » nous félicite le Présidentissime en rejoignant Davide. Lui aussi a l'air à l'ouest, mais il ne recule pas lorsque le président lui pose une main sur l'épaule et l'entraîne à l'écart.

Il était écrit qu'entre cet homme et moi ne subsiste que le mystère.

D'un autre côté, je me suis déjà répété plus d'une fois qu'il est hors de question que je l'affronte. Davide est inaccessible, et pas seulement à cause de sa position dans l'entreprise. Il a souvent prouvé qu'il tient à ce que personne ne le connaisse. Il esquive chaque fois qu'on lui pose une question personnelle, fuit devant toute discussion qui puisse dévoiler son passé, ou même son présent hors des quatre murs de la boîte. Pourtant, des questions, j'en aurais un tas à lui poser, sauf que ma langue fourche à chaque fois.

Comment pourrais-je avoir une histoire avec un homme tel que lui ?

Et puis, il y a Alejandro. Bien sûr.

Tandis que Luciano éteint les machines de la régie, je m'avance dans le studio, où les lampes ont échauffé l'air. Les techniciens ont ouvert en grand les portes métalliques du hangar pour laisser entrer la fraîcheur de la nuit.

Tio fume une cigarette avec Andrea Magni, et je les entends rire joyeusement. Quel étrange duo.

Ferruccio s'affaire avec les lampes et les câbles ; Alejandro a retiré son tee-shirt et son torse est luisant de sueur. Erika, Raffaella et Marlin sont assises sur des tabourets et le dévorent des yeux ; je ne ressens, l'espace d'un instant, aucune jalousie, mais un mélange d'envie et de pitié pour elles, qui rêvent les yeux ouverts.

Les cinq mètres qui nous séparent me semblent se rallonger comme dans ces cauchemars où l'on n'arrive jamais à atteindre son but. Une fois devant lui, j'ai l'impression d'observer la scène à travers une longue-vue, depuis une planète lointaine, à des millions d'années-lumière. « On rentre ensemble ? »

Ses épaules s'affaissent, et quelques secondes plus tard, il me répond : « *No puedo*, Alice. Je suis désolé. *Otra vez*, OK ? » Il ne s'est même pas arrêté une seconde d'enrouler le câble interminable autour de son bras. Il ne me regarde pas.

« Tu as une soirée ailleurs ?

– Oui… *no*… en fait je suis *mucho* fatigué…

– Quelque chose ne va pas ? On ne se voit plus ! Soit tu es fatigué, soit tu as autre chose à faire. »

Je déteste ma voix qui monte d'un ton, comme celle des enfants qui font des caprices. Une mouche qui cogne contre la vitre pour sortir.

Quand il me regarde, Alejandro a une expression transparente sur laquelle je rebondis sans obtenir de réponses. « *Nada*, Alice. Je t'appellerai. »

« Un euro pour savoir à quoi tu penses. »

Ces mots me secouent de la torpeur qui m'avait engloutie. Je regarde le distributeur de boissons depuis je ne sais combien de temps. Je ne saurais même pas dire comment ni quand je me suis retrouvée là.

Davide glisse une pièce dans la machine. « Tu as de la chance, j'ai de la monnaie. »

Je me force à lui sourire. « Merci », dis-je en sélectionnant une bouteille d'eau minérale.

À cet instant précis, je m'aperçois que j'ai la gorge complètement sèche. Je colle désespérément ma bouche au goulot, espérant me ranimer telle une plante qu'on aurait oublié d'arroser.

« Tu avais une de ces soifs », commente Davide en fronçant les sourcils, après m'avoir observée avaler un demi-litre d'eau en une gorgée. « Ça va ? »

Je répète en écho, comme si je m'adressais à mon tour la question : « Ça va.

– Ne t'inquiète pas pour l'émission, tout s'est très bien passé. Le président était très content. Et même les gaffes de Marlin… eh bien, ça a fait de l'audience. »

L'émission, les parts d'audience, Marlin, Tio qui est parti sans même me dire au revoir, Alejandro qui n'a plus de raison de le faire. Je me sens vidée.

« Tu veux qu'on en parle ? » me demande-t-il ensuite doucement, hésitant.

Je le regarde dans les yeux et il me sourit alors timidement.

« Tu demandes toujours aux autres comment ils vont, mais tu ne parles jamais de toi. »

Mes paroles sonnent presque comme une accusation.

Il plisse les yeux d'un air surpris. « C'est parce que je n'ai rien de très intéressant à raconter. Il n'y a rien d'éblouissant dans ma vie, sauf un gros chien, quelques appartements en location et beaucoup de déplacements.

– Pourquoi as-tu un aussi gros chien ? »

Davide réfléchit un instant, comme s'il n'arrivait pas à décider quoi me répondre. « Je l'ai recueilli… pendant une mission.

– C'est tout ?

– C'est tout quoi ?

– C'est tout ce que tu peux me dire ? Que tu l'as recueilli. J'aimerais que tu me racontes l'histoire. »

Il lève le bras pour regarder sa montre. « Il est minuit passé, Alice. Peut-être une autre fois, d'accord ? Je te raccompagne à ta voiture. »

S'il ne peut même pas me parler de son chien, je n'ose pas imaginer le reste. « Ne t'inquiète pas. Je n'ai pas pris ma voiture ce soir, je vais appeler un taxi.

– Pourquoi tu n'as pas pris ta voiture ?

– Il est minuit passé, Davide. Je t'expliquerai peut-être une autre fois, lui dis-je en jetant la bouteille vide dans la poubelle.

– Alors je te ramène chez toi. »

Je grogne : « Pourquoi ? » et mes yeux se remplissent de larmes. Je ne sais pas si je suis plus en colère contre lui et le mur qu'il oppose à mes questions, ou contre Alejandro et la porte qu'il vient de me claquer à la figure.

Mais Davide ne cesse de me dévisager. « Parce qu'on n'abandonne jamais une femme en difficulté, dit-il enfin.

– Moi, en difficulté ? Je ne crois pas. » Je sors mon portefeuille et lui montre que j'ai au moins soixante-dix euros en espèces. « Je peux me payer un taxi et même faire l'aller-retour entre ici et chez moi trois ou quatre fois.

– J'aimerais te raccompagner chez toi, Alice. J'aimerais le faire pour te remercier pour ce soir. »

Mais je ne lui réponds toujours pas.

« J'aimerais te parler. »

Lorsque sa voiture s'arrête en bas de chez moi, j'ai appris que Flash était le chien de l'un de ses derniers employeurs, et que, lorsque celui-ci est mort, sa femme n'en a plus voulu.

« Plutôt que de le faire euthanasier, j'ai préféré le prendre avec moi. Que veux-tu, je m'y étais attaché, m'explique-t-il en éteignant le moteur.

– Quelle personne répugnante. Comment peut-on vouloir euthanasier un chien en parfaite santé ?

– Tu te trompes, elle n'est pas méchante, c'est juste que Flash lui avait toujours fait peur. Et puis, avec ses enfants et le reste, elle n'avait vraiment pas le temps de s'en occuper. Bref, c'est normal de pouvoir choisir, non ? »

Je ne trouve pas normal que l'on puisse choisir de tuer ainsi sans discernement, mais je me tais. Je suis heureuse que Flash ait trouvé un nouveau maître. « Heureuse que cette histoire se soit bien terminée.

– Tu aimes ça, n'est-ce pas, les happy ends. Comme dans les films d'amour que tu adules. »

Je hausse les épaules. « Mais la vie, c'est autre chose. Le happy end n'est jamais acquis. »

Davide me prend la main. Je me tourne et vois ses yeux briller dans la pénombre bleutée de l'habitacle. « Non. Le happy end n'est jamais acquis.

– L'amour est toujours bien plus compliqué que dans les films, où d'ordinaire on comprend tout de suite où et avec qui l'héroïne finira par se poser. Il n'y a pas de doutes, juste quelques malentendus.

– Et il n'y a pas de trahisons, soupire Davide en se remettant à fixer le volant. As-tu déjà trahi, Alice ? »

Cette question me touche en plein cœur, et je ne sais pas si c'est à cause d'Alejandro, dont je ne lui ai certainement pas parlé, ou de son passé, au cours duquel il a dû lui-même vivre les tourments de la trahison. Je me demande si par hasard il ne serait pas en train d'évaluer ma droiture morale. Je lui réponds : « Non. Ça ne m'est jamais arrivé. » Embarrassée, je dédramatise avec les habituelles banalités : « C'est déjà compliqué d'être avec une seule personne à la fois, alors imagine en avoir deux en même temps. »

Il acquiesce sans répondre. Pendant quelques secondes, nous nous regardons, dans la lumière du lampadaire qui dessine à peine les contours de nos visages.

Un abîme de questions, de non-dits, transforme l'espace entre nous en abîme infranchissable. Son corps se rapproche péniblement du mien, comme un astronaute dans l'espace, jusqu'à ce que son visage soit si proche qu'il en paraisse irréel. « Bonne nuit, Alice », murmure-t-il, avant de poser ses lèvres sur ma joue.

VIERGE

Si vous êtes amoureuse d'un natif de la Vierge, il se peut que vous ayez de sérieux problèmes psychologiques. Ah non ? Est-ce que vous avez déjà vu *Psychose* ? Ou lu un de ces romans où l'on découvre que le meurtrier est un type tout ce qu'il y a de plus normal, doux et équilibré en apparence, maniaque des détails et qui tire un plaisir infini à répéter le même travail débilitant jour après jour, heure après heure ? Ah… vous voyez bien que ça vous rappelle quelqu'un !

17

L'œuvre de Dieu, la part du Cancer

Quel dommage qu'on ne soit pas en hiver !

L'hiver semble prédestiné aux chagrins d'amour, quand on peut se blottir sous les couvertures et imaginer que plus rien n'existe, pas même soi. *Surtout* soi.

Mais le printemps est là et il fait déjà trop chaud pour la grosse couette. Je suis donc condamnée à rester allongée sur les draps, exposée à la torture de la lumière et des objets, qui me hurlent que je suis encore entière, pour étrange que cela me paraisse. Je me traîne dans la maison, le nez fourré dans des mouchoirs, les yeux éteints.

On a regardé la télévision ensemble, sur ce canapé. Dans la cuisine, il s'asseyait toujours sur cette chaise. Et dans la salle de bains gît la brosse à dents que je lui avais achetée. Comme ils sont blessants, les objets du quotidien, en l'absence de l'autre.

Me revoilà seule.

L'astrologie n'y pourra rien, je ne rencontrerai jamais quelqu'un qui ait envie de construire avec moi une histoire plus solide qu'un château de cartes. C'est d'autant plus décourageant que j'y ai cru, et que je suis encore tombée dans le piège.

Il n'y a que dans les films qu'un homme peut dire : « Tu me plais à mourir, Bridget. Telle que tu es. »

Je glisse à terre doucement, adossée au canapé. Je suis en congé maladie, voilà trois jours que je n'ai pas mis le nez dehors, que je n'ai pas refait mon lit, que je joue à la roulette russe pour me nourrir, ouvrant le réfrigérateur pour y piocher ce qui me tombe sous la main (hier, c'était un bocal de cornichons). Que je ne réponds pas au téléphone et que je le regarde, hébétée, quand le même prénom apparaît obsessionnellement : *Paola*.

Je voudrais mourir. Faites que je meure. Je me sens si mal. Impossible de continuer comme ça, j'en suis incapable. Est-ce que je devrais prévenir quelqu'un ? Je veux dire, il commence à faire chaud, si je mourais vraiment et qu'on retrouvait mon corps dans plusieurs jours, il pourrait être dans un piètre état.

La sonnerie de l'interphone retentit et me fiche une trouille bleue, mettant fin à mon désespoir.

Je décroche sans prononcer un mot.

« Ouvre-moi, idiote. »

Voilà le résultat quand j'ignore Paola.

Plus rapide qu'un avion de chasse, plus funeste qu'un missile, plus audacieuse que Superman, trente secondes plus tard Paola franchit ma porte et se fraie un chemin dans le couloir à grand renfort de poussette.

Elle ne se perd pas en bavardages inutiles et s'engouffre dans la cuisine, sans m'épargner un gémissement en découvrant les assiettes sales empilées, les bocaux vides, les bouteilles et serviettes de table abandonnées. « Je te connais par cœur », dit-elle en sortant une armée de produits ménagers, et en se transformant en Madame Propre aux boucles d'or.

Attaché au siège de la poussette, Sandrino regarde sa mère, puis se met à faire des bulles nonchalamment avec sa bouche. Normal, il est Verseau. C'est bien connu, les natifs du Verseau sont supérieurs et détachés.

« Je le sais parfaitement bien, continue-t-elle. Je sais parfaitement bien ce qu'on ressent quand on se fait larguer : plus rien ne nous importe. On finit par s'abrutir devant la télé, en se gavant de *junk food* et en laissant tout partir à vau-l'eau. »

Je la regarde depuis la porte, incapable d'activer un seul de mes muscles pour l'aider, l'arrêter ou ne serait-ce que lui répondre.

« Quand on est déprimé, on finit par ingurgiter en moyenne deux mille à trois mille calories de plus que les besoins journaliers. Ils l'ont dit à la télé. Tu as vu comme ils sont gros, les Américains ? C'est parce que la plupart sont déprimés. Tu ne voudrais quand même pas finir comme eux ? » Elle ouvre le réfrigérateur et pousse un hurlement, puis se met à le vider en marmonnant : « Pas un seul légume ! » Elle range la cuisine en moins de trois minutes et remplit un des énormes sacs-poubelle noirs qu'elle a apportés. « Sais-tu à quel point les bactéries sont nocives ? As-tu conscience du nombre d'espèces différentes qui se nichent dans les fissures, les tapis et les interstices ? Tu pourrais attraper des maladies mortelles. »

Voilà. Pour les natifs du Cancer, le monde est toujours plein d'embûches, et Paola, surtout lors de ses attaques de maternage aigu, est la représentante par excellence de son signe astrologique. Elle l'est aussi pour son talent inné à donner l'impression à ses proches qu'ils sont aimés et compris, et pour la loyauté qui imprègne jusqu'au dernier de ses cheveux blonds à la Marilyn Monroe.

Parmi les autres caractéristiques de son signe, elle est également dotée d'une sensibilité presque surnaturelle, alliée à une mémoire visuelle qui la rapproche de l'homme bionique. Ces deux attributs l'immunisent contre le mensonge. En toute simplicité, elle connaît la vérité.

Tandis qu'elle fourrage dans ma chambre à coucher en trouvant à redire sur tout (« Tu dors dans une niche pour chien, ou quoi ? Ciel, ces draps tiennent debout tout seuls ! Ça fait combien de temps que tu n'as pas aéré ? Tu devrais prendre davantage soin de tes affaires... »), je m'affale dans le canapé, télécommande à la main, télévision éteinte. Sandrino me regarde d'un air perplexe, en continuant de s'adonner à son occupation favorite. Faire des bulles. Heureux soit-il.

L'interphone sonne deux fois.

« Tu attends quelqu'un ? » me demande Paola en passant la tête dans le salon.

Je me contente de hausser une épaule.

Quelques minutes s'écoulent. J'entends la porte s'ouvrir et Paola chuchoter. Dans mon apathie, je ne prends même pas la peine de tourner la tête.

Un instant plus tard, Tio se matérialise devant moi, les bras chargés de sacs de courses. « Alors, mademoiselle Je-sais-tout ? Tu as fini de frimer ? » me dit-il en s'accroupissant et en me prenant dans ses bras.

Je voudrais lui dire que je suis désolée, mais impossible, j'ai un nœud dans la gorge.

« Allez, allez. C'est typique de la Balance, tu sais, de croire qu'elle détient la vérité. » Il fouille dans l'un des sacs et en sort une barre chocolatée. « Tiens, c'est pour toi. Je parie que tu n'as pas fait un repas digne de ce nom depuis au moins trois jours. Le chocolat, c'est bon pour le moral. Mange. » Il se relève et regarde autour de lui en secouant la tête.

Sur la table, Paola a aligné quelques tee-shirts d'homme trouvés dans ma chambre, les photos d'Alejandro et les roses jaunes séchées.

« Tu sais que ce sont les serial killers qui sont adeptes de ce genre de musées-sanctuaires ? »

Je m'en balance. Plus rien ne m'importe.

D'un geste, Tio jette le tout par terre, déchire une photo et m'en tend une autre, m'invitant à l'imiter. « Tu devrais te mettre en rogne, tout casser, et jouer aux fléchettes avec sa photo. Vas-y, lâche-toi ! C'est libérateur. » Il jette les morceaux de photos par terre et saute dessus à pieds joints, puis me laisse pour aller aux toilettes.

Je regarde un moment la photo d'Alejandro, sans parvenir à me décider.

« Qu'est-ce que c'est que ça ? s'exclame Paola depuis la porte en montrant la barre chocolatée. Bon sang, Alice, tu veux finir toute gonflée comme Moby Dick ? » Elle s'en empare et la jette dans le sac-poubelle, d'un air dégoûté. « Mais… mais qu'est-ce que tu fais ? » Elle découvre à terre les tee-shirts d'Alejandro et les morceaux de photos éparpillés. « Je nettoie, et toi tu resalis tout ? Déchirer les photos ne sert à rien. Tu n'as plus seize ans ! »

Oh, mais laissez-moi donc tranquille ! Qu'ils s'asseoient ici avec moi et me laissent pleurer sur mon sort !

Tio sort des toilettes. Paola et lui me regardent et échangent un regard affligé et complice en secouant la tête. Puis elle s'éclipse encore une fois pour aller désinfecter quelque anfractuosité secrète de mon appartement.

« Pourquoi tu ne regarderais pas un film, ma puce ? me propose Tio en me prenant la télécommande des mains. Allez, je vais te mettre un truc gai. » Il attrape le premier film de la pile : *Les Hauts de Hurlevent*. Puis il l'insère dans le lecteur DVD. « Voilà. Je vais aller te préparer un thé avec des biscuits, d'accord ? Aucun chagrin ne peut résister longtemps à un bon thé chaud et quelques Petit Beurre. » Il me fait un clin d'œil, tandis que je reste là, à regarder Ralph Fiennes qui s'arracherait le cœur pour Juliette Binoche.

« Mais qu'est-ce que je vais faire de toi ? s'exclame Paola en m'arrachant la télécommande des mains et en appuyant sur pause. Combien de fois tu l'as regardé, hein ? Je te connais. Tu les regardes jusqu'à ce qu'ils soient hors d'usage, ces DVD. Et tu te fourres un tas d'histoires ridicules dans la tête. Ohé, réveille-toi ! Ici la réalité, Alice !

– Elle est têtue, renchérit Tio en revenant avec une tasse de thé fumant. Combien de fois crois-tu que je lui aie dit de se méfier ? OK, Alejandro était Sagittaire, mais il aurait fallu analyser son ascendant. Et sa carte du Ciel devait sûrement prendre l'eau de toutes parts. » Il me regarde, en agitant son index. « Il est l'heure d'avoir une petite conversation, toi, et moi, chère demoiselle. »

Je ferme les yeux pendant qu'ils continuent de s'affairer autour de moi comme les parents d'une ado en crise. Je vous le dis, quand Catherine Earnshaw souffrait mille morts pour Heathcliff, elle n'avait pas à subir deux emmerdeurs d'une telle envergure.

« On devrait peut-être appeler le médecin, s'inquiète soudain Paola en posant sa main sur mon front. Elle n'a pas prononcé un mot depuis qu'on est arrivés. »

Ah, bravo, ils ont fini par s'en apercevoir. De toute façon, les mots sont vains. Surévalués. Regardez tout ce que m'a dit Alejandro. *Querida, mi amor…* Et patati et patata. Balivernes. En guise de protestation, je ne dirai plus un mot de toute ma vie.

D'ailleurs, je ferais peut-être mieux de les prévenir, pour éviter qu'ils s'inquiètent.

« Alice ? Tu m'entends ? Tu peux revenir avec nous, s'il te plaît ? bougonne Paola.

– Alice, ma puce », renchérit Tio.

Comment font-ils pour ne pas comprendre ? Rien ne sera plus jamais pareil. Ça suffit. C'est terminé. Stop. J'ai lamentablement échoué.

Sous mes fesses, mon téléphone se met à vibrer avec insistance, puis la petite musique que j'ai attribuée aux numéros professionnels retentit. Il ne manquait plus que ça. Dois-je donc l'écrire en lettres capitales, que je veux qu'on me laisse tranquille ?

Je fais l'effort de glisser une main sous mes fesses pour m'emparer du téléphone. Je suis bien décidée à le jeter contre le mur, ce qui permettra à Paola de se plaindre en toute légitimité qu'elle doit ramasser les débris, et à Tio de répéter que la Balance est sujette à des moments d'intense déséquilibre.

« Allô ! » Je bondis sur mes pieds en passant ma main libre dans mes cheveux : « Oui, je suis chez moi. Oui, en congé maladie… Rien… » Je tousse. « Rien de grave, juste une petite grippe. »

Tio et Paola me regardent, bras croisés, et la même expression sceptique se dessine sur leurs visages.

« Non, non, bien sûr que tu ne me déranges pas. Je t'écoute, Davide… »

18

No country for old Balances

Se faire larguer, ce n'est pas la fin du monde. Je suis déjà passée par là. Tout bien considéré, mon histoire avec Alejandro est insignifiante et ne mérite même pas qu'on s'y attarde.

Nous, les larguées de service, nous avons trop souvent tendance à nous considérer comme indignes d'être gratifiées d'un mot gentil. Qui a donc décrété que nous étions des pestiférées sans dignité ? Ce sont eux qui devraient avoir honte, ces brise-cœurs en série, ces touristes de l'amour, ces professionnels du *discount* sentimental.

Pour ma part, j'ai décidé d'être le phénix qui renaît de ses cendres. On va voir ce qu'on va voir.

Je passe la porte de Love Angeles comme une funambule, sur des talons vertigineux, en me faisant remarquer le plus possible. Je fais la bise aux collègues que je rencontre avec un sourire radieux.

Je fais même le tour de l'accueil pour embrasser et étreindre la réceptionniste, avec le même élan que si j'étais de retour d'un voyage de deux mois au Burkina Faso.

« Salut, Val !

– Comment ça va, ma belle ? me fait-elle en m'étreignant chaleureusement. Tu t'es bien remise ? »

Ces commères n'ont-elles donc aucune vie ? Elles ont dû disséquer ma relation avec Alejandro pendant mon absence. On se croirait dans *Les Experts*. « Oh, rien de grave, tu sais ! D'ailleurs, si ça n'était pas arrivé, je pense que j'aurais pris les devants. C'était juste une question de *timing*.

– Vraiment ? Je ne pensais pas qu'on pouvait décider d'avoir un virus. Pourquoi tu aurais voulu l'attraper ? »

Oh, merde. Elle parle de mon congé maladie. « Oh, tu sais, dis-je avec un geste de la main, il paraît que les toxines qu'on élimine sont incroyablement purifiantes. Mieux qu'un lifting. »

Je m'éloigne en me disant que j'ai dû forcer sur les compléments alimentaires au millepertuis. Mais pour mon retour au boulot, je ne voulais pas avoir l'air d'une dépouille en plein rapatriement. En arrivant à mon bureau, par contre, je deviens vraiment blanche comme un cadavre. Cette fois, ce n'est pas une rose jaune, que je trouve. Mais un bouquet touffu.

Je me mets à crier : « Qui les a apportées ? » et m'empare du billet. Une seule phrase, une fois de plus.

Tu me manques.

Aucune signature.

Vu les circonstances, cela ressemble fort à du foutage de gueule. « Chère larguée de service, comme prix de consolation, vous recevrez un bouquet de roses jaunes. »

Ah non ! Cette fois, je me rebelle contre le maniaque aux roses, et accueille à bras ouverts une Alice qui ne se laisse pas abuser par les compliments faciles. Je prends le bouquet et le balance à la poubelle.

Délivrance. Je suis une femme neuve. Libre et insouciante.

« Ah, me fait Enrico en s'approchant, salut, Alice. Davide est passé tout à l'heure, il te cherchait. »

Sans me soucier des épines, je fourre mes mains dans la corbeille pour récupérer le bouquet de roses et le disposer soigneusement sur mon bureau. Puis je les regarde d'un air perplexe.

Eh bien d'accord, inutile de continuer de le nier. Cet homme me plaît. Beaucoup.

Devant son bureau, j'inspire un grand coup. Il est vrai que professionnellement parlant, ce devrait être une zone de chasse interdite, mais l'Histoire est remplie d'exemples comme celui-ci. Comme… comme *Mystic Pizza* ou… *Cendrillon*.

« Salut, Davide, Enrico m'a dit que tu voulais me voir. »

Il se lève. « Alice, dit-il avec des yeux rieurs, tu es revenue… Tu as l'air d'aller mieux.

– Hum. » Je lisse ma robe, espérant qu'il ne la juge pas trop osée pour la situation. « Merci. Et merci… euh, pour tout. De m'avoir téléphoné, de m'avoir raccompagnée chez moi, l'autre jour. Bref, d'avoir été attentionné… et de m'avoir raconté… Bref, j'espère que Flash va bien. »

Mon Dieu, je dois mettre un terme à cette logorrhée fulgurante. Arrête, Alice, arrête. Je m'arrête.

Il me répond par un simple : « Oui. »

Alors là, il pourrait faire un tout petit effort. Si je suis gênée, lui non plus n'en mène pas large.

Je dois m'armer de courage et prendre l'initiative de briser la glace, car Davide a l'air très indécis, voire inquiet. « Ça concerne les parts d'audience de l'émission ?

– Oui… euh, non. L'audience est très bonne. Magni a fait un pic, surtout pendant ses prises de bec avec Tio. Je dirais que notre expérimentation a fonctionné à merveille.

– Vraiment ? »

Notre expérimentation… Nous nous regardons et je vois son expression changer lentement. Son sourire s'efface et ses yeux se voilent, instaurant une distance que je voudrais combler en faisant un pas vers lui. Mais c'est comme si nous étions tous les deux bloqués.

Alors que ma main se pose sur la poignée de la porte, je parviens à lui demander : « Rien d'autre ? »

S'il te plaît, Davide, parle. Dis-moi quelque chose. Arrête-moi.

Chaque fois qu'on se voit, chaque fois qu'on se parle, il me semble que l'air se charge d'électricité, que les couleurs deviennent plus vives, les sons plus cristallins, les formes plus nettes. Cela cache-t-il une signification secrète ?

Je murmure : « De… de quel signe tu es ? », mais ma voix est si faible que je ne crois pas qu'il ait entendu.

Il me regarde en fronçant encore plus les sourcils. « Alice, attends. » Il soupire et se mord les lèvres tout en quittant son bureau pour me rejoindre. « Je voulais te parler d'autre chose. » Quand il me prend la main, je sens que la sienne est froide et que son pouls bat fort. Le mien se met immédiatement au diapason.

Je murmure : « Oui », et je pourrais me perdre dans ses yeux.

« Alice… je te dois des excuses. »

Les violons s'arrêtent de jouer et les petits oiseaux de gazouiller. Je n'ai plus l'impression d'être dans un conte, et je ne comprends pas ce qui se passe. Quel besoin aurait-il de s'excuser ?

« Ça concerne mon travail ? » Je suis terrorisée à l'idée qu'il m'annonce que j'ai gagné un congé à durée indéterminée. Je le savais bien, que je devais me méfier !

Mais il secoue la tête. Je recule tout doucement et me retrouve adossée contre la porte, la main dans la sienne. Mon cœur risque bien de me sortir par les oreilles.

« Je voulais… Je te dois des excuses pour mon attitude de l'autre soir. » Prononcer le moindre mot semble lui coûter énormément. « Il faut que je te dise une chose. En fait, j'ai l'impression de m'être mal comporté avec toi… Tu es une femme magnifique, tu es sympa, intelligente. Qui ne se sentirait pas attiré par toi ? »

Mais qu'est-ce que tu racontes, Davide ? Voilà ma pensée, mais en réalité je parviens juste à battre des paupières.

« L'autre soir, quand je t'ai raccompagnée chez toi, il y a eu un instant où… où j'ai failli perdre le contrôle. Et ça n'aurait pas été juste. Ce n'est pas ce que tu souhaites. Tu étais toute chamboulée. C'est pour ça que je… je voulais m'excuser, au cas où je t'aurais donné l'impression que… disons, une fausse impression. Parce qu'on travaille ensemble. Et parce qu'il y a d'autres choses… Bref, je suis désolé. »

Quand je referme la porte derrière moi, elle ne fait qu'un faible *clic* mais résonne à mes oreilles comme la déflagration d'un immeuble de huit étages.

Je me dirige vers les escaliers et pense à la foudre qui s'acharne sur une personne que l'on vient d'agresser et de laisser à terre, agonisante.

Cristina sort de l'un des bureaux à ce moment-là, et il s'en faut de peu qu'on se rentre dedans. Son ventre est de plus en plus rebondi. « Excuse-moi, dit-elle en le massant, je commence à être encombrante. »

Elle sourit timidement aujourd'hui. Elle a un petit air chétif. Les hormones, sûrement. On dit que pendant la grossesse, votre humeur fait du yoyo. Qui sait… je ne pense pas que je serai concernée un jour.

« Tu as parlé avec Carlo, récemment ? me demande-t-elle, alors que je m'éloigne.

– Non. »

J'ai autant envie de discuter avec elle que de me pendre.

« Ah… je croyais que vous vous racontiez tout. »

C'est vrai. C'*était* vrai. Mais Cristina et surtout l'enfant ont changé la donne.

Tout en descendant les escaliers, je me demande bien pourquoi. Au fond, ce n'est pas de la faute de Carlo s'il a refait sa vie avant moi. En réalité, je suis juste envieuse, car il a quelque chose que je n'ai pas.

Je me remets à penser à Alejandro, à Davide… Peut-on vivre deux désillusions en si peu de temps ? Certes, il ne s'est jamais rien passé avec Davide. Je dois me faire une raison. Mais je suis quand même en colère.

De retour à mon bureau, les roses jaunes y trônent encore ; seuls les boutons sont un peu plus flétris que tout à l'heure. Comme moi.

Je suis sur le point de les jeter dans la corbeille lorsque Ferruccio et Alejandro entrent dans l'open space. Alejandro est égal à lui-même : il porte un de ses tee-shirts moulants et son sourire charmeur, bien que cette fois il ne soit pas destiné à une femme. Alors, au lieu de jeter les roses dans la corbeille à papier sous mon bureau, je pousse un petit cri aigu de plaisir, à faire pâlir Meg Ryan, et renifle le bouquet d'un air ravi. Puis j'ajoute : « Qui ça peut bien être ? » Je sais que je suis ridicule, mais je le dissimule parfaitement derrière mes talents d'actrice consommée.

Je dois pourtant accorder à Alejandro qu'il est bien meilleur acteur que moi : pas un de ses muscles ne bouge pour trahir le moindre signe d'intérêt.

Dès que les deux hommes ont disparu de mon champ de vision, le bouquet de fleurs atterrit de nouveau dans la corbeille. « Bah !

– Tu deviens super populaire, de quoi tu te plains ? demande Tio.

– C'est ça, *Cosmopolitan* me sollicite pour un article sur les dix femmes les plus larguées de la planète.

– Si tu fais référence au cow-boy en tee-shirt, sache que tu dois t'estimer heureuse. Il n'était pas fait pour toi. Quand est-ce que tu écouteras mes conseils ?

– Et où il se trouve, l'homme qui est fait pour moi, Tio ? Où est-il écrit qu'il existe réellement ? Tu sais combien de fois on m'a dit que si une porte se fermait, une autre s'ouvrait ? Sauf que je ne me retrouve jamais devant au bon moment. Même l'astrologie n'a pas pu m'aider. Je suis un cas désespéré. Ma moitié d'orange a dû être mangée par quelqu'un d'autre. »

Je m'assieds et cogne ma tête doucement sur mon bureau plusieurs fois de suite, avant de m'y étaler dans un soupir. Je n'ai pas envie de lui parler de Davide. Trop compliqué. Je n'ai surtout aucune envie qu'on m'annonce, une fois de plus, qu'il n'est pas fait pour moi.

« Écoute, me dit Tio en me donnant une tape sur l'épaule, c'est vrai, tu as un peu la guigne en amour, mais…

– Un peu ? » Je gémis, puis relève la tête de quelques centimètres avant de m'affaler de nouveau sur mon bureau. « “Un peu” c’est comme de dire que la bombe atomique n’a fait qu’“un peu” de victimes. Tio, je suis aux relations ce qu’un boiteux est à la course d’obstacles. »

Mais Tio ne se laisse pas décourager par mes jérémiades. « On n’a pas dit notre dernier mot. » Lorsque je secoue la tête pour lui signifier de me laisser mourir en paix, il poursuit : « Jusqu’à maintenant, on a peut-être pris le problème à la légère. Mais que se passe-t-il quand le jeu se corse ?

– Laisse-moi deviner… on en choisit un plus facile ?

– Faux ! Les durs à cuire entrent en piste. »

19

Même les Taureaux ont une âme

Devant mon bureau, Tio continue de m'observer d'un air sournois. Soudain, il sort de son sac en bandoulière un rouleau qu'il déroule devant moi. Un plan de bataille ?

« Qu'est-ce que c'est que ce truc ? dis-je en regardant les dessins compliqués, les lignes et symboles bariolés.

– Ce truc, ma chérie, répond-il avec l'emphase d'un acteur qui interpréterait le rôle de Merlin l'Enchanteur, c'est ton thème astral.

– Mon… ?

– Ton thème astral ! » Il ne manque que les trompettes. « Tu te souviens, quand tu m'as donné ta date de naissance, avec l'heure, etc. ? J'ai pu en tirer ton thème de naissance. » Mais face à mon air perplexe, il soupire : « Bon sang, ça veut dire que c'est la reproduction de la configuration du ciel le jour de ta naissance. Comment étaient disposées les étoiles à l'heure précise du premier souffle que tu as émis dans cette vie. »

Alors là, je suis épatée. « Zut alors, ça en jette, dis donc ! C'est du sérieux, tout ça, on dirait ! »

Il croise les bras sur sa poitrine. « Mademoiselle, on ne plaisante pas, ici ! Un thème astral ne doit pas être pris à la légère, et surtout il n'est pas simple à lire. Tu as bien vu cette stupide application que tu avais téléchargée avec Alejandro, non ? Chaque thème contient une foule de détails aux significations différentes, et les assembler est tout un art. » Il continue de m'expliquer la signification de cette mystérieuse symbolique. « Les trois éléments-clés pour comprendre un thème astral sont les maisons, les signes et les planètes. Tu vois ces secteurs qui divisent le cercle ? Ce sont les douze maisons astrologiques, et chacune d'elles représente un domaine de la vie : argent, amour, communication, créativité, santé, mort, amis… Ne fais pas cette tête.

– Mais c'est compliqué, lui dis-je en me grattant la tempe.

– Et la vie, ce n'est pas compliqué ? »

Je soupire et me remets à observer la carte.

Il reprend alors : « On part d'ici pour voir dans quelles maisons sont positionnées les planètes au moment de ta naissance. Lorsqu'une maison concentre plusieurs planètes, par exemple, elle est dite exaltée. Et si la planète se trouve dans le signe dominant, alors son influence sera encore plus forte.

– Alors, voyons voir, dis-je dans un élan de bonne volonté, où est ma maison de l'Amour ?

– L'amour est dans la maison VII. On l'appelle maison du Mariage et de la Collaboration », répond-il en pointant son index sur le tableau.

Je regarde la feuille. Puis lui. Puis à nouveau la feuille. Et lui à nouveau.

« Tu te moques de moi ?

– Pourquoi ?

– Elle est vide, lui dis-je en croisant mes bras sur ma poitrine. Qu'est-il arrivé aux planètes ? Pourquoi n'y en a-t-il pas une seule là-dedans ? »

Tio hausse les épaules. « Eh bien, ça peut arriver. Ce n'est pas gra… » Il esquisse un sourire. « … très grave.

– Ah bien sûr, ce n'est pas "très grave". Ma maison de l'Amour est vide comme un trou noir dans l'univers infini, mais ce n'est pas grave. Restons zen ! »

« Calme-toi, vraiment, ce n'est pas si terrible. Ne pas avoir de planètes dans la maison du Mariage… hum… ne signifie pas que tu n'auras pas d'amour... Les noces pourront juste être retardées ou alors une certaine méfiance régnera dans les relations sentimentales.

– Au point où j'en suis, ce ne serait pas étonnant, lui dis-je, piquée au vif, en croisant de nouveau mes bras sur ma poitrine. Où sont passées ces fichues planètes ? Où diable est Vénus, par exemple ? »

J'en aperçois une bonne poignée dans une tranche en haut à gauche du cercle.

« Tu en as beaucoup dans la maison de la Carrière. Et Vénus est proche de ton ascendant. Ce qui signifie que tu es une personne fascinante mais aussi diplomate, portée sur les travaux artistiques... Cela peut aussi traduire un peu de confusion et de désillusions sur le plan amoureux, mais nous devons rester optimistes. »

Je grimace. Je savais bien que le ver était dans le fruit. Il ressort à présent que mes planètes sont bordéliques, et que mon portrait astrologique ressemble à un tableau de Picasso. « Tu vois bien que j'ai raison ! Je suis une *loseuse* intersidérale. Que fait-on dans ces cas-là ? À mon avis, même un pèlerinage à Lourdes est totalement inefficace dans ce genre de situation cosmique. »

Tio passe son bras autour de mes épaules pour me réconforter.

« Il ne faut jamais se laisser décourager. L'astrologie est une indication sur ce que nous sommes, mais ensuite, c'est à nous de jouer. Tu es belle, sympa, intelligente. Je ne vois pas pourquoi tu ne rencontrerais pas quelqu'un. Et comme je te l'ai déjà dit, c'est juste que tu choisis à chaque fois les mauvais mecs. Peut-être parce qu'ils sont fascinants, mystérieux. C'est typique, quand on voit ta carte du Ciel. Essaie de t'intéresser à quelqu'un qui te semble l'opposé, par exemple. Ensuite, si tu veux, on pourra analyser son thème astral, et qui sait, tu pourrais avoir des surprises. »

Je soupire et enfouis ma tête dans son cou. Pourquoi est-ce que je n'arrive pas à trouver quelqu'un d'aussi rassurant que lui ?

L'idéal serait d'avoir un homme qui s'occupe de moi comme le fait Tio, avec sagesse et tendresse.

Il m'embrasse sur le front en murmurant à mon oreille : « Tu es vraiment têtue, je ne sais pas quand tu comprendras !

– Désolée de vous interrompre », dit une voix derrière lui.

Tio s'écarte brusquement de moi, et je découvre Andrea Magni devant mon bureau.

« Bonjour », lui dis-je, consciente que le ton de ma voix est légèrement interrogatif. Que fait-il ici ?

« Salut, Andrea », lance Tio, qui redevient sérieux tout à coup et se passe une main sur le visage, gêné. Comment ne pas le comprendre : ils se sont mis une bonne raclée en studio en défendant deux positions radicalement opposées.

Magni lui sourit avec son calme habituel.

« Tiziano. »

Pleine de zèle, je lui demande : « Vous me cherchiez, monsieur Magni ? Puis-je faire quelque chose pour vous ?

– Oh, je passais juste par là. Je tenais à vous saluer et souhaitais vous renouveler mes remerciements pour votre accueil si cordial.

– Tu veux un café ? » lui demande Tio, qui fait preuve d'un courage biblique en tendant l'autre joue.

Heureusement. D'ailleurs, il n'a pas sourcillé quand Magni l'a appelé par son vrai prénom, ce qui le rend furieux d'ordinaire.

« Eh bien, par Jupiter, comment refuser ?

– Venez, lui dis-je en me dirigeant vers la porte.

– Tutoyons-nous. Alice, n'est-ce pas ? Je suppose que nous avons plus ou moins le même âge.

– Exactement le même », lui dis-je du tac au tac, me rappelant avoir remarqué son année de naissance lorsqu'il a rempli sa décharge.

« Je t'en prie. » Il me tient la porte ouverte pour me laisser passer. « Les dames d'abord. »

Il n'y a pas à dire, c'est vraiment un gentleman, un homme

d'une autre époque, qui traite les femmes avec des gants de velours, comme des objets de porcelaine.

Il se montre même aimable avec Tio, malgré leurs idées radicalement différentes. Il insiste pour nous offrir le café et nous pose quelques questions sur l'émission.

« J'ai pu revoir l'enregistrement, dit Andrea. Notre débat était enflammé mais n'a jamais dégénéré en banales vulgarités. Même ton point de vue, Tio, était plutôt bien argumenté, malgré tout. »

Oh là là ! Ce « malgré tout » ne me plaît pas beaucoup. Je regarde Tio, m'attendant à l'une de ses estocades, mais il se contente de répondre : « Je te remercie, tu es très gentil. » Il s'appuie contre la machine à café et lui sourit. « Tu es très télégénique, est-ce qu'on te l'a déjà dit ? » Puis il toussote et me regarde. « Pas vrai, Alice ? C'est ce qu'on se disait ce matin. Qu'Andrea passe très bien à l'écran… En plus, je crois que l'audience a été très bonne. Ne pourrait-on pas le réinviter ? »

Mon Dieu, nous n'avons jamais rien décidé de tel, mais autant aller dans son sens. « Bien sûr.

– Ta proposition est plutôt flatteuse, Tiziano, tout comme ton compliment.

– Eh bien, nous pourrions imaginer un concept intéressant, comme d'échanger les rôles, hum… analyser ton signe du zodiaque et ton thème astral. Tu es Taureau, pas vrai ? » Il me regarde à nouveau, cherchant mon approbation, puis continue : « Le Taureau a une vision plutôt sereine de la vie, il est altruiste, disponible, entre autres, et adepte de l'observation de la nature. Ce qui te correspond effectivement. » Il rit et me fait un clin d'œil. « Oui, il est altruiste, calme et généralement… fidèle.

– Oh ! »

Je détourne les yeux de Tio pour les poser sur Magni, puis refais le chemin en sens inverse. Alors je comprends tout. Il est en train de me suggérer de m'intéresser à Andrea, un type tranquille, routinier, peu enclin aux coups de tête. Je soupire et l'observe plus en détail. Tout compte fait, il est plutôt bel homme.

Bon, je doute qu'il soit doté du même sex-appeal qu'Alejandro, et il ne me fait certainement pas perdre pied comme Davide dès que je lui adresse la parole, mais pourquoi ne pas essayer de mieux le connaître ?

« Cela me semble une excellente idée, ça vaudrait la peine d'en discuter. » Je jette un coup d'œil à ma montre. « Mais j'ai d'autres rendez-vous pour l'instant. » J'inspire profondément. Ça ne me ressemble pas, je sais, mais je lui propose : « Nous pourrions en parler au dîner. »

Tio se tourne brusquement vers moi. « Au… dîner ? »

Je ne l'écoute pas et me concentre sur Andrea. On dirait qu'il a légèrement pâli. Je l'ai peut-être effrayé en prenant l'initiative, mais avec ce genre de mecs, si on attend qu'ils fassent le premier pas, on a le temps d'atteindre un âge canonique. En plus, ce sera un peu comme un rendez-vous professionnel.

« Oh, bien sûr, j'en serais ravi… Tu viens aussi, Tiziano ? »

Tio ouvre la bouche pour répondre, mais je l'interromps : « Oh, bien sûr… » Puis je claque des doigts. « Ah mince, Tio est déjà pris ce soir, mais comme nous tournons l'émission mercredi, il serait assez urgent de nous voir pour en discuter », dis-je en me mordant les lèvres aussitôt après.

Andrea passe une main sur son bouc et regarde Tio. « Eh bien, dans ce cas… cela me convient…

– Alice, il vaudrait mieux d'abord étudier la question… », murmure Tio, qui me regarde en écarquillant les yeux.

Qu'est-ce qu'il veut, maintenant ? C'est lui qui m'a suggéré de m'intéresser à des personnes très éloignées de mes critères ordinaires. J'ai le droit de tenter ma chance, non ?

« Alice, écoute, tu ne crois pas que je devrais t'accompagner ? »

C'est le septième coup de fil que je reçois de Tio en moins de deux heures.

« Je pourrais dire que mon rendez-vous a sauté, ce n'est pas grave.

– Je ne vois pas pourquoi », dis-je en soupirant et en vérifiant l'écran de mon téléphone. Non, ce n'est pas le septième. C'est le onzième. « Je sais que tu as peur que je sois encore déçue, mais je t'assure qu'il ne peut rien se passer d'irréparable. C'est juste une soirée pour faire mieux connaissance », lui dis-je en refermant la portière de la voiture et en insérant mon oreillette pour conduire jusqu'au quartier où nous nous sommes donné rendez-vous avec Andrea pour l'apéritif. « Après tout, c'est toi qui as dit que je choisis toujours des mecs trop ténébreux et compliqués. Andrea me semble tout l'opposé. Il ne correspond absolument pas à mes critères.

– Justement ! Laisse tomber ! crie-t-il dans mon tympan.

– Pourtant, tu as bien vu son thème astral, non ? C'est même toi qui l'as réalisé cet après-midi. » Et moi, je l'ai presque appris par cœur. D'ailleurs, je commence à m'y connaître un peu en astrologie. « Est-ce que je dois te rappeler la… qu'est-ce que c'était ? Le tropique Lune-Uranus ?

– Le trigone.

– Le trigone Lune-Uranus qui dit que nous avons potentiellement une forte complicité sur le plan physique. Mais pas seulement. Le sextile Mars-Jupiter le dit aussi, j'ai bien retenu. Même si nous n'avons pas les mêmes centres d'intérêt, nous nous complétons et nous comprenons profondément. »

Je l'entends renâcler et farfouiller dans quelque chose, à l'autre bout de la ligne, sûrement des feuilles. « Oui, certes, mais il n'y a pas que ça. Il y a… il y a… l'opposition entre vos Lunes de naissance, c'est indiqué ici ! Vous vivrez des déséquilibres émotionnels toute votre vie.

– Tu es allé chercher une des seules indications qui jouent contre nous. Méchant.

– Alice, écoute-moi, vraiment, il n'y a pas que l'astrologie. »

Alors là, c'est le pompon. « Attends deux secondes : ça fait des mois que tu me bassines avec l'astrologie, et maintenant qu'un homme potentiellement parfait pour moi se présente, que c'est écrit noir sur blanc, il faudrait l'oublier ? » Je grogne ces mots dans le micro, avant d'apercevoir Andrea près de la porte d'entrée, cloué sur place. Une fois garée, j'arbore un sourire rassurant, tout en mettant fin à la conversation avec Tio sur ces mots : « Nous vous tiendrons informé de la suite des événements, ne vous inquiétez pas. Bonne soirée à vous. »

Je regarde ma montre : il est 21 heures 02. Presque ponctuelle, mais je m'excuse quand même de l'avoir fait attendre. « Tu es arrivé depuis longtemps ?

– Techniquement, il y a seulement deux minutes, c'est-à-dire deux minutes correspondant à ton retard, mais cela m'a permis de méditer sur l'assertion d'Einstein, qui expliquait ironiquement la théorie de la relativité en montrant que là où une heure passée avec une belle fille peut sembler durer une minute, passer une minute assis sur un poêle peut sembler plus long qu'une heure entière. »

Je m'accroche au bras qu'il me tend avant d'entrer, soupesant bien les mots « poêle » et « belle fille ». S'agit-il, pour lui, d'un compliment ? Malgré l'opposition de nos Lunes, ça y ressemble. « Moi aussi, je suis contente de te voir », lui dis-je, optant pour une réponse diplomatiquement dénuée de toute référence.

Dans l'ascenseur qui monte, je risque presque le torticolis pour le regarder. Il est vraiment pas mal. Les hommes aux cheveux frisés me font un certain effet.

Il renouvelle ses compliments pour l'émission, me disant qu'il s'est bien amusé, et qu'il trouve Tio très sympathique. Il me demande si je le connais depuis longtemps. Je lui raconte qu'on ne se fréquente que depuis quelques mois.

« Ah, vous vous fréquentez…, fait-il.

– Nous sommes amis depuis quelques mois. On ne se fréquente pas dans un autre sens. »

Plutôt direct, l'*astro-playboy*, pas vrai ? C'est sûrement la touche du tropique du Taureau… enfin, ce trigone Lune-Uranus, qui nous attire.

Le bar est bondé mais grâce à sa taille périscopique, Andrea découvre une petite table de libre sur la terrasse. Comme c'est romantique !

« La température s'établit aux environs de vingt et un degrés, ce soir. Tu ne devrais donc pas subir de variation thermique telle que tu pourrais ressentir des symptômes de froid, me déclare-t-il en reculant galamment ma chaise.

– Dommage qu'en ville il y ait trop de lumière et qu'on ne voie pas les étoiles », dis-je en soupirant.

Puis je m'assieds. Je le regarde dans les yeux et me force à imaginer à quoi ressemblerait notre vie commune, à tous les deux. Il pourrait me faire sa déclaration sous un ciel étoilé. Ce ciel qui nous porte tellement de chance, avec Mars et Uranus de notre côté pour une union durable. Pour notre premier anniversaire, sa Vénus en Gémeaux l'influencera pour me faire une surprise : il éclairera notre chambre à coucher avec un petit planétarium domestique. Nous admirerons les astres brillants en nous serrant sous les couvertures, et il me dira…

« Techniquement, la raison pour laquelle nous ne pouvons pas apercevoir les étoiles le jour n'est pas la présence de sources lumineuses, mais l'atmosphère terrestre. » Le Andrea qui se trouve devant moi, bien différent de mon mari imaginaire, écarte les bras. Ils sont vraiment longs, assez impressionnants. « L'atmosphère n'est pas du tout transparente à la lumière, en raison des particules solides, de la vapeur et de l'air, qui fonctionnent comme des microprismes et reflètent la lumière dans toutes les directions. »

Fin de la rêverie. J'acquiesce plusieurs fois jusqu'à ce que Grishka Bogdanoff ait terminé son explication romantique au sujet du firmament. Puis je soupire et me camoufle derrière la carte du menu. J'imagine qu'il va y avoir du boulot, car son Mercure en Taureau le rend un peu bouché. « Le buffet est excellent ici, tu sais. Il y a de tout, des entrées jusqu'au dessert.

– Oui, même si la logique de l'appellation apéritif m'échappe quelque peu, puisqu'il se déroule selon l'usage à un horaire plus propice au dîner et suppose de se gaver comme à un repas de noces. »

Je ris à cette plaisanterie en posant ma main sur la sienne. Allez, au fond, il est sympa.

Il retire sa main pour prendre la carte. « Tu disais que je pourrais revenir dans l'émission pour débattre à nouveau avec Tio : qu'avais-tu en tête ? » me demande-t-il après s'être adossé à son fauteuil.

Nous commandons les apéritifs. Moi, un Spritz, comme d'habitude, et lui une limonade.

Avec Chiron en Taureau, il est respectueux de son corps, très attentif à son régime, ce qui est appréciable. Mon Dieu. La vision d'un homme dans la trentaine buvant sa limonade à la paille est assez insupportable. Une petite goutte d'alcool relancerait la conversation, ai-je envie de suggérer au bout d'un quart d'heure passé à suivre sa conférence. Mais soit parce que les bases me manquent, soit parce que la seule base que j'aie, en ce moment, c'est l'alcool, mes yeux se ferment et j'ai envie de bâiller.

« Tu crois que ça ne plairait pas au public ? Tu n'as pas compris ? me demande-t-il soudain.

– Pardon ?

– C'était une blague de scientifiques. Il serait amusant de montrer que nous aussi nous avons un certain sens de l'humour. Je te la répète : qu'est-ce qu'un ours polaire ? »

J'ai dû me perdre au milieu de toutes nos planètes et quelque chose m'a échappé dans les dernières minutes de la conversation, car on dirait bien que nous en sommes aux devinettes et aux blagues. « C'est… un animal ?

– Ah ! Je t'ai eue ! Pour un mathématicien, un ours polaire est un ours cartésien après un changement de coordonnées. »

Sous mes yeux incrédules, il se met à rire tout seul en se tapant la main sur le genou.

Je fais semblant de l'imiter, mais seul un gargouillis disgracieux s'échappe de ma gorge.

Ce n'est pas possible. Les calculs de Tio doivent être faux. Cet homme et moi ne pouvons pas former le couple parfait. Mon Dieu, presque parfait. Est-ce qu'il n'y avait pas ce truc… l'opposition entre les Lunes, est-ce que c'est ça qui aurait tout chamboulé ? Mais pourquoi, pourquoi est-ce que les autres sortent ensemble le plus simplement du monde, alors que moi, j'enchaîne les personnages de dessins animés ?

« Excuse-moi un instant », et je me lève pour aller aux toilettes. « Allô ? Tio, bon sang !

– Calme-toi, qu'est-ce qui se passe ? me répond-il avec indolence.

– Dis-moi que c'est une plaisanterie ! Je ne peux pas être destinée à un homme… à un homme qui a le sens de l'humour d'une dissertation. Moi, je veux que ce soit torride, passionnel, je veux des regards de velours et des regards d'amour… Je me contrefiche qu'Einstein se soit assis sur son poêle ou que les ours soient bipolaires !

– Ne t'inquiète pas, je m'en occupe.

– Comment tu vas t'y prendre ? Tu vas refaire tes calculs ? Écoute, je vais essayer de tenir jusqu'à la fin de la soirée sans m'endormir ou mettre ma paille dans mon nez par erreur.

– Laisse-moi m'en occuper. Et…

– Et je t'en prie, ne dis pas “je te l'avais bien dit”. Je ne supporterais pas.

– Et moi je ne supporte pas de te l'avoir dit, ma chérie.

– Hum, je t'adore.

– Moi aussi. »

Je raccroche et me rafraîchis le cou et les poignets sous l'eau froide, histoire de me réveiller un peu. J'arrête l'alcool pour ce soir, j'ai besoin de toutes mes ressources pour que ma tête ne tombe pas dans mon assiette.

Sur le seuil des toilettes, je me pince les joues, redresse mes épaules et affiche un beau sourire. À nous deux, monsieur Je-sais-tout.

Je retourne dans le bar et me dirige vers la terrasse, mais arrivée à la porte-fenêtre, je me fige sur place. Andrea est toujours assis à notre table, mais il est en train de rire et de bavarder gaiement avec quelqu'un. À ce moment-là, Tio se tourne vers moi et me fait coucou de la main.

20

Vénus beauté

Il y a des jours où vous vous sentez comme une épave bonne pour la casse. Au bout du rouleau, complètement kaput. Vous rêvez que la nouvelle tendance mode soit le modèle « sac de jute » sur la tête, et vous repensez avec nostalgie à l'époque bénie des mariages arrangés où vous pouviez aussi, si vraiment vous n'aviez pas de bol, vous retirer à vie dans un couvent.

Mais heureusement, il existe des journées comme celles d'aujourd'hui.

Aujourd'hui, c'est mon jour du mois préféré. Avec Paola, on l'a appelé la Sacro-Sainte Journée.

Sacro-Sainte car ni les guerres, ni les inondations, ni les missiles sol-air, ni les visites surprise de la belle-mère, ni les invasions martiennes et autres événements cataclysmiques ne peuvent nous en priver. Certains ont essayé, et ils l'ont regretté. Je pense notamment à une rage de dents nocturne, à un tuyau éclaté dans la cave de Paola, ou encore à une invasion de fourmis volantes. Quand c'est la Nature elle-même qui se révolte, on hésite un peu, évidemment, mais la réponse est toujours la même : la Sacro-Sainte Journée. Bref, pour l'instant, personne n'a jamais réussi à nous arrêter.

Pour paraphraser Mel Gibson : « Ils peuvent nous ôter la vie, mais ils ne nous ôteront jamais notre Sacro-Sainte Journée ! »

Aujourd'hui, c'est jour de manucure chez Karin.

Futiles occupations de femmes décérébrées, affirmeront certains. Ces « certains » font sûrement partie de cette moitié de l'humanité qui croit que nous, les femmes, nous consacrons chacune de nos respirations à l'homme, et que si nous nous réveillons le matin, nous coiffons et nous maquillons, c'est uniquement pour *lui* plaire… Ah, les hommes ! Une espèce des plus brutes, qui associe automatiquement au mot « autosatisfaction » certains sites interdits aux moins de dix-huit ans et ne comprend pas la poésie qui préside au choix d'un vernis, mais surtout le pouvoir infiniment thérapeutique de passer du temps à se chouchouter.

La Sacro-Sainte Journée est une journée spéciale femmes, entre femmes et pour les femmes, consacrée à la beauté, à la relaxation, au shopping, aux papotages… Une parenthèse sans hommes entre les pattes pour parler de nos problèmes existentiels et de nos centres d'intérêt.

« Alors ? me demande Karin en donnant la dernière touche à l'ongle de mon auriculaire.

– Alors, il était tellement rasoir que mes yeux se fermaient tout seuls, dis-je en glissant ma main dans l'orifice du sèche-ongles. Heureusement que Tio est arrivé, il s'est sacrifié pour la bonne cause et a parlé avec Andrea de l'émission le reste de la soirée. C'est un amour.

– Ça suffit, Alice, OK ? me reproche mon amie. On dirait que tu te les récupères tous, les mecs louches ! Tu as un aimant spécial ou quoi ? Je me souviens quand tu me parlais de l'autre, là, cet imbécile…

– Alejandro ?

– Non, l'autre.

– Luca ?

– Luca ? J'ai dû louper un épisode, c'est qui ?

– On n'a pas conclu, passons. Tu parles de Carlo ?

– Mais non, ça, c'est de la préhistoire ! Je parle de celui que tu voyais l'année dernière.

– Ah, Giorgio !

– Bonté divine, s'exclame Paola depuis le petit canapé.

– Oui, oui, lui. » Karin sourit d'un air entendu, car elle sait que le sujet me titille. « Celui qui était passé du lit de sa femme au tien.

– Ex-femme, tiens-je à corriger.

– Certes, mais ils n'avaient pas encore entamé la séparation », tient à rappeler Paola qui, en mode multitâche, écoute la conversation, lit un article dans *Vanity Fair* et mâche un cupcake tout en choisissant une couleur de vernis à ongles.

Il faut dire qu'elle n'a jamais pu supporter Giorgio. Trop excessif dans ses réactions, trop exubérant pour être sincère. Ce qui, d'ailleurs, a été prouvé par la suite.

« Je te rappelle en plus qu'il avait de gros problèmes de mémoire – et une fâcheuse tendance à oublier qu'il était en couple avec toi quand il s'agissait d'en mettre une autre dans son lit. » Paola s'essuie les mains, pose son journal et soupire : « Alice, arrête avec les mecs à problèmes, les indécis, les ados attardés de quarante ans, les sangsues et les manipulateurs. Je te l'ai déjà dit, tu dois t'aimer toi-même, sinon tu continueras à quémander des miettes d'attention, sans jamais te sentir digne d'avoir ce que tu mérites vraiment : l'amour. Le vrai, pas celui qui se trouve au-dessous de la ceinture. Parce que tout le monde y excelle, à celui-ci, ou presque… »

Je désapprouve, car je sais qu'elle fait référence à Alejandro.

« J'ai très bien compris ! À t'entendre, je serais bonne à interner ! Après Carlo, ça a été un peu chaotique, mais bon sang, je ne fais qu'amortir le choc après une histoire très marquante.

– Alice, ça fait plus de deux ans que tu amortis le choc. Même après un séisme de magnitude 8 on se remet plus rapidement. »

Les natifs du Cancer ne peuvent jamais s'empêcher de donner des leçons.

« Et ce Tio ? demande Karin. Il a l'air de beaucoup t'apprécier. »

Paola secoue la tête et réprime un éclat de rire.

« Qu'est-ce qu'il y a ?

– Rien. C'est vrai qu'il t'apprécie beaucoup. »

Je soupire et me remets à observer mes ongles, espérant que le ton rose, surtout avec les paillettes, m'aidera à me remonter le moral dans les prochains jours. « Facile à dire, Paola. Pour toi, c'est simple, maintenant que tu as trouvé Giacomo. Mais avec moi rien n'est simple. Prends Andrea : thème astral parfait, signe astrologique, ascendant, disposition planétaire et affinités de couple *ad hoc*. Et après ? Que dalle. Aucun déclic. Pas le moindre intérêt.

– Tu m'étonnes ! s'exclame-t-elle.

– D'après toi, je ne suis pas assez intelligente pour un astrophysicien ?

– Je crois que c'est toi qui ne peux pas être intéressée par un type comme lui, explique-t-elle en tournant une énième page pour remarquer que les franges seront de nouveau tendance à l'automne prochain.

– L'étincelle n'a pas toujours lieu, même si tout semble parfait.

– Tu verras, avec ces super-ongles, tu vas les faire tomber comme des mouches, dit Karin, encourageante. Un par doigt. »

Je regarde mes mains qui scintillent et me demande si quelqu'un les remarquera. Si Davide les remarquera... Mais cette pensée n'est pas très avisée, étant donné ce qu'il m'a dit dernièrement.

« Ça te dirait de rencontrer un ami de Federico, mon copain ? me demande Karin, interrompant mes tristes élucubrations. Il m'a parlé récemment d'un mec intéressant, un habitué de son bar. Si je ne me trompe pas, une espèce d'artiste, un mec sexy, en plus. Si tu veux...

– De quel signe il est ? »

À ma question, elle sort son portable.

« Alice, arrête, me reproche Paola. Ce n'est pas comme ça que tu trouveras l'homme de ta vie.

– Ah oui ? Et comment je le trouverai, alors, Paola ? Et où ? Dans un paquet de chips ? » Je me tourne à nouveau vers Karin, qui est déjà au téléphone avec Federico. Je lui murmure : « Et n'oublie pas de bien lui demander sa date de naissance : l'heure, le lieu... » Je me lève et tourne le dos à ma meilleure amie. Je sais déjà qu'elle boude. « Qu'est-ce que je dois faire, rester chez moi dans un état d'apathie avancée parce qu'Alejandro m'a quittée ? Est-ce que tu trouves ça juste ? »

Elle referme sa revue et me regarde. « Et Davide ? Qu'est-ce qu'il devient ? »

Ah, bonne question, que devient Davide ? Paola a touché le point le plus sensible. C'est vache de sa part.

« Je crois qu'on peut l'ajouter à la longue, très longue liste intitulée : "Hommes qui ont mis Alice au rancart".

– Pourquoi est-ce que tu n'en ouvrirais pas une intitulée : "Hommes mis au rancart par Alice" ? Je crois que ça sonnerait plus juste. Il serait temps de la commencer. »

Je sais qu'elle a raison, mais je n'arrive pas à éliminer le sentiment de rejet que je ressens chaque fois que ça se passe mal avec quelqu'un. Je devrais me résigner. Mais je me prends toujours la tête pour essayer de comprendre ce qui, en moi, n'était pas à sa hauteur.

« Davide ? demande Karin en terminant sa conversation. Je veux tout savoir. Qui c'est ? Qu'est-ce qu'il fait ? De quel signe il est ? »

Paola repose son journal. « Ah oui. De quel signe est Davide ? »

J'admets ma défaite en hochant la tête. « Je n'en ai pas la moindre idée.

– Âge ?

– Je n'en sais rien…

– Zut, c'est râpé aussi pour l'horoscope chinois ! s'exclame Paola en brandissant le vernis qu'elle a choisi.

– Arrête de te moquer de moi.

– Je suis juste surprise qu'Alice la détective ne soit pas encore descendue dans l'arène. Tu pourrais chiper son portefeuille et jeter un coup d'œil à sa carte d'identité.

– Dis-lui simplement que tu as besoin de ses données pour un motif administratif, me propose Karin, un peu moins ironique que mon amie.

– Qui sait, conclut Paola, Davide pourrait devenir le premier homme non horoscopé de la liste… »

BALANCE

Être ou ne pas être… telle est la question. Entre autres. Car les doutes existentiels hamlétiens ne sont pas les seuls à déchirer ce pauvre homme Balance. Le moindre choix quotidien devient un piège sournois. La chemise bleue, ou celle à carreaux ? Des spaghettis à la bolognaise, ou un steak-frites ? Malheureusement, tout choix en exclut un autre, et le natif de la Balance ne peut supporter l'idée de s'être trompé. Cela perturberait le monde parfait et harmonieux qui constitue son habitat naturel. Habitat que vous pourriez déstabiliser, au cas où il se déciderait finalement à vous demander un rendez-vous…

21

Autant en emportent les Verseaux

Je suis vraiment fière de moi.

Aujourd'hui, au lieu de succomber à un dimanche assommant en solitaire, esclave des restes du frigo et des conneries télévisées, j'ai pris une décision insolite. J'ai accompli une prouesse totalement inédite.

Je suis allée au cinéma. Seule.

Pourquoi le cinéma devrait-il être l'apanage des petits couples et des familles ? Moi qui suis une véritable cinéphile, je dois pouvoir me sentir libre d'y aller quand bon me semble. Aucune raison de rater les films qui me tentent pour la seule raison que je ne trouve personne pour m'accompagner.

Certes, j'ai d'abord téléphoné à Tio, qui était déjà pris.

Et à Paola, mais elle déjeunait avec sa belle-mère et, par certains côtés, je ne l'ai pas enviée.

J'ai ensuite découvert avec surprise que mes parents ne sont pas à Milan. Ils ont pris la poudre d'escampette vers la mer, saisis par l'euphorie de ce week-end pré-estival.

En fait, ça n'a pas été si désagréable de m'asseoir dans un cinéma en solitaire. J'ai chaussé mes lunettes et… j'ai fait semblant de prendre des notes, pendant que les lumières étaient allumées et pendant l'entracte[1]. Comme ça, histoire de me faire passer pour une critique de presse.

---

1. En Italie, les séances de cinéma peuvent être interrompues par un entracte, où les lumières se rallument.

Heureuse de m'en être si bien tirée, je décide, en sortant, que j'ai bien mérité une récompense. Une petite séance de shopping. Alors que je sautille d'une vitrine à l'autre, j'assiste à une scène complètement dingue.

Je reste figée sur place, devant les marches du bar, ne sachant pas si je dois entrer ou pas.

Carlo est à l'intérieur, seul à une table, et pas de doute, il pleure.

Que faire ? Même si nous avons été très proches pendant de longues années, ces derniers temps une barrière s'est dressée entre nous.

Je voudrais pouvoir y remédier mais, malheureusement, je n'ai jamais été douée pour les réconciliations de ce genre.

Par contre, j'ai des gènes d'infirmière de la Croix-Rouge, pathologie qu'on retrouve facilement chez les femmes de ma génération, gavées (telles les oies de foie gras) de dessins animés tire-larmes genre *Sans famille* ou *Candy*.

« Vous le voulez ou non, ce café ? demande quelqu'un derrière moi, une fois que je suis entrée. Vous bloquez la file d'attente. »

Quel sale caractère ! Après, on se plaint que les Milanais ont la réputation d'être stressés, mais ici, même les vieux ont l'air pressés, comme cette dame qui vient de me donner un coup de coude pour passer.

Carlo est à quelques pas de moi, il tourne et retourne sa tasse entre ses mains, la fixant comme s'il pouvait y lire l'avenir. Il a essuyé ses larmes, mais il a encore les yeux rouges. Il a l'air dans sa bulle et j'appréhende un peu de m'approcher de lui.

Soudain, il relève la tête, comme s'il avait eu une vision. Mais ce n'est pas sur moi que son regard se pose. Ses yeux sont rivés sur la porte des toilettes, qui vient d'être ouverte par une fille vêtue de couleurs claires : sa chemise, son pantalon, et même ses yeux ont la teinte délavée des myosotis.

Je suis sur le point de faire un pas, mais elle me précède, s'assied devant Carlo et lui prend la main.

J'ai la sensation d'être tombée sur une scène où je n'ai pas ma place, dans la vie de quelqu'un pour qui j'ai cessé d'être importante.

Je vois leurs lèvres remuer, la main de Carlo serrer le bras de la fille, mais leurs voix sont trop basses pour que j'arrive à les entendre.

Puis la fille se lève et Carlo l'imite. Elle est sur le point de passer devant lui, mais il la retient et l'enlace. Avec du brouillard, on pourrait se croire dans la dernière scène de *Casablanca.*

Ils se regardent dans les yeux, et le monde autour d'eux n'existe plus. Carlo annule toute distance entre eux d'un baiser tendre et désespéré, qui me coupe les jambes.

Minute !

Cet homme n'est-il pas Carlo, alias mon-ex-petit-ami-qui-a-mis-enceinte-en-moins-de-deux-une-autre-femme-et-a-annoncé-son-mariage-sur-Facebook ? Or la fille qu'il embrasse n'est pas enceinte et lui n'a pas vraiment l'attitude d'un futur père.

Instinctivement, j'essaie de me cacher derrière le premier obstacle venu, c'est-à-dire, en l'absence de pilier, la vieille dame de tout à l'heure.

« Laissez-moi, au secours ! » crie-t-elle en serrant son sac à main contre elle.

Les amants desserrent leur étreinte, et la fille regarde intensément Carlo, avant de lui tourner le dos et de s'en aller. Elle passe ainsi à moins de cinquante centimètres de moi, ce qui attire, hélas, le regard de mon ex sur la mamie-bouclier, puis sur moi, qui rougis d'embarras.

Pourquoi, mais pourquoi me suis-je fourrée dans cette galère ?

Solution A : faire croire que je suis une personne qui me ressemble comme deux gouttes d'eau, mais que je ne suis pas moi, imiter un accent étranger et me faire passer pour l'aide-soignante de cette petite vieille ;

Solution B : feindre une crise d'amnésie, le vouvoyer voire lui demander l'heure ;

Solution C : prouver que j'ai un minimum de tripes et aller lui parler.

Mais Carlo ne dit rien et me tourne le dos, puis se rasseoit devant sa tasse de café désormais vide.

« Hum, salut… »

Il ne daigne pas lever les yeux lorsque je me plante devant lui. Je remarque alors que son épaule tremblote presque imperceptiblement.

Je m'assieds.

« Qu'est-ce que tu fais ici ? me demande-t-il à voix si basse que je mets quelques secondes avant de comprendre sa question.

– Je… je t'ai vu… enfin, j'étais dehors… tu étais tout seul et je suis entrée pour te dire bonjour.

– Alors, salut », dit-il d'un ton sec, toujours sans lever les yeux.

Surtout, ne m'aide pas. N'essayait-il pas de me parler il y a encore quelques semaines ? Qu'il fasse un petit effort maintenant ! « Tu veux me dire ce qui se passe ?

– Qu'est-ce qui m'y oblige ? Tu n'arrêteras jamais de te mêler de mes affaires, hein ? Et puis tu as des yeux, non ? Dis-moi un peu, c'était quoi, d'après toi ? »

Et il me lance un regard méchant.

« Je t'assure que je n'avais aucune intention de t'espionner. Vraiment, je passais par hasard, je suis allée au cinéma… »

Carlo fronce encore plus les sourcils, puis regarde derrière moi. « Alors, tu n'es pas toute seule ? Paola est avec toi ? »

Et après on dit que c'est moi qui me mêle des affaires des autres. Évidemment. Audacieuse et fière, je m'exclame : « J'y suis allée toute seule, figure-toi.

– Pas possible ! Ce n'est pas ton genre. Tu en serais parfaitement incapable.

– D'après toi, je ne serais pas capable d'aller au cinéma toute seule ? Tu sais, pas besoin d'avoir la science infuse.

– Pendant les cinq ans de notre relation, tu n'as jamais remué le petit doigt si je ne prenais pas les devants. Ou si tu n'étais pas avec Paola ou une autre de tes amies. S'il te plaît, on ne me la fait pas.

– Qu'est-ce que tu en sais ? Ça fait deux ans qu'on n'est plus ensemble, j'ai pu changer. J'ai changé.

– Pfff. Les gens ne changent pas. Tu n'as pas changé. Voilà la vérité, même si elle est terrible à entendre. »

Pas de doute : quand il s'y met, Carlo a un sens du tragique si développé que, comparé à lui, Hamlet était un joyeux luron.

« Qu'est-ce que tu en sais ?

– Je sais ce que je vois. Tu joues la femme d'affaires, avec tes push-up et tes talons aiguilles.

– Ça te dérange que je mette ma féminité en valeur ?

– Avant, tu t'en fichais.

– Non, Carlo. C'est toi qui t'en fichais. Moi, je m'adaptais. Je m'adaptais quand tu disais que seules les imbéciles se soucient de se maquiller pour aller au bureau, de soigner leur apparence. Mais j'ai compris que se maquiller, c'est se sentir bien dans sa peau, voilà pourquoi je vais faire une manucure tous les mois, tu vois ? »

Je lui montre mes mains, avec mes ongles roses ultra-brillants. Qui sait pourquoi, je regrette aussitôt mon geste. Je me trouve bête d'être là, dans ce bar, en train de discuter avec lui de notre relation morte et enterrée, après l'avoir vu embrasser une inconnue.

« Ah, les ongles. En voilà, un problème de taille. J'imagine que c'est pour ça que tu n'as pas eu le temps de te consacrer à tes amis dernièrement. »

J'ignore le coup, je suis habituée à ses manières, surtout quand il est énervé. « Chacun a la vie qu'il se choisit, après tout.

– Vraiment ? Tu crois qu'on peut toujours choisir ? »

Soudain, l'air autour de nous semble prendre la consistance de la gélatine, épaisse et dure. Nous sommes emprisonnés dedans, les mots sortent péniblement de nos bouches, avec une difficulté inhumaine. « Tu n'en veux pas, de ton enfant ? Tu ne l'aimes pas, Cristina ?

– Ne fais pas semblant de ne pas avoir vu ce que tu as vu, Alice. Comment je pourrais embrasser une autre femme si j'aimais Cristina ? s'exclame-t-il sur un ton véhément. Tu ne comprends pas, tu ne peux pas comprendre. Je… je l'aime. »

Je me tourne un instant vers la porte, comme si la fille était encore là, ou du moins une trace de sa présence en même temps que le sillage de son parfum. « C'est peut-être que tu as peur de l'engagement imminent. Je veux dire, un enfant, ce n'est pas anodin.

– Qu'est-ce que tu en sais, toi ? Tu n'en sais strictement rien. Tu ne m'as posé aucune question. Tu as simplement disparu quand j'avais le plus besoin de tes conseils, de ton soutien. »

Je baisse les yeux sur mes mains, mais les paillettes et le vernis rose me mettent encore plus mal à l'aise maintenant. « Je me suis sentie… trahie. » C'est tout ce que je parviens à murmurer, même si je sais que cela n'a pas beaucoup de sens. Pourtant, je me souviens très bien de la détresse que j'avais éprouvée en apprenant la nouvelle, comme s'il avançait dans sa vie et que moi, de mon côté, j'en étais encore incapable. Je m'étais sentie comme une boîte de conserve arrivé à la date de péremption, que personne ne voudra plus acheter.

« Arrête, Alice. Ça fait un bail qu'on n'est plus ensemble. C'était d'ailleurs une bonne décision de nous quitter, parce qu'on ne s'aimait pas vraiment. »

Je le regarde à nouveau, plus intensément que tout à l'heure. « Qu'est-ce que tu dis ?

– Je dis que maintenant, je sais ce qu'est l'amour. Ce que je ressens pour Sonia, je peux dire que c'est le véritable amour. Je ne l'avais jamais éprouvé avant, ni pour toi, ni encore moins pour Cristina. »

S'il avait pris sa cuillère à café et me l'avait plantée en pleine poitrine, il n'aurait pas été plus cruel.

J'ai passé cinq ans avec cet homme, cinq de mes plus belles années, durant lesquelles j'ai cru avoir trouvé le compagnon parfait, celui avec qui je me marierais et aurais des enfants. En une phrase, il a réussi à tout effacer. Mon histoire la plus importante, il l'a réduite à néant, à un passe-temps insignifiant.

« Sonia est… c'est une histoire compliquée, se met-il à expliquer, comme si de rien n'était. Déjà, pour commencer, elle n'a aucune confiance en moi. L'enfant est un problème, pour elle.

– Oh, c'est pas vrai ? Quelle fine mouche ! »

Qu'est-ce qu'il espérait ?

« *Ma chérie, je t'aime, mais je vais en épouser une autre. Au fait, elle est enceinte.*

– *Mon amour, quelle merveilleuse nouvelle, félicitations, je viendrai sans faute au baptême !* »

Carlo me regarde d'un air méprisant. « Je ne m'attendais pas à ce que tu comprennes. Tu as toujours été assez superficielle.

– Oh, je vois, et toi tu es quelqu'un de tellement sensible ! » Oui, car je me souviens soudain de ce que m'a dit Tio sur son horoscope et sur les raisons pour lesquelles une Balance avec la Lune en Poissons (comme moi) et un Verseau ascendant Gémeaux (comme lui) ne peuvent rester en couple. Les natifs du Verseau, par définition, sont les esprits de contradiction du zodiaque. Vous dites blanc ? Soyez certaine que si c'était blanc pour lui il y a encore une minute, il va dire noir. Il déteste se mêler à la masse. Et avec ce double saut périlleux dans sa vie amoureuse, Carlo s'est bel et bien écarté des sentiers battus. Sans compter qu'il a la Lune en Bélier… « C'est ta Lune en Bélier qui te rend impulsif et inconstant, est-ce que tu en as bien conscience ? C'est sûrement à cause d'elle que tu as une tendance Peter Pan, et cette impression de t'être passé la corde au cou avec Cristina.

– Qu'est-ce tu racontes, putain ? » Il tape du poing sur la table, faisant tressauter sa tasse. « Où est-ce que tu es allée pêcher ça ? Bélier, Lune, *horoscope* ? Je te dis que ma vie est détruite et toi tu me sors des salades !

– Ah bien sûr, et toi, tu te crois plus malin, de jouer

l'Inseminator puis d'aller pleurnicher comme un môme contre ton infâme destin ?

– Je m'attendais à un peu plus d'intelligence de ta part, Alice. Je me suis trompé. Comme sur nous deux, d'ailleurs. En tout cas, s'il m'a fallu cinq ans pour comprendre que tu n'étais pas la bonne personne pour moi, cette fois cinq minutes auront suffi à m'en persuader définitivement. »

C'est évident. Si quelqu'un ne pense pas comme lui, alors il l'accuse de manquer d'intelligence. Oh, comme je connais bien ce petit jeu ! Une vieille rengaine. Une des attitudes que je ne pouvais pas supporter chez lui. Comme ses caleçons rangés par couleurs dans le tiroir, ça me rendait dingue… Est-ce que le bleu passait avant ou après le gris sur l'échelle chromatique ?

« Je sais, je suis un peu bouchée. »

Je me lève et le regarde dans les yeux, en repensant à ce que nous avons vécu, à cet amour qu'il vient de renier avec nonchalance, comme on jetterait un chewing-gum mâché qui n'a plus de goût. Je me sens soudain tellement inutile… Si lui, l'homme avec lequel j'ai vécu ma plus longue histoire, pense qu'il ne m'a jamais vraiment aimée, alors personne d'autre ne m'a jamais aimée non plus.

« J'avais besoin de ton amitié », murmure-t-il.

Et il a encore le courage de parler d'amitié ? Alors qu'il se fiche complètement de me poignarder en plein cœur ?

À ce moment-là, je comprends que je l'ai toujours idéalisé, et j'ai l'impression de le voir pour la première fois. Pas l'homme fort, intelligent et charismatique qu'il était lorsqu'il me draguait, mais un enfant capricieux, qui ne veut pas grandir, effrayé par ses responsabilités.

« Je ne sais pas comment faire », dit-il encore, la tête entre les mains.

Une vague de colère m'envahit brusquement. Je comprends que je n'ai jamais été exceptionnelle pour lui. Mais cela ne me fait pas souffrir. Car je me rends compte que lui non plus n'est pas exceptionnel pour moi. Il ne l'est plus.

C'est un de ces moments où je regrette de ne pas avoir de moustaches, l'œil aguicheur et la voix rauque de Clark Gable. Mais la réplique, je la connais, elle existe et m'attend depuis ce lointain 1939.

Je le regarde dans les yeux et me mords les lèvres, hésitant l'espace d'un instant, puis je lui lance : « Franchement, mon cher, c'est le cadet de mes soucis. »

22

Pain, amour et… astrologie

« Mais comment tu as été recruté, bon sang ? Tu as eu le boulot dans une pochette-surprise ? Alejandro, où as-tu mis le sac avec les spots ? » Ferruccio est hors de lui et beugle en gesticulant devant le coffre du fourgon.

« *No sé.* Je l'avais mis *aquí.* » Les muscles d'Alejandro semblent se contracter eux aussi, tellement il est contrit.

« Et comment on va faire, maintenant ? Hein ?

– Je te jure, *Ferrutchio*, j'ai *todo* chargé, je ne comprends vraiment pas *porqué* il n'est plus là.

– C'est ça, c'est ça… Quel tire-au-flanc… Alice ! Viens ici tout de suite ! »

Quand je m'approche, je prends l'air contrarié de Mme Rougemont dans *Heidi.*

« Regarde, ici. » Ferruccio montre les sacs qui viennent d'être déchargés. « Il manque le numéro 4. Dedans, il y avait les spots pour éclairer les cellules pour l'essai des signes de Feu. Qu'est-ce qu'on va faire ? »

Grâce aux pics d'audience du duo Tio-Magni, nous avons obtenu un nouveau sponsor, ainsi qu'une avalanche de critiques flatteuses sur le virage qualitatif que pourrait prendre notre émission. Nous avons également remporté une excursion sensationnelle dans un château médiéval pour enregistrer une partie de la prochaine émission. Mon Dieu, j'ai presque l'impression d'être à

Hollywood. Afin de souligner mon statut de brillante auteur et productrice télé, je porte un ensemble bleu marine Armani (bon, une imitation, d'accord) qui me donne une allure ultra-pro, tout en restant très féminine. J'adore ce boulot.

« Qu'est-ce qui se passe ? »

Une voix derrière nous nous fait retourner tous les trois.

Seule ombre au tableau, c'est Carlo qui supervise les productions à l'extérieur. Je me passerais bien d'avoir affaire à lui après la scène de l'autre jour.

Mais je suis une super-pro, ce qui signifie que nous réglerons le problème calmement, dignement et avec classe, en mettant de côté nos bisbilles personnelles. « Alejandro a pensé qu'on pourrait tourner l'essai des cellules dans le noir », dis-je en désignant négligemment mon ex-petit ami à mon ex-ex-ex-ex-ex-petit ami.

J'ajoute ensuite en regardant Carlo de travers : « Il paraît que vous, les hommes, vous oubliez assez facilement que vous avez des responsabilités.

– Quel besoin on aurait de s'en souvenir, puisque vous, les femmes, vous aimez nous le répéter jusqu'à l'épuisement ? »

Voilà, et après on dit que c'est moi qui cherche la bagarre.

J'ouvre la bouche pour répliquer, mais Alejandro me devance. « Mais je te jure qu'il était *aquí*, Alice. Je me souviens que je l'ai *puesto* dans le coffre ! » Il pleurniche en caressant ses tablettes de chocolat d'une main, comme pour se rassurer.

Eh non, mon beau, ça ne prend pas. « Je me fiche que tu l'aies vu tout à l'heure. Le passé, c'est le passé. C'est fini. Zou, révolu. Qu'est-ce que tu me dis du présent ? Où est passé ce foutu sac de spots ? » J'ai très envie de me défouler sur lui aussi.

« Arrête un peu, intervient Carlo. On doit la tourner cet après-midi, cette scène. On va bien le retrouver. Concentrons-nous sur ce que nous devons faire maintenant. Pas vrai, Alice ? Le présent. Comme tu le dis toi-même. Où est l'ordre du jour ?

– Oui, oui », dis-je pour changer de sujet, avec un geste de la main. Entre traîtres, on se soutient. Est-ce que je m'attendais à ce que Carlo me vienne en aide ? On peut toujours rêver. Je sors ma montre de la manche de ma veste imitation Armani. « Je vais te le donner, ne t'inquiète pas », lui dis-je alors qu'il s'éloigne. Puis, à Alejandro :

« Alors ?

– Heu, si ça se trouve je l'ai laissé là-bas… Il n'est pas dans les voitures.

– Très bien, lui dis-je en faisant la flic gentille. C'est vrai qu'on ne tourne que dans l'après-midi, tu auras donc le temps de retourner les chercher tranquillement.

– Mais il faudra plus deux *horas en todo* !

– Je suis désolée, on a besoin de ces spots…

– *Bueno*, j'y vais. »

Alejandro secoue la tête et se dirige vers une voiture.

« Euh, non, excuse-moi, *mon chéri*. Ferruccio a besoin de toi ici pour installer la première scène, celle des signes de Terre. Tu iras à la pause déjeuner.

– Mais… »

Je lève la main et savoure la pensée de mon pouce tourné vers le bas comme les empereurs romains lorsqu'ils décrétaient la mort d'un gladiateur. Est-ce que je m'en veux en le regardant s'éloigner, les épaules basses, dépité à l'idée qu'il ne pourra pas venir déjeuner avec toute l'équipe à la table d'hôtes ? Voyons voir… eh bien, pas le moins du monde.

Enfin seule, je savoure le calme de la rase campagne. Il fait au moins deux ou trois degrés de moins qu'en ville, l'air est pur, le soleil brille dans un ciel bleu, comme retouché par Photoshop.

J'inspire à pleins poumons. Parfois, la vie réserve des volte-face amusantes, me dis-je en m'étirant, puis je vérifie le coffre de ma voiture et le referme. Ensuite, je vais chercher les conducteurs et l'ordre du jour dans le sac en toile posé sur le siège passager.

Je pourrais finir par m'habituer à ce silence.

Silence que nous, citadins, n'avons aucun scrupule à briser.

« Vous pouvez toujours courir, je ne mettrai pas ces cornes sur ma tête !

– Qu'est-ce qui se passe encore ? »

Je lève les yeux vers le ciel pur et lumineux, et au même moment Marlin sort du château, enveloppée dans une magnifique robe de velours et de brocart. Ses yeux verts lancent des éclairs, tout comme ses cheveux cuivrés. « Je ne me laisserai pas filmer avec ces espèces de cornes ! » s'exclame-t-elle d'une voix suraiguë en se dirigeant tout droit vers la moto de laquelle Davide est en train de descendre.

Mon Dieu, qu'il est canon. Alejandro est objectivement beau et sculptural, alors que les traits de Davide, tout comme son physique, ne sont pas ceux d'un top model ; pourtant, il a un tel charme qu'à côté de lui, Alejandro a l'air d'un paysan.

Davide se masse la nuque, et mes tripes font des loopings. Je serre les dents et m'emploie à tenir le rôle que je me suis imposé. Ah non ! Je ne vacillerai pas devant son sourire en coin, son regard je-te-déshabille-des-yeux-mais-je-te-snobe-en-même-temps.

Notre altercation d'il y a quelques semaines avec Carlo m'a fait réfléchir sur la nécessité de changer de registre. Elle est révolue, l'époque où je me faisais mener par le bout du nez. J'ai grandi, j'ai changé, je suis déterminée et pleine de confiance. Bref, une version ALICE 2.0. Où AL signifie Arme Létale, et ICE Imperméable aux Chantages Émotionnels.

« Salut, Alice. »

Davide passe aussitôt à l'offensive, en me lançant un de ses regards magnétiques, mais la nouvelle Alice 2.0 m'impose de reculer d'un pas, pour lui montrer que je ne subis plus son charme. « Qu'est-ce que tu fais là ? »

C'est bien, Alice : détachée, professionnelle.

Cette fois, c'est lui qui détourne les yeux, sûrement intimidé par mon regard version Alice Revue et Corrigée. « Je connais les propriétaires du domaine », explique-t-il laconiquement en ouvrant son blouson de cuir.

Je ne suis pas étonnée qu'on ne m'ait rien dit. C'est toujours comme ça avec Davide, il faut lui tirer les vers du nez au forceps. Un véritable accouchement par le siège, que ce soit pour lui extorquer la liste des courses ou la formule alchimique de la pierre philosophale.

Non mais quelle plaie ce doit être, de vivre avec un mec pareil !

L'émission qu'on doit tourner aujourd'hui a un peu le charme démodé de *Jeux sans frontières*. Un de ces bons vieux jeux à prix où les concurrents, divisés en équipes, doivent disputer des épreuves de force, d'habileté et d'ingéniosité, en donnant si possible un piètre spectacle d'eux-mêmes et de l'humanité en général.

Pour créer cet esprit-là, nous avons séparé les représentants des signes du zodiaque en quatre équipes.

L'une des premières choses que j'ai apprises, en nouvelle adepte de l'astrologie, c'est que chacun des douze signes est présidé non seulement par une planète dominante, mais aussi par l'un des quatre éléments : Terre, Air, Feu et Eau. La Balance, par exemple, est un signe d'Air, ce qui veut dire qu'à l'instar des natifs des Gémeaux et du Verseau, elle est dominée par la sphère de l'intellect et de la créativité. Nous sommes des personnes curieuses, indépendantes et à l'esprit ouvert.

Ainsi, selon l'élément qui les influence, tous les concurrents devront concourir dans des épreuves correspondant plus ou moins à leur équipe, recevant des points en cas de victoire, ou les perdant en cas de défaite.

« Nous commencerons donc par la présentation de Tio, pour continuer avec le jeu des caméras », explique Carlo, qui donne des ordres sur le style de plans qu'il veut faire.

Tio, avec sa queue-de-cheval, son pantalon en daim et sa chemise échancrée a tout d'un des *Pirates des Caraïbes*, et il le sait.

« En garde », dit-il en soulevant une épée imaginaire et en m'attrapant par la taille, comme s'il voulait m'enlever.

« Ne fais pas l'idiot, va », lui dit Alice 2.0, qui essaie de rester sérieuse. J'avoue qu'avec lui, j'ai du mal. Voilà quelques jours qu'il dégage une charge énergétique difficile à réfréner.

Il me donne un baiser sur l'épaule et me laisse partir. « Ma chérie, envoie-les tous bouler et éclate-toi un peu plus. »

Facile à dire, ce n'est pas lui qui doit travailler avec Carlo, le négationniste des relations ; Alejandro, la braguette la plus rapide de l'Ouest ; et Davide, alias le Crabe, un pas en avant, un pas sur le côté. Je suis dépassée par les événements. C'est comme recevoir la visite des fantômes du passé, du présent et du futur simultanément.

« Quand vous aurez fini de roucouler, tous les deux, on va pouvoir commencer à courir, nous qui n'avons aucun sens des responsabilités », crie Carlo. À quelques pas de nous, il vient de finir de lacer ses tennis.

« Waouh, il y en a qui ont mangé du lion au petit déjeuner », fait Tio.

Je ne l'écoute pas et je réponds à Carlo en haussant le ton : « Oui : quand il s'agit de partir en courant, vous êtes toujours les premiers. »

Il me fusille du regard. L'épreuve consiste justement en une sorte de course que Carlo, les techniciens et les assistants devront suivre à distance rapprochée.

Évidemment, il ne s'agit pas d'une banale compétition de vitesse. Pour donner du piquant à l'ensemble, nous avons ajouté une chasse au trésor avec des épreuves comme le tir à l'arc, où un membre de l'équipe devra servir d'archer et monter sur un piédestal branlant, pendant que les deux autres lui montreront la trajectoire du tir.

S'agissant de l'épreuve qui privilégie l'élément Terre, les talents requis sont surtout la rationalité, la collaboration et le raisonnement. Théoriquement, les signes dominants de cet élément, le

Taureau, le Capricorne et la Vierge, auront un avantage. Surtout par rapport au Lion, au Sagittaire et au Bélier, signes de Feu qui, plus passionnés et despotiques, sont déjà en train de s'étriper pour savoir qui devra partir en premier et diriger l'équipe.

Les natifs de la Balance, des Gémeaux et du Verseau, signes d'Air, ont besoin de temps pour discuter de la stratégie, tandis que les signes d'Eau, le Cancer et les Poissons, menés par le Scorpion, ruminent chacun dans leur coin pour appréhender le parcours en se lançant des regards méfiants et des soupirs découragés.

Quand je rejoins Carlo pour le tournage, il m'entraîne à l'écart. « Tu vas arrêter, oui ? On dirait une fiancée jalouse. On est ici pour travailler, pas pour faire une partie de campagne.

– Non mais tu te prends pour qui ! dis-je en dégageant sa main. Au cas où tu ne serais pas au courant, j'ai engagé mon nom sur cette émission. C'est un peu mon bébé, tu vois. Moi, je sais très bien comment on termine ce qu'on a commencé. Je ne crois pas que tu puisses en dire autant. »

Il s'apprête à me répondre du tac au tac – j'en suis sûre car il bouillonne comme un volcan juste avant l'éruption –, mais je lève mon index pour lui demander de m'accorder un instant. Je sors mon portable qui vibre en clignotant.

Numéro masqué. Encore un call center qui me contacte pour m'annoncer que je suis l'heureuse gagnante d'une incroyable promotion. Je remets mon portable dans ma poche et sors le chronomètre pour lancer l'épreuve.

« En tout cas, arrête, reprend Carlo. C'est bien assez que tu aies demandé à Cristina de venir avec nous. Dans son état, elle ne devrait pas se stresser. Je ne sais pas comment elle s'est laissé convaincre.

– Ah, et c'est moi qui l'aurais convaincue de venir ? »

Je me demandais justement pourquoi il l'avait amenée. D'ailleurs, depuis qu'on est arrivés, elle me colle comme la glu.

En effet, dès que la course commence, elle se poste derrière moi en mode vautour.

« Tu sais que tu es la première personne que j'ai rencontrée à la chaîne ? me dit-elle soudain. Tu te souviens ? On s'est rencontrées le jour de mon entretien. Tu m'avais l'air si sûre de toi. Et tu as été si gentille. »

J'ai à peine le temps de lui accorder un sourire. Je porte ma main à mon casque pour lui faire comprendre que je ne peux pas l'écouter. J'ai du pain sur la planche, moi.

Je regarde le petit écran devant moi, sur lequel défilent les images que Carlo, Alejandro et les autres sont en train de tourner.

Mais derrière moi, Cristina est encore toute prise par son accès de nostalgie. « À l'époque, j'ai pensé qu'on deviendrait de grandes amies... »

Je soupire, essayant de l'ignorer, tandis que le Taureau passe en tête, scrupuleusement talonné par le Capricorne, qui serait prêt à vendre sa mère pour atteindre l'objectif, alors que la Vierge s'organise déjà pour l'étape suivante.

C'est tout à fait typique de la Vierge, ça, d'être toujours en avance, en lutte perpétuelle pour remettre de l'ordre dans le chaos.

Je me tourne un instant vers Cristina, car je me souviens que son anniversaire tombe le 6 septembre. Vierge. Ambitieuse et perfectionniste.

« Tout est de la faute de Carlo, bougonne-t-elle encore. Sans lui, toi et moi serions devenues bonnes amies. »

Elle a raison, au fond. Cette tête à claques et moi, il y a eu un moment où on s'est appréciées. Mais après, elle a fondu sur Carlo, et je suis devenue le cadavre indésirable dans le placard de son homme. Et elle, l'indésirable relation de mon meilleur ami. Bref, cette amitié était destinée à ne pas voir le jour.

Je me tourne à nouveau vers le jeu où l'équipe des signes d'Eau semble la plus en difficulté, encore embourbée dans la première manche et trop occupée à s'accuser mutuellement, plutôt que de communiquer. Il fallait s'y attendre : l'élément eau domine leur inconscient, ce qui rend les signes associés taciturnes et introspectifs… Traduction : asociaux et égocentriques.

Le Scorpion tonne et fulmine contre le natif des Poissons qui pleurniche et trouve du réconfort auprès du Cancer.

« Qui sait… », lui dis-je. Je ne peux pas laisser Cristina fissurer ma cuirasse, avec tous les efforts que je mets en œuvre avec Carlo, Alejandro et Davide.

Soudain, un sanglot me fait me retourner.

« Je suis si… si émotive…, pleure-t-elle en s'agrippant à mon bras. Le bébé… enfin, j'ai des sautes d'humeur en permanence, et j'ai des fixettes… je crois… je… je suis si fatiguée. »

Elle se masse le dos et je lui désigne une chaise pliante. « Assieds-toi, au moins. »

Elle acquiesce et s'installe en faisant la moue comme une gamine. « C'est surtout de ma faute. Je t'ai perçue comme une menace, Alice. Au fond, tu m'as toujours fait peur. Quand je me suis mise avec Carlo, toutes les collègues me disaient que je devais lâcher l'affaire parce que, même si vous n'étiez plus ensemble, il revenait toujours vers toi. Quelle idiote, d'être si jalouse, non ? Parce que tu n'es pas amoureuse de Carlo. Et parce qu'il va m'épouser. »

C'est vrai, j'aurais tout fait pour les séparer, parce que… parce que je suis bête et que j'avais pris leur relation – et surtout l'histoire de l'enfant – comme un affront personnel. Mais c'était une pensée absurde, stupide et égoïste, je l'admets. J'étais jalouse de ce que Carlo avait réussi à créer, mais ce n'est pas de sa faute, ni encore moins celle de Cristina, si de mon côté je suis tombée sur les mauvaises personnes.

En attendant, les signes de Feu sont remontés en deuxième position, en misant sur leur caractère fougueux. Pourtant, arrivés à l'épreuve du tir à l'arc, ils perdent les pédales et se querellent pour savoir qui doit monter sur l'estrade et décocher la flèche, au lieu d'essayer de stabiliser le piédestal et de collaborer pour viser juste.

« Ne t'inquiète pas, dis-je à Cristina. Je ne t'en veux pas.

– J'ai toujours su que tu étais une chouette fille. Que… que tu ne t'immiscerais jamais entre Carlo et moi, sachant en plus qu'il va avoir un enfant. Qui oserait faire une chose pareille, hein ? »

Je la regarde dans les yeux encore une fois et j'y lis une supplique. Alors, je comprends tout. Elle a beau avoir l'air calme et inébranlable, en bonne Vierge qu'elle est, Cristina est tout le contraire : elle est hantée par la crainte de voir son univers s'écrouler. En réalité, ce qu'elle essaie de m'avouer, c'est qu'elle nous soupçonne, Carlo et moi, de sortir encore ensemble derrière son dos.

Je la vois caresser son ventre rebondi et soupirer, assise là, toute seule, sur l'unique petite chaise de la pelouse, pendant que tous les autres sont pris par le jeu.

Les cris de jubilation des signes d'Air me font comprendre qu'ils sont en train de remonter le classement : ils avaient sacrément perdu du temps parce que le natif des Gémeaux traçait des plans à n'en plus finir sur le terrain, le Verseau contestait et la Balance essayait de faire le médiateur. Mais à présent, on dirait que leurs efforts n'ont pas été vains, et leur stratégie leur permet de dépasser les signes de Feu, qui sont malheureusement encore en train de se disputer l'arc.

Et si j'étais à la place de Cristina ? Comment je réagirais ? Je suis presque au seuil de cet âge où je pourrais, au mieux, devenir une tata attentionnée. Mais quelle angoisse si j'avais eu des enfants avec Carlo, le roi de l'Inconstance.

Je voudrais aller le voir et le secouer une bonne fois pour toutes. Je voudrais lui dire qu'il est temps de grandir. Lui rappeler qu'on ne met pas au monde des enfants comme on crache des noyaux de cerise, en jouant à qui lancera le plus loin.

En attendant, les quatre groupes sont presque arrivés au but et se disputent la clé à la fin du parcours, en fourrageant comme des forcenés dans la boue. Ils éclaboussent Alejandro, accroupi là pour filmer. Lorsqu'une projection lui coule de l'œil aux lèvres, je le vois se raidir et retenir une grimace.

Amusant.

« Carlo est uniquement préoccupé par l'avenir, dis-je en m'adressant à Cristina. C'est son premier enfant à lui aussi, et il voudrait lui offrir le monde entier, tout comme à toi. Mais tu sais que c'est la crise et… bref, c'est une énorme source de stress pour lui. Essaie d'être un peu patiente. »

Au sifflement final de la course, son « merci » se confond avec les cris de joie de l'équipe des signes d'Air et les gémissements d'Alejandro, barbouillé de boue des pieds à la tête.

Raffaella accourt vers lui avec un paquet de mouchoirs en papier, mais il l'écarte d'un geste pour se diriger vers moi. « Et maintenant, *como* je fais ? me crie-t-il, hors de lui. *No tengo nada* pour me changer. »

Je le regarde, l'innocence incarnée. « Eh bien, tu pourrais enlever ton tee-shirt… comme tu sais si bien le faire. »

23

La dernière croisade des Gémeaux

Je trouve Tio sur la route devant le portail, en train de faire de grands gestes vers une Alfa Romeo qui arrive en dérapant sur le gravier.

Je le rejoins et lui demande : « On attendait quelqu'un d'autre ? »

Il replace derrière son oreille une mèche échappée de sa queue-de-cheval. « Andrea », lance-t-il, à moitié pour moi et à moitié pour le conducteur de la voiture, qui freine à côté de nous et baisse sa vitre.

Andrea Magni relève ses lunettes de soleil pour nous dire bonjour.

« Entre par ici, lui explique Tio. Tu peux te garer à côté de nos voitures.

– Qu'est-ce qu'Andrea Magni fait ici ? »

Je suis éberluée. S'il a signé un contrat de collaboration avec nous il y a quelques jours, sa présence n'était pas prévue aujourd'hui.

« Il tenait une conférence près d'ici ce matin, et je lui ai proposé de nous rejoindre pour déjeuner », dit Tio.

Ce plateau de tournage est un vrai moulin. D'abord Cristina, et maintenant Magni. Hum. Ses manières vieillottes ne détonnent pas avec les grandes pelouses à l'anglaise du lieu.

Moi, je voulais parler de Carlo à Tio, qui court maintenant vers

Andrea. Celui-ci descend de sa voiture et étire ses longs bras en les relevant au-dessus de sa tête.

« Attends, Tio ! »

Il ralentit et me sourit.

« J'espérais te parler avant la pause déjeuner.

– Je t'écoute », me dit-il.

Andrea nous attend à une cinquantaine de mètres.

« Voilà… » Je ne suis déjà pas certaine qu'il soit très *fair play* de révéler à un tiers les problèmes de Carlo et de Cristina, et je n'ai vraiment aucune envie d'en parler devant un type qui pourrait les transformer en équations mathématiques. « J'ai un problème éthique…, dis-je en le retenant par le bras. Que ferais-tu si tu avais toujours pensé bien connaître une personne, si tu l'avais toujours aimée – comme ami, hein ! –, mais que tu venais de découvrir que son comportement, n'est… disons… *pas net*… Tu as toujours cru que ton ami allait dans une direction, qu'il avait fait ses choix, mais tu viens de découvrir que ce n'est pas le cas. » Je regarde Andrea, qui s'approche de nous. J'accélère le débit car je ne veux pas qu'il nous rejoigne au milieu de la discussion. « Bref, tu as beau l'aimer, tu ne peux vraiment pas accepter ce comportement et tu ne sais pas si tu as raison d'en parler à d'autres, qui pourraient changer d'attitude à son égard en apprenant qui il est réellement. »

Ouf, ça fait du bien. J'ai bien fait de rester dans le vague, afin de respecter l'intimité de Cristina et de Carlo.

Mais quand je me retourne, j'aperçois Tio arrêté quelques pas en arrière. Son beau sourire s'est figé et ses yeux sont devenus deux fentes, comme les meurtrières de ce château médiéval qui est un vrai souk depuis notre arrivée.

« Alors ?

– Alors, je trouve ça assez hypocrite de ta part.

– Pardon ?

– Tu devrais essayer de comprendre ton ami, au lieu de le juger. Tu crois détenir le sceptre de la justice et de la vérité ? Qui es-tu pour juger les sentiments des autres ? Il ne t'en a peut-être jamais parlé ouvertement parce qu'il avait peur de ne pas être compris et que tu le rejettes. Ce qui aurait vraiment été bien pire pour lui que de continuer à garder son secret, mais bien protégé par ton amitié. »

Je le regarde, stupéfaite, puis je me tourne un instant vers Magni, qui a dû comprendre que quelque chose n'allait pas et s'est arrêté à mi-chemin.

Que veut-il dire ? Je suis tellement abasourdie par son attaque inattendue que je reste bouche bée, comme un poisson asphyxié.

Andrea essaie d'intercepter Tio en lui mettant la main sur le bras, mais celui-ci l'écarte brutalement et continue sa route.

Je voudrais le suivre pour essayer d'éclaircir la situation, mais un hurlement glaçant me fait courir comme une forcenée vers le bois.

« Il a le vertige, le pauvre, commente Raffaella en caressant le dos d'Alejandro, qui halète, agrippé aux brins d'herbe des deux mains.

– Il doit juste suivre le mouvement des concurrents sur la poulie », explique Carlo.

Constatant qu'il ne s'est rien passé de grave, je ralentis.

« *Es culpa tuya* ! me crie Alejandro. Ta faute et celle de cette *maldita* émission ! J'ai déjà dû mettre ça », dit-il en montrant le pantalon moulant à carreaux que je lui ai donné pour remplacer le sien, plein de boue. « Je ne me ferai pas attacher sur ce truc suspendu dans le vide ! »

J'observe le ravin au-dessus duquel nous sommes en train de monter la scénographie pour le jeu des signes d'Air. « Je suis désolée, Alejandro, mais c'est ton boulot, lui dis-je sans ciller.

– En plus, tu es en totale sécurité, ajoute Mara, l'assistante de *Mal d'amour* que j'ai sollicitée aujourd'hui pour être mon assistante. Tu imagines peut-être que le président pourrait se permettre le scandale d'un décès sur le tournage ? »

Alejandro n'a l'air nullement consolé par nos paroles, et son teint olivâtre vire au gris sombre.

Un moment après, chacun se met à donner son avis sur le sujet. Carlo, en tant que metteur en scène-réalisateur ; Raffaella, en tant qu'ange gardien fashion victim peu crédible ; Mara, caustique et froidement concentrée sur son travail ; Marlin, caustique et froidement concentrée sur elle-même.

Je ne cesse de penser à Tio : où est-il allé se fourrer ? Pourquoi a-t-il aussi mal réagi ?

Je repense alors à ce que m'a dit Karin, concernant Tio : « Il a l'air de beaucoup t'apprécier. » Je repense aussi aux insinuations de ma mère, à toute l'affection qu'il me prodigue, ainsi qu'à son acharnement à me chercher un petit ami pour mieux démonter ensuite toutes mes attentes en affirmant que je fais fausse route.

L'espace d'un instant, j'ai l'impression d'entendre la voix de Paola.

Soit dit en passant, quand j'ai des révélations judicieuses, j'entends toujours la voix de Paola en écho, vous voyez, comme un guide spirituel ou un animal totem.

Mais au fond, c'est toujours ma propre voix, camouflée derrière celle de Paola, qui résonne et m'apporte cette illumination : *Tio est amoureux de toi, Alice.*

Oh, bon sang. Et maintenant ?

Si Tio est vraiment amoureux de moi, ça se corse. Ça se corse terriblement.

J'en prends conscience en mettant le pied dans le vestibule du château. Quelqu'un se tient debout devant le tableau d'un gentilhomme coiffé d'une grande perruque.

On pourrait se croire dans un film en costumes, du genre *Orgueil et Préjugés*, avec Mr Darcy occupé à contempler le portrait d'un aïeul, tandis qu'Elizabeth Bennet entre dans la pièce par erreur, interrompant ses rêveries. Sauf que les gants qu'il tient derrière son dos sont des gants de motard, et qu'il porte un jean noir décousu très *bad boy*.

Décidément, on est loin de Jane Austen : mon téléphone s'est remis à vibrer.

Agacée, je réponds au numéro inconnu de tout à l'heure. « Allô ? »

Davide se retourne brusquement et, sous le coup de la surprise, il fait tomber un de ses gants par terre.

« Allô. Alice ? C'est Karin qui m'a donné votre numéro. Je suis un ami... », bourdonne la voix inopportune.

Je ne l'écoute pas et mets fin à la conversation sans détacher mes yeux de ceux de Davide.

Après tout, on ne peut pas entretenir une conversation téléphonique polie tout en étant en proie au syndrome de Stendhal. Et je ne parle pas du tableau au mur.

Il y a quelque chose de bizarre dans l'air. Davide est bizarre. Une fois de plus. Je dirais que c'est de l'étonnement, ou peut-être de l'inquiétude, voire de la mélancolie. Les trois sommets du triangle des Bermudes qui m'attirent vers lui.

Néanmoins, comme toujours, il me regarde, sur le qui-vive, sans souffler mot.

« La formule, *T*octeur Jones, lui dis-je, complètement surexcitée. *T*onnez-moi la formule et *f*ous pourrez aller en paix », puis j'éclate de rire comme une gourde. « Excuse-moi, mais tu avais l'air si sérieux, d'un seul coup ! Tu t'es tourné vers moi et tu as pâli comme si tu avais vu un fantôme.

– Moi ? Ah, eh bien... En fait, j'étais justement en train d'imaginer la même scène.

– Que j'allais parodier *Indiana Jones et la dernière croisade* ?

– Que tu allais entrer par cette porte.

– Oh... » Je souris sans trop savoir pourquoi. « Tu es vraiment bizarre. Est-ce qu'on te l'a déjà dit ?

– Constamment. Et à toi ?

– Constamment. Je pensais même le faire mentionner sur ma carte d'identité. »

Nous éclatons de rire.

« Tu vois pourquoi je ne peux pas me passer de toi ? dit-il soudain. Tu es si brillante. Si belle, sympa, intelligente… »

OK. Stop. Arrêtez tout. Troublée, moi ? C'est peu dire.

« Je voulais te dire que j'espérais que tu arrives parce que je dois te parler. »

Je lui souris. « Je t'écoute. »

Il passe la langue sur ses lèvres, les mordille un instant… Le système d'Alice 2.0 se met alors à buguer totalement, les fichiers de mise à jour se désactivent pour laisser place à la bonne vieille version, plus hésitante et vulnérable que jamais.

Voilà pourquoi je dois éclaircir la situation avec Tio.

Même si, par malchance, il avait le béguin pour moi, comme je crains que ce soit le cas, je ne peux simplement pas, non, je ne peux pas… Tout comme j'étais aux antipodes d'Andrea, d'Alejandro ou de Carlo, Tio et moi ça ne peut pas coller.

Et pas à cause de nos horoscopes incompatibles, de nos signes, de nos ascendants ou autres planètes capricieuses qui se sont mises en travers de nos destins le jour de notre naissance.

Mais parce que je suis amoureuse d'un autre homme.

Tout me semble clair comme de l'eau de roche. Je suis amoureuse de Davide.

Et je crève de trouille.

Je me rends compte que j'aime sentir vibrer sa force sous son apparence tranquille. J'aime tout ce qu'il regarde, car ses yeux sont enveloppants et tellement intenses. J'aime chaque mot qu'il prononce, avec sa voix si moelleusement veloutée, comme une caresse intime entre lui et moi.

« Quel con ! éclate-t-il.

– Pardon ? » Sa voix peut se faire moins caressante, avouons-le. « C'était ça, la grande révélation ? »

Mais ma réplique ne parvient pas à atténuer sa mauvaise humeur, et il me prend la main. « J'ai eu tort. Qu'est-ce que j'avais en tête, putain ? » Tout en m'entraînant vers la porte, je l'entends répéter (d'une voix toujours caressante mais déterminée) : « Quel con, quel con, mais quel con !

– Tu veux bien t'arrêter deux secondes ? On ne peut pas s'en aller. *Je* ne peux pas m'en aller. Je dois travailler. Je dois trouver Tio… »

Bien que j'aie une folle envie de partir avec lui, de monter sur sa moto et de me serrer fort contre son dos, je ne peux pas quitter le tournage ni abandonner Tio comme ça, sans avoir d'abord réglé la situation, ou du moins essayé.

Mais Davide est sourd à mes justifications. Il attache son casque presque fiévreusement, en fuyant soigneusement mon regard, puis il ouvre le coffre de sa moto, d'où il sort un deuxième casque qu'il me flanque sur la tête. « Attends, je vais te le mettre, la boucle est un peu rouillée, dit-il en farfouillant avec ses doigts sous mon menton. Il faut que je te parle, Alice. Mais je dois le faire loin d'ici. Et tout de suite. S'il te plaît, viens avec moi. Maintenant. »

Son regard exerce sur moi un pouvoir terrible. Un véritable tsunami émotionnel. Je ne sais plus très bien ce qui est logique ou juste, ce que j'éprouve et désire.

Alors j'accepte.

Il me regarde à nouveau dans les yeux, terriblement sérieux, en inspirant très profondément comme pour se donner du courage. Au moment d'enfiler ses gants, il se rend compte qu'il lui en manque un.

« Attends, il est tombé dans le vestibule, je l'ai vu. » Je cours vers la porte et le casque fait osciller ma tête comme ces petits chiens en peluche sur la plage arrière des voitures. Mes oreilles bourdonnent et le battement de mon cœur résonne au rythme de ma respiration.

Victorieuse, je ressors en agitant le gant, mais Davide n'est plus tout seul.

J'ai à nouveau la vision de ses fesses magnifiques, mais cette fois je ne m'y attarde pas, car mon regard est attiré par la femme qui est apparue à ses côtés. Elle vient tout juste de garer, pour ainsi dire, le cheval dont elle vient de descendre à côté de la moto de Davide.

Quel couple étrange, une moto et un cheval. De même que le rapprochement entre elle, tout éthérée dans un ensemble beige d'amazone, et Davide, en total look *black*.

Je la regarde, inspirée par une réflexion soudaine sur la cruauté de la vie.

On a beau faire tous les efforts possibles, l'élégance reste une grâce innée. J'en suis un exemple éclatant : j'ai beau porter un faux tailleur Armani, je me trimballe comme Goldorak avec un casque sur la tête qui me déforme les joues et ne me donne sûrement pas l'air plus intelligente. Alors qu'elle, elle revient d'une balade au grand air, elle a galopé dans les bois, avec le vent dans les cheveux, les branches dans la figure et la sueur chevaline sous les fesses. Nous, le commun des mortels, nous aurions au minimum notre chemise maculée de taches aux formes évocatrices, les cheveux en pétard et le visage horriblement écarlate. Elle, rien. Pas une seule altération de ses fonctions vitales. Une sorte de créature supraterrestre.

Je voudrais retirer ce truc de ma tête, afin de me sentir un peu moins idiote et déphasée, mais la boucle ne veut pas s'ouvrir. Je compte sur Davide, sinon il faudra appeler les accessoiristes.

Lorsque je les rejoins, Davide m'ignore. Pour tout dire, il fixe le sol, avant de lever les yeux sur l'autre femme. « Barbara, je te présente Alice… Alice Bassi. Une collègue. Hum, celle qui a inventé l'émission, en vérité. Alice, je te présente Barbara Buchneim-Wessler Ricci Pastori… Qui nous a gentiment ouvert les portes de son domaine aujourd'hui.

– Enchantée, madame Bu-ka-inen… » Impossible de ne pas trébucher sur son nom. Le cheval ne hennit pas, c'est déjà bon signe. « Si vous êtes la propriétaire de ce magnifique domaine, félicitations.

– C'est moi qui suis ravie de rencontrer une collègue de Davide. »

On dirait Grace Kelly dans ces vieux films où, même au réveil, les héroïnes portent déjà leur rouge à lèvres sans une seule bavure. Quand elle me serre la main, ses yeux se posent sur Davide, et ses lèvres dévoilent une rangée de dents étincelantes comme des icebergs.

Est-ce à cause de son nom ? On ne peut pas s'appeler Blucher-Trucmuche et ne pas se balader comme si on avait un balai dans le cul. J'essaie d'imaginer ce que ça ferait, de me présenter avec un nom de ce genre : Enchantée, Alice Fritztrucbidulemachin… Bref, de quoi reprendre son souffle pendant au moins cinq bonnes minutes.

OhMyGod, je la déteste. Elle est trop parfaite. En la regardant, je prends conscience de mon teint brouillé, de mes cheveux collés sous mon casque infâme, de l'ampoule sur le pouce de mon gros orteil gauche, de mes épaules que je devrais m'efforcer de redresser. Comment peut-on rivaliser avec Barbie Frau Blucher-Fritz-Ricca ? Et ce regard qu'elle lance à Davide, tout en lui posant la main sur le bras, avec la grâce d'une geisha occupée à arranger un ikebana. Elle devrait prendre garde à ses petites mains pleines de doigts, si elle veut les garder intacts.

« Vous vous connaissiez déjà, alors, dis-je en l'imitant et en posant ma main sur le bras de Davide.

– Oh, eh bien… oui. Nous nous connaissons depuis un bon moment… »

Elle lui sourit et glisse son bras sous le sien, comme pour bien insister sur leur intimité.

« Oh, vraiment ? »

Je me rapproche de lui, et elle m'imite à son tour.

« J'ai travaillé avec le mari de Barbara avant d'être embauché par Love Angeles », intervient Davide, qui fait un pas vers sa moto, nous laissant derrière toutes les deux.

Oh, ça alors !

Son MARI.

Votre honneur, veuillez noter que le mot « mari » a été prononcé et entendu distinctement par moi-même. « Vraiment ? Mais c'est formidable ! » dis-je en souriant à l'adresse de Grace Kelly. Il est insupportablement mesquin de détester une personne en raison de sa beauté, de son élégance, de sa richesse et de son nom imprononçable. Qui suis-je pour la juger ? « C'est chouette que vous soyez restés en contact hors du contexte professionnel. Tu avais dû faire du bon travail, à coup sûr.

– Du très bon travail. Il m'a beaucoup soutenue dans une période assez difficile », répond Barbara avec affection.

Il se racle la gorge. « Barbara a été très aimable de nous proposer de venir tourner chez elle.

– Oui, tu l'as déjà dit.

– Oh, ce fut avec grand plaisir, intervient-elle. Quand Davide me l'a demandé, j'ai été plus qu'heureuse de l'aider. Mais c'était tout à fait intéressé, puisque ces derniers temps, je le vois trop rarement. Le travail l'accapare complètement. À propos, comment va Flash ?

– Il va bien. Il a l'air heureux dans sa nouvelle maison. »

Cette allusion à Flash sonne bizarrement à mes oreilles. De toute évidence, quelque chose m'échappe.

Soudain, toute la troupe afflue vers la maison dans un joyeux charivari pour rejoindre voitures et fourgons afin d'aller déjeuner.

Alejandro me lance un regard plein de rancœur en imaginant sûrement la multitude de bons produits bio qui nous attendent à la table d'hôtes. Raffaella lui tape sur l'épaule puis lui remet un sac avec des sandwiches, qu'il laisse tomber sur la banquette arrière de la Peugeot. Celle qu'il va conduire pour rentrer au siège chercher le fameux sac des spots.

De loin, Mara me lance un regard complice, puis s'approche d'eux, attirant l'attention d'Alejandro sur le planning de travail de l'après-midi. Enfin, elle s'éloigne en leur compagnie.

J'enlève à contrecœur ma main du bras de Davide. Même si

cela me coûte de perdre du terrain, j'ai du travail à terminer. Notre mini-fugue attendra, tout comme ce qu'il s'apprêtait à me dire.

Alors que je me faufile entre les voitures garées, j'aperçois Cristina en train d'errer comme une âme en peine en se massant l'estomac.

« Tout va bien ? lui dis-je lorsqu'elle me rejoint près de la Peugeot.

– Tu parles, si je vais bien…, répond-elle avec son regard d'agneau sacrificiel. Je…

– Quoi ?

– J'ai envie de vomir ! »

Oh, merde ! Elle se plie en deux, retenant à grand peine un haut-le-cœur ; j'ouvre en hâte la portière de la voiture, attrape un sac en plastique sur le siège arrière et le lui mets sous le nez. C'était moins une.

« Excuse-moi, me dit-elle, c'est dégoûtant.

– Ce n'est rien. En fait, tout bien réfléchi… merci de tout cœur. »

Tandis qu'elle s'éloigne pour se rincer les mains et la bouche à la fontaine, je referme le sac et le jette à nouveau sur le siège arrière. Puis je tente à nouveau de dénouer mon casque, mais j'arrive seulement à me casser un ongle.

« Quelque chose ne va pas ? me demande Carlo.

– C'est à elle que tu devrais le demander », lui dis-je en faisant un signe en direction de Cristina, qui s'est assise au bord de la vasque et y tient plongées ses mains jusqu'aux poignets. « Elle est très fatiguée.

– Elle aurait dû rester à la maison.

– Elle voulait être près de toi. »

Carlo se mord les lèvres et regarde sa montre. « On a bien avancé ce matin, mais on ne doit pas se laisser distraire. »

Je le regarde, puis je regarde Cristina. Ce sera un miracle si elle arrive à avaler un morceau. « Enlève-moi ce truc », dis-je en désignant mon casque.

Carlo manœuvre avec ses doigts sous mon menton.

Songeuse, tournant mon regard vers Cristina, j'ajoute : « Tu as raison sur une chose. Nous ne devons pas nous laisser distraire. »

Il comprend mon allusion et s'interrompt dans sa tentative de me libérer.

« Allez, détache-le, lui dis-je pour l'encourager.

– Je n'y arrive pas et, de toute façon, tu ne mérites pas que je te rende service. Au lieu de remuer le couteau dans la plaie, tu pourrais t'occuper de ton Golden Boy et aller le repêcher là où il s'est planqué !

– Tio ? » Je ne raconterai sûrement pas à Carlo que je me suis disputée avec lui, même si, à la base, c'est de sa faute. « Andrea Magni est arrivé. Ils doivent être en train de discuter quelque part.

– Je ne crois pas. Andrea est là. »

Je suis son regard et aperçois Magni adossé contre un arbre, bras croisés, l'air tourmenté.

Carlo me regarde puis détourne les yeux vers Davide et Barbara en ébauchant un petit sourire. « Nous ne devons pas nous laisser distraire... »

Inutile de l'envoyer paître, Carlo connaît très bien la route. Je m'éloigne donc, en faisant un vague geste de la main, et me dirige vers Andrea Magni.

Lorsqu'il m'aperçoit, il se redresse avec un sourire forcé. Quelque chose le perturbe et il n'arrive pas à le cacher.

« Excuse-moi, Andrea, tu sais où je pourrais trouver Tio... Tiziano ? » dis-je tout en essayant une fois de plus d'ouvrir la boucle de mon casque. Mais je ne réussis qu'à la resserrer encore plus.

Magni a perdu son air de grande asperge aimable et me regarde d'un air grincheux. « Nous nous trouvions dans les environs du site sur lequel vous tournez actuellement, lorsqu'il a exprimé le besoin de rester seul, répond-il sèchement.

– Ah, je comprends… »

Je le quitte aussitôt après avec un signe de tête qui, avec ce casque, doit lui paraître exagéré, et je m'enfonce dans les fourrés. Je me demande comment renouer le dialogue avec Tio sans le blesser davantage. Disons pas plus que nécessaire.

Mais bon sang, ça ne va pas être facile. Je sais bien à quel point on peut souffrir par amour. Quand Alejandro m'a larguée, j'ai parfois eu envie de mourir.

Mon Dieu. Je m'arrête juste un instant pour rassembler mes idées.

Le plateau de tournage en cours de préparation donne sur un ravin d'au moins quinze mètres de hauteur.

Et s'il lui venait des idées folles ?

Voyons, Alice, ne commence pas à verser dans le mélo.

Histoire de me rassurer, une fois devant le ravin, je me penche un peu pour regarder tout en bas. Quel vertige ! Ma tête oscille en avant sous le poids du casque, et mon estomac se serre.

« J'éviterais, si j'étais toi. Surtout avec le casque », me prévient une voix dans mon dos.

Puis quelqu'un m'attrape par les bras.

« Tu es vivant ! »

Je me retourne et m'affale contre Tio, me heurtant contre son torse comme un joueur de rugby.

« Oui… pour le moment ! » Il ne me prend pas dans ses bras et, après quelques instants de résistance, il m'écarte de lui. « Qu'est-ce que tu fais ici ? » me demande-t-il d'un air boudeur.

Essayant de contourner le sujet, je bredouille : « D'abord… on… on ne va pas tarder à aller déjeuner.

– Je n'ai pas faim.

– Allez, s'il te plaît.

– Non, je n'irai pas avec toi. »

Mon Dieu, comme je le déteste quand il fait des caprices

comme un gosse. « Ce ne serait pas la première fois que tu déjeunerais avec moi. S'il te plaît, il faut qu'on parle.

– Je ne crois pas, vraiment.

– Laisse-moi au moins d'expliquer. Je comprends ce que tu éprouves, mais… c'est une erreur. Et si je suis là, c'est parce que je tiens à toi, et que je veux qu'on trouve une solution ensemble. »

Il défait et refait sa queue-de-cheval, avec des gestes nerveux. « Alice, laissons tomber. Comme ça personne ne souffrira dans cette histoire. Moi, je pensais que je pouvais t'en parler. Au fond, peut-être que ça m'a toujours paru difficile parce que je sentais que tu ne comprendrais pas. » Il lance quelques cailloux qui dévalent le ravin en bondissant. « Le problème, c'est que je tiens beaucoup à toi, et que je ne voulais plus te mentir pour rester proche de toi. Paola aussi m'a conseillé plusieurs fois de t'en parler, mais…

– Paola ? »

Tio acquiesce. « Elle a tout de suite compris. Mais je lui ai demandé de garder ça pour elle. »

Ah c'est du joli, les petites connivences dans le dos d'Alice. Certes, Paola a dû se retrouver coincée, vu qu'elle lui avait juré de ne rien dire, mais ne pouvait-elle pas me lancer des signaux ? Qu'est-ce que j'en sais, moi, faire semblant d'oublier une note explicative sur le fauteuil quand je suis chez elle, tambouriner le message avec ses doigts sur la table en morse…

« Je suis désolée, dis-je à mi-voix. J'aurais voulu que les choses restent comme elles étaient.

– Moi aussi, j'aurais bien voulu. Mais arrive toujours le moment où il est impossible de continuer de cacher la vérité. Et crois-moi, pour moi c'est très difficile, je ne l'ai jamais dit à personne avant aujourd'hui… Entre nous, Alice… Avec toi, c'est différent. Enfin, *c'était* différent.

– Tio, s'il te plaît, essaie de comprendre. Pour moi non plus ce n'est pas facile. Je n'ai jamais rien soupçonné. Si j'avais pu au moins m'y préparer un peu, en avance, je ne sais pas, moi… » Je secoue la tête : avec ce truc sur la tête, c'est l'otite assurée. « Je ne voulais pas, je ne voulais vraiment pas en arriver là. J'ai eu quelques doutes, peut-être, mais sûrement qu'au fond de moi, je ne voulais pas voir les choses en face. Tio, je suis certaine qu'en ton for intérieur, tu sais bien que c'est impossible. Je sais que ça te blesse, mais je ne peux pas… je ne peux pas accepter.

– Andrea me l'avait bien dit, que je devais me méfier ! Putain, on est au vingt et unième siècle ou pas ? »

Je suis bouche bée. Ah, Andrea aussi était au courant, c'est nouveau ! Bon, qui d'autre alors ? Mes parents ? La femme de ménage ? « C'est quoi, le rapport avec Andrea ? Tu sais très bien qu'on ne peut pas influer sur certaines choses. Ce n'est pas plus différent aujourd'hui qu'au Moyen Âge…

– Ah, bravo, merci ! s'exclame-t-il en se passant la main dans les cheveux. J'ai une grande nouvelle à t'annoncer : le monde a évolué. C'est toi qui raisonnes comme une vieille bigote. »

Je le regarde fixement, ébahie. « Moi, bigote ? » *Eh oui, et il t'a même traitée de vieille*, me suggère la voix de Paola (celle de l'écho) dans mon for intérieur. « J'essaie juste d'avoir un minimum de morale ! » Voilà, je ne voulais pas le blesser, mais à présent, je m'en tape.

Je suis peut-être vieille, mais encore assez agile pour lui filer un coup de pied dans le tibia.

De toute évidence, c'est en train de dégénérer.

Tandis qu'il me tient par les poignets pour tenter de m'éloigner de lui, il me lance : « C'est ta façon de résoudre les choses, hein ? Pas étonnant, en bon primate que tu es. D'un autre côté, qu'est-ce que je pouvais attendre d'une fille qui qualifie de pas nets les sentiments d'un ami et menace de répéter aux autres ce qu'elle sait pour qu'il soit rejeté. »

Mon second coup de pied frappe dans le vide. Le troisième aussi. Et le quatrième. Tio est plutôt costaud et j'ai mal aux poignets. « Alors, d'après toi, je n'ai pas raison d'essayer de défendre une femme enceinte ? » Furieuse, je ne peux m'empêcher de crier.

« Je n'ai pas raison de me mettre en rogne si Carlo n'en a rien à foutre de rien et veut flinguer son mariage ? Vas-y, donne-lui raison, après tout, tu es un homme toi aussi. Tu crois vraiment qu'un homme peut tomber amoureux d'une autre cinq mois à peine avant son mariage ? Je suis trop vieux jeu, je suis trop mesquine d'avoir de telles idées ? Si ça veut dire piétiner les autres, alors ça ne m'intéresse pas d'être moderne. Je suis désolée de te blesser dans tes sentiments… mais moi, j'ai compris quels sont les miens, Tio. Et je ne peux pas… je ne peux pas t'aimer. Pour moi, tu es un ami, un vrai, mais je n'ai rien à t'offrir de plus. Peut-être que nos horoscopes s'accordent merveilleusement bien, mais… » Je n'arrive plus à respirer, les mots débordent de ma bouche comme les larmes de mes yeux. Je ne vois plus rien, je ne sens plus rien, avec ce maudit truc qui, je le crains, m'accompagnera dans la tombe.

« Arrête. Ça suffit, Alice ! Ça suffit ! »

Ses mains tapent sur le casque, produisant un bruit sourd qui résonne dans ma tête.

Quand je rouvre les yeux, je me retrouve nez à nez avec lui.

Ses doigts traficotent la boucle maléfique et, au bout de quelques tentatives, ils parviennent à l'ouvrir.

Enfin libre. Dès qu'il m'enlève le casque de la tête, j'ai l'impression de respirer à nouveau, et mes oreilles se débouchent comme à la sortie d'un avion. J'ai même l'impression d'entendre la mer.

Tio prend mon visage entre ses mains et esquisse un sourire. Il me regarde dans les yeux, et les siens sont bleus, clairs, sincères comme jamais. « Alice, je suis gay. »

Le bruit de la mer dans les oreilles tout juste débouchées peut parfois provoquer des hallucinations auditives. « Pardon ?

– Je suis gay. C'est ce que j'essaie de te dire depuis une demi-heure. Ça fait un moment que je pensais t'en parler. Notamment quand tu es venue me voir, tout à l'heure. Mais après, tu t'es mise à déblatérer tous ces trucs sur les gens pas nets, en disant que tu ne pouvais pas accepter…

– Je parlais de Carlo.

– Je sais. Maintenant, je sais. » Il soupire et lève les yeux au ciel. Pas un nuage. « Je suis gay », répète-t-il, doucement, comme s'il le disait aussi pour lui-même, absorbant les mots au plus profond de son être. « C'est ce que je voulais te dire. » Il hausse les épaules et me regarde encore. « Je ne sais pas ce que tu en penses, mais ne t'inquiète pas si tu n'es pas amoureuse de moi. Moi non plus je ne le suis pas. Mais je t'aime de tout mon cœur, grosse bête.

– Oh, Tio, lui dis-je entre mes larmes qui, cette fois, sont des larmes de joie. Moi non plus je ne suis pas amoureuse de toi. »

Nous ne sommes pas amoureux l'un de l'autre. Hourra !

Mais nous nous étreignons de toutes nos forces.

Tio est allé se changer avant d'aller déjeuner, et sur le parking, à côté de ma voiture, il n'est resté que la petite utilitaire de Mara qui m'attend, assise sur le capot, bras croisés sur la poitrine.

En me voyant, elle se redresse et glisse une main dans sa poche. « Tiens, Nardi m'a demandé de te donner ça avant de s'en aller. »

Je fronce les sourcils et attrape le petit mot plié en quatre, gribouillé hâtivement au stylo.

Alice, je serai de retour au bureau mardi. Je passerai te chercher le soir même à huit heures.

Je me demande pourquoi il ne m'a pas envoyé un texto.

« Tout va bien ? » me demande Mara.

Je sais qu'elle ne l'a pas lu. Davide lui a remis le billet parce qu'elle lui a semblé la plus fiable de tous. Et à raison.

Ces dernières semaines, j'ai eu l'occasion de mieux la connaître et d'apprécier à la fois son travail et ses qualités personnelles. Nous nous sommes découvert de nombreux points communs, hormis le flirt désormais terminé avec Alejandro ; nous sommes toutes les deux Balance, notamment. Apprendre ce détail l'a rendue chère à mes yeux, presque comme une sœur. Même si elle est ascendant Scorpion et que toutes ses planètes, dans son thème astral, sont à la place idéale pour en faire une dure à cuire.

En effet, Mara est par certains côtés proche de ce que je suis, sauf qu'elle a vu la lumière au bout du tunnel.

Pensive, je murmure : « Oui, tout va bien… »

Elle s'étire, les bras dans le dos, tout en faisant le tour de la voiture jusqu'au coffre. « Tu l'as jeté, le déjeuner d'Alejandro ? » me demande-t-elle en mettant les clés dans la serrure du coffre.

Je replie la feuille et la fourre dans ma poche. « J'ai fait mieux. »

Puis je souris en pensant au moment où le bel Espagnol glissera la main dans le sac de sandwiches et y trouvera la « garniture » que Cristina m'a gentiment offerte. Ah, comme je voudrais avoir installé une caméra espion dans sa voiture !

Mara ouvre le coffre. « Et ça, qu'est-ce qu'on en fait, maintenant ? »

Le voici, le sac numéro 4, celui qui contient les spots que cherchait Ferruccio. Je soupire, en regardant ma montre. « Attendons encore un peu. Il doit être juste sur l'autoroute. » Je prends l'une des poignées du sac. Elle saisit l'autre, et nous le soulevons pour l'emporter dans le hangar où nous avons installé tout le matériel. « On l'appelle dans dix minutes, on lui dit qu'on l'a trouvé et qu'il doit faire demi-tour. »

Une fois la porte refermée, nous apercevons Tio qui vient vers nous. Nous lui sourions. Innocentes… Comme Thelma et Louise.

SCORPION

L'homme Scorpion doit son énorme succès aux romans à l'eau de rose. Beau, ténébreux et taiseux, très taiseux, le Scorpion incarne exactement l'idéal du héros capable de torturer l'héroïne pendant toute l'intrigue, avant de tout résoudre par une déclaration d'amour chuchotée et un haussement de sourcils. Pour réussir à rester à ses côtés, vous devrez être une maîtresse de *Télé 7 Jeux*, car son côté obscur rendrait envieux Dark Vador. Mais même en ayant pris vos précautions, préparez-vous à un avenir jalonné d'interminables séances chez le psy, car son passe-temps favori consistera à vous transformer en larve humaine sous son emprise.

24

Le mystère de la rose jaune

Les gourous aussi ont leurs défauts, et Paola, *my personal* gourou, me dépasse clairement en matière de shopping.

Oui, car Giacomo et elle s'aiment et se respectent tellement que jamais, au grand jamais, Paola ne lui infligerait un après-midi de lèche-vitrines. C'est donc à moi de l'accompagner. Il prétexte une allergie à un soi-disant produit vaporisé sur les vitrines, notamment sur celles des magasins de fringues. Du coup, maintenant, ils font même leurs courses en ligne.

Mais la pauvre, elle subit régulièrement des crises d'abstinence (elle a le numéro de sa carte de crédit inscrit dans son ADN) et me téléphone en murmurant dans le combiné, d'une voix presque méconnaissable, genre espionne russe : « Tu es prise cet après-midi ? Je n'en peux plus de rester enfermée à la maison. C'est bien beau, la maternité, mais… j'ai déposé Sandrino chez ma mère, on va faire un tour sur le corso Buenos Aires ? »

Par une heureuse coïncidence, bien qu'on soit mardi, c'est aujourd'hui mon jour de congé. Nous nous fixons donc rendez-vous.

Et voilà le résultat. Ça fait trois quarts d'heure que je fais le pied de grue dans un magasin de bijoux fantaisie. Et que je passe au crible des boucles d'oreilles. *Toutes* les boucles d'oreilles.

« Paola… »

J'essaie de la rappeler à l'ordre en tambourinant sur une étagère.

Elle se retourne avec un sourire radieux, les yeux étincelants.

« Tu préfères celles-ci, pendantes avec les brillants bleus, ou celles-ci, avec les brillants bleus et pendantes ? »

Je fais semblant d'étudier les modèles, en véritable spécialiste des pierres précieuses. « Hummm… les deux paires sont très belles, mais celles-ci sont peut-être plus lumineuses. »

Elle me regarde d'un air suspicieux, puis se mire dans la glace. « Je ne sais pas… Sinon, celles-là sont peut-être mieux ? » Elle en sort une troisième paire, cette fois rouge feu et sans pendants.

« Celles-ci. Celles-ci, c'est tout à fait ton genre. »

Mais mon conseil tombe à plat, car elle se remet à farfouiller sur les étagères.

Par instinct de survie, je me mets à examiner les bracelets. Je dois absolument mettre fin à ce supplice. Il doit bien y avoir un moyen de l'endormir, quitte à devoir la charger sur mes épaules pour la ramener chez elle.

Non pas que je déteste faire du shopping, mais aujourd'hui mes heures sont comptées.

Sauf que Paola n'est pas au courant.

« Excusez-moi… »

La vendeuse me tend une embuscade derrière le miroir.

« D'accord, je vais y jeter un coup d'œil, merci. » Je suis toujours très agacée par l'ingérence des commerçants. Elle nous a demandé tout à l'heure si nous avions besoin d'aide. La deuxième fois, pour moi, c'est déjà du harcèlement.

« Bien sûr. Ah, un monsieur est entré tout à l'heure… et il a laissé cinquante euros pour vous, à dépenser selon votre bon plaisir. »

Je regarde autour de moi, ne sachant plus si je cherche mon mystérieux admirateur ou les caméras cachées.

« Oh, il est parti tout de suite après, m'explique la jeune vendeuse. Mais tenez. » Elle sort le billet et me le montre. Il est écrit dessus : *Rejoins-moi, je suis au bar d'en face.*

Mon cœur bondit dans ma poitrine, car je pense aussitôt à Davide. Pour confirmer cette hypothèse, je sors le message qu'il m'a laissé au château (et que je garde jalousement dans mon portefeuille). Non, les calligraphies ne pourraient pas être plus différentes. D'un côté, j'en suis heureuse. Laisser cinquante euros de bon d'achat… euh, c'est assez vulgaire. Même si le geste se veut gentil, c'est trop. Parfaitement déplacé.

Je soupire tristement, tandis que la jeune vendeuse jubile dans son coin. Comment lui donner tort, puisqu'elle vient d'être catapultée directement dans l'univers d'*Un amour à New York* ?

Je braque mon regard en direction du bar, mais la vitrine est en verre fumé et ne permet d'entrevoir que des ombres. Dehors, aux tables de la terrasse, je ne vois qu'un petit couple dérangé par un vendeur de roses.

De roses…

« À quoi ressemblait-il ? Pourriez-vous me le décrire ? » dis-je avec l'impression que tout mon sang reflue vers mes joues.

Et si c'était un autre admirateur secret ? Voyons voir. Combien y a-t-il de probabilités qu'il ne s'agisse pas du fou à la rose jaune ? Au fond, on ne peut pas avoir plus d'un harceleur à la fois, non ?

« Voyons… pas très grand, dans la moyenne, je dirais, commence la vendeuse. Cheveux de longueur moyenne, corpulence moyenne, les yeux…

– Dans la moyenne, dis-je pour l'aider.

– Qui ça ? demande Paola en s'approchant de nous, les mains pleines de breloques.

– Un type qui nous a laissé cinquante euros à dépenser ici », dis-je en lui lançant un regard éloquent, car je ne veux pas évoquer *my personal* harceleur dans ce magasin.

Mais elle ne saisit pas, et ses yeux se mettent à briller. « Waouh ! Vraiment ? » et elle se passe la langue sur les lèvres.

Tout en jetant le butin de Paola sur la caisse, je lui demande :

« Âge ? Qu'en avez-vous pensé ? Un type bien ? » Puis j'ajoute : « Nous prenons ceux-là.

– Je ne saurais pas vous dire. Normal. Un peu furtif, peut-être.

– Ça, j'imagine.

– Et d'après vous, de quel signe il était ? » demande Paola ironiquement, pendant que je l'entraîne dehors en murmurant :

« Idiote. Viens vite.

– Hé, doucement… J'ai mal aux pieds.

– Ah, tu te rappelles donc que tu es humaine. Après dix kilomètres de vitrines, ce n'est pas si mal. »

J'entre brusquement dans le bar en ouvrant la porte en grand comme les cow-boys dans les saloons. Mais à l'intérieur, pas un chat. « Excusez-moi, dis-je en m'approchant du comptoir. Nous avons rendez-vous ici avec un homme… un homme que nous ne connaissons pas. »

Le type à la caisse, un Vin Diesel tout en muscles et tatouages, me regarde d'un air bizarre. Il me toise d'abord, puis scrute attentivement Paola. Il s'arrête sur la poitrine de mon amie, trois fois plus opulente que la mienne. « Ah, vraiment ? Toutes les deux ? » dit-il en haussant un sourcil.

Je le foudroie du regard.

« Écoutez, est-ce qu'un homme est entré récemment tout seul dans votre bar, oui ou non ? »

– Euh, oui, en effet. Il y a quelques minutes, un homme est entré et a commandé un café. Mais il n'avait pas l'air d'attendre quelqu'un. Il l'a bu et il est parti. »

Nous sortons et courons jusqu'à l'angle de la rue, dans l'espoir de le retrouver. « On l'a perdu », dis-je amèrement à Paola.

Il y a pas mal de gens autour de nous, et mon bienfaiteur pourrait être n'importe qui.

Je regarde d'un air soupçonneux quelques hommes dans la moyenne qui passent à côté de nous.

« Ouais, me fait Paola en s'arrêtant et en se massant un pied, appuyée contre le mur. Tu ne voudrais pas te détendre un peu ?

Il s'est peut-être rendu compte qu'il avait fait une bêtise et il s'est ravisé. Tu ne peux quand même pas courir derrière chaque homme qui te montre un peu d'intérêt !

– Mais tu n'as rien compris, Paola ! »

Je la regarde, agacée et plutôt étonnée que le shopping lui fasse l'effet de la kryptonite, en émoussant sa perspicacité naturelle. Puis je lui explique que notre banquier mystère n'est sûrement pas le Petit Prince de la colline de *Candy*, mais beaucoup plus simplement l'Homme aux Roses Jaunes.

« Oh, putain ! »

Pour lui faire sortir un gros mot, à Paola, il faut que ça vienne de loin, d'un profond chamboulement intérieur.

Vu l'état de choc dans lequel nous nous trouvons toutes les deux, la seule solution qui s'impose est de nous réfugier dans une boutique de lingerie. Nous reprenons notre souffle parmi de rassurantes culottes en dentelle et soutiens-gorge à balconnets. Le maléfice de l'admirateur inconnu laisse alors le champ libre à d'autres questions existentielles, bien plus décisives.

« String ou tanga ? »

Je crois vraiment qu'un nouvel ensemble serait le moyen de débuter la soirée avec Davide sous les meilleurs auspices.

Non pas que je veuille en arriver là, mais on ne sait jamais…

« Est-ce que tu n'avais pas dit, après Alejandro, que tu n'achèterais plus rien de sexy jusqu'au prochain petit ami bien *établi* ? »

Merde, elle a retrouvé la mémoire ! « Oh, regarde cette guêpière bleue ! Elle va rendre fou Giacomo, je parie ! »

Elle s'empare de la guêpière comme mue par une commande subliminale. Elle caresse l'incrustation de dentelles sur le corset rembourré. Elle vacille, cligne des yeux et me regarde. « Est-ce que tu me caches quelque chose ? »

Je gagne la cabine à toute vitesse. « Du genre que mon meilleur ami est gay et que ma supposée meilleure amie le savait très bien et ne m'a rien dit, ce qui a entraîné une série de quiproquos rocambolesques ? » Je me cache dans la cabine d'essayage dont je tire sèchement le rideau.

La vérité, c'est que je n'ai dit à personne que je sors avec Davide ce soir. Ni elle ni Tio ne sont au courant. Et je n'ai aucune intention de cracher le morceau.

Je ne sais pas trop pourquoi, je veux peut-être simplement savourer cette histoire toute seule, la garder précieusement juste pour moi. Je ne veux entendre ni avis, ni jugements, ni conseils… Je veux que nous soyons seuls, lui et moi.

J'entends Paola soupirer de l'autre côté. « Je t'ai déjà dit que je suis désolée. Je continue de penser que ça le regarde et que, s'il voulait t'en parler, comme il l'a d'ailleurs fait, c'était à lui de décider quand. »

J'ouvre le rideau pour lui montrer le premier ensemble de lingerie.

Elle me scrute des pieds à la tête. « Tu viens de t'épiler ? » demande-t-elle, sourcils froncés.

Je lève les yeux au plafond. « Oui, ça m'arrive aussi de temps en temps, Paola », dis-je en retournant dans la cabine tout en massant mes cuisses encore irritées. Je pourrais peut-être passer une crème adoucissante, il ne faudrait pas que mes petits vaisseaux soient encore visibles ce soir. Il ne se passera rien, mais c'est juste par précaution.

« Humm… Qu'est-ce que tu aurais pensé de moi si j'étais venue te raconter les histoires de quelqu'un d'autre ? » me demande Paola de l'autre côté de la cabine.

Cette fois, je passe la tête à travers le rideau. « Paola, nous sommes des femmes. On se raconte *toujours* les histoires des autres, c'est inévitable. Comme de respirer. » Je lui montre la deuxième version de mon ensemble.

« Très sexy. Ça te va bien. » Et elle entérine son appréciation par un signe de la tête. « Maintenant, dis-moi un peu, Miss Cinquante Nuances de Grimpette au Rideau : avec qui as-tu rendez-vous ce soir ? »

Je fais la sourde oreille et, tout en me rhabillant, je réfléchis activement à un mensonge plausible. « Pourquoi, si on s'épile, ça veut forcément dire qu'on a un rendez-vous ? Je m'aime et je prends soin de moi, pour me faire plaisir.

– Bien sûr, et moi, demain je dois aller dîner avec Brad Pitt. »

Je fais la grimace en passant devant elle pour aller payer.

« Giacomo et Angelina ne vont pas trop apprécier.

– Alice, je ne m'occupe pas de tes affaires pour le plaisir. C'est juste que je ne veux pas me faire du souci pour toi toute la soirée, t'imaginer dehors, à la merci du premier briseur de cœurs venu.

– Et ça te rassurerait, de connaître son nom ? Sache que je n'ai aucun rencard ce soir. Tu veux tout savoir ? Je me suis épilée parce que je dois aller chez la gynéco. Tu es contente ? »

Elle me regarde de travers. « Laisse-moi deviner, et ton brushing, tu l'as fait pour aller passer une IRM du cerveau ? »

OK. Je n'envie pas Sandrino quand il devra se justifier d'avoir découché. J'attrape ses mains et la regarde dans les yeux. « Je ne t'en veux pas de ne m'avoir rien dit pour Tio. Certes, ça m'aurait épargné pas mal d'ennuis, mais je comprends que tu avais les meilleures intentions du monde. » Arrive la partie la plus délicate. « Mais là, je veux faire les choses toute seule. Il est… il est trop important pour moi et je ne veux pas tout gâcher en me faisant des films par avance. Je veux profiter de la soirée. Tâter le terrain. Bref, voler de mes propres ailes. »

Au bout de quelques secondes de perplexité, Paola me prend dans ses bras, dans un bruissement de cintres en plastique et de rembourrages brodés. « Oh, ma chérie, je suis tellement fière de toi ! Sois prudente, ça me suffira. »

Bon sang, je suis mal partie si ma meilleure amie s'inquiète pour moi comme si j'étais une gamine de huit ans. Certes, elle est Cancer, l'*anticipationite aiguë* est donc congénitale chez elle. Mais je ne voudrais pas qu'elle éclate en sanglots comme dans une crise de baby blues.

Je souris à la vendeuse et sors nonchalamment ma carte de crédit, sous le regard tendre et fier de mon amie.

« Un moment. »

La vendeuse nous rappelle une fois que nous avons passé la porte. Je soulève alors mon sac vers elle, pensant qu'elle a oublié d'enlever l'antivol.

« Quand vous étiez à l'étage, un monsieur est entré, et il m'a demandé de vous donner ceci », me dit la fille en sortant de sous le comptoir trois magnifiques roses jaunes.

25

Fais-moi mal, mais couvre-moi de Lions

Si je m'étais imaginé que la soirée allait se dérouler sans encombre, eh bien je me fourrais le doigt dans l'œil.

Sur son petit mot, Davide avait indiqué vingt heures, et me voilà assise au bord du canapé, mon sac à main sur les genoux, depuis plus de vingt minutes. Les yeux rivés sur le téléviseur. Qui, je viens de m'en apercevoir, est éteint.

Je regarde mon portable, désespérément silencieux.

J'inspecte une fois de plus ma tenue dans le miroir de ma chambre tout en envisageant la possibilité de l'appeler. Dois-je le faire, oui ou non ? Ah non, quelle horreur ! Il comprendrait alors que je suis chez moi, et que je n'attends que lui. Mieux vaudrait lui laisser croire que moi aussi, en tant que femme très demandée, et surtout sentimentalement indépendante, j'avais oublié notre rendez-vous.

En sortant sur le balcon pour arroser les plantes – troisième fois en une demi-heure –, je jette un coup d'œil dans la rue et l'aperçois enfin.

Il s'est garé en double file de l'autre côté de la rue et fait la navette entre sa voiture et l'entrée de mon immeuble. La première fois, je me dis qu'il a oublié un truc, car il rouvre la portière et monte dans sa voiture. La deuxième fois, il a dû oublier de la fermer à clé, parce qu'il reste immobile en tenant la poignée. Mais la troisième fois, il s'arrête à mi-chemin. Qu'est-ce qu'il fabrique, bon sang ?

Je le vois qui reste planté au milieu de la rue, jusqu'à ce qu'une voiture le klaxonne. Alors il se gratte la tête et lève les yeux. J'ai juste le temps de me cacher entre le basilic chétif et ce qui reste d'une tentative désespérée de sauge en pot.

J'aurais pu lui faire un signe et l'obliger ainsi à cesser ses manœuvres absurdes. Mais jamais je ne me serais montrée à la fenêtre comme la maîtresse du lieutenant français qui attend sur la falaise. D'ailleurs, j'avoue éprouver une certaine curiosité : qu'est-ce qu'il trafique, à la fin ?

Entre deux feuilles de basilic, je le vois sortir son portable. Lorsque le mien se met à sonner, je rampe en mode commando jusqu'à la porte-fenêtre pour aller le récupérer sur la table du salon.

« Allô ?

– Allô… Alice ? »

Je ne reconnais pas la voix dans le téléphone. Ce n'est pas Davide. Je me hasarde à pencher la tête derrière le rideau et l'aperçois toujours en bas de chez moi, lui aussi au téléphone. Qui a bien pu l'appeler ? Pourquoi ne vient-il pas sonner ?

« Qui est à l'appareil ?

– Je… c'est Daniele, je suis l'ami de Karin. Je suis Poissons, ascendant Vierge.

– Pardon ? » Karin a dû me prendre au mot quand je lui ai demandé de se renseigner d'abord sur les caractéristiques astrologiques de ce mec. « Oh, parfait. »

Et maintenant ? Par la fenêtre, je vois Davide faire les cent pas, téléphone vissé à l'oreille. Il essaie peut-être de m'appeler et ça sonne occupé.

« Et toi ? demande Daniele, Poissons ascendant Vierge.

– Moi quoi ?

– Euh, ton signe…

– Balance. »

Pendant ce temps, dans la rue, Davide lève les yeux vers ma fenêtre. « Écoute, Daniele, excuse-moi, mais j'ai une urgence.

– Oh, c'est ce que tu m'as déjà dit dimanche.

– Hum, je sais. Excuse-moi. Ma vie est assez compliquée. On se rappelle demain ? »

L'interphone retentit enfin.

« Alice, tu es chez toi ? »

Quelle question ! « Oui, bien sûr », dis-je sur un ton volontairement léger. Brouiller les pistes. Toujours brouiller les pistes. « Tu es arrivé ? » (Autant suivre le rythme, puisqu'on joue à qui posera la question la plus conne.)

Un temps. Comme si la communication avait été coupée. Puis un soupir. « Oui. Je suis en bas. »

Son baiser sur la joue est expéditif, mais au moment de traverser la rue pour rejoindre sa voiture, Davide place sa main dans mon dos en tendant le bras comme s'il voulait arrêter le trafic et me servir de bouclier. C'est bizarre, mais ce petit geste m'apaise profondément et compense l'air distrait qu'il me semble lire sur son visage. Kevin Costner n'aurait pas pu se montrer plus protecteur. Lorsque je lève les yeux sur lui, un instant avant qu'il ne referme la portière, moi aussi je pense, comme Whitney, *I will always love you…*

Nous nous garons près des jardins de Porta Venezia. C'est une des premières soirées vraiment chaudes de la saison. En se promenant entre les étangs et les parterres de fleurs, on ne se croirait pas à Milan.

Nous flânons sans but. J'ai l'impression d'être sur un petit nuage.

Pour la première fois, Davide parle librement. « Je me rends compte que j'ai toujours été un peu distant. Mais tu sais, je préfère analyser les situations en amont, comprendre quelles peuvent être les conséquences de mes actions. Ça m'a beaucoup aidé professionnellement, d'ailleurs. Un bon raisonnement, c'est un meilleur contrôle des situations. »

En effet, c'est ce qui me plaît chez lui, entre autres : sentir qu'il est concret, solide, protecteur. Lorsqu'il a pris une décision, il n'est pas du genre à hésiter ou à changer brusquement d'avis.

Je le regarde à la dérobée, et je me demande toujours de quel signe il pourrait être, à quoi ressemble son thème astral… et s'il est compatible avec le mien.

La question me brûle les lèvres, mais je me censure.

Pourquoi ?

Parce que, encore une fois, de même que je n'ai rien voulu dire à Paola, j'ai décidé qu'avec lui, pas question d'entendre parler des signes du zodiaque, des planètes et tout le tralala.

« J'ai toujours pensé que ce qui fait de nous des êtres humains, ce qui nous différencie des animaux, c'est qu'on sait réagir face à nos instincts. Nous avons la capacité de raisonner devant un choix qui se présente, continue-t-il.

– Je suis d'accord avec toi. Le raisonnement aide à bien cadrer les choses. Mais au fond, ce sont les sentiments qui nous complètent et nous font sentir vraiment vivants », lui dis-je pour essayer de l'encourager.

Après tout, pour un homme qui se contrôle autant que lui, qui a dû être gravement blessé en amour, ce ne doit pas être évident d'avouer ses émotions et de s'embarquer dans la nouveauté.

« Oui, oui… Mais les choses ne sont jamais simples. Les circonstances extérieures rendent souvent tout très compliqué. Voire impossible. »

Pas impossible, bon sang ! Je comprends que mon poste soit en jeu et que sa mission soit en conflit d'intérêts avec ce qu'il ressent, mais je ne laisserai pas Love Angeles, le Présidentissime et toute la clique me gâcher la vie. « On a beau renier ce qu'on ressent et se comporter comme si de rien n'était, on n'anéantit pas un sentiment en le refoulant. »

Un vélo nous frôle et instinctivement, Davide m'entoure la taille de son bras. La chaleur de ses doigts me brûle la peau à travers mes vêtements, remonte dans mon ventre et se propage dans mon corps. Je veux que ses mains caressent mon corps tout entier. L'espace d'un instant, j'ai peur de l'avoir dit à haute voix, car il me regarde d'un air gêné.

Il ôte sa main de mon dos. Alors je l'arrête, sans détacher mes yeux des siens. Nos doigts s'entremêlent.

« Ne fais pas ça », murmure-t-il.

C'est presque imperceptible, mais nous sommes très proches.

« Ça, quoi ? »

J'essaie de le provoquer en avançant d'un pas.

La pointe de sa langue humidifie ses lèvres, mais soudain, il recule. « Qu'est-ce que c'est que ça ? » me demande-t-il en changeant brusquement de sujet.

Je me retourne à peine. « Le Planétarium.

– Oh !... Ça te branche d'y aller ? Ça pourrait nous être utile pour l'émission. »

Encore et toujours l'émission.

Mais il n'a pas retiré sa main de la mienne.

Nous nous asseyons sur les bancs du fond, tandis que les lumières s'éteignent doucement et que les gens font silence sur une musique douce.

« Davide, vraiment, je ne te comprends pas... », dis-je en chuchotant, tandis que la conférence commence.

Sa main serre la mienne encore plus fort. « C'est magnifique », murmure-t-il. Je vois son profil se lever vers la coupole parsemée d'étoiles filantes et de planètes innombrables.

La main de Davide sursaute et me transmet le frisson qui la parcourt.

« ... ce qu'on appelle les étoiles filantes ne sont pas, en réalité, de véritables étoiles. On les dénomme les Perséides et elles ne sont que poussières qui s'enflamment sous l'effet de la vitesse, comme lorsqu'on allume une allumette, explique le conférencier. Alors certes, il est très romantique de faire un vœu quand on en voit une, mais personnellement, je ne connais personne qui ait été exaucé. Vous en verrez un grand nombre ici, au Planétarium, et vous pourrez toujours tenter de faire des vœux. »

Je me tourne à nouveau vers Davide. Je voudrais lui dire qu'il est mon seul vœu, mais je ne trouve pas les mots.

Nous sommes plongés dans un monde magique reproduisant le ciel, qui se meut autour de nous au rythme tranquille de la musique.

« Les signes du zodiaque et la soi-disant astrologie ne veulent pas dire grand-chose non plus, poursuit le conférencier. Les constellations sont dessinées par l'homme selon une représentation en deux dimensions, mais si nous regardons le ciel selon une autre perspective, nous voyons à quel point les figures changent géométriquement. En fait, des étoiles très éloignées les unes des autres ont été incluses dans les mêmes constellations… »

À côté de moi, Davide rit sous cape. « Andrea n'a pas encore sorti ces arguments à Tio.

– Heu… je crois qu'il lui en a sorti d'autres.

– Lesquels ?

– Oh, rien… Il y aurait tant de choses à dire contre l'astrologie… À y regarder de plus près, elle n'est pas si fiable que ça.

– Tu as changé d'avis ? Et dire que je commençais presque à y croire. Tu vois, moi je suis Lion. »

OhMyGod. Ce n'est pas possible. J'ai dû rêver. Il n'a pas réellement prononcé ces mots.

Juste au moment où j'avais décidé de ne plus en entendre parler.

Bouche-toi les oreilles, me dis-je. *Bla-bla-bla. Je ne veux pas écouter. Je ne veux rien savoir.*

« 22 août 1978, 11 heures 20 du matin. Et je dois dire que depuis qu'on travaille à ton émission, j'ai trouvé quelques correspondances, du moins à propos du caractère. »

Il l'a dit. J'ai beau m'efforcer d'oublier, ma petite voix intérieure continue de me répéter obsessionnellement sa date de naissance.

« Toujours au sujet des constellations des signes du zodiaque, continue le conférencier, une petite précision doit être apportée, qui sape tout le système sur lequel se basent les soi-disant astrologues : les étoiles ne sont pas fixes et les constellations se transforment. Très doucement il est vrai, comme les fragments de verre d'un kaléidoscope. Ainsi, le ciel tel que nous le voyons maintenant n'est pas identique à celui d'il y a deux mille ans. »

Sur la coupole du Planétarium apparaît une flèche qui désigne les mouvements des constellations du zodiaque. Elle montre à quel point celles-ci ne coïncident plus avec celles d'autrefois, à l'époque où l'astrologie a été inventée.

« Nous pourrions tous avoir un signe de secours, si j'ai bien compris. Si celui qui est défini par notre horoscope ne nous plaît pas, alors nous pouvons en choisir un autre, me dit Davide à l'oreille en souriant.

– Foutaises », lui dis-je sèchement pour essayer de faire taire cette petite voix qui me répète obsessionnellement sa date de naissance.

22 août 1978, 11 heures 20.

J'essaie de me changer les idées en regardant le ciel du Planétarium. Davide aussi semble plus détendu que tout à l'heure.

À un moment donné, afin de mieux observer la constellation d'Orion, nous devons nous pencher en avant (c'est celle qui est juste au-dessus de nous, et de nos bancs, nous risquons de ne pas la voir). Nous finissons par nous accroupir par terre.

« Quel délice ce serait de pouvoir observer le ciel comme ça, dis-je. Pourquoi pas à la montagne, où la nuit est tellement profonde.

– Oui, quel délice ce serait », souligne-t-il, et je l'entends soupirer.

Je rassemble mon courage et, sous le prétexte de mieux voir les étoiles, je m'allonge et pose ma tête sur ses genoux.

Sa main écarte doucement une mèche de cheveux de mes lèvres, avec une caresse. « Quel délice ce serait, dit-il encore. Si seulement c'était possible. »

Comme tous les rêves, la magie du Planétarium ne dure pas éternellement. Les lumières se rallument au meilleur moment, ce qui nous met extrêmement mal à l'aise. Je me relève et quitte à regret le confortable refuge de ses genoux. Davide lâche ma main.

En sortant dans le flot des visiteurs qui, comme nous (mais où étaient-ils donc ?), ont assisté à la conférence, nous sommes redevenus distants. Il rallume son portable et s'éloigne dans un coin pour passer un coup de fil.

« Oui... non, excuse-moi, ça ne captait pas... », dit-il. Je lui souris, mais il me tourne le dos. « En fait je suis dehors... »

Je le regarde. Puis je regarde mon téléphone éteint.

22 août 1978, 11 heures 20.

Et si Paola avait essayé de me joindre ? Vu son état d'inquiétude cet après-midi, on ne sait jamais. Je dois le rallumer. Il le faut. Ce n'est pas une excuse. Je le jure.

Je découvre que j'ai reçu un message. Il n'est pas de Paola, mais de Tio.

Tout va bien ?

Voilà. C'est peut-être un signe.

Oui, j'ai dit que je ne devrais pas le faire... mais Davide est toujours occupé à discuter au téléphone. Et je suis là, toute seule, obsédée par les coïncidences du destin.

Même si j'ai affirmé qu'on ne peut pas se fier aux horoscopes, Tio a toujours été très perspicace concernant les mecs avec qui je suis sortie, en bien ou en mal. Il doit donc bien y avoir un fond de vérité.

Je lève de nouveau les yeux sur Davide. « ... avec des amis », explique-t-il à son interlocuteur mystère.

Je me sentirais peut-être plus rassurée si je savais qu'il existe un espoir, non ? Je vivrais cette soirée plus sereinement.

Pour tout dire, je me sens aussi un peu coupable de n'avoir rien dit à Tio. Il pourrait croire à une vengeance mesquine de ma part, à cause de son silence au sujet d'Andrea. C'est donc l'occasion parfaite pour me rattraper.

J'écris un message à la hâte. *22 août 1978, 11 heures 20.* Ça y est, je l'ai envoyé. Sans un commentaire, sans un nom. De toute façon, je sais que Tio comprendra immédiatement.

« Ça te dit d'aller manger un morceau ? me propose Davide en rangeant son portable. Excuse-moi, c'était important », ajoute-t-il en faisant allusion à son appel.

Disons-le franchement : la soirée est parfaite.

En marchant dans les ruelles du quartier Isola, avec ses petits bistrots feutrés à l'ancienne, qui rappellent parfois Paris, nous nous sommes retrouvés dans un bar où nous avons commandé des verres de vin et une planche de charcuterie. Davide me sourit. Il me regarde dans les yeux et me pose mille et une questions sur ma vie. Lorsque le serveur s'approche et allume une bougie à notre table, en disant : « Et hop, une petite touche de romantisme », je lui souris d'un air entendu. Mais Davide se recule et croise les bras sur sa poitrine.

« Hum, merci », dit-il. Une fois que le serveur s'est éloigné, il m'observe avec un brin de soupçon. « J'ai presque l'impression que tout cela n'est pas réel, murmure-t-il.

– Tu crois ? »

Qu'il pense comme moi, qu'il vive ce moment comme une exception, c'est vraiment beaucoup plus que ce que j'aurais osé espérer.

OhMyGod, il reste la deuxième partie de soirée… Et là, hors de question de me contenter de rêves et de chandelles. Mais pour l'instant, cela me suffit. Tout se passe bien, comme jamais auparavant entre nous deux. Ni avec aucun autre homme de mon passé, d'ailleurs.

C'est parce que tu es amoureuse, Alice (me dit l'écho de Paola).

Et parce que… parce que *c'est le bon.*

Je ferme les yeux, essayant de percevoir en moi une petite sonnerie intérieure, une prise de conscience subite, un déplacement de l'axe terrestre, un signal révélateur du moment historique que je suis en train de vivre.

Mon estomac gargouille.

« Je suis heureuse que tu m'aies proposé cette soirée, dis-je précipitamment pour couvrir ce bruit intempestif. En fait, j'y pensais depuis longtemps, même si, après ce que tu m'as dit la semaine dernière au bureau, je pensais avoir mal compris. » Je souris d'un air hésitant, en quête d'un mot rassurant.

Davide se mord les lèvres, et lui aussi a une expression un peu égarée lorsqu'il me prend la main. « Écoute, Alice… »

Voilà : je sais enfin ce qui se passe quand on a rencontré *le bon* et qu'il va faire sa déclaration. Pas un tsunami ni un tremblement de terre, mais tout simplement une chanson. Elle commence tout en douceur, tandis que le regard de Davide me donne des frissons.

Now, I've had the time of my life.

Patrick Swayze était vraiment canon dans ce film.

No, I never felt this way before.

En face de moi, Davide n'ouvre pas la bouche, évidemment trop submergé lui aussi par l'émotion pour parler.

Yes I swear, it's the truth and I owe it all to you.

Je me demande s'il entend la même chanson que moi pour sceller ce moment inoubliable.

« Alice…

– Oui…

– Je crois que… que ton portable sonne. »

Je jette un œil à mon sac à main. Merde. J'avais oublié que j'avais mis la bande originale de *Dirty Dancing* comme sonnerie pour les appels de Tio.

Son nom et sa photo apparaissent sur l'écran.

La musique est si forte que plusieurs personnes attablées près de nous se sont retournées vers moi avec un air de reproche.

Je m'empare de mon téléphone et coupe l'appel. Pardon, Tio, mais ce n'est pas du tout le moment.

« Tu ne réponds pas ? me demande Davide, perplexe.

– Mais non, mais non… ce n'est rien d'important. »

Bon sang, bien sûr que ce n'est rien d'important ! Dans l'ordre de mes priorités, bien peu de choses pourraient advenir avant la déclaration de l'homme de ma vie.

« Nous disions ? »

Now I've had the time of my life…

Ça n'arrive jamais à Julia Roberts, ce genre de contretemps.

« C'est peut-être urgent », insiste Davide, et il lâche ma main, puis s'adosse à sa chaise pour siroter une gorgée de vin.

Non, non, non ! Tio, tu n'as pas vu que sur mon horoscope du jour, il était écrit NE PAS DÉRANGER ?

J'espère de tout cœur que c'est d'une importance capitale.

Je me force à sourire à Davide sans perdre mon aplomb. « Allô ?

– Pars. Immédiatement. Va-t'en. D'Ici. Tout de Suite.

– Comment ça ?

– Tu m'as entendu ? Alice, trouve une excuse. Dis au revoir. Dis merci. Et va-t'en.

– Mais… » Je lève les yeux vers Davide. Il est là, en face de moi, en train de tripoter son verre de nebbiolo d'un air rêveur. « Je ne peux pas.

– Alice, écoute-moi bien. » À l'autre bout du fil, Tio adopte le même ton que les flics quand ils essaient de vous convaincre de ne pas sauter du pont. « Quel qu'il soit, cet homme a du charme à revendre, je l'admets. Mais il est terriblement dangereux pour toi. Tu as compris ? *Terriblement.* »

Aucun doute là-dessus, car l'effet qu'il produit sur moi rien qu'à le regarder un millième de seconde a la puissance d'un 38 tonnes. « J'ai compris, mais c'est non, lui dis-je, têtue.

– Est-ce que je me suis déjà trompé à ton sujet ? Ma chérie, écoute-moi. Avant toutes choses, le Lion est le signe le plus égocentrique de tout le zodiaque. » Il s'est mis à parler à toute allure, par peur que je ne lui raccroche au nez (ce que j'envisage de faire). « En plus, la Vierge gouverne le thème de ce mec, elle le cadre et exalte son charme, ce qui le rend encore plus déterminé. S'il s'est mis en tête de te conquérir, il le fera.

– Exactement. Le sujet est clos.

– Non, non, non, écoute-moi ! Justement parce qu'il adore être au centre de l'attention, il a un cœur d'artichaut et il fait preuve d'inconstance. Et ce n'est pas seulement son signe qui le dit, mais aussi son thème astral : il a Mercure en Lion et Vénus en Balance, ce qui rend difficile toute stabilité dans sa vie amoureuse.

– Euh, attends, moi aussi j'ai… » Je baisse la voix, et pour que Davide ne m'entende pas, je mets une main devant ma bouche. « Moi aussi j'ai Vénus en Balance. Et alors ?

– Ma chérie, justement, tu as vu avec combien de personnes tu es sortie dernièrement ? »

Je jure que je vais l'étrangler. « Oui, mais si Alej… » Je me mords la langue. « Tu as terminé ?

– Tu parles ! Il a Uranus en Scorpion, qui se trouve en carré avec le Soleil, ce qui le rend totalement énigmatique. »

Cette fois, je bats des paupières pour mieux scruter Davide, qui retourne sa fourchette entre ses doigts. *Touché*, me dis-je, car j'ai toujours considéré cet homme comme l'équivalent du troisième mystère de Fatima.

« Il est capable de te soutirer n'importe quelle information pour l'utiliser ensuite à son avantage. Je parie qu'il t'a posé des tas de questions. Dis-moi que non !

– Hum, non. » Pfff. « Oui, en effet… »

Mais en quoi est-ce anormal, pour un premier rendez-vous ? Pourquoi devrais-je penser que Davide est une sorte d'espion venu du froid ?

« Et puis, il a Vénus en maison XIII. Tu sais ce que ça veut dire ?

Est-ce que tu en es bien consciente ? Je vais te le dire, moi : c'est qu'il n'a aucune, mais aucune intention de se marier et de fonder une famille. Il est extrêmement indépendant et ne veut pas de relation stable. Demande-lui un peu s'il veut des enfants, je suis curieux », s'exclame Tio, effronté comme un gosse capricieux, et sa voix résonne comme un coup de tonnerre.

« Mais où es tu ?

– Peu importe, peu importe. Va-t'en tout de suite. Dis-lui que tu ne te sens pas bien. Que tu as mal au ventre, que tu viens d'avoir tes règles. Le tout, c'est que tu décanilles.

– Tu es devenu fou ? » Comme si je pouvais admettre un jour devant un homme, enfin, devant l'Homme, que je peux moi aussi me retrouver à la merci de mes fonctions corporelles les plus basiques. « Écoute, c'est impossible. En plus, je n'en ai pas envie. Il faut que je te laisse, maintenant, je suis en train de dîner et ce n'est pas très poli de rester au téléphone. »

Je raccroche et repose discrètement mon smartphone dans mon sac, m'excusant auprès de Davide pour cette interruption.

« Ne t'inquiète pas, me dit-il aimablement. Ça avait l'air important.

– Oh, euh, oui… une amie ! » Pourquoi fait-il cette tête ? C'est comme s'il essayait de lire au plus profond de moi. Alors que lui reste *totalement énigmatique*… parce qu'il a Uranus en Scorpion. Oh, nom de… « Donc, une amie qui a des ennuis avec son… son petit ami… ils sont en pleine crise, tu vois, parce qu'elle voudrait des enfants, alors qu'il ne veut pas en entendre parler… »

Je m'arrête pour observer sa réaction. Son regard devient-il encore plus pénétrant ? La ligne de sa bouche se durcit-elle ?

« Eh bien, il n'a pas tous les torts, dit-il au bout de quelques secondes. Mettre des enfants au monde est assez inconscient de nos jours. »

Peut-on se procurer des sacs anti-crise de panique, ici ?

Mon téléphone se remet à sonner, et je suis maintenant si agitée que je réponds sur-le-champ. « Qu'est-ce qu'il y a ? » me mets-je à brailler dans le combiné.

De l'autre côté, j'entends des bruits, comme si quelqu'un frottait quelque chose sur le micro. « Alice ! » C'est encore Tio, mais cette fois sa voix semble plus lointaine.

« Arrête, raccroche », le gronde une voix que je ne reconnais pas tout de suite.

« Alice, tu es déjà partie ?

– Non. »

Je suis laconique, car un peu lasse de toutes ses précautions qui sont en train de me gâcher la soirée.

« Écoute, j'ai vérifié les affinités, et ça craint un max ! » s'exclame Tio, mais sa voix est de plus en plus perturbée par d'autres bruits.

« Ça suffit, Tiziano. Maintenant, c'est trop », dit l'autre personne, que je reconnais.

C'est Andrea. Lui seul l'appelle Tiziano.

« D'accord, juste une chose encore. Entre vos deux thèmes astraux… il y a une opposition Lune-milieu du Ciel ! »

Il sanglote presque sur ces derniers mots.

« Tiziano, bon Dieu, ce que tu dis n'a ni queue ni tête !

– Tu ne comprends pas, Andrea, cette union n'est pas seulement impossible parce qu'il n'y a pas de communication, avec l'opposition Lune-Jupiter, et avec l'opposition Lune-Saturne qui parle d'illusions et d'instabilité… mais l'opposition Lune-Pluton prévoit aussi de la violence et de l'agressivité !

– S'il te plaît, il me semble t'avoir déjà expliqué clairement qu'il est fort improbable qu'il existe un quelconque rapport entre planètes et destin. Allez, sois gentil, on va sortir de ces toilettes, d'accord ? Dis au revoir à Alice et raccroche. Alice, s'il te plaît, ne l'écoute pas et passe une bonne soirée.

– Oui… » J'observe Davide qui, cette fois, pour tromper le temps, caresse le dos de son couteau. « Les oppositions, hein ? » dis-je en bégayant.

Tio reprend la parole, surexcité et plein d'espoir : « Exact. Rappelle-toi que Barbe Bleue devait avoir un certain charme puisqu'il s'est marié huit fois…

– Mon Dieu…

– Quelque chose ne va pas ? » me demande Davide, inquiet.

Quand il se penche en avant pour me prendre la main, je bondis comme un ressort.

« Ah !

– Qu'est-ce que c'était ? Qu'est-ce qu'il t'a fait ? crie Tio.

– Rien… rien… J'étais juste perdue dans mes pensées. »

C'est un cauchemar. Je le savais, je savais que je ne devais pas lui envoyer cette date, pauvre de moi.

Mais si on avait averti les victimes du monstre de Milwaukee quand elles sortaient avec lui, n'auraient-elles pas dit merci ?

« Arrêtez tous les deux, maintenant, intervient encore Andrea. Sois un peu raisonnable, Tiziano, regarde-nous. Pourrions-nous être plus différents ?

– Ah, bravo, parce que, d'après toi, je n'ai pas vérifié nos thèmes astraux avant ? »

La communication est coupée et je décolle le téléphone de mon oreille. Je suis déconcertée.

Davide le retire de ma main délicatement. « Et si on l'éteignait, ce téléphone ? »

J'arrive tout juste à opiner du chef.

« Tout va bien ? Tu as l'air toute chamboulée. » Davide n'attend pas ma réponse et fait signe au serveur pour lui demander de l'eau fraîche. « Tu es toute pâle. Tu te sens mal ? » Lorsqu'il pose sa main sur ma joue, je perçois sa chaleur, un fluide qui me traverse et m'arrive droit au cœur.

Cela ne peut être vrai.

Tio a dû se tromper, pour une fois. Sinon, c'est sûrement l'exception qui confirme la règle. Ou celle qui démontre que la règle est fausse.

Parce que moi, je veux cet homme, je continue de le désirer de tout mon être, et je lis dans ses yeux que c'est réciproque. Comme à présent alors qu'il soulève ma main et la porte à ses lèvres.

Oh, au diable tout cela ! Au diable Tio et toute l'astrologie. Andrea a sûrement raison d'affirmer que je ne dois y accorder aucune importance. Après tout, il est diplômé lui aussi, non ?

« Je voulais te dire…, reprend Davide. En fait, je voulais te dire que je suis désolé pour la façon dont se déroule cette soirée. Je voulais te parler. Te dire… te dire des choses importantes, mais c'est vraiment dur pour moi, parce que… parce que je suis égoïste et que j'ai peur de tout gâcher. Pardonne… »

Je pose mon index sur ses lèvres. « Il n'y a rien à pardonner. »

Il regarde autour de lui. « Ça te dit qu'on sorte ? J'étouffe, ici. »

En effet, le bar s'est rempli, et ce n'est pas le genre d'intimité dont je rêve pour une déclaration.

Dehors, une petite bruine nous fait courir nous abriter sous une porte cochère.

« Quand je t'ai dit tout à l'heure que cette soirée me semblait vraiment irréelle, je ne mentais pas, Alice. Je me sens bien avec toi. Et c'est un problème, un vrai problème. »

Je lui souris d'un air audacieux en levant mon visage vers lui, et mes cils se mouillent de pluie. « Cette soirée a été un rêve, Davide. » Peu importe que j'aie frôlé le cauchemar l'espace d'un instant, avec les interférences de mon EX-meilleur ami. « On ne pourrait pas laisser la logique de côté, pour une fois ? »

Il ferme les yeux et soupire.

Sa main se pose sur ma nuque, m'attirant vers lui, contre son torse.

Je sens son cœur battre à tout rompre contre mon front. Il pose un baiser sur le sommet de ma tête.

« Tu ne sais pas ce que tu me demandes », murmure-t-il.

J'essaie de lever mon visage vers lui, en me frayant un chemin entre les boutons de sa chemise, le tissu de son col, le cuir soyeux de sa veste. Je trouve d'abord son menton, que mes lèvres effleurent à peine, trop craintives pour lui donner un véritable baiser.

Ses doigts plongent dans mes cheveux, rejetant ma tête en arrière. Alors, ses lèvres se posent sur les miennes, sa bouche, qui me cherche avec une douce ardeur, ouvre la mienne, la goûte, tandis que nos respirations se mêlent au *plic ploc* de la pluie.

Je l'aime.

Oh, comme je l'aime.

Tio pourra bien dire ce qu'il veut. Me présenter son thème astral scellé à la cire rouge par le pape en personne. Je l'aime.

Les lèvres de Davide s'éloignent des miennes, le temps d'une respiration. « Alice, nous avons tort. Tu ne veux pas cela. Tu ne peux pas vouloir cela… »

La tête me tourne à en devenir folle, j'ai les jambes en coton. Je ne comprends plus rien. Je ne comprends pas ce qu'il dit. « Je ne veux *que* cela.

– Non… non… non… » Lui aussi continue de m'embrasser, ses lèvres cherchent les miennes, sa langue est une caresse désespérée. « Non, tu n'en sais rien », halète-t-il contre ma peau, et sa main ouvre ma chemise, la chaleur de ses mots tiédit mon cou. « Tu n'en sais rien parce que tu ne m'as jamais posé de questions. »

Étourdie par ses baisers, je ne comprends pas où il veut en venir. Il me semble lui en avoir posé, des questions, surtout ce soir.

Je m'écarte à peine de lui, juste assez pour me permettre de parler, tout en maintenant le contact de mon front contre le sien, les yeux mi-clos, car j'ai l'impression que notre peau pourrait s'arracher si on se détachait brusquement. « Davide, Houdini était un dilettante comparé à ta faculté d'éluder les questions. Je t'en ai toujours posé. J'ai toujours désiré tout savoir de toi. »

Ses lèvres s'entrouvrent près des miennes. « Tu ne m'as jamais demandé si j'étais libre. »

Ses mots sont un coup de revolver tiré trop près de mon cœur.

La déflagration les rend incompréhensibles. Je ne peux pas avoir bien compris. D'une voix rauque, je parviens péniblement à articuler : « Tu ne l'es pas ? »

Alors il détache son front du mien, que je sens tout froid, puis il s'éloigne et s'adosse au mur de l'immeuble. « Non. Je ne le suis pas », admet-il en se frottant le visage. Il laisse sa main sur sa bouche, sans me quitter des yeux. Peut-être sous l'effet de l'embarras, peut-être pour emprisonner les baisers qu'il voudrait continuer de me donner.

Je sais parfaitement que je devrais me retourner, traverser cette rue dans l'autre sens et m'en aller.

Je sais que je ne devrais pas rester sans bouger à le regarder, à me dire que je l'aime, mais je ne peux pas m'en empêcher.

Il tend la main, sans quitter la zone neutre du mur, et me caresse le visage.

« Tu me plais beaucoup, Alice. »

Mon cerveau me hurle de m'écarter, me dit que Tio avait raison, que c'est un véritable supplice, que c'en est trop d'avoir touché le bonheur pour découvrir aussitôt après qu'il y avait trop de mensonges entre nous.

Mais au lieu de m'écarter, je penche mon visage vers lui, et frotte ma joue sur la paume de sa main.

« Qu'est-ce que je devrais faire, d'après toi ? » me demande-t-il, suppliant.

Alors je le regarde dans les yeux, ces yeux que je pensais connaître si bien, dont je croyais qu'ils cachaient un homme blessé par la vie, par une trahison, pour rester aussi distant. Il me semble à présent y lire plus clairement, et la question qu'il m'a posée un jour prend un sens différent : *As-tu déjà trahi ?* Il ne me l'avait pas posée pour comprendre si j'étais fidèle, ou si j'aurais pu le blesser comme une autre avait pu le faire, mais bien pour savoir si j'accepterais, moi, d'être cette « autre ».

« Pour moi, c'est très simple, dis-je avec la dureté du désespoir. Quitte-la. Pour être avec moi. » Je suis directe, coupante, peut-être même injuste à l'égard de cette autre femme innocente.

Il baisse lentement les paupières. « Ce n'est pas possible, dit-il doucement, presque imperceptiblement. Pas maintenant… Même si ça ne se passe pas très bien. Mais Barbara est vulnérable, surtout depuis la mort de son mari. »

Barbara.

Comme Barbara, Barbie Grace Kelly, l'Ineffable, Belle, Riche et Sophistiquée Barbara ?

« Barbara, celle à qui je pense ? »

Davide se mord les lèvres et acquiesce. « Tu l'as rencontrée au château, me confirme-t-il. Quand je lui ai demandé d'accueillir le tournage de l'émission, j'ai pensé que cela aurait été plus simple de te mettre devant le fait accompli. D'éviter de t'en parler, mais de te la présenter comme ma compagne. Mais après… quand je t'ai vue entrer, j'ai compris que je t'aurais blessée et que tu ne le méritais pas. Et que j'étais un égoïste qui ne prenait pas ses responsabilités. »

Voilà pourquoi il voulait m'emmener à moto.

Voilà pourquoi, son plan ayant échoué puisque je devais travailler, il a fini par l'emmener elle, pour me demander ensuite de le retrouver ce soir.

Barbara Buchneim-Wessler Ricci Pastori. Rien qu'en comptant les lettres de son nom pour les comparer aux miennes, on devine que la compétition est inégale. D'ailleurs, comment pourrais-je être en compétition avec la perfection ?

« Je suis un vrai con, Alice. »

Je ferme les yeux et me force à respirer profondément. « Oui. Bien observé.

– Je te raccompagne chez toi. »

Je lève une main et l'arrête. « Je préfère appeler un taxi. »

26

Touchez pas à la Balance

J'ai fini par m'habituer au largage en règle. Je sais comment gérer la situation. Question de tiroirs. De tiroirs mentaux, je veux dire : je prends tout ce que je ne veux pas voir en face, les situations que je considère comme ingérables, et je mets tout sous clé. Un tiroir impossible à ouvrir, du moins pendant un bon bout de temps.

Interdiction formelle de gratter les plaies et de verser du sel dessus. Interdiction, par conséquent, de rester à ruminer à la maison, à imaginer ce qui aurait pu se passer, à repenser aux regards, aux mots de velours et aux baisers.

Feu vert à la fête, à la foule des corps échauffés en boîte de nuit, aux soirées avec les amies, qui m'aident à me sentir jeune et pleine d'énergie.

Et feu vert à l'alcool, par la même occasion. Mais je ne suis pas saoule, juste un peu pompette. Je me tiens d'ailleurs parfaitement droite. J'arrive même à toucher la pointe de mon nez en me tenant sur une seule jambe ! Le taxi qui m'attend, portière ouverte, s'en fiche peut-être royalement, mais pour moi, c'est d'une importance capitale.

Je me suis vraiment amusée. J'ai dansé, j'ai chanté… et je crois que j'ai roulé une pelle à quelqu'un à un moment, mais je ne m'en souviens pas. Aucune importance.

J'ai fait sortir Davide de ma vie.

Regarde vers l'avenir, Alice. Droit devant toi, comme tu l'as toujours fait.

Il ne s'est rien passé. *Tu n'as pas changé. Il ne t'a rien pris, n'a rien enlevé à ce que tu es.* Voilà ce que je me répète comme un mantra.

On dirait que ce maudit taxi n'arrivera jamais à destination, et le vieux morceau de jazz qui passe à la radio met en pièces mon système de défense.

Je suis fatiguée. Fatiguée d'y croire. Fatiguée d'être déçue. Je suis lasse de souffrir. J'en ai marre de me reconstruire, à chaque fois, en repartant de zéro, de recoller les morceaux pour des hommes qui décident d'en préférer une autre. Fatiguée d'être forte, qu'on me dise que je suis forte, comme un alibi pour être maltraitée ensuite. Je n'en peux plus. Je n'y crois plus.

Si l'amour était un ganglion, je jure que je me le ferais enlever. Comme une amygdale enflammée ou les végétations. Les hémorroïdes de l'amour, quoi.

Je paie le taxi en vitesse, pour m'échapper au plus vite. Je me dépêche de me dépatouiller avec les clés de la porte d'entrée.

J'ai hâte de m'enfermer chez moi et de me fourrer sous la couette. Lorsque les défenses baissent la garde, la seule chose saine qui reste à faire, c'est de dormir. Demain, je serais retapée et prête à changer de cap.

La lumière des escaliers est encore esquintée, et le néon tressaute sans parvenir à s'allumer complètement. Merde alors.

J'appelle l'ascenseur, mais un voisin peu attentionné a dû laisser les portes ouvertes, car lorsque j'appuie sur le bouton, il ne se passe rien.

Je commence à monter à pied. Je ne peux m'empêcher de me rappeler quand Davide m'a portée sur son dos le soir où j'étais sortie avec l'ami de Paola.

Cela fait partie des scènes auxquelles je ne dois pas repenser. *Pouf.* Disparue dans le tiroir impénétrable. Allez, hop.

J'enjambe la rose jaune que quelqu'un a perdue.

Distraitement, je caresse la main courante. Je me refuse catégoriquement à pleurer.

La dernière volée de marches est recouverte de pétales, que le néon illumine comme un flash tandis que je continue de monter.

C'est alors que je réalise.

Pourquoi y a-t-il des pétales de roses dans mes escaliers ?

Soudain, Davide est à des milliers de kilomètres de mes pensées. Je suis bel et bien ancrée dans le présent, loin de mes problèmes de cœur, avec la conscience aiguë de mon environnement.

Il fait noir. Ou presque.

Il fait nuit. Et je suis toute seule.

Ou peut-être pas.

Je cherche comme une folle mon téléphone dans mon sac à main, mais je suis trop nerveuse et mes doigts s'emmêlent, je tombe sur mon portefeuille, mon agenda, mon paquet de mouchoirs en papier que je n'ai pas réussi à trouver tout à l'heure dans le taxi.

Je m'arrête puis m'aplatis contre le mur, essayant de ne pas respirer, pour mieux tendre l'oreille et identifier des bruits éventuels.

Il y en a. Comme un bruit de pas.

Encore quelques marches et je serai chez moi.

J'aperçois la porte de mon appartement éclairée par le néon qui grésille.

Je pense à ces films où des figurantes débiles descendent dans des caves sombres où les ampoules crépitent avant de cramer complètement, et qui sont assassinées juste après. Tout ça parce qu'elles n'ont pas appelé l'électricien.

Sauf que moi, je monte. Je ne suis pas godiche au point de descendre dans la cave à cette heure avancée de la nuit et avec une lumière défectueuse.

Mais il y a les roses, ces roses jaunes que quelqu'un continue de m'envoyer.

Soudain, la lumière semble se stabiliser. Elle continue de grésiller, mais reste allumée.

Alors je me mets à courir. Je monte les marches quatre à quatre tout en serrant ma clé dans ma main, prête à la glisser le plus vite possible dans la serrure.

Cependant, je réussis quand même à distinguer l'ombre qui se détache des escaliers, un instant avant que la lumière s'éteigne à nouveau.

« Enfin, tu es arrivée. »

Je me retourne en poussant un hurlement sinistre.

Une main me couvre alors la bouche pour me faire taire.

« Hé, chhhuut ! Tu veux réveiller tout l'immeuble ? »

J'essaie de me libérer, mais l'homme me retient.

« Calme-toi, Alice. Relax, *Pantouflette.* »

Je m'aplatis contre la porte de mon appartement, parvenant tout de même à cerner mon agresseur, malgré ma terreur et le tremblotement de la lumière.

Il hoche la tête et relâche lentement sa prise, et un sourire s'épanouit sur ses lèvres. « Je suis revenu, chantonne-t-il avec ravissement. Alors, *ma petite chérie*, tu n'es pas contente de me voir ? Tu n'as pas reçu mes fleurs ? »

Derrière lui, sur les marches des escaliers qui montent vers le quatrième étage, est posé un énorme bouquet de roses jaunes.

« Comme dans ce film que tu aimais tant, tu te souviens ? *Le Temps de l'inconscience.* »

Je murmure : « *Le Temps de l'innocence* », tout en essayant de rassembler mes idées.

J'ai du mal à en croire mes oreilles, et je cligne des yeux plusieurs fois de suite car, après tout l'alcool que j'ai bu, je suis peut-être en train de partir en vrille.

Puis j'inspire un grand coup et lui demande : « Qu'est-ce que tu fais ici, Giorgio ? »

SAGITTAIRE

Affirmer que l'homme Sagittaire ne connaît pas la notion de fidélité, c'est un peu comme de dire qu'Hiroshima a fait quelques victimes par-ci par-là. Oh, n'allez pas croire qu'il agit par méchanceté ! Il est juste génétiquement prédisposé à la trahison, puisqu'il est né sans aucun sens moral et qu'il est presque dénué de synapses, ce qui l'empêche de penser avant d'agir. Néanmoins, s'il y a bien une chose pour laquelle il est très doué, c'est de faire porter la faute du « malentendu » sur vous, la femme qu'il aimait et qui l'a obligé à franchir ce terrible cap, c'est-à-dire de coucher avec une autre.

27

Full metal Gémeaux

Le mystère est enfin éclairci. Derrière chaque rose jaune, derrière chaque pétale et, surtout, derrière chaque épine, c'était lui, à chaque fois. Giorgio, l'homme qui m'a brisé le cœur. OK, l'*un* des hommes qui m'ont brisé le cœur, mais lui, plus particulièrement : il a inauguré le début d'une longue série. Même si, à l'époque, l'événement avait été classé par Paola avec la phrase suivante : « Tu devrais t'en féliciter. Et changer tes serrures. »

Moi, je croyais vraiment en notre histoire. Elle a duré presque un an. Ce qui voulait dire (pour moi qui étais incapable de sortir avec quelqu'un plus de deux semaines, après Carlo) que j'avais rencontré l'homme de ma vie.

« Qu'est-ce que tu fais ici, Giorgio ? »

En vérité, parmi tous ceux qui sont entrés dans ma vie et en sont sortis, Giorgio est sans doute le dernier que je m'attendais à revoir. Ou que je désirais revoir.

« Je suis venu te rendre visite, mon petit attrape-cœur.

– À deux heures du matin ? Tu es calé sur le fuseau horaire de Shanghai ou quoi ? »

L'espace d'un instant, je m'en veux d'être aussi hargneuse. Mais cela ne dure qu'une seconde car, en repensant ne serait-ce qu'au dixième de ce que j'ai enduré avec lui, lui faire un bon croche-pied dans les escaliers pourrait être interprété comme un acte de pitié.

« Ha, ha, ha, toi et ton sens de l'humour…, réplique-t-il en se grattant la tête. Il fallait ab-so-lu-ment que je te parle.

– Tu ne pouvais pas téléphoner ?

– J'ai essayé, mais tu as peut-être changé de numéro. »

Je me tape le front d'une main. « Ah non, c'est vrai ! J'ai mis ton numéro sur ma liste noire. »

Il me regarde d'un air affligé. « Pourquoi ? »

Je soupire. Il veut que je lui fasse un dessin ? « Comme ça…

– Tu as toujours agi sur des coups de tête, répond-il, ragaillardi. Ma belle Pantouflette fougueuse. »

Ah non ! Pas de *Pantouflette* fougueuse. « Je suis très fatiguée, Giorgio. On pourrait reporter ça à une autre occasion ? » Dans une autre vie, par exemple ? Voire dans plusieurs ? « Donne-moi tes coordonnées, je t'appellerai.

– Écoute… C'est justement ça, le problème. Je n'en ai plus, de coordonnées. Ambra m'a mis à la porte. »

Un mélange bizarre de triomphe et de pitié m'empêche de commenter la révélation autrement que par un « Oh ! ».

Par contre, lui, il se lâche. « Cette conne, cette profiteuse. Elle veut le divorce, cette salope ingrate. Et la garde des enfants, évidemment. De *mes* enfants, tu te rends compte ?

– J'imagine. Au fond, ce sont aussi les siens. Combien de fois t'a-t-elle déjà mis à la porte ? »

Quand on s'est connus, c'était déjà la même rengaine.

Giorgio secoue la tête. « Cette fois, c'est du sérieux. Et elle veut le pactole. Cette foutue conne a fait bloquer mes comptes et… »

Pendant ce temps, j'ouvre la porte de mon appartement. Je ne suis pas d'humeur à passer le reste de la nuit sur le palier, à servir de Kleenex à mon ex qui pleurniche sur son ex (pour laquelle, je précise, il m'a larguée).

« … et je n'ai donc nulle part où aller », termine Giorgio en louchant vers la porte.

Ma porte.

« Pardon ?

– Écoute, Alice… je sais qu'on s'aime profondément, tous les deux. Je sais qu'au fond de toi tu m'as pardonné, c'est dans ton caractère. Je te demande cette faveur seulement pour quelques nuits. Mes avocats sont déjà sur le pied de guerre pour débloquer la situation et je ne te dérangerai…

– C'est non.

– Une seule nuit ! Pour faire une pause. Hier, j'ai dormi dans le parc… Il y a une de ces faunes, si tu savais… »

Il frissonne.

Je soupire : « Écoute, Giorgio, sois raisonnable. Je ne peux pas héberger chez moi quelqu'un qui m'a traitée de bouche-trou, qui m'a trahie, qui m'a utilisée pour rendre sa femme jalouse… » Ex-femme, disait-il alors ! « Est-ce qu'il y a écrit "pigeon" sur mon front ? »

Sourcils froncés, il regarde vraiment mon front quelques secondes.

Mon Dieu, donne-moi la force.

« Je… je ne sais pas quoi faire… », murmure-t-il, et sa voix déraille en un sanglot. « Je suis seul… Complètement seul. »

J'entre chez moi et referme aussitôt la porte dans mon dos, craignant qu'il ne soit capable de s'y faufiler subrepticement. Mon cœur bat à tout rompre, et je m'en veux un peu.

Quelle triste fin, me dis-je avec une pointe de mélancolie : lui qui me couvrait des fleurs les plus rares et coûteuses en est réduit à acheter toutes les roses des vendeurs à la sauvette dans l'intention absurde de m'épater et de quémander un coin de canapé.

Je décide de me préparer une tisane, car cette rencontre m'a tellement secouée qu'il va me falloir à coup sûr un bon moment avant de m'endormir. Tout en attendant que la bouilloire se mette à siffler, je tempère mon sentiment de culpabilité en mâchonnant des biscuits au chocolat.

Giorgio, lui, est toujours dans les escaliers. Il a posé la tête contre le mur et jeté sa veste sur ses épaules en guise de couverture. Je le sais, car je le vois par le judas en faisant la navette entre la cuisine et le couloir.

S'il reste là, la concierge fera un infarctus, demain matin.

Comment pourrais-je le renvoyer ?

Je ne le sais pas encore, mais c'est la question qui m'obsédera le plus durant les prochaines semaines.

28

Dans la jungle, terrible jungle

J'ai la tête serrée dans un étau monstrueux, symptôme d'un rhume épouvantable qui exprime à la perfection, comme la pointe de l'iceberg du *Titanic*, mon état général : je me sens comme une épave qui attend qu'on la bazarde. Ça m'arrive souvent en ce moment.

(« Si tu étais un minimum plus ordonnée, Pantouflette, tu aurais certainement trouvé les mouchoirs et tu ne serais pas obligée de remplir tes poches de papier toilette. »)

Je tenais l'excuse idéale pour rester pelotonnée au lit à regarder l'intégrale de mon « kit de survie », mais je suis quand même allée au boulot.

« Alice ? Alice, tu es là ? Réponds-moi, s'il te plaît ! Alice ! »

La voix de Cristina me fait sursauter et il s'en faut de peu que mon téléphone ne tombe dans la cuvette des toilettes.

Avouons-le, désormais, « nous sommes amies ». C'est du moins ce qu'elle a décrété, en vertu de cette amorce de relation amicale laissée en suspens il y a plus d'un an, quand elle a été embauchée à Love Angeles. Mais pour l'instant, sa conception de l'amitié se base sur le besoin clairement exprimé de trouver une alliée, un soutien, du réconfort. Voire, surtout, sur la nécessité d'une confrontation dont elle peut ressortir gagnante, vu mon état ces derniers temps.

« Oui, oui, che suis là. Che t'écoute.

– Euh, je te dérange ? Ça ne va pas ? »

Je tire la chasse pour justifier ma présence, même si je serais bien restée enfermée dans les toilettes, plongée dans une méditation stérile.

« Che te rebercie, ch'ai juste un bon rhube. Ch'étais venue pour le papier. C'est tout boi, d'attraper un rhube au bois de bai, dis-je en me mouchant à plusieurs reprises.

– Oui, au mois de mai… », répète Cristina, et je la regarde dans le miroir au-dessus des lavabos.

Elle a les yeux baissés et les poings serrés le long du corps.

« Tu es prête ? » je lui demande, essayant de sortir de ma torpeur. Nous avons une réunion dans quelques minutes et je dois absolument avoir retrouvé mes esprits.

« Comment veux-tu que je sois prête ? » Perforant la barrière de mes tympans, la voix suraiguë de Cristina me tire de mes réflexions. « Non mais tu m'as vue ? Le mariage approche. Je dois essayer ma robe samedi, et je suis horriblement grosse. Complètement bouffie. Un vrai poisson-bulle. Une otarie. Une baleine. Une montgolfière. Un dirigeable…

– Che crois que tu peux t'arrêter avant de dire planètes et galaxies, Cristina : tu es enceinte. »

Mais à ces mots, elle se met à sangloter de plus belle. « Je suis monstrueuse. Je dois me marier et les gens vont me prendre pour la pièce montée de trois étages !

– Bai non, tu es plus grande qu'une beringue de trois étages. »

Ce n'est visiblement pas la bonne stratégie : ses pleurs redoublent. Il me reste peut-être quelques boules Quies dans la trousse de mon sac à main, souvenir de séances de piscine.

« Tu es beaucoup plus belle qu'une beringue. Cristina, ne pleure pas cobbe ça. Tu te baries, tu es dans une situation enviable…

– Je suis incroyablement moche ! Je suis à gerber, même mon visage s'est empâté. Pas étonnant que Carlo ne me regarde même plus ! En plus, il faut que je mette ce machin… Ce truc blanc ridicule, tout plein de brillants. Je ressemblerai à une énorme boule de neige. Une boule de bowling blanche qui roulera à travers la nef. Je serai la mariée la plus repoussante et la plus boursouflée de l'univers. »

Je voudrais lui dire que ce n'est pas à cause de ses kilos si Carlo ne la regarde plus.

Oui, mais parfois, se taire vaut mieux qu'user des mots avec la délicatesse d'une tracto-pelle. Par exemple, je ne peux pas être dévorée par la culpabilité juste parce que je n'ai pas rappelé Paola les six fois où elle m'a téléphoné ces quinze derniers jours...

Je pose enfin ma tête sur mon bureau, et mon unique souhait est d'oublier tous mes soucis sur la surface lisse et fraîche. Disparaître comme une *montgolfière* à l'horizon.

« Allô ? La Terre appelle Alice. J'entame les manœuvres d'atterrissage. Tuuuu... tuuuuu... »

La voix de Tio me rejoint dans l'outre-tombe où je me suis réfugiée et quelque chose me soulève la tête par les cheveux. Sa main.

« Aïe ! »

Il m'a regardée dans les yeux en secouant la tête d'un air réprobateur, avant de me relâcher mollement. Mon front a de nouveau cogné contre le bureau.

« Je n'ai pas arrêté d'y repenser. Dis-moi seulement : ancien ou nouveau ? Ancien ou nouveau ?

– Quoi, Tio ? Qui ça ? » J'ai l'impression d'être dans un manège de mon enfance, avec le type qui crie dans son mégaphone : « Attrapez la queue de Mickey ! », alors que je rêve juste de descendre.

« Ce Lion mystérieux. Allez, dis-moi tout.

– Hors de question ! Ça suffit baintenant ! » Je n'ai vraiment aucune envie de parler du Lion. *Dans la jungle terrible jungle, le Lion est mort ce soir, awibowé*... « Depuis cobbien de jours tu be tourbentes avec ça, hein ?

– Exactement quinze jours, sept heures et vingt-trois minutes. »

Awibowé…

« Che t'ai déjà dit que ça n'a aucune importance. Ça n'en a plus, puisque c'est fini avant bêbe d'avoir cobbencé. Tu devrais être content, non ? Tu n'as rien fait d'autre que brailler que je devais prendre bes jambes à bon cou. Tu avais raison. Point barre.

– Oui, mais ça m'intrigue.

– Tu es une vraie bégère.

– Je *suis* une mégère. Je suis curieux. Et je m'inquiète pour toi. »

Il prend une poignée de graines dans le bol sur mon bureau, les observe puis en fourre quelques-unes dans sa bouche.

« C'est un pot-pourri. Ça ne se bange pas », lui dis-je dans un élan charitable, même si un début d'empoisonnement lui permettrait de se changer les idées.

Il grimace et remet les graines dans le bol. « Aucun avenir comme coupe-faim, en effet. Bon, en tout cas, je te trouve bizarre. »

Ah, c'est donc moi, qui ne mange pas de pot-pourri, qui serais bizarre. « Ch'ai un rhube.

– Quand je dis que tu es bizarre, ce n'est pas à cause de ton accent d'aujourd'hui, *tovaritch*. Mais tu as eu tort de dormir la fenêtre ouverte.

– Cobbent tu pourrais le savoir ! »

Je cache mon téléphone avec ma main, comme si j'avais oublié de lui mettre une culotte. C'est plutôt moi qui n'ai pas la conscience tranquille, et pas seulement vis-à-vis de Paola, mais aussi de Tio, puisque j'ai étendu un épais voile de silence sur les derniers événements de ma vie.

« J'ai deviné, ma sœur. Sois tranquille. Et je fais bien de m'inquiéter. D'après moi, si tu es aussi nerveuse, c'est à cause de ce type.

– Quel type ? Il n'y a aucun type, Tio ! »

J'ai peur que, grâce à ses pouvoirs astrologiques, il soit au courant de quelque chose.

Tio lève les yeux au plafond. « Allô, je cherche Alice… Ah, elle est encore au pays des merveilles ? Hé, je suis en train de te parler du Lion !

– Ça suffit avec cette histoire. » Je fais un geste de la main pour dédramatiser, tout en étant bien consciente que je joue avec le feu. « Tu deviens pire que Paola. Cobbien de fois che dois te dire qu'il n'y a personne. Che suis toute seule. Ch'habite toute seule. »

Je l'admets, je déforme légèrement la vérité.

En réalité, je ne mens pas vraiment, puisque légalement, je suis l'unique occupante de mon appartement.

Mais j'ai un invité. Et depuis plus longtemps que les trois jours réglementaires… En effet, Giorgio squatte chez moi depuis maintenant deux semaines.

Au début, il ne devait rester qu'une seule nuit. Ensuite, j'ai voulu croire qu'il pouvait réellement changer, et il m'a semblé injuste de le jeter dehors sans lui donner sa chance. En réalité, il m'est bien utile à la maison… Bref, c'est assez agréable, finalement, d'avoir une sorte d'ami-domestique qui vous apporte le petit déjeuner au lit et qui, à votre retour du boulot, a fait le ménage et préparé le dîner.

Dans sa totale imprévisibilité et parmi les multiples personnalités qui l'assaillent (car il est la quintessence des Gémeaux), Giorgio a aussi un petit côté geisha, quand il veut. Quant à moi, j'avais besoin d'un peu de compagnie corvéable à merci.

Tio pose sa main sur mon front et secoue la tête. « Sois prudente, Alice. Ton horoscope ne dit rien de bon, en ce moment, tu sais. Tu es dans une phase critique, comme la chrysalide qui s'est refermée dans son cocon pour devenir papillon. La Lune rame à contre-courant et l'opposition de Mars en transit négatif avec Uranus te conseille de jouer cartes sur table avec ton entourage…

Sans parler du Soleil en carré avec ta Lune de naissance, qui te donne l'impression de porter le monde entier sur tes épaules et d'avoir la tête farcie. »

Le monde entier sur mes épaules ? À en juger par son petit laïus, toutes les planètes semblent s'être donné le mot pour me considérer comme une quille dans une partie de bowling intergalactique.

« J'aimerais tant que tu m'ouvres ton cœur comme avant… » La voix de Tio résonne. Je suis tellement dans les vapes qu'il me semble l'entendre parler à travers un interphone, dans une dimension parallèle. « Sinon, comment je pourrais le faire, moi ?

– Laisse-boi te rappeler que c'est à Paola que tu as parlé en prebier de ton histoire avec Andrea. Et c'est ça que tu appelles ta beilleure abie ? lui dis-je en me mouchant.

– Oui mais elle, c'est la tienne, de meilleure amie… Donc c'est un peu comme si je te l'avais dit à toi. Par effet d'osmose. »

Je jette mon mouchoir dans la corbeille et tente de faire cligner les bouées que j'ai à la place des paupières, histoire de lui faire comprendre que je suis peut-être essoufflée comme un bouledogue, mais que j'arrive encore à raisonner. Du moins partiellement.

« Tu sais quoi ? Avec tes yeux gonflés, tu me fais penser à Marlon Brando dans *Le Parrain*… En fait, je suis très inquiet. Andrea et moi allons déjeuner chez sa mère ce week-end.

– En général il faut abener une bouteille de vin.

– Tu trouves que j'ai la classe ? Tu vois, moi je suis un homme de spectacle, je suis du genre bling-bling, égocentrique… peroxydé. Est-ce que tu trouves que mes cheveux sont trop peroxydés ? Ça pourrait choquer sa mère. Eux, ils sont tellement *sobres*. Bref, je ne sais pas encore quoi me mettre. »

Je halète bouche ouverte, essayant d'aligner des mots cohérents. « Bienvenue au club… La vérité, c'est qu'il n'y a jabais rien de parfait à se bettre.

– Ce n'est pas uniquement pour les vêtements ou les cheveux, tu sais... », dit-il, et ses épaules s'affaissent.

« Ah don ?

– Bien sûr que non !

– Ah, voyez-vous ça. Alors che ne suis pas la seule à être restée un peu, cobbent dire, estobaquée en apprenant que...

– Ah, super, toi aussi tu utilises les mêmes mots qu'Andrea.

– Estobaquée. Ça veut dire étonnée.

– Exact. C'est que parfois, quand Andrea parle, je ne le comprends pas. Je l'aime, mais je ne le comprends pas. »

Je soupire. « Écoute, bon chéri, ça aussi, ça fait partie de la condition hubaine... Depuis quand les couples se comprennent ?

– Oui, mais si sa mère aussi parle comme ça, je ne vais pas savoir où me mettre. Et si je comprenais *chaudière* à la place de *soupière*, j'aurais l'air ridicule. Tu vois ? Je cours un risque mortel.

– Tio, la bère d'Andrea sait déjà... que vous êtes en couple ?

– Évidemment que non. »

Je lui tapote la main. « Voilà. Boi, c'est sur ce problèbe-là que je travaillerais en priorité. »

Raffaella, preuve vivante que même les connes peuvent se tromper en assortissant leurs chaussures à leurs fringues, est plantée derrière moi, livide et furax.

« Travailler ! Quel grand mot, pour quelqu'un qui est couché sur son bureau.

– Le jaune acide, ça se portait l'année dernière », lui dis-je en serrant les dents. J'ai peut-être le nez bouché et l'esprit embrouillé par le Vicks Vaporub, mais je ne suis pas encore définitivement amnésique. « Ch'ai juste un rhube.

– Ah ! C'est le minimum, après toutes les prières que j'ai faites ! s'exclame Raffaella dans un accès de religiosité.

– Aïe ! » Tio esquisse un sourire et chantonne : « Quand le Sagittaire va, tout va... »

Elle pourrait le foudroyer de ses yeux injectés de sang. Et moi aussi, par la même occasion, mais heureusement, elle a dû mordre quelqu'un avant et décharger tout son venin. « Tu es juste une conne égoïste, voilà tout. Alejandro a été ton petit ami, d'accord, mais votre relation a fini par se dégrader... Alors qu'avec moi... Quelque chose de spécial aurait pu naître, si tu ne t'étais pas incrustée avec tous tes coups de fil, tous ces boulots que tu lui trouvais aux horaires les plus farfelus. Mon Dieu, tu l'appelais à trois heures du matin, et lui, il accourait... Parce que tu vois, le pauvre, il a besoin de travailler. Tu as tout fait pour nous séparer. Pour l'éloigner de moi. On n'avait plus un seul instant pour nous. Il ne pouvait plus m'emmener danser le tango. Avec tous ces déplacements professionnels ! Même les week-ends. Tu dois être bien contente, maintenant qu'il m'a quittée ! Tu n'es jamais rassasiée, hein, Alice ? Tu as pris mon job, tu m'as pris Alejandro. Tu veux l'argent du beurre et le cul de la crémière. Et ne fais pas cette tête ! Tu n'es qu'une petite conne fouineuse et égoïste.

– Tu l'as déjà dit », souffle Tio.

Raffaella le regarde, stupéfaite.

Il hausse les épaules. « Conne et égoïste. Je déteste quand les gens se répètent. C'est un signe d'insuffisance intellectuelle. »

Elle jette alors sur le bureau la pile de dossiers qui contiennent les documents pour la réunion.

J'ai dû louper un épisode : j'en suis restée aux coups de fil au cœur de la nuit. « Qu'est-ce que tu be racontes, Raffa ? »

Voilà des semaines que pour Mara et moi, Alejandro ne se promène plus avec une cible tatouée dans le dos. C'était toujours des plaisanteries innocentes, dans le cadre des horaires de travail. Il ne m'est jamais passé par la tête de lui imposer des heures sup', encore moins de mettre mon réveil à trois heures du matin. Je n'aurais jamais flingué mon propre sommeil et couru le risque d'entretenir plus de rides que celles qui pointent déjà le bout de leur nez.

« Ne fais pas l'innocente. Espèce d'hypocrite. Je sais que c'était toi. C'est lui qui me le disait !

– Ah ! s'exclame de nouveau Tio. Quelle imagination ! Sur un point je te donne raison, ma chère : il a eu tort de te quitter, car à deux vous auriez pu former un seul cerveau. »

Tandis qu'elle nous quitte, soi-disant pour retrouver Cristina dans les toilettes, et y fonder le Club des Virgin Suicides, Tio s'exclame : « Ah, les hommes… » Puis il me regarde par en dessous, avec l'air de chercher une nouvelle brèche pour évoquer mon fantomatique Lion, je suppose.

Je lève les yeux au plafond et tente de changer de sujet.

« Bais Andrea est différent.

– Et j'en suis heureux. Je suis heureux qu'il ne soit pas du genre à promettre la Lune, et à n'être capable au final que de me ramener violemment les pieds sur terre. Comme les *Lions* déguisés en agneaux…

– Ha, ha, très drôle. »

J'ai fini le rouleau de Sopalin pour me moucher et je fouille dans les tiroirs en quête désespérée d'un paquet de mouchoirs oublié. Mon royaume pour un échantillon de cellulose.

« Je ne plaisante pas. C'est peut-être parce que moi aussi, je suis un homme. Indéniablement fascinant, cela va de soi, continue Tio. Appelle ça sixième sens astrologique, ou tout ce que tu voudras, mais je sais les reconnaître à première vue, les crétins. Celui qui vient d'entrer, par exemple. Lui, c'est un abruti, garanti à cent pour cent. Non mais regarde-le parader, avec son sourire de vendeur au porte-à-porte, et sa façon de faire demi-tour… Regarde-moi ça… Ponctuel comme un furoncle à un premier rendez-vous, pour mater tout ce qui ressemble vaguement à une paire de nichons. Je serais vraiment curieux de voir en face la nana qui se le tape. La pauvre imbécile. »

Je n'arrive pas à croire en ma chance lorsque, derrière les serviettes hygiéniques, je déniche un mouchoir en papier encore intact.

J'émerge en touchant mes narines qui ressemblent à du papier mâché, dans l'espoir que rien n'y soit resté accroché, et me retourne doucement.

« Oh, berde…

– Tu l'as vu ?

– Tio, tu dois te préparer pour *Bal d'abour*.

– Ce matin, je suis en réunion avec toi, pas sur le tournage de *Mal d'amour*.

– Oui, bais… tu devrais te préparer quand bêbe. » J'essaie de le pousser vers la porte, mais le capitaine du *Titanic* savait lui aussi qu'ils couraient droit à la tragédie, après avoir percuté le maudit iceberg. « Avec ton foulard et tes tresses, tu es sublime. Tu pourrais aller les bettre et… »

De l'autre côté de l'open space, l'homme qui vient juste d'entrer se met à crier : « Pantouflette ! »

29

Signes en eaux troubles

Je reste figée sur place. Tio, quant à lui, se tourne vers moi avec une expression particulièrement sévère. Et encore, c'est un euphémisme.

« Oh… salut, Giorgio. Qu'est-ce que tu fais ici ?! »

En fond sonore, les violons lancinants de *Psychose* seraient très pertinents.

« Je suis venu parce que je savais que tu avais besoin de moi, *Babe.* » Il vide un sac à pharmacie sur la table voisine. « Mesdames, le vendeur ambulant est arrivé ! s'exclame-t-il d'une joyeuse voix de fausset. Mouchoirs, vaporisateurs, thermomètres, bonbons pour la gorge et… oh ! des protections périodiques ! » Il se met à jongler avec, improvisant un petit show pour mes collègues. « De jolis tampons, pour rester belle et libre. J'ai vérifié dans ton agenda, et le compte devrait être bon, *Pantouflette.*

– Quelle prévenance ! » commente Tio.

Giorgio hausse les épaules et me fait un bisou sur la joue.

« Je t'interdis…, lui dis-je en serrant les dents, lorsqu'il essaie de m'attraper par la taille. Je ne voudrais pas te contaminer… »

Pour confirmer que mon karma astrologique doit ressembler à un tableau cubiste, les portes en verre s'ouvrent et Nardi en personne fait son apparition (désormais, j'ai décidé de l'appeler Nardi, et pas autrement). Il fonce droit sur moi, sans accorder un regard à personne.

« Comment vas-tu ? » me demande-t-il après m'avoir prise par le coude et entraînée à l'écart.

Je regarde autour de moi d'un air inquiet et remarque que Giorgio s'est rapproché de Tio. Je lui réponds vaguement : « Ch'ai un rhube.

– Alice, je suis désolé.

– Ça va passer.

– Non, je ne parlais pas du rhume.

– Boi don plus. Ça va passer. »

Je me demande ce que me veut encore cet homme. Cette conversation ne devrait pas avoir lieu. Elle est désagréable et incongrue, vu le lieu et le moment, mais surtout inutile.

« Je me suis rendu compte que je me suis comporté comme un… un mufle. Je n'aurais même pas dû te proposer un rendez-vous, c'était comme de me laisser aller à un rêve impossible… Toi, tu veux un petit ami, tu rêves de projets communs, d'avenir en couple, alors que moi, j'ai déjà Barbara. »

Ah non, pas Barbara ! Je n'ai aucune envie d'assister à la cérémonie de béatification de sa « fiancée », qui me donnera encore plus l'impression d'être la petite marchande d'allumettes de l'amour. « Che te rebercie de vouloir be refaire vivre le bagnifique bobent de balaise de la derdière fois, bais che t'assure que ce n'est pas la peine. Che b'en souviens parfaitebent sans le résubé des épisodes précédents.

– Je voulais juste te dire que si je n'en avais rien à faire de toi, si je ne t'estimais pas… je crois que j'aurais profité de ce que tu ressens. »

Je n'y crois pas ! L'entendre parler d'émotions qui ne semblent pas le concerner le moins du monde me blesse terriblement. « Che crois que tu exagères un peu, lui dis-je en le regardant dans les yeux. On s'est juste ebbrassés. On n'est pas au dix-neuvièbe siècle et tu ne b'as pas cobpromise pour toujours. En ce qui be concerne, de l'eau a coulé sous les ponts. Che suis là pour travailler, et toi aussi, be semble-t-il. »

Je m'éloigne, le cœur brisé en mille morceaux, lorsque je vois Giorgio courir à la rencontre du Présidentissime, avec la main tendue et le sourire lèche-bottes du plus consommé des acteurs.

Je l'attrape par la chemise et lui intime : « Giorgio, pour l'abour du ciel, ce n'est vraibent pas le bobent.

– *Babe*, ne sois pas fâchée, tu sais comme je suis fragile en ce moment. C'est juste que je m'inquiète pour toi et pour la manière dont ils te traitent ici. Ils doivent se rendre compte de ce que tu vaux !

– Tu es adorable, vraibent. Che te rebercie, bais che dois travailler, tu de peux pas rester ici. »

Pour toute réponse, il me fait ses yeux de Chat Botté. « Comme tu es belle quand tu prends ton air de manager, Pantouflette. Ah, c'est toi que j'aurais dû épouser, et pas cette conne ! »

C'est maintenant ou jamais, me dis-je, car quand Giorgio commence avec ces « Mon ex, cette connasse », c'est terminé, il pourrait tenir le crachoir pendant des heures. Je lui annonce donc *in extremis* : « Ch'ai vu que dans le bagasin au coin de la rue, ils bradent les Rolex !

– C'est pas vrai ! »

Danger écarté : les objets de luxe sont à Giorgio ce que la kryptonite est à Superman. Ils catalysent ses émotions et anéantissent toute autre pensée en lui. C'est aussi pour cette raison qu'il s'est ruiné, en plus d'avoir épousé une femme qui lui ressemble parfaitement et qui essaie de le plumer. Elle veut lui faire payer ses aventures extraconjugales, ses soirées au casino et, en dernier lieu, le club de strip-tease où la caméra du détective privé l'a filmé un soir de *joie de vivre** [1] qui fait passer *Las Vegas Parano* pour une inoffensive vidéo de vacances familiales.

Pour couronner le tout, Davide passe à côté de moi, essayant une fois de plus de me décocher une de ses œillades magnétiques.

1. Les mots et expressions suivis d'un astérisque sont en français dans le texte original.

Mais je fais mine de l'ignorer. Je suis en parfaite possession de mes moyens. Ne suis-je pas une professionnelle compétente et sûre d'elle, totalement autonome dans ses désirs ? Bref, je suis sur le point de craquer et, dans une ultime tentative pour ne pas passer pour la gourde qui bave devant l'homme inaccessible, je n'ai pas d'autre choix que de me moucher.

« *Pantouflette*, prends tes médicaments, ne rigole pas avec ça ! s'exclame Giorgio, qui m'embroche le nez avec le vaporisateur. Sinon, tu vas passer ta nuit à ronfler. »

Malheureusement, Davide aussi me regarde. Il parle avec le Présidentissime, mais je le vois lorgner dans ma direction. Oh, comme je me sens vulnérable… je voudrais être à dix mille lieues sous terre.

Après avoir regardé Giorgio de travers, Tio jette un coup d'œil vers Davide et le président. Puis vers moi. Il croise les bras sur sa poitrine et me scrute comme pour me défier de lui mentir. Ce que je ne pourrais pas faire avec toute la volonté du monde, puisque j'ai un vaporisateur fourré dans les narines.

« J'ai compris ! me lance-t-il après m'avoir débouché le nez et avoir remis l'arme à Giorgio. Tu pensais que tu pouvais me le cacher ? Tu pensais que je n'aurais pas fait la déduction moi-même, en connaissant son signe et tout le reste ? »

Cette fois, je me mets à gémir, tout en farfouillant dans les papiers sur mon bureau.

« Non bais, tu sais, c'est de l'histoire ancienne…

– Alice, ça ne m'amuse pas de te dire que vos thèmes astraux sont incompatibles, crois-moi. Mais dans votre cas, c'est évident. Je vous ai observés longuement, et je suis à présent plus convaincu que jamais de ce que je t'ai déjà dit sur le Lion. Regarde-toi, bon sang. En vous voyant l'un à côté de l'autre, je suis encore plus persuadé qu'il pourrait causer ta ruine. Je t'ai bien regardée, et… tu as l'air détruite. Ça ne peut qu'empirer, d'ailleurs. »

Les larmes me montent aux yeux, j'ai un nœud dans la gorge. « Che ne peux rien y faire », finis-je par admettre, d'une voix brisée. Davide est là, à quelques pas de moi, et je dois me comporter comme si nous étions deux étrangers. « Tio, che suis aboureuse de lui. C'est terrible, che sais. Che ne sais pas cobbent ch'ai fait. Che n'arrive pas à ne pas penser à lui, à ne pas l'aiber, malgré tout ce qu'il b'a fait. »

Il me regarde avec de grands yeux, puis pose sa main sur mon front. « Ce doit être la fièvre. Je crois que tu délires. » Il met sa main sur mon épaule tandis que nous nous dirigeons vers la salle de réunion. « Sache que je ne te laisserai pas plonger comme ça ! Je… je te sauverai ! »

30

Le cercle des Lions disparus

Des chiffres. Des chiffres et des lettres.

Nous voilà enfin dans la salle de réunion et l'atmosphère est devenue tout à coup terriblement sérieuse, comme si on avait changé de décor, qu'on ne travaillait plus à la télé mais dans une banque.

On ne discute plus scénarios, dialogues ou créativité, mais plans et stratégies : autour de cette table ovale, mon émission est disséquée mathématiquement, et se retrouve transformée en équations correspondant à des créneaux horaires, publicités et parts d'audience.

Moi, c'est comme si j'étais sur l'autre rive, exclue des événements. J'ai l'impression que mon corps est une cuirasse rembourrée avec de la mousse.

Le brouhaha est si dense que j'arrive à en faire abstraction comme le sifflement du vent. J'entends seulement fuser de temps à autre des « hausses des rentrées publicitaires », « propositions de fusion » et « indices de satisfaction ».

Tandis que le Présidentissime nous expose avec une baguette les merveilles du monde télévisé, les yeux de Davide, de Nardi, ne quittent pas les miens.

J'essaie de toutes mes forces de m'empêcher d'interpréter son regard. D'y lire du remords, de la luxure, de la tendresse ou du chagrin.

Je me dis qu'ils ne font que refléter ce que j'éprouve. Ce que *moi seule* éprouve.

Il *n'a pas voulu profiter* de mes sentiments...

Je ne peux me fier à personne d'autre qu'à moi-même. Et encore, pas sûr, vu ma perspicacité dans mes choix, mon jugement sur les gens et sur les hommes que j'ai rencontrés.

Sur la feuille devant moi est inscrit le nom de mon émission : *Guide astrologique des cœurs brisés*.

Pourquoi dois-je toujours tomber sur des hommes qui ne sont pas faits pour moi ? Le Bon est peut-être juste là, dehors, plus près que je ne le crois, et moi, je ne fais que m'en éloigner, ne lui offrant aucune possibilité de m'approcher.

Soudain, dans le sifflement du vent, il me semble entendre un nom. Quelqu'un se lève, une chaise grince, comme une déchirure.

C'est encore le Présidentissime qui parle : « Puisque tous ceux qui travaillent sur le *Guide astrologique* sont présents, je propose de faire une courte digression sur la dernière émission. »

Davide baisse les yeux un instant sur les feuilles posées devant lui, mais trop brièvement pour que cela semble plausible. Puis il annonce : « Alors, voilà : nous avons pensé que la dernière émission de *Guide astrologique des cœurs brisés* méritait une édition spéciale. L'audience est au beau fixe... hum... sans mauvais jeu de mots. »

Personne ne rit, et en mon for intérieur je jubile de le voir faire chou blanc. Ça lui apprendra à faire de l'esprit devant un public difficile.

« Heu... nous devons donc clore en beauté, avec un invité vraiment exceptionnel.

– Le professeur Klauzen, l'interrompt le Présidentissime avec impatience. Des cliniques Klauzen. Célèbre dans le monde entier pour sa méthode de programmation des naissances.

– *LE* professeur Klauzen ? Du Klauzen Institut de Cologne ? De la Fondation Klauzen de Hambourg ? demande Tio en écarquillant les yeux, visiblement euphorique à cette nouvelle.

– Le Klauzen de tout cela et de bien d'autres choses encore, oui, confirme le Présidentissime.

– Alors nous avons peu de chances qu'il accepte de venir au studio pour que je l'interviewe.

– Ce n'est pas exactement ce qui est prévu. Klauzen est une personnalité très particulière, en plus d'être un médecin extrêmement engagé. Ce n'est donc pas lui qui viendra nous voir, mais nous qui nous rendrons chez lui. Nous enregistrerons une interview, que Marlin et Davide iront faire avec lui à Paris.

– Pourquoi pas moi ? s'exclame Tio.

– Parce que tu seras occupé ici pour l'émission, et parce que avec Marlin nous pourrons aussi faire appel à un sponsor de mode féminine. Elle pourra ainsi tourner quelques clips dans la capitale française. »

Je vois mon ami ravaler sa bile mais encaisser le coup avec classe. Fréquenter Andrea a sûrement des avantages.

« Comme Davide Nardi connaît le professeur personnellement, c'est lui qui accompagnera Marlin. » Le Présidentissime sourit d'un air satisfait. « Considérez cela comme un petit voyage de gratification, Nardi, car le mérite du succès actuel de la chaîne vous revient en grande partie, ainsi qu'à votre clairvoyance. »

Davide hoche la tête sans sourire. « Merci, monsieur le Président », dit-il. Et il poursuit : « Pour revenir à des sujets plus généraux… Au vu des récents événements, et notamment de la proposition d'acquisition présentée par le groupe World, en forte croissance sur le marché audiovisuel, il apparaît très clairement que nous avions vu juste en misant sur le renouvellement de notre offre. Les nouvelles émissions ont suscité la curiosité du public et attiré sur Love Angeles l'attention de la publicité, ce qui nous a permis d'augmenter nos parts de marché. Je suis donc heureux que ma mission s'achève à l'aube de perspectives aussi radieuses pour votre entreprise. »

Le Présidentissime applaudit avec une expression rusée, aussitôt suivi par Marlin et tous les autres. « Vous avez accompli un excellent travail, Nardi. Vous nous manquerez. »

Mon sang se fige dans mes veines, avant de se mettre à refluer brusquement dans tout mon corps.

Davide s'en va.

Davide s'en va. Son sourire en coin. Nos chamailleries et nos malentendus. Le jour où il a effleuré ma main. Le goût de ses baisers.

Je savais que sa mission était à durée déterminée, mais je n'avais aucune idée de la date finale. Je me rends compte à présent que, selon toutes probabilités, après sa mission à Paris, je ne le reverrai plus jamais.

Je me sens soudain glacée, et je sais que c'est à cause du vide, de ce creux au centre de mon âme.

Tout le monde se serre la main avec effusion, s'échange des sourires, des tapes sur l'épaule et quelques rires trop aigus pour ne pas être vulgaires. Alors que je ramasse les feuilles sur ma table, je sens des fourmis dans mes bras et mes mains.

Il me semble que tout bouge en accéléré, tandis que j'essaie de rester les pieds bien plantés dans le sol. J'ai l'impression que même la rotation terrestre pourrait m'envoyer valser.

Je fais l'effort de me lever, mais soudain mes pieds s'enfoncent et les murs se replient sur moi.

La table se rapproche d'un coup.

Et brusquement, c'est le trou noir.

31

La vengeance dans la peau (du Lion)

Je suis dans une pièce plongée dans la pénombre. C'est ma chambre. Ma chambre d'enfant, avec le bureau, le lit encastrable et la petite vitrine avec mes jouets. Un lent soupir s'échappe de mes lèvres. Ouf, tout ça n'était qu'un rêve.

Juste un rêve étrange sur ma vie future, comme dans *Dallas* : Bobby n'est pas mort, il est juste en train de prendre sa douche. Je me réchauffe dans la tiédeur de la couette légère. Aujourd'hui, c'est lundi, et à l'école nous aurons deux heures de dessin. Une chance qu'on nous laisse utiliser notre Walkman, parce que j'aime bien dessiner avec un casque.

Je sens un léger aiguillon me transpercer, la pointe d'une étrange nostalgie.

Ce sont sûrement les résidus du sommeil qui rendent mes yeux encore humides et font glisser une larme le long de ma joue. Pourtant, j'ai l'impression que quelque chose m'échappe.

« Tu as vraiment la tête de…

– Paola, calme-toi. Je comprends qu'en bonne petite Cancer qui se respecte, tu fasses ta mère poule inquiète, mais Alice ira bien, elle a juste de la fièvre.

– Non, elle n'a pas *juste* de la fièvre ! D'abord cette histoire de signes du zodiaque, et maintenant, ce type ! »

Qui sait, peut-être que papa finira par comprendre que j'adorerais avoir un magnétophone, et qu'il m'en achètera un pour Noël.

« Je te prie de ne pas mêler l'astrologie à tout ça, d'accord ? Faisons bien la distinction entre amis et ennemis. Si tu me mets sur le même plan que ce… ce spécimen de Lion, je te jure que je fais un massacre.

– Tio, tu viens de débarquer dans la vie d'Alice, tu n'as pas idée de ce que cet idiot a pu lui faire subir.

– Ohé, je suis là ! L'idiot a un prénom, il s'appelle Giorgio. Et aussi un signe du zodiaque, il est Gémeaux.

– Mais non ! Tu… tu es Lion !

– Gémeaux, je t'assure.

– Lion !

– Gémeaux.

– Tio, ce sale type est Gémeaux. Je m'en rappelle encore, de sa méga-fête d'anniversaire au bord d'une piscine, c'était un début de mois de juin.

– Tu t'en souviens, hein ? Ah, c'était quelque chose, cette fête hawaïenne. Toutes ces filles en minijupe… Moi, quand je fais des fêtes, je n'y vais pas de main morte !

– C'est bien le genre des Gémeaux, en effet…

– Oh, si, je m'en souviens, tout comme je me rappelle des deux minettes avec lesquelles je t'ai trouvé dans le bain turc. Sans leur minijupe, d'ailleurs…

– C'était un cadeau d'anniversaire. Je ne pouvais quand même pas refuser…

– Arrête, va. »

Mon Dieu, comme je voudrais qu'on soit encore dans les années 90. Je le désire de tout mon cœur. Tout était plus simple, alors. L'école, les études, les vacances, l'amour, l'avenir, tout semblait possible. La vie dont je rêvais se trouvait à portée de main et le temps était un océan illimité et sans forme qu'aucune rêverie ne pouvait combler complètement. À présent, j'ai plus que jamais l'impression que le temps est une ligne extrêmement ténue, sur laquelle je dois marcher sur la pointe des pieds, en essayant de garder l'équilibre.

En fait, je me suis juste évanouie : parce que je ne me sentais pas bien, parce que j'étais dans la salle de réunion et qu'il faisait chaud, parce que Giorgio est de retour et s'incruste de manière tyrannique dans ma vie, parce que Carlo se marie avec Cristina alors qu'il a le béguin pour une autre, parce que Tio me donne des conseils sur les compatibilités astrologiques mais que lui-même ne comprend pas l'homme de sa vie, parce que je n'aurais pas dû tomber amoureuse d'un Lion avec un thème astral aussi désastreux.

Parce que Davide va partir.

« Pantouflette ! Tu es réveillée ? »

La porte de ma chambre s'est ouverte et la lumière l'inonde violemment.

Si je ne réponds pas, si je fais semblant de ne pas m'être remise, il s'en ira peut-être.

« *Baaaaaaaaaaabeeee*, réponds-moi ! »

Mes tympans le remercient. Et c'est seulement quand je reçois une gifle que j'ouvre les yeux et la bouche, et me retrouve nez à nez avec lui.

« Tu t'es réveillée, Pantouflette ! Enfin !

– Pauvre crétin, tu l'as réveillée ! » s'exclame Paola sur le seuil de la porte.

Instinctivement, je tire la couverture jusque sous mon nez, car si je ne crains plus désormais les lavages de cerveau de ma mère, Paola s'avère bien plus dangereuse.

C'est seulement quand elle l'attrape par un bras que je remarque que Giorgio a un œil rouge et gonflé :

« Quand quelqu'un a une commotion cérébrale, on ne doit pas le laisser dormir, tu n'es pas au courant, Paolounette ?

– C'est toi qui en as une, de commotion cérébrale, depuis ta naissance. Et ne t'avise pas de m'appeler Paolounette, Pantouflounet, si tu ne veux pas te retrouver avec un talon enfoncé dans la jugulaire.

– C'est juste une petite grippe », intervient Tio qui, heureusement, semble vraiment avoir l'intention de servir de médiateur.

«Je le lui disais ce matin, que le Soleil en carré avec sa Lune de naissance pouvait causer des problèmes.

– Ça suffit, ces foutaises ! Pas étonnant que tu lui aies retourné le cerveau, après ce que tu lui as fait avaler pendant des mois ! »

Pas grave. Quand Paola empoigne son épée de Dame de l'Apocalypse, elle ne fait pas de prisonniers, et il ne reste d'autre solution à Tio que de parer le coup comme il peut : «J'ai juste essayé de l'aider, puisque son radar à mecs fonctionne encore plus mal qu'un robot Moulinex chinois. Je te rappelle que c'est toi qui lui as fait rencontrer ton collègue Bélier, ce Luca, et qu'il l'a larguée au beau milieu de leur premier rendez-vous, la laissant ivre morte dans la rue.

– Oh, bien sûr. Alors que toi, tu as fait un excellent travail avec Alejandro. C'est bien, bravo.

– Quel est le rapport ? Je lui avais dit que c'était une très mauvaise idée de sortir avec cette espèce de danseur de tango sous-développé. Ne jamais se fier aveuglément à un Sagittaire, sans avoir vérifié son thème astral. Et le sien était désastreux.

– Ce qui n'est pas le cas de celui d'Andrea… qui est maintenant *ton* petit ami.

– Tu es mesquine, Paola ! Moi, je l'avais prévenue…

– Non, Tio. Je ne suis pas mesquine, je dis juste la vérité : Alejandro n'était *pas du tout* fait pour elle, et son thème astral n'était pas compatible avec celui d'Alice. Andrea n'était *pas du tout* fait pour elle, même si leurs thèmes avaient l'air compatibles. Et pourquoi ? Parce que ce sont des personnes et pas des signes du zodiaque. Et Giorgio, alors ? Est-ce que c'était un très mauvais choix parce qu'il est Gémeaux ? Je te rappelle que tu l'es aussi !

– Il a sûrement une carte du Ciel catastrophique.

– Tu sais, j'ai un sens de l'orientation remarquable. Je n'ai jamais demandé une indication de toute ma vie, et je n'ai jamais eu besoin d'une carte routière, intervient Giorgio.

– Tais-toi ! lui crient-ils en chœur.

– J'en ai ma claque, de vous deux, éclate alors mon ex-petit ami. C'est moi qui m'occupe d'Alicette, maintenant, et personne d'autre. Cher gitan à boule de cristal, je te rappelle que tu étais complètement perdu quand Alice nous a presque fait un infarctus et que tu pleurnichais comme un gamin. Quant à toi, la Mante religieuse, tu n'étais pas encore arrivée. Tu t'es pointée après la bataille, et ça a été encore plus le chantier.

– Et toi, mon cher Gémeaux, ex-Lion, tu es arrivé au bon moment pour te prendre un coup de poing de la part de Nardi. Mon seul regret, c'est de ne pas te l'avoir donné moi-même. »

J'émerge de la couette et sors mes antennes comme un escargot timide. Ai-je bien entendu ? Pourquoi Giorgio aurait-il pris un coup de poing de Davide ? « Hum, excusez-moi d'intervenir, mais…

– Hourra ! »

Giorgio se jette sur moi comme si on venait de m'extraire miraculeusement intacte d'un tas de tôles.

« Laisse-la respirer ! »

Paola lui donne un coup de poing dans le bras.

« Dégage, sorcière !

– Arrêtez ! »

J'ai crié si fort que ma voix résonne dans ma tête. Mais au moins, j'ai réussi à leur clouer le bec à tous pendant un instant.

« Quelqu'un veut bien m'expliquer ce qui s'est passé ? »

Depuis le refuge de mon petit lit, je regarde mes trois suspects avec méfiance. Leurs comptes rendus ont la saveur de ces films où la vérité est racontée sous plusieurs angles, sans qu'on sache réellement où elle finit et où elle commence.

VERSION DE PAOLA : « Candy, l'appel aux armes »

J'étais chez ma mère pour l'aider à préparer des lasagnes. Tu vois les lasagnes de ma mère ? Tu sais aussi que ça fait une éternité que je la supplie de me donner sa recette. Après avoir été opérée du tendon d'Achille la semaine dernière, elle a compris qu'elle n'était pas immortelle et qu'elle risquait d'emporter son secret dans la tombe. Alors elle s'est enfin décidée à cracher le morceau. Tu peux donc imaginer que quand j'ai reçu le coup de fil de Tio, j'ai renoncé à un événement de haute importance pour venir te tirer d'affaire.

J'ai donc posé mon rouleau à pâtisserie et je me suis précipitée dehors. Heureusement, j'ai toujours une mallette de premiers secours dans ma voiture. Mieux vaut être prévoyant…

Quand je suis arrivée à Love Angeles… Mon Dieu, je me suis demandé si mes seules forces suffiraient à les sauver tous autant qu'ils étaient. J'ai serré la mallette contre mon cœur et me suis frayé un passage au milieu de cette foule hurlante, jusqu'à ce que je te découvre enfin, dans les bras de Tio qui te secouait en pleurant comme un désespéré. « Parle-moi, Alice ! Parle-moi ! » criait-il.

Il était tellement sous le choc que j'ai dû le gifler. « Écoute-moi bien, il faut que tu la laisses respirer. Je suis là, maintenant. Je vais m'en occuper. D'accord ? »

Ah, les hommes, ils ne tiennent pas une seconde quand quelqu'un se sent mal. Giacomo s'enfuit dans la cave aux premiers symptômes de coliques de Sandrino.

Un évanouissement n'est peut-être pas comparable à une crise de diarrhée chez un nouveau-né, me dis-je. Mais j'aime bien Paola, et je comprends qu'elle soit ravie quand elle peut jouer au Petit Chirurgien. Je la laisse donc me toucher le front pour évaluer si j'ai de la fièvre, ouvrir ma paupière inférieure et observer mon œil avec la détermination d'une sorcière.

« Après avoir appelé l'ambulance, continue Paola, je l'ai vu. Lui. Ton ex. Cet imbécile était en train de se battre avec tout le monde à droite et à gauche, dans tout l'open space. Un spectacle honteux.

– Honteux, c'est le mot ! l'interrompt Giorgio. Il y a des gens qui n'ont pas la moindre idée des règles de base du combat au corps-à-corps. »

VERSION DE GIORGIO : « Rambo Apocalypse… Now ! »

Milan. Merde. Me revoilà à Milan. À chaque fois, je me dis que je me réveillerai à nouveau dans la jungle.

Je renifle l'air à pleins poumons. Je sens sur ma peau des ondes inhabituelles. Le silence est trop intense. Trop irréel. Bref, trop de silence intense et irréel pour que mes sens ne soient pas en train de me signaler qu'il va se passer quelque chose. Et quand mes sens me disent qu'il va se passer quelque chose, eh bien, vous pouvez parier qu'il va se passer quelque chose.

Je respire à fond. J'adore l'odeur du napalm le matin. Pour moi, c'est le parfum de la victoire. Il est douze heures quarante-cinq, la matinée est légèrement entamée. Tant pis.

Deux femmes, deux civiles, me surveillent. Des espionnes, à mon avis. Je m'approche d'elles et j'essaie de les distraire avec la vision de mes muscles bandés pendant que je pratique quelques mouvements de baji quan.

« Tu te souviens du baji quan, Pantouflette ?

– Le baji quoi ? demande Tio.

– Baji quan. Un art martial chinois. Dont je suis, en toute modestie, passé maître. J'y ai été initié quand j'étais en Chine et que je faisais de la lutte dans les cages.

– Dommage qu'ils les aient ouvertes après, les cages. »

Giorgio regarde Paola d'un air farouche, comme pour la foudroyer du regard. Il a l'air de lui en vouloir de ne pas voir en lui un maître en techniques de guérilla, le meilleur en matière de fusils, de couteaux et de combat à mains nues…

VERSION DE GIORGIO, SUITE

Malgré la présence des deux civiles qui essaient d'obstruer mon champ de vision, j'aperçois quelque chose à neuf heures. Un indi-

vidu de presque deux mètres de haut est en train de t'emporter dans ses bras.

Il s'est approprié ma mission.

Pas le choix. Je lui tombe dessus en criant : « Dieu pardonne, moi non ! » En chinois, évidemment. Histoire de me mettre en condition.

Après t'avoir arrachée de ses griffes, j'essaie de te ranimer dans un élan désespéré. Tu ne respires plus. Tu as de la chance, parce que j'ai une sorte de master de médecine d'urgence, et je connais tous les gestes à exécuter en cas d'arrêt cardiaque. Et même si j'ai oublié mon couteau à cran d'arrêt, avec lequel je t'aurais pratiqué un trou dans la gorge pour t'aider à respirer, je m'applique corps et âme à te faire du bouche-à-bouche et un massage cardiaque.

« Avec ce massage, il aurait fini par te casser les côtes, si Nardi, qui essayait de t'amener sur le canapé près de la fenêtre, ne lui avait pas filé un coup de poing.

– Tais-toi, l'homme-au-mascara.

– Espèce de couillon, elle s'était juste évanouie et toi tu voulais lui ouvrir la gorge ! »

VERSION DE GIORGIO, SUITE

J'essaie de me libérer, mais ils sont huit sur moi, à tenter de calmer ma fureur. Une fois libre, je me jette sur l'homme qui m'a donné un coup de poing et empêché de te porter secours. Je ne vois plus rien, à cause de la fumée et du sang.

« En ville, tu fais la loi, je lui dis. Ici, c'est moi. Alors fais pas chier. Fais pas chier ou je te ferai une guerre comme t'en as jamais vu. » C'est une réplique de Rambo. *Je le connais par cœur.*

« Évidemment, je le lui ai crié en chinois, Pantouflette. Tu sais bien que quand je suis en colère, ça me vient toujours en chinois. »

Tout à fait. Giorgio parle chinois. Et lituanien. Il est spécialiste en arts martiaux. Il a un diplôme de sciences politiques et un autre en histoire des philosophies orientales, etc. C'est vrai qu'à première vue il peut passer pour un crétin (ce qu'il est). Cependant, comme un croisement entre Rain Man et l'Homme qui valait trois milliards, il a engrangé une quantité innombrable de notions hétéroclites qui, bien qu'exceptionnelles, lui sont complètement inutiles.

D'après Paola, son cerveau devrait être légué à la science, mais alors sans tarder, pour rendre service au monde entier.

Autrefois, ces lubies le rendaient prodigieux à mes yeux. Je pensais qu'à ses côtés j'allais vivre une existence insolite, rocambolesque, passionnante. Il m'a fallu des mois de Paola-thérapie pour me réveiller, et un cours de yoga pour retrouver un semblant de sérénité.

Malgré tout, je suis incapable de le détester. Quand on était ensemble, Giorgio m'a donné l'impression d'être la plus belle femme du monde. Il m'a offert une existence que de nombreuses Cendrillon invétérées vivent par procuration à travers les romans à l'eau de rose ou les récits des magazines féminins. La secrétaire timide qui rencontre le cheikh. La barmaid qui se marie avec le prince héritier de la lignée Machin-Truc. La productrice de télévision qui épouse le milliardaire extravagant rescapé d'un mariage raté. Dommage que son mariage, ce soit lui (plus d'une fois à ce qu'il semble) qui l'ait fait rater, en s'y appliquant avec un certain dévouement.

« Mais Alice, comment tu as fait ? Comment tu as fait pour récupérer un mec comme lui ? s'indigne Tio en me désignant Giorgio. Après tout ce que je t'ai appris ! »

VERSION DE TIO : « Espace, dernière frontière… »

Date du calendrier julien 2.456.402,92. Latitude 45° 28′, Longitude 9° 12′. Planète Terre.

Le comportement de la Balance m'avait déjà causé du souci les semaines passées, et pas seulement parce que le transit négatif de Mars sur Uranus indiquait sans aucune ambiguïté possible qu'elle était encline à prendre de mauvaises décisions. C'est surtout parce qu'elle-même avait avoué qu'elle était sortie avec un Lion ascendant Balance. À savoir un homme dont le thème astral, combiné avec le sien, pouvait produire des effets potentiellement désastreux.

Alors ce matin, après avoir vérifié scrupuleusement son horoscope, j'ai décidé de l'attaquer de front, dans l'intention d'alléger son transit négatif avec sa Lune de naissance, tout en l'assurant de mon soutien absolu, envers et contre tout.

Ce n'est pas mon genre de me tromper aussi magistralement de signe du zodiaque, mais la Balance avait pris toutes les mesures pour jeter le trouble : elle m'avait fourni, dans cette optique, une date erronée, et mon Mercure en Taureau s'est chargé du reste en me rendant obstinément aveugle.

Fâché contre elle, je me suis tenu à l'écart à la fin de la réunion, au lieu d'exprimer mes plus vives félicitations sur notre succès, comme la position de Saturne dans sa carte du Ciel l'avait annoncé. Je n'avais pas trop accordé d'importance à la charge excessive de son Soleil en carré avec sa Lune de naissance, qui a fini par provoquer son évanouissement.

Malheureusement, j'ai Neptune en Sagittaire, ce qui m'empêche d'intervenir rapidement dans certaines situations. Mais lorsque l'autre Gémeaux a engagé une lutte sans merci avec…

Tio me regarde, l'air hésitant. « Avec… Nardi », dit-il. Puis il secoue la tête dans ma direction et murmure : « Le Lion. Le Lion a essayé de te protéger. »

Je me mords les lèvres et baisse les yeux. « Continue… »

Mais il n'en a pas le temps, car mes parents font irruption dans ma chambre, tout chamboulés. « Tu passes à la télé ! » s'exclame ma mère en appuyant sur le bouton de la télécommande du téléviseur de ma chambre.

Je n'en crois pas mes yeux : au journal de 20 heures, on évoque une bagarre survenue « dans les studios d'une célèbre télévision locale ».

« Oh, mon Dieu. »

Lorsque le reportage commence, on se croirait dans *Bowling for Columbine*. Ou dans un film de guerre tourné par Lars von Trier, avec caméra à l'épaule et plans serrés. L'un des journalistes explique en direct que son technicien et lui sortaient d'une interview avec un footballeur, lorsque leur attention a été attirée par des cris provenant de l'open space de la zone administrative de la production. Derrière lui, on entrevoit mes pieds.

« Oh, mon Dieu », ne puis-je m'empêcher de répéter. Mon père me tape sur l'épaule pour me réconforter. « Il me manque une chaussure ! On me filme, je passe à la télé… et il me manque une chaussure ! » En plus, je suis blanche comme un linge et j'ai la bouche entrouverte. Ne manque qu'un filet de bave dégoulinant de mes lèvres : un véritable désastre. Furax, je fusille Tio du regard, car c'est lui qui me tenait dans ses bras. « J'ai les cheveux en travers du visage. Tu ne m'as même pas fermé la bouche ! »

Il se couvre le visage de ses mains. « Pardon ! » dit-il, et il éclate en sanglots. « J'ai eu tellement peur ! »

Puis, rapide comme une fouine, Paola apparaît sur l'écran : avec ses nattes blondes, sa mallette de premiers secours, son blouson et ses bottes en cuir, on dirait Candy en version Manga Cyberpunk.

Sur l'un des plans, on aperçoit furtivement Giorgio. Il se détache d'un groupe indistinct de personnes ; il avait dû monter sur un bureau, et il se jette ensuite en hurlant dans la mêlée.

« Hé, hé, tu as entendu, Pantouflette ? *Shandi de khuanshu, wo bu zhidao !* s'exclame-t-il. Ça en jette, hein ? Je leur en ai mis plein la vue. »

J'arrive juste à murmurer : « Oh, mon Dieu » pour la troisième fois, comme un mantra. Puis je me réfugie sous les couvertures. Je voudrais disparaître complètement.

J'entends encore leurs voix. Des mains se posent sur moi.

Non. J'ai encore de la fièvre.

« Allez-vous-en, dis-je. Partez tous. »

Ici, une solution urgente s'impose. Une prise de position franche. Une idée de génie. Un changement d'identité. Un programme de protection des témoins.

Ma seule pensée, c'est que je viens de me ridiculiser en mondovision.

Et Davide qui s'est jeté sur Giorgio pour me défendre. Ou seulement parce que Giorgio l'avait agressé ?

Une femme qui s'évanouit ne peut pas raisonnablement s'empêcher de penser que celui qui la ramasse est son chevalier servant.

Foutaises. Je devrais plutôt me concentrer sur des choses importantes, comme la lettre d'avertissement qui est sûrement en cours d'acheminement vers chez moi. Et encore, si j'ai de la chance, car Giorgio ayant fait trébucher le Présidentissime durant cette rixe de saloon, tous les éléments pour justifier un licenciement sont réunis.

Comment a-t-on pu en arriver là ?

Paola a raison quand elle dit que je dois apprendre à m'aimer, à ne pas laisser les gens envahir mon territoire. Mais d'un autre côté, Tio a raison, lui aussi, lorsqu'il dit que la générosité est inhérente à mon thème astral. C'est la Lune en Poissons qui me rend extrêmement gentille et prédisposée à prendre soin des autres.

Par exemple, je ne pourrais jamais jeter Giorgio à la rue, même après tout ça. S'il y a bien une chose que j'aie apprise de Tio et de ses enseignements, c'est que le germe de notre individualité est déjà inscrit en nous au moment de notre naissance. Malheureusement, cette tendance au décalage total fait partie intégrante de la nature de Giorgio. Au fond, il n'est pas méchant, juste un fervent adepte de l'hédonisme le plus extrême. Se refuser un plaisir reviendrait pour lui à frapper un enfant ou voler la retraite d'une petite vieille : un crime contre la morale.

Quand on y pense, tout est clair comme de l'eau de roche.

Quand j'ai regardé la carte du Ciel de Giorgio, il y a quelques jours, j'ai trouvé des correspondances qui m'ont fait dresser les cheveux sur la tête : la maison VI en Lion évoquait son amour pour les objets de luxe; et c'est Mars en Cancer qui détermine son trait de caractère vaguement tyrannique et sa possessivité si tenace dans les relations. Et Davide ? Avec Jupiter en maison IX, il apparaît comme une évidence que sa vie est jalonnée de déplacements, tandis que Vénus en maison XII explique clairement son allergie aux relations trop exclusives. Barbara ne l'obligera jamais à vivre avec elle, pour ne pas perturber l'éducation de ses enfants et, pour la même raison, elle ne lui demandera jamais d'en faire d'autres avec elle, afin de lui laisser sa liberté d'action. Quant à Alejandro, je n'ai pas grand-chose à en dire. Les correspondances, une fois que j'ai appris à les lire, brillaient comme un phare dans la nuit : sa maison VIII en Cancer, jointe à la Lune en maison III et à Mercure et Vénus dans la maison I, soulignait à la manière d'un gyrophare son besoin désespéré de plaire, le lien indéfectible entre son narcissisme et sa sexualité. Voilà pourquoi il passe sans cesse d'une femme à une autre.

Faut-il encore d'autres preuves, Votre Honneur ?

Dorénavant… ce sera le zodiaque ou la mort.

CAPRICORNE

Doté du sens de l'humour d'un sèche-linge, l'homme Capricorne cache toutefois deux qualités assez rares : il est sérieux et fidèle. Et il veut sincèrement se caser. Avec vous. Surtout après avoir vérifié votre déclaration de revenus et constaté que vous êtes sur le point d'hériter du patrimoine considérable de votre vieille tante octogénaire. Alors préparez la robe blanche… et le contrat de mariage.

32

Tout ce que vous avez toujours voulu savoir sur le zodiaque (sans jamais oser le demander)

« … Je déduis donc de votre date de naissance que vous êtes… »

Je mordille le bout de mon stylo sans le perdre de vue.

« Poissons.

– Poissons… » Je répète son signe tout en tapotant sur ma tablette. « Pouvez-vous me dire l'heure et le lieu, s'il vous plaît ?

– Je suis né à Milan aux environs de trois heures de l'après-midi, me semble-t-il.

– Très bien. »

Je fais une rapide recherche sur Internet et me plonge dans ma lecture.

L'homme en face de moi soupire : « Bon, mademoiselle, je vous les coupe, oui ou non, ces cent grammes de jambon ? À moins que vous ne vouliez aussi savoir combien je pesais à la naissance ? »

Je relève la tête brusquement et l'observe attentivement, les yeux mi-clos. Puis je me mords les lèvres. « Humm… non. Il ne vaut mieux pas. » Et après l'avoir rapidement salué, je lui tourne le dos et sors en hâte de la boutique.

Avec lui, ça fait cinq. Je devrais peut-être songer à changer d'appartement, ou de quartier, parce que ça commence à devenir invivable.

En effet, l'autre jour j'ai découvert que mon coiffeur a sa maison VIII en Poissons, ce qui pourrait signifier qu'il se drogue. À en juger par les coiffures de certaines de ses clientes, c'est fort probable.

J'ai remarqué également que le boucher a un teint vaguement situé entre le jaune citron et le vert asperge, et mes soupçons ont été confirmés lorsque j'ai découvert que sa conjonction Saturne-Pluton favorise les maladies rares. Je ne voudrais pas avoir à me soigner d'une maladie dont je n'arrive même pas à prononcer le nom.

En plus, j'ai dû demander à l'Agence de santé locale de changer de médecin traitant : le mien avait Mercure en Gémeaux, ce qui donne tout lieu de se méfier, car c'est souvent le signe d'un caractère superficiel.

Et maintenant, voilà que le charcutier est Poissons ! Tout le monde sait bien que les natifs des Poissons ont déjà un tempérament de menteurs, alors avec Vénus en Capricorne, leur côté froid et calculateur est exacerbé.

Bref, j'ai dû me farcir au moins cinq kilomètres à pied et, en rentrant chez moi, je suis épuisée et très tentée de laisser sonner mon téléphone dans mon sac. Mais j'ai reconnu la sonnerie de Paola, et je ne voudrais pas qu'elle croie que je l'évite encore.

« Pourquoi es-tu si essoufflée ? me demande-t-elle en m'entendant pousser un gémissement.

– J'ai dû arpenter tout le quartier pour faire les courses.

– Il n'y a pas un supermarché près de chez toi ?

– Hum, si, mais… Tu as vu le nombre de personnes qui y travaillent ? Je ne pourrais pas vérifier tous leurs horoscopes.

– Écoute, Alice, tu commences à m'inquiéter, avec cette histoire de zodiaque.

– Évidemment.

– Comment ça, évidemment ?

– Évidemment. C'est de la faute de ton Neptune en Scorpion, qui exacerbe ton émotivité.

– Oh, s'il te plaît !

– Je savais aussi que tu allais me faire cette réponse. C'est à cause de l'aspect négatif entre Mercure et Pluton : tu es pleine de préjugés.

– Oh, mince alors. Tu as l'air complètement possédée. *Tio*, sors de ce corps ! Puis-je parler avec Alice ? MON Alice ? »

Je me mets à rire. Tôt ou tard, j'arriverai à expliquer à Paola que, pour la première fois de ma vie, je sens que je dispose d'un instrument qui me donne de l'assurance. Tout me semble un peu plus facile, avec l'astrologie. Je ne dis pas qu'il est mathématiquement impossible d'avoir des emmerdes, mais c'est sans aucun doute une manière de limiter les risques. « Mais oui, bien sûr, je plaisantais, lui dis-je pour la rassurer. Tu sais qu'aujourd'hui j'ai reçu un coup de fil de ce mec, l'ami de Karin… celui qui veut me proposer un rendez-vous ? »

Elle semble se ranimer. « Vraiment ? Tenace, le garçon, après avoir été rembarré trois fois au téléphone.

– En fait… huit. Mais ce n'est pas de ma faute s'il appelle toujours au mauvais moment. Je vais enfin le rencontrer. On a rendez-vous demain soir. »

Silence radio à l'autre bout du fil.

« Paola ?

– Oui, je suis là. Et Pantouflounet, qu'est-ce qu'il en pense ? Parce que Babe le petit cochon péteur est toujours en mode bivouac sur ton canapé, pas vrai ?

– Tout à fait. *Sur mon canapé*, Paola, pas dans mon lit. » Je pose mes sacs sur le paillasson et, calant mon téléphone entre mon épaule et mon oreille, je me mets à chercher mes clés. « Je te rappelle qu'on n'est plus ensemble, Giorgio et moi. Je l'héberge en tant qu'amie. Je n'ai aucune intention de me remettre avec lui.

– Le ciel soit loué, il y a donc encore des signes d'activité cérébrale au milieu de tout ce chaos astrologique.

– L'idée ne te traverse même pas que c'est justement *grâce* au chaos astrologique, comme tu l'appelles, que je raisonne ? Il a Uranus en maison VII, dieux du ciel ! Les relations le terrorisent. Et j'ai déjà éprouvé dans ma chair notre carré entre Mars et

Pluton… Aucune relation stable ne pourra jamais exister entre nous.

– OK, OK, il me suffit de savoir qu'il ne s'approche pas trop de toi. »

Je soupire et glisse enfin la clé dans la serrure. « En tout cas, tu n'es pas généreuse à son égard. Le pauvre, avec tout ce qu'il subit…

– Oh, non ! Je ne veux pas entendre "le pauvre". Si tu ne fais pas attention, il finira par avoir ta peau. »

Cette fois, j'éclate de rire. « Écoute, il pourrait bien pleurer en chinois, ce qu'il a déjà fait, d'ailleurs, qu'il n'arriverait pas à m'émouvoir : ce soir je suis exténuée, je veux juste prendre un bain chaud et me glisser dans mon pyjama pour le restant de l'après-midi. En plus, il est sorti. Il cherche du boulot, et je lui ai trouvé un entretien dans un resto.

– Heureusement, comme ça dès qu'il sera économiquement indépendant, il n'aura plus d'excuses pour vider ton frigo. »

Je soupire et rentre chez moi. Paola est têtue. Je déteste son Mars en Cancer. Pinochet était plus malléable, à mon avis.

Je suis à peine entrée que deux mains alertes s'emparent de mes sacs de courses. De surprise, je lâche mon téléphone qui tombe par terre.

« Alice, c'était quoi ? Tout va bien ? grésille la voix de Paola.

– Oui, ce n'est rien… Mon téléphone a glissé. C'est Giorgio qui m'aidait avec les courses…

– Il ne devait pas être dehors, ce barge ?

– Oui… Mais il a dû rentrer plus tôt. »

Après avoir dit au revoir à Paola, je suis le sillage des citrons tombés d'un sac, jusqu'à la cuisine. « Comment s'est passé ton entretien ?

– Je n'y suis pas allé. »

Giorgio déchire les sacs pour en sortir les provisions.

« Hé, attends, je m'en servais pour faire le tri sélectif ! Comment ça, "tu n'y es pas allé" ? Pourquoi ?

– Je t'ai écrit un poème.

– Un poème ? Enfin, Giorgio !

– Chuut. Écoute. »

Il fouille dans la poche de son pantalon et en sort un Post-it. « *Souris-moi encore, et serre mon cœur entre tes lèvres. Frappe-moi de ton ironie cohérente. Ton cœur léger. Désormais je n'espère plus en sortir indemne. Le miroir de tes yeux. Ta french manucure, entre ton sourire et ma mélancolie.* »

Ça, pour être joli, c'est joli. On dirait que c'est tout droit sorti d'un générateur automatique de conneries. Je dois en avoir encore plein mes tiroirs, de ses exubérances créatives. Il m'en écrivait surtout quand il devait se faire pardonner. Comment dire, les vieilles habitudes… « Merci. Je le ferai encadrer, dis-je en le lui arrachant des mains. Alors, je peux savoir pourquoi tu n'es pas allé à ton entretien ? Tu te rappelles que tu m'avais suppliée de t'en décrocher un ?

– Euh, oui, fait-il en fouillant entre les œufs et le papier toilette. Alice, dans un restaurant pour faire la plonge ! On ne peut pas dire que tu t'es donné beaucoup de mal, hein… »

Je pousse un gros soupir et retire le dentifrice du tiroir à couverts où il l'avait rangé.

« Giorgio Pifferetti ne peut pas être plongeur. Giorgio Pifferetti est destiné à de grandes prouesses. Non mais franchement, Giorgio Pifferetti, plongeur ? Avec ce physique de rêve, ce cerveau de rêve… Ils cherchaient un sommelier, je te signale, et comme tu m'as dit que tu avais l'agrément des sommeliers italiens, j'ai pensé que le vin t'intéressait.

– Ça m'intéresse. De le boire. Surtout si c'est un Cristal Louis Rœderer, accompagné d'huîtres bretonnes. Mais sommelier ! Autant dire serveur.

– Tu m'avais dit que n'importe quel boulot te conviendrait. Et tu sais combien c'est difficile de trouver quoi que ce soit en ce moment.

– Qu'est-ce que tu racontes ? me répond-il d'une voix de

fausset. Tu n'as pas confiance dans ton Pantouflounet, Pantouflounette ? Tu verras que je trouverai beaucoup mieux. »

Il m'embrasse sur la joue et quitte la pièce, laissant un œuf rouler sur la table. Je l'attrape au vol, avant qu'il ne s'écrase en omelette.

Que dire ? Pas facile de raisonner avec quelqu'un qui a le Soleil en maison II, et en même temps un aspect négatif entre Saturne et Neptune : s'il est très ambitieux financièrement, il est aussi complètement nul sur les questions pratiques.

Pour être vraiment sincère, je n'ai aucune envie de me disputer avec lui. Je vais devoir passer un coup de fil d'excuses à Alfredo, mon ami restaurateur. Il n'est rien que quelques sourires et quelques œillades ne sachent réparer.

Au moment où je me glisse dans un bain bien chaud, une question fuse derrière la porte de la salle de bains :

« Qu'est-ce que tu fais, Super-Pantouflette ? »

Oh, parfait, je peux considérer que j'ai réussi ma vie, maintenant que je suis une pantoufle avec des super-pouvoirs. « Je suis épuisée, je prends un bain, puis j'irai me détendre devant la télé.

– Ah non, dit-il sur un ton débordant d'enthousiasme.

– Ah non ?

– Ah non, parce que ton Pantouflounet t'offre une soirée inoubliable.

– Où ça ?

– C'est une surprise ! »

J'adore les surprises. Enfin, en règle générale. Le prénom de Giorgio associé au mot surprise me donne des frissons. « Je ne suis pas sûre de... »

La pluie déferle sur la voiture avec tant de violence que les essuie-glaces n'ont pas le temps de l'évacuer. Je n'y vois strictement rien. Je conduis, le nez presque collé au pare-brise, et découvre comme un mirage le panneau HALTE STATION ESSENCE

À 3 000 M. Dieu soit loué, après trente kilomètres sous un véritable déluge, nous sommes arrivés à Milan.

Giorgio ne s'est aperçu de rien. Affalé sur son siège, il ronfle depuis que nous sommes montés dans la voiture. Il s'est endormi cinq mètres avant qu'on sorte du parking, comme un enfant. Ou plutôt comme un adulte qui a ingurgité quatre bières, deux caipiroska et huit (vous ne rêvez pas, huit !) shots de sambuca. « Je crois que tu devras conduire, Pantou, m'a-t-il dit en se jetant sur le siège arrière, où il s'est aussitôt allongé.

– OK », ai-je soupiré.

Mais je n'arrive pas à lui en vouloir.

Un flot d'adrénaline coule encore dans mes veines, et je me sens si légère que ce déluge me donne l'illusion que je pourrais faire le Paris-Dakar. Si je crevais un pneu, j'arriverais peut-être à le changer toute seule. Enfin, mieux vaut ne pas tenter le diable en lui donnant des idées.

Au début de la soirée, j'avais rechigné devant le trou à rats dans lequel Giorgio m'amenait. Nous formions un couple bien étrange, lui rayonnant, et moi boudeuse. Je tirais la tronche depuis que j'avais compris que ma « soirée inoubliable » se passerait dans un bar louche sur la nationale, un de ces bunkers psychédéliques pleins de *ravers* du dimanche, avec des néons, des barmans en patins à roulettes, le mégot aux lèvres, et des flippers aux improbables bruits métalliques qui se mêlent au *boum-boum* de la musique.

Je ne me suis pas sentie particulièrement plus à l'aise lorsqu'il m'a entraînée à la caisse, où une fille qui planait, avec un léger duvet sur les lèvres, nous a soufflé au visage une bouffée de cigarette électronique, avant de nous dire : « Suivez-moi. »

Dans la cave.

« Euh, pardon ?

– Avec ça tu vises, et avec ça, tu tires, m'a répété la fille moustachue, presque impatiente, en me remettant une arme. Et tu dois courir, ma belle. Sinon, c'est les autres qui te choperont et te sécheront sur place. »

J'ai lancé un regard inquiet à Giorgio, tandis qu'elle me serrait dans un corset en plastique avec des capteurs, dans le style de *Tron*.

« Tu ne vas pas mourir vraiment, Pantouflette, a-t-il ricané. C'est juste que ton fusil est bloqué et que tu ne peux pas tirer pendant cinq ou dix secondes. »

L'énergumène m'a soufflé à la figure une autre bouffée de faux tabac au menthol. Puis elle a souri. « Non, Pantouflette. Tu ne vas pas mourir. Mais tu dois te bouger le cul. »

Bref, j'ai appris que Giorgio avait rendez-vous là avec une quarantaine de fans de jeux vidéo qu'il a rencontrés sur un forum en ligne.

Divisés en deux équipes, nous avons couru à perdre haleine pendant quarante-cinq bonnes minutes, si je ne m'abuse. À côté, Jane Fonda peut bien aller se rhabiller. Je suis en nage. Mais je me sens légère comme jamais.

En plus, on a gagné. Je n'aurais jamais pensé que ce genre de jeu pouvait se révéler si thérapeutique.

C'était comme de retomber en enfance, je l'avoue. Giorgio est vraiment doué pour ce genre de choses. Ces trouvailles font partie de ce charme qui m'avait tellement frappée lorsque je l'avais rencontré. Sa faculté de savoir encore s'amuser, sans trop se prendre au sérieux.

Ainsi, en plus d'avoir sympathisé avec une bonne partie du groupe et fait des *high five* comme les rappeurs américains grâce à une bande de jeunes du quartier Quarto Oggiaro, j'ai pu oublier le désastre de ma vie amoureuse pendant une heure. Non, que dis-je, pendant toute la soirée.

Évidemment, c'est moi qui ai dû tout payer, les huit shots compris.

Paola dirait que je me suis encore fait avoir, mais moi je dis que Giorgio est parfois assez utile. Au fond, ça m'a coûté moins cher qu'une séance chez le psy. Et sur ce point, ni Paola ni sa conjonction négative entre Mercure et Uranus n'auraient pu faire objection.

33

Le dernier des Lions

Je suis réveillée par une étrange odeur de friture. J'essaie de me pelotonner sous les couvertures en me raccrochant à mon rêve, mais lorsque je regarde Davide sur le bord de mer, où souffle un vent qui gonfle mon jupon scintillant, je le vois porter à ses lèvres une pinte de bière.

Il porte un short-salopette et un chapeau tyrolien à plumes.

C'est un rêve, aucune raison d'être troublée. S'il se mettait à chanter *Edelweiss*, je serais heureuse de pouvoir me joindre à lui, pour faire les chœurs comme Julie Andrews. Mais il me prend la main, la porte à sa bouche et, me regardant dans les yeux, il déclare…

« Coucou, Pantouflette. »

Puis il m'embrasse.

Ses lèvres sont chaudes, brûlantes, et ont goût de… Knacki à la moutarde.

Il pourrait bien avoir un goût de citronnelle, je continuerais de l'embrasser volontiers. Mais en sentant un objet métallique et pointu contre mes lèvres, je suis bien forcée d'ouvrir les yeux.

« Aaah, bravo ! »

Giorgio, en caleçon, à califourchon sur mon ventre, essaie de m'assassiner avec une fourchette pointée sur mon visage.

Je pousse un hurlement et envoie valdinguer la fourchette en même temps qu'un morceau de Knacki, tandis que la moutarde gicle par terre.

« Je t'ai préparé le petit déjeuner, Pantou ! »

Je grimace et regarde mon téléphone, que j'ai mis à recharger sur ma table de nuit. « Des saucisses à six heures vingt-cinq un dimanche matin ?

– *English breakfast*, ma chère.

– *Italian vaffanculo* », lui dis-je avant de me réfugier comme un chat sous les draps.

Malheureusement, je ne parviens qu'à dormir une demi-heure supplémentaire : le barouf en provenance de la cuisine n'est pas vraiment propice au sommeil.

Une fois debout, je lui demande : « Qu'est-ce que tu trafiques, à la fin ? » Giorgio, en maillot de corps et tablier de cuisine avec l'inscription EMBRASSEZ LA CUISINIÈRE par-dessus son caleçon, a plongé son bras dans le croupion d'un poulet aux mensurations impressionnantes.

« Dinde farcie. Pour Thanksgiving », me répond-il, comme si c'était la chose la plus naturelle du monde, même si nous sommes en Italie, à la fin du mois de mai.

« Thanksgiving… ça ne tombe pas au mois de novembre ?

– Moi, je veux te *remercier* maintenant. Alors je prépare une dinde farcie. »

Je ne sais pas trop comment le lui annoncer, car il pourrait mal le prendre. « Giorgio, je suis déjà prise à midi… »

Il s'immobilise, la main toujours fourrée dans la dinde. « Comment ça ? Tu sors ? Et moi ? »

Vais-je devoir lui expliquer que je voudrais encore avoir une vie sociale ? Je suis désolée de le décevoir, mais la réalité, c'est qu'après trois semaines passées dans mon mini-appartement avec lui, je ressens plus que jamais le besoin de rester seule. Manger ce que je veux, à l'heure que je veux, sortir avec mes amis sans devoir le prévenir deux jours à l'avance, ou tout simplement regarder un film sans avoir à lui demander son avis (ce qui devient difficile avec lui, quand le film en question n'a pas sa dose de fusillades, de combats au corps-à-corps, de technologie militaire avancée, de Bruce Willis ou de Steven Seagal).

« J'ai déjà préparé la farce. Coupé les pommes de terre. Assaisonné la salade. Je croyais qu'on passerait la journée de dimanche ensemble. Tu te fiches royalement que je me sois démené toute la sainte journée ! »

S'il ose me dire que « cette maison n'est pas un hôtel », je jure que je me mets à hurler.

« On peut savoir avec qui tu sors ? me demande-t-il en croisant les bras sur sa poitrine.

– J'ai un brunch avec Tio et Andrea, prévu de longue date.

– Alors tu m'abandonnes ici pour ton fan-club.

– Fan-club ! Tu rigoles ou quoi ? C'est un brunch entre amis, Giorgio.

– Entre hommes. Ce qui veut dire qu'ils penseront tout le temps au sexe. »

C'est possible, mais connaissant Tio et Andrea, ce n'est pas à une partie de jambes en l'air en ma compagnie à laquelle ils penseront. Loin de moi pourtant l'idée de discuter de ça avec Giorgio.

Je ferme les yeux pour éviter son regard, puis me glisse dans la cuisine. Avant de poursuivre cette conversation, j'ai besoin :

A) d'une perfusion de café ;

B) et de mon ordinateur, pour vérifier les éphémérides et les conjonctions planétaires du jour.

J'ai plusieurs transits positifs de planètes, c'est incroyable ! Dommage qu'aujourd'hui je ne travaille pas. Avec Saturne sur Uranus, ça vaudrait la peine d'en profiter. Mais le plus intéressant, c'est le transit de Jupiter sur Pluton, qui prévoit d'imminents changements créatifs dans ma vie et pourrait me faire obtenir la faveur d'une personne importante.

« En résumé, Pantouflette, c'est tout l'effet que ça te fait ? Qu'est-ce que je vais faire, moi ?

– Déjà, pour commencer, tu pourrais chercher du boulot. »

Au mot « boulot », je le vois pâlir et – oui, oui, je ne rêve pas – trembler. « Je m'y mettrai la semaine prochaine. J'avais organisé un après-midi parfait pour tous les deux. Toi et moi à la maison, tranquilles, avec des jeux de société : Puissance Quatre, quelques parties de rami… »

Tout en me glissant sous la douche, je me demande encore comment je suis capable de renoncer à une journée si excitante. J'avoue que ça m'ennuie quand même qu'il se soit donné tant de mal pour rien. En sortant, toute saucissonnée dans mon peignoir, je suis sur le point d'aller m'excuser. Mais je l'aperçois dans un coin du salon en train de parler à voix basse au téléphone avec quelqu'un. En me voyant, il bondit en arrière. « Salut, Alice, tu t'en vas ? me demande-t-il, embarrassé et agité. Salut, alors ! Salut, hein !

– Je sors juste de ma douche, Giorgio. »

J'ai d'ailleurs encore ma serviette sur la tête.

« Ah, OK… comme tu voudras. » Il me tourne le dos, ouvre la porte-fenêtre et sort sur le balcon. « Vous disiez, maître ? »

Tout en terminant de m'habiller, je l'entends aller et venir dans le couloir, et passer d'autres coups de fil. Au moment où je lui dis au revoir sur le seuil, il se tourne vers moi et me regarde d'un air grave. « Est-ce que quelqu'un t'a appelé dernièrement et a demandé à me parler ? »

Je hausse les épaules. « Non.

– Alors, salut. Bon déjeuner. »

« Tu t'es mis dans la tête que tu peux te débrouiller seule, mais tu as tort, ma chérie. Ça ne fonctionne pas comme ça. »

Tio fait osciller son index devant moi, un geste à la fois très dramatique et agacé.

« C'est pourtant toi qui dis toujours que je dois croire davantage en moi et en mes capacités ! dis-je en bafouillant, la bouche encore pleine de cheesecake au chocolat.

– Non, ça c'est Paola qui le dit ! réplique-t-il aussitôt. Moi, je suis absolument convaincu de ton incapacité à vouloir ce qui est le mieux pour toi. »

Je lève les yeux au ciel. « Tio ! Tu dois finir par admettre que je suis devenue plutôt douée. Et même prudente : je n'accorde plus ma confiance à personne avant d'avoir vérifié son thème astral. »

Cette fois, c'est Andrea qui intervient, après s'être éclairci la voix : « Hum, ma chère, je suis persuadé que lorsque Tiziano t'accuse d'être l'incarnation de l'ingénuité, il argumente par hyperboles. Alors que c'est une lapalissade de dire qu'ici, l'objet de votre dispute est une singularité et non pas une pluralité de comportements. »

Je tourne lentement mon regard vers Tio, vaguement terrorisée à l'idée de ne pas avoir compris un traître mot de ce qu'Andrea vient de dire.

Mais Tio prend un air supérieur et hausse les épaules. « Essaie de consulter ton super-programme astrologique portatif. Il devrait raconter des choses intéressantes sur le Taureau. »

Je le fusille du regard entre un verre d'orangeade et un reste de crêpe Suzette, pendant qu'Andrea soupire et reprend le fil de son discours : « En deux mots, Tio s'inquiète que tu fréquentes cet individu, ce Giorgio que tu persévères à héberger sur ton canapé. D'après lui, il te manipule.

– C'est faux ! » J'ai parlé trop fort alors je baisse la voix : « Giorgio ne me manipule pas du tout, mais il n'a personne d'autre pour l'aider, Andrea. Qu'est-ce que j'aurais dû faire, lui dire d'aller à la soupe populaire ?

– D'un certain côté, il est probable qu'une confrontation avec la réalité de l'indigence puisse l'inciter à rechercher un emploi de manière plus assidue, Alice. As-tu jamais envisagé l'éventualité que tu sois le principal obstacle à sa réussite, avec ton attitude excessivement protectrice ?

– Pas du tout… » Ou bien, si ? Je lorgne les quatre mille cinq cents calories restantes de cheesecake dans mon assiette. « Il m'a juré qu'à partir de la semaine prochaine, il se retrousserait les manches pour chercher un job. N'importe lequel.

– Ah, ne me dis pas que tu es en train de prendre un Gémeaux au sérieux ! marmonne Tio, sarcastique.

– Toi aussi, tu es Gémeaux, je te rappelle ! Signe pas seulement double, d'ailleurs, mais aussi multiple… schizophrénique, dirais-je. Combien de personnalités réussissez-vous à avoir ? Est-ce que tu les as déjà comptées ?

– Quel rapport ? Nos thèmes astraux sont radicalement différents. Regarde, lui, par exemple, il a Mars en Cancer ! Ça saute aux yeux, d'ailleurs, avec son côté si narcissique, dictatorial et inefficace.

– Tendances qui te sont absolument étrangères, évidemment.

– Puisque tu veux jouer la spécialiste, tu devrais te rendre compte que c'est ta Lune en Poissons qui te rend trop vulnérable avec ce type. Sinon, tu l'aurais déjà jeté dehors à coups de pied aux fesses. »

Vexée comme un pou, j'essaie de lui rendre la monnaie de sa pièce. « Et toi, es-tu bien sûr que ce n'est pas ta Vénus en Lion qui parle à travers toi ? J'ai comme l'impression que si on ne passe pas notre temps à te faire des courbettes, alors tu rumines ta vengeance comme si tu étais victime de haute trahison. »

Je crois que j'ai visé en plein dans le mille, car il reste sans voix. Pendant dix secondes. « Ah, et c'est toi qui parles de besoin de reconnaissance et d'affection ! s'exclame-t-il une fois qu'il s'est repris. Toi qui as justement Saturne en Balance !

– Au moins, je n'ai pas Pluton en maison I. »

Et toc !

« Calmons-nous, les enfants, intervient Andrea. Ne vous vient-il pas une seconde à l'esprit que votre comportement est puéril ?

– Mais c'est elle qui m'a dit que j'ai Pluton… que je veux toujours être au centre de l'attention.

– Et lui, alors ? » dis-je en bougonnant, puis j'engloutis un tiers de mon gâteau sans même le savourer. « Ce n'est quand même pas de ma faute si j'ai Saturne en Balance ! Andrea, Saturne en Balance retarde les mariages, ou favorise les unions avec les vieux. D'après toi, qui a été le plus méchant : moi qui lui ai dit qu'il est égocentrique, ou lui qui m'a souhaité de devenir aide-soignante en gériatrie ?

– Euh, ce n'est tout de même pas de la faute de Tiziano si tu as Saturne en Balance… » Un ange passe. « Oh, que me fais-tu dire, Alice ! Vous rendez-vous bien compte des bêtises que vous êtes en train de raconter ?

– Ce ne sont pas des bêtises ! » répondons-nous en chœur, Tio et moi.

« Voilà, même mon petit ami ne me soutient pas, s'exclame encore Tio.

– Oh, non, mon trésor, ne commence pas ! dis-je alors. Moi, je suis là ! »

Et lui : « Prise en flagrant délit : Lune en Poissons !

– C'est injuste ! »

Il finit toujours par m'avoir, mais en réalité je ne suis pas fâchée et je ris de bon cœur.

Tio me donne une chiquenaude et rit à son tour. « Revenons aux choses sérieuses. Alice, sais-tu qu'il serait temps d'agir ?

– Tu veux dire le transit de Jupiter sur Pluton ? »

Andrea lève les yeux au ciel. Pour lui, notre comportement est certainement puéril, mais il nous aime quand même.

« Exactement. Est-ce que ça ne t'excite pas ? »

Électrisée serait le mot juste, car je bondis au même instant sur ma chaise en sentant vibrer mon portable dans la poche de mon jean. « Excusez-moi », dis-je en le sortant sur la table.

Tio soupire, puis il s'aperçoit que mon expression a changé. « Ne me dis pas que c'est le Lion ? Raccroche tout de suite.

– Non, mais… et si c'était important ?

– Important comme d'attraper la varicelle ? Raccroche tout de suite.

– Allô ? »

Je me lève pour éviter que Tio, qui se penche dangereusement vers moi, ne m'arrache le téléphone des mains.

À l'autre bout du fil : « Alice ? »

Pourquoi sa voix a-t-elle toujours le pouvoir de me mettre les jambes en coton ? « Davide.

– Où es-tu ? »

Je regarde autour de moi, comme si j'avais eu un blanc complet pendant quelques instants. « Pourquoi ? Je suis… Je suis chez *California Bakery*.

– À Porta Romana ?

– Oui.

– Très bien. J'arrive.

– Comment ? »

Mais il a déjà raccroché.

Je sais que Tio est en colère. Il a une expression lugubre et fuit mon regard.

Je me mords les lèvres avant d'annoncer : « Il arrive.

– Il est déjà arrivé », réplique mon ami.

Andrea se retourne en faisant grincer sa chaise.

Je suis moi aussi sur le point de me retourner, lorsque *sa* voix me fige littéralement sur place. « Est-ce que je peux m'asseoir ?

– Non, mais vas-y, je t'en prie ! s'exclame Tio en lui montrant la quatrième chaise à notre table. Tu as vraiment un sixième sens, tu sais ? Ce doit être Saturne en Vierge dans ta carte du Ciel. À moins que tu n'aies implanté une puce électronique à Alice ? »

Davide baisse les yeux sur le menu, puis demande un café au garçon qui s'est approché. Il agit avec un flegme qui rend Tio encore plus nerveux. « J'étais dans le coin, se limite-t-il ensuite à expliquer. Quelqu'un sait si la tarte Tatin est bonne, ici ? »

Pour Tio aussi, cette apparition improbable est déconcertante. Et pourtant, il est habitué à l'improvisation théâtrale. Alors cette fois, c'est moi qui prends un petit air supérieur pour tenter de lui expliquer le comportement de Davide : « Tu sais, il est doué pour embrouiller les situations. Il a Mercure en maison X. »

Tio regarde Davide, qui s'absorbe dans le menu. « Oui. Et il a une opposition entre la Lune et son ascendant. Sans oublier Vénus en maison XII », souligne-t-il d'un air sinistre, à ma seule intention.

Je sais très bien ce qu'il sous-entend. Cet aspect, dans le thème astral de Davide, signifie qu'il éprouve des difficultés dans les relations et recherche avant tout la solitude. Comme si cela ne suffisait pas, il a Vénus en maison XII, ce qu'on peut interpréter comme une « instabilité amoureuse ». Comment dire : 2-0. Le match est terminé.

« Vous allez arrêter, oui ? » Davide fronce les sourcils. « On dirait une bataille navale. Touché-coulé, d'accord ?

– Bien sûr ! s'exclame Tio. On arrête tout de suite. Parlons plutôt de choses sérieuses. À propos, comment va Barbara ? Remercie-la encore pour son hospitalité. »

Avec toute la morgue dont il est capable, Davide prend ma fourchette et la plante dans la part de gâteau au chocolat que Tio n'a pas encore terminée. « Parfaitement bien », dit-il en mâchonnant un morceau sous le regard assassin de mon ami. Pour Tio, la nourriture est sacrée et il n'autoriserait peut-être même pas Andrea à piocher impunément dans son assiette. Surtout si elle contient du gâteau au chocolat.

« Qu'est-ce qui vous amène ici, monsieur Nardi ? demande Andrea pour essayer de calmer le jeu, en détournant son attention. Il y a tout lieu de croire que ça ne peut attendre.

– En effet », murmure alors Davide.

Je hausse un sourcil, tandis qu'il regarde Tio de travers. « Il fallait que je voie Alice pour lui parler de notre voyage.

– Quel voyage ? nous exclamons-nous en chœur.

– Notre voyage à Paris.

– Tu ne devais pas y aller avec Marlin ?

– On l'a appelée pour un casting, c'est donc toi qui devras venir avec moi, répond Davide sur un ton péremptoire.

– Et pourquoi pas moi, alors ? s'écrie Tio. C'est moi le présentateur de cette émission, me semble-t-il. »

Davide l'observe d'un air imperturbable pendant un long moment, et je vois la pomme d'Adam de Tio monter et descendre de dépit. « Parce que je veux que ce soit Alice. »

34

Le jour où les Poissons sont sortis de l'eau

Autant vider la mer avec un dé à coudre. Je n'ai que quelques heures devant moi pour boucler ma valise. Et une envie de partir qui balance entre l'euphorie béate et la suprême délectation de se prendre un 38 tonnes en pleine figure.

Mon train pour Paris part demain matin à six heures tapantes. Ma soirée sera donc entièrement consacrée à ma valise et à mon boulot. Mais dans une heure à peine, je vais devoir sortir pour retrouver le fantomatique Daniele à une expo. J'aurais pu lui expliquer qu'il valait mieux reporter notre rendez-vous, mais après lui avoir posé je ne sais combien de lapins, je n'en ai pas eu le courage. Je me suis même forcée à accepter son invitation pour ce soir. On ne sait jamais, ça pourrait calmer mes ardeurs à l'idée que je vais passer plusieurs jours avec Davide, seul à seule, dans la capitale internationale du romantisme.

Comme si je n'étais pas assez affolée par ces deux rendez-vous rapprochés, il faut aussi que je me farcisse un cassage de bonbons supplémentaire : une espèce de chihuahua enragé et pleurnichard, qui a l'air de me donner un coup de main, alors qu'il fait l'exact contraire de ce que je lui demande. J'ai nommé Giorgio, qu'on dirait mandaté en mission suicide pour m'empêcher de terminer mes préparatifs dans le peu de temps qui m'est imparti.

L'autre problème, ce sont les voix dans ma tête, premier symptôme de la folie qui me guette. Heureusement, j'ai une bonne excuse : je suis un signe double, sous l'influence de planètes particulièrement éloquentes situées dans des constellations diamétralement opposées. À la seule l'idée de me retrouver *cheek-to-cheek* avec Davide pendant trois jours, mon Neptune en Sagittaire a déjà chaussé ses escarpins en cristal Swarovski et appelé le service Citrouille pour aller au bal, tandis que Mercure en Scorpion… eh bien, Mercure en Scorpion m'annonce à la minute que je suis une débile profonde. Il faut dire que, tout en faisant défiler mentalement ma filmographie romantique, je glisse dans ma valise un tube de crème solaire protection 30. Tout à fait adapté pour un séjour à Paris au printemps.

Giorgio sautille autour de moi, exécutant des tours de passe-passe avec mes vêtements éparpillés sur le lit.

« Pourquoi tu ne mettrais pas ton pull jaune le jour de l'interview ?

– Je veux y aller en robe bleue. Et arrête de sauter autour de moi comme une boule de flipper. Je suis à la bourre et je dois encore me préparer pour ce soir. »

J'arrive à lui arracher la robe des mains et à la fourrer dans ma valise, tandis qu'il grimace.

« Tu aurais quand même pu éviter de sortir ce soir. Tu ne serais pas aussi pressée et tu te serais reposée. Sans compter que tu ne connais même pas ce mec : il pourrait être dangereux ! »

Plus dangereux que Giorgio dans un tête-à-tête domestique ? Je ne crois pas, et s'il continue comme ça, je vais risquer la prison à perpétuité pour homicide avec préméditation.

J'avoue que je ne saute pas de joie à l'idée de sortir ce soir. Je préférerais mille fois prendre un bain et écouter un peu de musique en sirotant un verre de vin. Et fantasmer sur Davide et moi, sans m'autocensurer par peur du ridicule.

J'essaie de mettre Neptune et Mercure en sourdine, et me glisse dans la salle de bains pour me maquiller. Mais l'un de ces deux acolytes (cette langue de vipère de Mercure, sans aucun doute) insinue que plutôt que de m'abandonner à cette excitation insensée, je devrais plutôt me déchaîner contre Davide. Après tout, il m'a taclée sans autre forme de procès. Et trois jours en tête à tête avec lui, c'est du masochisme à l'état pur. Ne suis-je pas anxieuse ? Ne suis-je pas fâchée ? Ne voudrais-je pas lui casser la figure ?

… Ne voudrais-je pas plutôt qu'il me prenne dans ses bras et m'embrasse encore ?

Tais-toi, Neptune, tais-toi. Oh là là, il vaut mieux que je sorte, et tout de suite. Je ne pourrais pas rester chez moi toute la soirée, à la merci de ces deux-là et de leurs insinuations. Autant aller me changer les idées. En plus, maintenant que j'ai fermé la porte de la salle de bains, Giorgio me harcèle pour savoir à quelle heure j'ai l'intention de rentrer ce soir.

Dieux du ciel, je ne vais tout de même pas devoir justifier devant lui le peu de vie sociale qui me reste ?

« Aucune idée, Giorgio, c'est un rendez-vous.

– Et voilà, tu te fiches comme de ta première dent de lait de mes prochains entretiens. Tu aurais pu m'aider à trouver de nouvelles idées.

– Giorgio, cela fait quatre fois que je repousse ce rendez-vous. Si ce mec ne m'a pas encore envoyée sur les roses, alors je lui dois un minimum de respect. Quand je serai partie, tu auras tout le temps et le loisir nécessaires pour réfléchir et te mettre au travail. »

Je sais parfaitement que mes propos sont vains. La créativité n'est pas dans les cordes de Giorgio, à moins qu'il ne s'agisse d'inventer des mensonges. Son point fort, c'est plutôt sa capacité à manipuler les gens, et à les faire agir selon son bon vouloir.

Au fond, ce n'est pas mon problème. Concentrons-nous sur ce Daniele, qui a été vraiment compréhensif toutes les fois où j'ai dû lui raccrocher au nez ou annuler nos rendez-vous. Sans compter que je suis curieuse : c'est un Poissons ascendant Vierge et il a un thème astral très intéressant. Il mérite au moins que je lui accorde une soirée, même si elle ne tombe pas au moment propice. Ni pour moi ni pour lui. En effet, lorsqu'il m'a invitée ce soir après mon coup de fil pour m'excuser de devoir annuler notre dîner de demain, il m'a précisé qu'il était déjà pris, mais qu'il serait content que je le rejoigne.

Malheureusement, si je croyais avoir laissé chez moi mes deux conseillers fidèles mais contradictoires, je me trompais lourdement. Mercure se dispute avec Neptune sur les tenants et les aboutissants de ce rendez-vous.

« Mademoiselle, êtes-vous bien certaine de vouloir y aller, à cette exposition ? me demande le chauffeur de taxi, en freinant brusquement.

– Pourquoi cette question ?

– Vous m'avez l'air très agitée, vous êtes d'ailleurs en train de m'écrabouiller l'épaule avec votre main. Si vous préférez, je fais demi-tour. »

Pour donner la satisfaction à Giorgio de passer la soirée avec lui, à la maison ? Ou bien devoir constater que je laisse Davide me gâcher l'existence ? Jamais de la vie. « Tout à fait certaine. Continuez, s'il vous plaît. »

Quelques minutes plus tard, la voiture se gare au bord d'un trottoir bondé. Les gens sont presque tous abrités sous des parapluies. Bon sang, j'étais tellement plongée dans mes pensées que je ne me suis même pas aperçue qu'il s'était mis à pleuvoir.

Ce serait trop demander que de rencontrer un homme en état de grâce ? Il faut toujours que ça foire, qu'un élément perturbateur, agent atmosphérique ou conjonction astrale, peu importe, vienne embrouiller les choses, même quand je n'ai pas de grandes attentes pour la soirée. Je n'envisage certes pas de le rencontrer ce soir, l'homme parfait, via un rendez-vous arrangé et au beau milieu d'un bordel sentimental, sans compter un ex qui s'incruste sur mon canapé. Par contre, je serais assez reconnaissante au dieu des cheveux d'être compréhensif avec les miens, pour une fois.

Évidemment, je n'ai pas pris mon parapluie et ma pochette est si petite qu'elle pourrait tout juste contenir une épingle. Je suis donc encore en plein débat avec les fidèles et acharnés Neptune et Mercure, lorsque je sors de la voiture en me contorsionnant pour rabattre au-dessus de ma tête un pan de mon trench ; je ne m'aperçois pas qu'en réalité, je suis au sec.

« Tu dois être Alice. »

Je vois d'abord le grand parapluie rassurant, ouvert au-dessus de ma tête, puis le visage de l'homme qui le porte et me fixe avec un beau sourire et des yeux verts et sincères.

« Daniele », me dit-il en me tendant sa main libre.

Je balbutie un truc du genre : « suis Alice… » tout en essayant de recouvrer l'usage de ma mâchoire qui est tombée comme celle du loup de Tex Avery. Superbe spécimen masculin.

« Viens, rentrons à l'intérieur, avant que ta robe ne soit tout éclaboussée, avec ces flaques. »

Il m'accompagne vers l'entrée, sa main dans mon dos, parfaitement placée. Là, il m'aide à ôter mon trench, qu'il remet sans aucune hésitation au vestiaire en même temps que son parapluie.

Tandis qu'il accomplit ces gestes sûrs, j'ai la possibilité de l'étudier de plus près. Ou plutôt je l'aurais fait, si mon cerveau n'avait pas bugué et n'était plus capable que de transmettre une série de bruits blancs.

Il est grand, il a les cheveux longs, châtain cuivré, attachés en chignon derrière la tête, et porte des lunettes qui lui donnent un petit air intellectuel, renforcé par son jean décoloré et sa chemise sortie de son pantalon.

Daniele m'accompagne vers le couloir qui mène à l'exposition et me remercie d'avoir accepté son invitation à la dernière minute. Pour un peu, il s'excuserait presque, comme si ce n'était pas moi qui avais annulé notre rendez-vous du lendemain et contribué à compliquer les choses.

C'est un garçon très agréable, très nature. Pendant que nous parlons, jetant presque distraitement un œil sur les photos exposées aux murs, je me sens soudain plus légère, comme si on se connaissait depuis toujours et que ce n'était pas notre premier rendez-vous. Peu après, son indéniable beauté ne m'intimide plus : je la prends comme un phénomène indiscutable, un peu comme si j'observais le *David* de Michel-Ange et que je pouvais même lui parler.

« Hé, Daniele ! »

Il se retourne, jovial, et me présente à un certain Franco, accompagné d'une brunette coiffée d'un béret qui doit avoir vingt-trois ans.

« C'est magnifique, tu sais ? Euh… je voulais aussi te remercier. »

Daniele lui serre le bras en hochant la tête. « De rien, Franco, tu parles… »

Pendant que Franco l'entraîne à l'écart, la brunette au béret me sourit. « Daniele a été une des rares personnes à soutenir Franco dans un moment très délicat, m'explique-t-elle. Il a une sensibilité extraordinaire, qui transparaît d'ailleurs dans ses photos. »

Je regarde autour de moi, comme si les murs s'étaient éclairés d'un seul coup, révélant pour la première fois ses clichés.

Ce n'est donc pas simplement une exposition. Mais bien *son* exposition.

La brunette au béret me sourit et me pousse gentiment du coude. « Veinarde… »

Lorsque Daniele revient et que Franco et la fille nous disent au revoir, il s'excuse de m'avoir laissée seule.

« Tu ne m'avais pas dit que j'avais rendez-vous avec l'artiste en personne. Elles sont très belles, félicitations.

– Oh… » Il hausse les épaules. « Les photos ne sont qu'un témoignage, une façon d'attirer l'attention sur les histoires qu'elles racontent. Ce ne sont pas les clichés en soi qui importent. »

Il a l'air vaguement gêné. Il retire ses lunettes et les essuie avec un pan de sa chemise, comme s'il avait besoin de se donner une contenance.

« J'aimerais savoir ce que tu en penses », dit-il.

Nous nous sommes approchés de l'une de ses photos. On y voit des personnes réunies sur une place, tous âges et tenues confondus. Pourtant, elles semblent en communion. Ces gens dansent et leurs visages resplendissent d'une joie qui rajeunit les plus âgés.

Je regarde Daniele un instant, sans savoir quoi dire. Prise dans cette perpétuelle querelle entre Mercure et Neptune, je suis convaincue que je ne sortirai pas un seul mot intelligent. Non seulement parce que mes photos à moi semblent toujours avoir été prises en plein tremblement de terre, mais aussi parce que l'art et moi, ça fait deux. Pourtant, la photographie exposée parle d'elle-même.

« Il me semble que… j'aime bien ta façon de saisir ce qu'ils sont en train de ressentir. C'est comme si, avant d'appuyer sur le déclencheur, tu avais attendu le moment parfait, et pas seulement le bon cadrage, mais aussi l'émotion, le moment où tu ressentais ce qu'ils éprouvaient, eux. Oui, tu arrives à sentir les gens. Tu aimes les gens… »

Je me racle la gorge ; cette fois, c'est moi qui suis un peu gênée.

« Excuse-moi », lui dis-je finalement, parce que j'ai l'impression d'être comme ces intellos bobos qui se gargarisent nonchalamment de propos philosophiques devant un verre de vin.

Je regarde la pointe de mes pieds, lorsqu'il pose la main sur mon bras. « Je suis très touché, Alice. C'est la première fois que quelqu'un m'avoue ressentir tout ça devant une de mes photos. » Il me regarde dans les yeux, en plissant un peu les paupières, comme s'il pouvait comprendre bien des choses de moi à partir de ce que je lui ai dit. « En plus, tu es Balance ascendant Sagittaire. Esprit et matière. Une belle alliance. »

Oh, un instant. Il me semble que je n'ai pas bien compris. « Tu parles de mon… ?

– De ton thème astral », explique-t-il, et je vois ses pommettes se colorer légèrement. « Je sais que dans notre culture, on prend tout ça pour des bêtises, mais dans d'autres, on accorde une grande importance à l'astrologie. En Inde, par exemple, le thème astral est déterminant pour un mariage : les parents ne donneraient jamais leur consentement aux noces de leurs enfants si les cartes du Ciel des époux n'étaient pas compatibles.

– Tu es allé en Inde ? »

Dans un coin, je remarque les photos de plusieurs femmes en sari, leurs bras ornés de dessins compliqués réalisés au henné. Pour ce cliché aussi, Daniele a joué avec la lumière et la plasticité des corps, mais il a su en particulier cueillir un moment de vie, la naissance d'une émotion.

« J'aime découvrir le monde. Et surtout essayer de comprendre les personnes que je rencontre. Chacun de nous est un écrin de solitude, de désirs, de peurs et d'espoirs. Mais tout cela, tu le sais déjà, tu es une personne d'une rare sensibilité. »

J'avale ma salive. « Eh bien, euh… j'ai la Lune en Poissons… »

Il acquiesce mystérieusement, comme si cette révélation jetait une lumière insolite et merveilleuse sur moi, comme si je venais de lui confier que je suis la dernière descendante du Mahatma Gandhi, de Bouddha ou d'Elvis.

Nous nous éloignons et je me vois soudain différemment. Ce n'est plus Alice Bassi qui se trouve aux côtés de Daniele, mais une femme plus belle et plus sûre d'elle. À présent, je me sens vraiment libre de lui confier ce que j'éprouve devant ses photos.

Mais ensuite, alors que nous sirotons une boisson sans alcool (les bénéfices de l'exposition sont entièrement reversés à la lutte contre l'alcoolisme), je me prends une vraie douche froide. Me voilà à nouveau télétransportée dans les baskets de la bonne vieille Alice, avec ses états d'âme, ses frustrations et compagnie. C'est avéré, on ne peut échapper à soi-même.

En effet, à quelques pas de moi apparaît Barbara Buchneim-Wessler Ricci Pastori.

Une vraie dame, élevée sous le signe du glamour, et qui se trouve être, malheureusement, la petite amie de l'homme que j'ai beaucoup de mal à chasser de mon esprit et de ma vie.

Très attentionné, Daniele devine instinctivement que quelque chose cloche : « C'est le cocktail ? Il est trop froid ? »

Je me raccroche au sujet d'une photo un peu triste près de nous.

« Tu es une femme pleine d'empathie », dit-il.

Les yeux brillants, il se met à m'expliquer les circonstances de ce voyage, l'histoire de cette personne, et combien cette expérience l'a enrichi.

Et moi, avec toute mon empathie… je regarde Barbara Buchneim Trucmuche à la dérobée. Je me demande si Davide ne va pas surgir aussi, tandis que Mercure me fait remarquer que je fais vraiment, mais vraiment pitié.

J'essaie de me concentrer sur la photo et les explications de Daniele, mais je ne peux pas m'empêcher de faire le périscope et de chercher le visage de Davide dans la petite foule des invités. Il n'est pas là, heureusement. Je mentirais pourtant si je n'avouais pas que je suis un peu déçue. Qui sait quelle tête il ferait en me voyant en si belle compagnie.

« Elle te plaît ? » me demande Daniele. Je le regarde alors d'un air perplexe et il ajoute : « Tu étais en train de sourire… » Puis il fronce les sourcils et se remet à fixer le cliché accroché au mur. « Hum, ce sont des enfants-soldats.

– Oh ! »

Très gênée, je me mords les lèvres et me retourne en hâte. Dans mon élan, je me retrouve presque nez à nez avec Barbara.

« Bonsoir, Daniele. »

J'active le programme sourire suave, aimable et détaché, même si elle ne daigne pas montrer qu'elle m'a reconnue.

« Encore tous mes compliments de la part de la fondation Wessler. Vous avez une vision tellement *exotique*. Avez-vous songé à l'éventualité de publier un catalogue ? »

Je comprends tout. La raison pour laquelle elle s'est approchée saute carrément aux yeux. Daniele est l'invité d'honneur de cette soirée.

« Pour la récolte des fonds, bien entendu. Mais ne me demandez pas d'écrire les textes, je ne me vois pas dans la peau d'un écrivain… » Puis il se retourne vers moi. « En revanche, Alice pourrait me donner un coup de main. Je ne vous ai même pas présentées.

Alice Bassi, Barbara Buchneim-Wessler Ricci Pastori, qui dirige la fondation avec laquelle je collabore. »

J'ai une soudaine envie de simuler un vide mental foudroyant, avant d'essayer de me confondre avec les murs, mais elle me regarde fixement. Et écarquille soudain les yeux, après un instant d'hésitation. « Je crois que nous nous sommes *déjà* rencontrées, dit-elle sans me tendre la main. Je crois que vous travaillez avec mon fiancé. Est-ce que je me trompe ? »

Est-ce que je me trompe, ou bien a-t-elle légèrement accentué le mot « mon » ? Pas un de mes muscles ne tressaille. « Hum, oui, il supervise nos programmes. » Mon explication est davantage destinée à Daniele qu'à Barbara, qui est certainement au courant des activités professionnelles de *son* fiancé.

« Plus pour longtemps, poursuit-elle avec un sourire félin. Dans deux semaines, il va commencer à s'occuper de la start-up de mon domaine en Bretagne, que je voudrais transformer en oasis de bien-être. Cela prendra du temps, au moins un an, un an et demi. Mais cet endroit, pour nous, est chargé de souvenirs, et nous serons ravis de nous réfugier là-bas quelque temps. Tout seuls. »

Bien. Où en étions-nous restés ? Ah, oui, j'étais en train de chercher un crochet à fixer au plafond.

J'ébauche un sourire, espérant que mes dents ne se désintègrent pas sous l'effet du souffle glacial qui me traverse. Heureusement, l'homme splendide qui se trouve à mes côtés intervient : « Il va donc falloir qu'on s'organise avant pour réaliser le portrait que vous m'avez demandé. Demain, peut-être ?

– Malheureusement, Davide ne sera pas là demain, il doit partir à Paris pour son travail », répond Barbara.

Daniele pose brièvement son regard sur moi, puis sourit et hausse les épaules. « À la fin de la semaine, alors. »

Pourquoi l'idée qu'il prenne Davide et Barbara en photo me laisse à présent une sensation de destin inéluctable ? Daniele n'est pas prêtre, que je sache, et quelques clichés de leur couple ne valent pas célébration d'un mariage.

Heureusement, mon supplice ne s'éternise pas. Lorsque Barbara s'éloigne, Daniele me dit qu'il en a assez d'être enfermé et me propose d'aller faire un tour dehors.

Nous découvrons que Milan a pris des nuances new-yorkaises. Il ne pleut plus, l'air est frais mais agréable, et l'asphalte des rues, mouillé, scintille à la lueur des lampadaires. Nos reflets se cherchent en même temps que nos ombres.

« Est-ce que ça va ? me demande-t-il en retirant sa veste pour la poser sur mes épaules, exactement comme dans les films.

– Oui, oui. »

J'inspire profondément et me rends compte que c'est vrai. Je me sens vraiment bien. Sa seule présence m'apporte une tranquillité manifeste.

« J'ai cru comprendre que..., commence-t-il en s'asseyant sur un banc, ...que quelque chose n'allait pas. Alice, je sais que je ne peux absolument pas prétendre entrer ainsi dans ta vie, de manière si insistante. D'ailleurs, il se pourrait très bien que tu ne sois pas disponible. »

De toute évidence, il s'est aperçu que les mots de Barbara m'avaient émue et blessée. Je ne sais pas quoi répondre mais heureusement, il ne semble pas attendre quoi que ce soit, car il continue : « Tu me plais beaucoup. Et j'aimerais qu'on se revoie, si tu voulais bien. » Cet homme magnifique et parfait me prend la main et la porte à ses lèvres. « Sache donc que je serai là quand tu rentreras de ton voyage avec Davide. J'espère que tu décideras alors ce qui est le mieux pour toi. »

VERSEAU

Habituée à des années de lutte avec tous les autres signes du zodiaque, vous serez étonnée par le Verseau… qui vous donnera *toujours raison*. Pour mieux continuer ensuite à mener sa vie exactement comme avant. Peut-on le qualifier de gros con ? « Bien sûr que oui », admettra-t-il avec un sourire. Mais c'est surtout un homme qui fait de l'originalité sa principale devise, en adoptant par principe toute idée opposée à la vôtre. Peu importe que cette position l'oblige à affirmer que la Terre est plate ou qu'il pourrait y avoir de la vie sur Saturne, en fin de compte. Car s'il existe un supplice pire que l'erreur, pour lui, c'est bien le conformisme.

35

Un Lion nommé Désir

Il est gênant que mon subconscient en soit arrivé à un niveau si primaire qu'il n'arrive même pas à produire un seul cauchemar digne de ce nom. Dans mon rêve, je poursuis un homme à tête de lion mais en tournant au coin de la rue, j'en découvre un autre avec une queue de poisson, qui essaie de m'attraper. Terriblement explicite. Nul besoin de Freud pour le décrypter : comme ma vie amoureuse, mes rêves relèvent de la série B.

Manque d'imagination à part, il apparaît clairement que j'ai le sommeil agité. Daniele l'Homme Parfait versus Davide l'Impénétrable. Et tout ça juste à la veille de notre escapade parisienne de trois jours, pour l'interview du professeur Klauzen.

Puisqu'il n'est pas question de dormir, je me suis mise à mon ordinateur pour calculer les affinités, sonder les thèmes astraux et regarder toutes les éphémérides possibles et imaginables.

Qu'est-il ressorti de tout cela ? Résumons algébriquement : même en inversant l'ordre des données, le résultat reste inchangé. J'ai beau tourner et retourner le thème astral de Davide dans tous les sens, pas moyen de le rendre compatible avec le mien.

Voilà qui explique mon attaque de panique nocturne, avec tachycardie et sueurs froides à tire-larigot. La totale.

Je suis restée à fixer le plafond en me demandant pourquoi, pourquoi, POURQUOI il a fallu que je naisse avec un thème astral aussi pourri, qui m'impose de tomber amoureuse de mecs avec lesquels ce n'est pas réciproque… Bon sang. Est-il possible que je me sente si oppressée alors que je suis si près du bonheur ?

Comme si ce rêve n'avait pas suffi, maintenant que j'ai réussi à m'endormir, mon lit se met à faire des siennes. Je n'ai jamais été aussi mal installée. Je me suis tournée et retournée dans tous les sens, au point que j'ai l'impression d'avoir un piquet entre les reins, un torticolis et la gorge sèche. Je suis sûrement en train de dormir la bouche grande ouverte.

En effet, je finis par être réveillée par mes propres ronflements.

Je plonge alors dans un nouveau cauchemar, tout à fait banal et en parfaite osmose avec mon karma.

Car contrairement à mes impressions, je ne suis pas dans mon lit.

Ni dans celui de Daniele d'ailleurs, ce qui aurait pu être intéressant.

Tandis que me reviennent en mémoire les dernières heures de ma vie (le réveil qui sonne, Giorgio qui reste enfermé dans la salle de bains pendant une demi-heure et moi qui finis par courir avec ma valise pour attraper le métro), je m'aperçois avec horreur que je suis assise dans le train. Que je me suis endormie et avachie sur mon siège avec le talent d'une contorsionniste chinoise. Que j'ai dormi, et probablement ronflé à pleins poumons.

Ah. Et j'ai la tête posée sur l'épaule de Davide.

Mon bras est allongé sur lui, et ma main étalée sur sa cuisse.

Je veux mourir. Ici. Tout de suite. Merci.

« Alors, bien dormi ? »

Je me relève illico, retrouvant ma dignité perdue et marmonnant je ne sais trop quoi, sûrement pas des excuses, vu mon état persistant de colère. Quelques mots au sujet du voyage, voilà ce qu'il faudrait. « Quand est-ce qu'on arrive ?

– Dans une heure à peine, répond-il. J'étais en train de jeter un coup d'œil sur la biographie de Klauzen. »

Je remercie littéralement le ciel que Davide ait Saturne en Vénus, qui le rend limite autiste en ce qui concerne les détails et le travail, et m'épargne des commentaires sur la façon dont je m'étais affalée sur lui. « Il est très en vogue en ce moment. Il va inaugurer prochainement une clinique privée en Italie où il sera possible d'engendrer des enfants selon sa méthode. »

La fameuse méthode Klauzen de programmation des naissances. Un truc de riches, pour sûr, mais grâce à ses calculs et aux accouchements planifiés, les parents les plus aisés pourraient offrir à leur progéniture une vie presque parfaite, initiée sous les meilleurs auspices.

« Klauzen…, dis-je en saisissant mon reflet dans la vitre et en me focalisant sur ma coupe en choucroute. Nous avons eu de la chance, il n'accorde pas beaucoup d'interviews. » Je regarde la photo du professeur sur le dossier de presse et jette un coup d'œil à sa biographie – ou plutôt, devrais-je dire, à sa légende dorée.

Évidemment, je sais déjà qu'il est Capricorne ascendant Scorpion, et qu'il a la Lune en Verseau. En relisant mes notes, un « Élémentaire mon cher Watson » m'échappe presque. Tout, dans la carte du Ciel de cet homme, évoque une force de volonté comparable à celle d'un char d'assaut. Autrement, comment arriverait-on à disposer d'un jet privé, d'un penthouse à Manhattan, d'une résidence à Monaco et d'une villa en Bretagne, uniquement pour souffler un peu et jouer au golf ?

En Bretagne…

« C'est un ami de Barbara, n'est-ce pas ? » dis-je sur un ton découragé.

Davide regarde fixement les feuilles devant lui. « C'était un grand ami de son mari. Ils allaient à la chasse ensemble. »

Je ne sais pas pourquoi, mais je les imagine un instant tous les deux en tenue coloniale, le pied botté posé sur la tête d'une pauvre créature de la savane, tandis que Barbara, éthérée et ondoyante, prépare des tasses de thé bouillant par une température de cinquante degrés à l'ombre, sans qu'une seule de ses glandes sudoripares manifeste le moindre dérèglement.

« Eh bien, dis donc ! Elle est de la partie à tous les niveaux, une vraie pieuvre.

– Je ne suis pas sa marionnette, si c'est ce que tu sous-entends. »

Davide me regarde de travers, mais son portable se met à sonner joyeusement. Il bondit alors sur ses pieds, essaie de contourner la petite table devant nous puis tente de m'enjamber pour sortir dans le couloir.

« Hé, attends ! »

Je me lève moi aussi, tandis que la sonnerie se fait plus insistante, comme si son téléphone était en colère. Davide et moi restons coincés entre les sièges et la table, nos corps sont collés l'un contre l'autre, tout comme nos cœurs battants, et nos yeux... Maudit soit-il avec son regard magnétique. Et maudite soit l'attraction qu'exerce sur nous la conjonction Vénus-Pluton !

J'exécute une sorte de saut périlleux en direction du couloir, posant mes mains sur l'accoudoir du fauteuil opposé. Le garçon qui l'occupe lève un regard interrogatif de sa tablette.

Entre-temps, Davide a répondu au téléphone. « Salut, Barbara... Oui, je suis encore dans le train. »

Entendre ce prénom provoque en moi un haut-le-cœur instantané.

Je me répète comme un mantra que Daniele pourrait être l'homme de ma vie, qu'il est totalement absurde de m'obstiner à poursuivre un mec comme Davide en étant parfaitement consciente que je cours à la catastrophe.

Je le vois s'éloigner de quelques sièges.

Mon Dieu, j'ai le souffle coupé rien qu'à le regarder. N'y a-t-il donc aucune justice en ce monde ?

« Excusez-moi, mais je ne sais pas ce que vous *forniquez*... »

Je me retourne en tressaillant. Qui a pu poser une question aussi déplacée ?

Je reste bouche bée en me retrouvant face à une petite dame aux cheveux gris. « Pardon ? »

La femme soupire. « Je ne sais pas trop ce que vous fabriquez...

Vous avez enlevé vos chaussures, mademoiselle, répond-elle, en me les montrant du doigt. Je peux vous assurer que ce n'est pas très hygiénique. »

En effet… J'ai dû les retirer pendant que je piquais mon petit somme de contorsionniste. Et c'est sûrement pour cette raison que j'ai mal compris sa phrase. Je suis encore à moitié endormie.

Je la laisse passer puis me rasseois et vérifie l'écran de mon portable. J'ai un message de Daniele. Vraiment adorable, ce garçon…

Davide croit peut-être qu'il est le seul homme sur cette terre ? Eh non, mon beau, moi, les hommes me tombent dessus par grappes, et tu aurais pu être l'heureux gagnant. Bien sûr, tu es craquant au point que c'en est écœurant, tu me fais fondre comme neige au soleil, mais…

« Thé, café, *sexpresso*, barres chocolatées, mademoiselle ? »

À côté de moi se tient le préposé au chariot de restauration. Il vient juste de me proposer un *sexpresso*. Je me sens rougir jusqu'à la racine de mes cheveux. « Euh, pardon ? dis-je en balbutiant.

– Thé, café, expresso, barres chocolatées ? » répète-t-il naïvement.

Alors là, écoute-moi bien : j'ai très bien entendu, tu as dit *sexpresso* ! Cette fois, je n'ai pas pu me tromper ! On ne peut pas tout mettre sur le dos de la conjonction Vénus-Pluton.

Davide me regarde encore.

« *Sexpresso* », murmure quelqu'un.

Je regarde autour de moi, mais les voyageurs ont tous les yeux rivés sur leurs téléphones, tablettes, journaux ou livres, bref, vaquent à leurs occupations et n'ont aucune raison de se moquer de moi.

Je me lève et me rends de l'autre côté du wagon, où j'essaie de me changer les idées en sortant mon smartphone.

Respire, Alice. Laisse tes neurones se repaître d'oxygène.

Malheureusement, dans la bataille hormones contre neurones, le match est joué d'avance.

C'était justement ce que je voulais éviter, ce que je craignais le plus dans ce voyage en tête à tête avec lui pendant trois jours. Je me connais, je sais bien qu'en sa compagnie, s'agissant de l'objectivité, j'ai l'autonomie d'une allumette.

« Tout va bien ?

– Bien sûr. Et comment… »

Je me retourne en toussotant pour me donner une contenance. Davide aussi me semble complètement retourné. La courbe de ses lèvres est plus dure et cruelle que d'habitude. « Tu es fatiguée, remarque-t-il avec beaucoup de discernement. Tu as les yeux gonflés. »

Je porte brusquement les mains à mon visage. (*SEXE ?*) Merveilleux. Et si on parlait aussi de mes rides, à moins qu'on puisse différer cette conversation ? « Je n'ai pas beaucoup dormi », dis-je tout en essayant de le dépasser pour retourner à ma place, où je pourrais peut-être trouver une autre position de yoga pour (*BAISER*) dormir. DORMIR.

« Ce n'était peut-être pas très sage de sortir, hier soir », commente-t-il sèchement.

Je me retourne aussitôt.

« Avec un train à six heures du matin et un long voyage en vue. »

Lady B lui a donc raconté qu'elle m'a rencontrée à l'exposition. Avec Daniele.

Parfait !

« Je crois que j'arrive très bien à faire mes choix toute seule. Dernièrement, mon intuition s'est affinée et ça va beaucoup mieux.

– Vraiment ? Tu te crois si maligne ? »

Je ne peux pas croire qu'il soit aussi arrogant avec moi. Mais d'un autre côté, à quoi s'attendre de la part de quelqu'un qui a Mercure en Lion ?

« Bien sûr, parce que si les gens sont honnêtes, ils savent très vite ce qu'ils veulent, sans trop de détours », dis-je en pensant d'abord à Daniele et à sa franchise, puis à Davide lui-même. Davide le bien-nommé Monsieur Complications qui, à la question « Tu es seul ? » répond « J'ai un chien » et n'avoue que plus tard, bien plus tard, qu'il a aussi une fiancée qui ressemble à Grace Kelly.

« N'est-ce pas plutôt que certains sont habitués à remplir les cases un peu selon leur bon vouloir ? »

Tout est clair, me dis-je. Regarde comme il dégaine tout de suite son Neptune en Sagittaire, et retourne l'argument pour me donner tort.

Ensuite, c'est son trigone entre le Soleil et la Lune qui prend le dessus et lui fait totalement changer d'attitude. Il me prend la main et je lis dans ses yeux une profonde mélancolie. « Alice… »

Va te faire voir.

« Je suis très inquiet pour toi. Il fallait absolument que je te parle. » Il se mord les lèvres et regarde autour de lui, puis baisse la voix : « Je n'arrive pas à comprendre ce que tu trafiques. Hier soir tu étais à cette présentation… Alors que tu vis avec un autre homme… Écoute, si tu fais tout ça pour te venger de moi, sache que tu ne nuis qu'à toi-même.

– Pardon ? » OK, je renonce à la protestation non violente. « Je ne peux pas croire que tu oses aborder le sujet. C'est bien l'égocentrisme typique du Lion qui a Mercure en Lion !

– Tu parles de mon horoscope ?

– Je parle de ton thème astral. Après douze émissions, tu n'as toujours pas compris la différence ?

– Onze… Je crois que la dernière, on n'en a pas encore parlé. »

Euh, oui. La dernière émission n'a pas encore été écrite.

« Quoi qu'il en soit, cet homme n'est pas fait pour toi.

– Quand j'aurai besoin de ton aide pour savoir avec qui je dois coucher, je te passerai un coup de fil, OK ? »

J'espère que j'ai encore de la fièvre, car autrement il n'existe pas d'explication rationnelle au fait que j'aie prononcé ces mots.

« Alors, tu couches avec lui ? »

Je me mords la langue et fais appel à tout le pouvoir de ma conjonction Mercure-Pluton qui révèle, entre autres, que je devrais rester discrète sur mes aventures. « Qu'est-ce que ça peut te faire ? Tu couches bien avec Barbara, et ça ne me regarde pas. » Mais non, ce sont sûrement les trois ou quatre aspects de mon merveilleux thème astral qui ont pris le dessus. Le Soleil et Mars, avec leur surcharge d'exaltation ; ou bien la Lune et Neptune, porteurs de nervosité et d'accès de colère, notamment. Je n'ai que l'embarras du choix. Merci, maman !

Il me répond alors : « Techniquement… »

Le moment va arriver où je vais faire comme Glenn Glose dans *Liaison fatale* : je vais tenter de lui planter la poignée du signal d'alarme dans le cœur. C'est quoi, cette réponse, « techniquement » ? Je ne lui avais pas posé de questions. Qu'est-ce que ça peut me faire qu'il couche ou non avec Barbara ? Le point central, c'est qu'avec moi il ne veut pas.

Bon sang, qu'est-ce que ça peut bien vouloir dire, ce « techniquement » ? Techniquement oui ? Techniquement non ?

Techniquement, cet homme me rend folle.

Je suis sur le point de passer devant lui, mais il tend la main vers moi. Le train cahote et, au lieu de toucher mon bras, la main de Davide tombe sur ma hanche. « Alice, attends… » Instinctivement, son bras s'est glissé derrière mon dos, et nous restons l'un en face de l'autre quelques instants, les yeux dans les yeux, sans rien nous dire.

« Excusez-moi d'vous *troncher*… »

Davide et moi sursautons et nous raidissons en même temps. Comme dans un miroir, je le vois devenir rouge pivoine, puis se retourner vers l'homme à côté de moi. Qui sourit. « Excusez-moi d'vous d'ranger », répète-t-il d'un air ingénu.

Nous nous éloignons l'un de l'autre, nous aplatissant contre des sièges opposés, pour le laisser passer.

À ce moment-là, une seule certitude s'impose à moi : je vais en baver. Oh, comme je vais en baver, pour survivre à ces trois jours…

36

Just Balance, no sex !

Tout le monde le sait, Paris vaut bien une messe, mais pour ma part, les premières heures que j'y passe sont tout à fait détestables. Le taxi roule à toute vitesse. Assis à l'arrière, c'est comme si nous passions complètement à côté de la ville magique et romantique par excellence. Chacun de nous est installé d'un côté de la banquette, avec le dossier de presse au milieu, en guise de bouclier.

Un détour par la case hôtel pour faire un brin de toilette n'aurait pas été de refus, mais Klauzen, fidèle à sa maison X en Vierge, est overbooké. Au mépris de nos sept heures et demie de voyage en train, il nous attend sans faute pour le déjeuner.

Cependant, monsieur se fait désirer pendant trois quarts d'heure. J'en profite pour regarder tantôt Davide, tantôt la baguette de pain qui trône au milieu de la table. Je ne sais pas lequel des deux je mangerais en premier.

Du calme, Alice, et répète avec moi : « À bas le Lion, vive le Poissons. » Mais extirper une personne de votre cœur n'est jamais aussi simple que d'ouvrir la porte et de la prier de sortir.

Klauzen arrive avec son escorte aussitôt après la énième petite pique de Davide : « J'imagine qu'en attendant, Giorgio a carte blanche chez toi. Tu sais que… »

Je suis sur le point de lui répondre que mes fréquentations ne le regardent pas, mais le super-médecin des naissances, le dieu suprême des gynécologues, Klauzen en personne, s'arrête devant moi et me fixe de ses yeux gris et glaciaux. « Alors, pour faire vite. Premièrement : l'interview aura lieu demain matin à dix heures. Dans le salon de mon penthouse. La lumière y est parfaite. Deuxièmement : je vous accorde une heure, pour une interview finale de trois minutes, durée plus que respectable pour la télévision. Troisièmement : vous êtes autorisés à me poser quatre questions. Vous les trouverez jointes à la fiche que vous transmettra mon assistante… »

Diligente et silencieuse comme un automate, la fille blond platine à ses côtés me tend un dossier.

« Vous trouverez également à l'intérieur des vidéos à intégrer. Pas plus de soixante-dix secondes, à répartir sur l'ensemble de l'interview. Elle vous expliquera quoi utiliser et où l'insérer. » À la fin de son énumération, Klauzen se met au garde-à-vous, et je m'attends à ce qu'il claque des talons et fasse un salut militaire. « Très bien, ce sera tout. Vous pouvez disposer. » Il recule une chaise pour s'installer à notre table, et Davide tire la sienne à son tour, me faisant signe de l'imiter.

Tandis que nous nous éloignons, je me retourne un instant, juste à temps pour voir le docteur Capricorne appeler un serveur, tandis que son assistante robotisée reste debout derrière lui.

« Quatrièmement, dis-je à Davide en serrant les dents, je préférerais avoir Edward aux mains d'argent comme gynéco plutôt que lui. »

Dans la rue, Davide hèle un taxi.

« Qu'est-ce que tu veux faire ? On va déjeuner ou tu préfères passer d'abord à l'hôtel ? »

Je me rends compte alors qu'il est à peine quatorze heures, ce qui signifie que nous avons un temps considérable devant nous avant l'interview du lendemain matin. Davide et moi, tout seuls.

« Je préfère aller à l'hôtel, dis-je d'un air effronté. Mais toi, va déjeuner si tu veux. »

Il fronce les sourcils. « Non, *nous* allons à l'hôtel. Nous mangerons plus tard. »

Je me mords les lèvres, hausse les épaules et me retourne, tandis que le taxi s'arrête devant nous. Davide me précède et m'ouvre la portière, en me regardant à la dérobée et en me souriant timidement. Je baisse les yeux et monte dans la voiture, tout occupée à contrôler mes émotions. Mon signe double ne m'est d'aucune aide car, si d'un côté je me sens frémir d'exaltation à l'idée de me trouver ici, à Paris, avec lui, d'un autre côté cette situation et tout ce qu'elle suppose me terrifient.

Tu risques gros, Alice, me dis-je pour me mettre en garde. *Vous n'êtes pas en lune de miel, malgré ce que pourrait te suggérer ta Vénus en Balance. Vous n'êtes pas non plus les amoureux de Peynet. Pose donc ton ciment et tes briques, avant de commencer à construire tes sempiternels châteaux en Espagne.*

Je jette un regard vers Davide, qui est si beau que j'ai envie de lui sauter dessus séance tenante.

Mais non. Ce ne sera ni un premier, ni un dernier tango…

L'instinct de survie, ou peut-être mon sextile entre Saturne et mon ascendant, me dit que, pour éviter des problèmes, je dois me tenir le plus loin possible de lui. Je sors donc le guide touristique que j'ai eu la présence d'esprit d'emporter avec moi au dernier moment. En effet, je suis une personne très organisée dans ce domaine, et ce n'est pas un hasard si j'ai la Vierge en maison IX.

Voilà, j'ai trouvé la solution : la tour Eiffel. Regarder Paris toute seule, depuis les hauteurs, me donnera un sentiment d'infini et de contrôle, j'en suis certaine.

Je corne la page et referme l'ouvrage, tandis que mon estomac hurle comme un loup-garou. Maudits Klauzen et la baguette que j'ai laissée sur la table, par bienséance.

« Si ça te dit, je connais un bistrot sympa où on pourrait déjeuner après avoir monté les bagages dans la chambre. »

Partagée entre la faim et l'angoisse, je ne peux m'empêcher de me retourner vers lui en écarquillant les yeux.

La chambre ?! Attends un instant, Alice, avant de faire la énième gaffe due au lyrisme visionnaire de ton aspect entre Neptune et

Pluton. Il ne voulait pas dire que vous partagerez une chambre. Pourquoi ai-je donc cette idée fixe ? Bon sang, dès que je le regarde, je ne peux m'empêcher d'avoir des pensées lubriques.

Je suis une femme froide et professionnelle. Je suis une femme froide et professionnelle... Je me répète ce mantra plusieurs fois avant de lui répondre : « Oh, tu sais, je compte aller faire un tour en ville, je n'ai pas envie de m'asseoir pour déjeuner. »

Excellent. Qu'il fasse ce que bon lui semble, on n'est pas liés par une ficelle, tout de même.

Mais lorsque le taxi s'arrête devant l'hôtel, je fais une crise de tachycardie.

Et s'il n'y avait qu'une seule chambre, pour de vrai ?

Bref, mon cœur bat la chamade lorsque nous nous approchons de l'accueil, les roulettes de ma valise imitent mon estomac et s'empêtrent dans le tapis.

« Fais attention... »

Davide me rattrape avant que je m'étale en beauté dans le hall. Il m'accompagne sur les derniers mètres, main posée sur ma hanche, comme si j'étais un fragile objet de verre ou une vieille percluse d'ostéoporose.

« *Bonjour, mademoiselle, nous avons réservé deux chambres pour le compte de la chaîne de télévision Love Angeles** », dit Davide en posant sa carte d'identité sur le comptoir.

La jeune femme tapote rapidement sur le clavier de son ordinateur. « *Oui, monsieur** », dit-elle. Puis elle lève les yeux de son écran et fronce les sourcils. « *Je suis désolée, mais il y a un petit problème avec vos chambres**. »

Ce que je comprends très bien, malgré mon piètre français.

Oh, punaise, je le savais ! Il existe toute une filmographie romantique sur des incidents de ce genre : une erreur dans la réservation, un quiproquo à cause de la langue, une urgence soudaine, un virus informatique, une tempête de météorites qui a perturbé tous les systèmes de communication...

Je me demande bien où va le sang quand on a l'impression qu'il quitte notre corps, comme maintenant.

Tandis que Davide demande : « *Quel genre de problème ?** », moi je passe en revue que :

A) je me suis épilée (ouf) ;

B) la lingerie que j'ai apportée n'est pas le summum du sexy, mais pas non plus totalement discount (re-ouf) ;

C) j'ai un gros pyjama en pilou avec des pingouins (pas ouf).

Mais je suis bien décidée à ce qu'il ne se passe strictement rien entre Davide et moi.

En effet, je tiens à préserver mon intégrité.

Parce que j'ai rencontré un homme bien plus intéressant et moins problématique que lui.

Parce que… Oh, quelle poisse… On verra bien si je peux trouver une ceinture de chasteté à Paris.

« *Vous avez demandé deux chambres au même étage, mais ce n'est pas possible, parce que l'hôtel est presque complet et que nous avons peu de chambres doubles de libres. Donc je dois vous en donner une au troisième étage, et l'autre au cinquième, je suis désolée. Cependant, dans la chambre au cinquième, il y a une baignoire et un coin salon.** »

Mon français se limite plus ou moins à « *Oui, je suis Catherine Deneuve** », j'ai donc du mal à comprendre le sens de son allocution.

Mais la réceptionniste finit par poser deux clés sur le comptoir.

« *Pas de problème** », lui dit Davide.

Je lui demande calmement : « Qu'est-ce qui se passe ? » Pour un peu, j'affecterais presque de bâiller pour souligner que tout cela ne m'affecte pas le moins du monde. Mais il y a encore en moi un John Travolta qui danse la fièvre du samedi soir.

« Ils n'ont pas deux chambres disponibles au même étage. La tienne est au cinquième et la mienne au troisième. Ce n'est pas très grave, non ? »

Mon John Travolta intérieur arrête de danser, allume des néons défectueux et se met à balayer tristement les serpentins de la fête. « Tu rigoles ou quoi… Pas grave du tout… »

Je me réfugie dans ma chambre en claquant la porte, décidée à engueuler comme il se doit ce rêveur de Neptune en Sagittaire : je suis extrêmement déçue et il faut que j'essaie d'exorciser pour la énième fois toute pensée nous mettant en scène, Davide et moi, hors du cadre professionnel. Et surtout, toute pensée qui intègre un lit.

Je médite sur la possibilité de prendre une douche froide, mais en entrant dans la salle de bains je découvre une magnifique baignoire double avec hydromassage intégré. Parfaite pour un rendez-vous romantique.

Je referme la porte hargneusement. Mieux vaut éviter. Ah non, j'ai une idée…

Dans l'ascenseur, quand Davide a dit : « Dans une demi-heure ? » je n'ai pas répondu, et donc…

Je passe vite aux toilettes, puis j'attrape mes clés avant de sortir à la hâte. Si je descends tout de suite, il sera sûrement encore dans sa chambre et je pourrai m'immerger dans les rues de Paris, seule, sans être dérangée.

Quelle tristesse.

Oui, mais c'est aussi ma seule chance de salut, me dis-je en appuyant compulsivement sur le bouton de l'ascenseur.

Je lui enverrai un message lorsque je serai en sécurité dans le métro, histoire de me déculpabiliser.

Je lance avec grâce les clés sur le comptoir de la réception, puis je bondis vers la porte tournante comme un coureur de cent mètres pendant le sprint final.

« Tu es déjà prête, parfait ! » Davide referme son journal et le pose sur la table basse, puis il se lève et me rejoint. « Qu'est-ce que tu as envie de manger ?

– Écoute… » Pas besoin de faire de grands efforts pour inventer. « Je voulais aller faire un petit tour de mon côté », finis-je par admettre, en évitant de le regarder dans les yeux.

Je suis certaine qu'il comprend. Il doit comprendre.

« Mais il va bien falloir que tu manges un morceau. Tiens-moi compagnie au stand d'à côté. J'adore les crêpes salées, mais je déteste manger tout seul. »

Je cligne des yeux plusieurs fois, toujours pour éviter le contact direct de ses yeux, qui me métamorphoseraient en gélatine. « Entendu. » Et voilà, j'ai cédé.

Bon, après tout, il ne s'agit que de manger une crêpe. Modique prix à payer pour le moment de liberté dont je vais me délecter ensuite.

Lorsque nous nous asseyons sur les chaises en plastique, après avoir commandé nos crêpes, je m'aperçois enfin que j'ai une faim de loup. Je n'ai avalé qu'un café depuis cinq heures ce matin.

La première crêpe, nous la dévorons en silence.

À la seconde, nous commençons à émettre quelques gémissements caverneux d'appréciation.

À la troisième, il dit : « Tu coûtes cher à entretenir… Une vraie morfale ! »

Je m'arrête de mâcher, puis engloutis ma bouchée avec une gorgée de Coca-Cola. « Tu peux parler. On a mangé la même chose.

– Oui, mais je suis un homme.

– Et alors ?

– Les femmes ne devraient-elles pas manger comme de petits moineaux ?

– J'ai lu que les petits moineaux mangent huit fois leur poids.

– Ce que tu es pédante !

– Et toi, quel macho ! »

Nous retenons tous deux un éclat de rire. Lui parce qu'il ne veut pas être le premier à rire, et qu'il attend, j'imagine, ma réaction ; moi, je ne voudrais pas m'avouer vaincue, et en plus j'ai peur d'avoir de la salade entre les dents. Mais finalement, les pattes-d'oie qui encadrent son regard pénétrant ont le dessus, et de mon côté, je ne peux m'empêcher de rire de bon cœur.

« C'est l'air de Paris, dit-il ensuite en souriant. Tout y est magique, tu ne trouves pas ?

– Tu aimes ?

– J'y ai vécu plusieurs années.

– À Paris même ? »

Je regarde autour de moi, et il me semble étrange que trois ou quatre mots de Davide soient capables de transformer mon regard sur ce qui m'entoure. Je me demande ce que cela doit être, de vivre dans une ville étrangère, de devoir s'adapter à la langue, de se plonger dans une nouvelle vie quotidienne. Mais il a Jupiter en maison IX, son destin de citoyen du monde était donc déjà inscrit dans les étoiles.

Lorsque je le lui dis, Davide hausse les épaules et se met à me raconter la période où il s'était installé à Paris pour faire un master à la Sorbonne, juste après la fac. « C'était il y a bien longtemps, tu sais. Ça me fait quelque chose de voir la ville si changée. Un peu comme les copains de classe qu'on imagine toujours tels qu'ils étaient sur les photos de l'école primaire… Puis on les croise et on se rend compte qu'eux aussi sont devenus des adultes. Même si cela ne semble pas possible. »

Mon Dieu, je me sens si petite et stupide. Il a vu du pays, et moi, hormis quelques voyages touristiques, je n'ai jamais quitté le quartier où je suis née. J'ai toujours pensé que Barbara et lui n'avaient rien à faire ensemble, que c'était une femme sophistiquée, tout droit sortie d'un roman de Fitzgerald, capricieuse et fragile comme la porcelaine. Mais plus je connais Davide, plus je dois admettre qu'il est complexe. Ses multiples facettes me semblent dangereusement attirantes.

« Il vaut mieux que j'y aille, dis-je de but en blanc, en faisant mine de regarder l'heure. Puisque tu connais si bien Paris, je ne voudrais surtout pas t'imposer une visite touristique. » Je sors mon portefeuille et y pioche un billet de vingt euros, que je pose sur la table pour payer l'addition.

Davide pose sa main sur la mienne. « Laisse, c'est pour moi…

– Je peux me faire rembourser par la production », lui dis-je sur un ton décidé en posant mon portefeuille pour attraper le ticket.

Mais la main de Davide se referme sur mon poignet. « Tu m'en veux encore, Alice. »

Ce n'est pas une question, mais je suis obligée de lever les yeux vers lui.

Je ne dois pas accorder ma confiance à son Mercure en Lion, qui serait capable de vendre des glaçons aux Esquimaux. « Nous ne sommes ici que pour raisons professionnelles, Davide. »

Il soupire. « Nous ne sommes même plus amis, alors ? »

Je me sens bouillir de colère. « Quand l'avons-nous été ? » dis-je sans attendre de réponse. Puis je hoche la tête, face à son regard blessé. « J'essaie juste de vivre ma vie, Davide.

– Et tu ne veux pas que j'en fasse partie. »

Nous nous regardons en silence, puis il relâche son étreinte. Je me mords les lèvres, comme si quelque chose en moi voulait ravaler ces mots, mais j'ai le courage de lui avouer, enfin : « Non. Je ne veux pas que tu en fasses partie. »

37

Vous allez rencontrer un bel et sombre… Lion

Paris est une ville largement surévaluée. Et on dit que Milan est laide… Peut-être, mais au moins, Milan ne vous fout pas en rogne. Milan est monotone, Milan est chaotique. Vous pouvez passer complètement à côté sans la remarquer. Milan est grise et ne vous brise pas le cœur.

Paris, c'est comme marcher pieds nus sur du verre. À chaque regard que vous posez sur la ville, elle vous entaille et vous enfonce un peu plus profondément ses éclats dans la chair. Avec ses bistrots colorés, ses boulevards arborés, ses recoins de carte postale et ses couples à chaque coin de rue qui vous demandent parfois de les prendre en photo. Les dépliants publicitaires devraient prévenir les touristes : si vous avez le cœur brisé, cette ville n'est pas pour vous. Entrée réservée aux couples heureux.

Va te faire foutre, Paris.

Je me mets en route, les yeux baissés, déterminée à ne rien regarder jusqu'à la tour Eiffel. J'y vais contrainte et forcée. Ou par inertie. Je ne sais plus trop bien. En fait, je m'y traîne parce que je ne saurais pas quoi faire d'autre, et que m'avouer vaincue, m'enfermer dans ma chambre d'hôtel, rideaux tirés, pour engloutir des petits-fours comme s'il n'y avait pas de lendemain… serait encore plus déprimant que ce que je subis actuellement. Elle fait combien de mètres de hauteur, la tour Eiffel ?

Mon téléphone sonne. « Quelles que soient tes pensées à cet

instant précis, arrête tout de suite. Et rappelle-toi plutôt de m'acheter un cadeau. Un foulard Hermès me suffira, si tu es sur les Champs-Élysées…

– Je ne suis pas sur les Champs-Élysées.

– Quel dommage, vraiment.

– Pas pour ma carte bleue. Que veux-tu, Tio ?

– Ton horoscope est un vrai désastre, aujourd'hui.

– Pas seulement mon horoscope…

– Justement. »

Comme toujours, parler avec Tio m'arrache un sourire.

Il ressort que ces jours-ci sont astrologiquement *un peu tendus*. Un peu tendus… C'est peut-être comme ça que les Parisiens décrivaient les journées de la Révolution française : *un peu tendues*. Il apparaît que j'ai au moins sept transits négatifs sur dix. Un véritable record. Ma Lune de naissance doit soutenir l'attaque sur plusieurs fronts de la part du Soleil, de Mars et de Neptune. Qui m'offrent d'inoubliables moments d'irritabilité, de déprime, de manque d'objectivité et d'humeur changeante. Pire que les symptômes prémenstruels, manifestement.

Même Vénus, cette salope, se crêpe le chignon avec Jupiter, Saturne et Pluton. Et dire qu'on s'attend toujours à un minimum de soutien de la part de la planète qui gouverne votre signe. Tout part en vrille de nos jours !

« Ce qui signifie que tu dois rester attentive à tes dépenses et ne pas t'adonner à un shopping effréné, m'explique Tio.

– Hormis pour le foulard Hermès.

– Hormis pour le foulard Hermès, oui.

– Hum, hum.

– Ça va te coûter des efforts, mais tu dois te concentrer sur ton travail et essayer de ne pas noyer tes soucis dans les crêpes…

– Comment tu sais, pour les crêpes ? »

Je jette un regard autour de moi, comme si je m'attendais à le voir surgir d'un magasin de souvenirs, téléphone collé à l'oreille, tel Rupert Everett dans *Le Mariage de mon meilleur ami*.

« Jupiter, répond Tio laconiquement.
– Jupiter aime les crêpes ? *Par Jupiter !*
– Plus ou moins.
– Tio… »

Je l'entends soupirer à l'autre bout du fil, comme s'il avait compris que nous n'avions fait que plaisanter jusqu'à maintenant, et qu'il savait que le pire restait à venir. « Oui, Alice ?

– Je suis à bout, lui dis-je de but en blanc. Paris, Davide… C'est vraiment trop, tu ne trouves pas ? Pourquoi les étoiles sont-elles si cruelles ? Pourquoi ne me laissent-elles pas vivre une histoire tranquille, *classique*, sans secousses, au moins pendant quelque temps ? Je suis fatiguée. »

En prononçant ces mots, je m'affale sur un de ces beaux bancs en fer forgé qu'on ne trouve qu'à Paris, et qui auraient déjà été fauchés à Milan.

« Parce que c'est le moment de s'ouvrir aux changements, ma chérie, dit Tio. De savoir renoncer aux objectifs anciens. Alice, tu as aussi un transit positif entre Mercure et Uranus, signe d'une prise de conscience et d'une adaptation à de nouvelles situations. Tu es Balance, et tu n'as pas la vie facile parce que tes châteaux en Espagne, tu te les construis avec de l'acier. Le temps est venu de les abandonner. Ma belle, c'est ce que les étoiles te disent d'apprendre en ce moment. Ne lutte pas contre les moulins à vent et laisse les choses venir… simplement. »

C'en est trop. Les larmes me montent aux yeux. En plus je suis dans la rue, toute seule et dans un pays étranger. Je ne sais même pas comment demander un mouchoir en français. « Salut, Tio, dis-je, avec un énorme nœud dans la gorge.

– Attends, Alice ! »

Mais je n'ai plus envie de l'écouter et je raccroche rapidement. Je recroqueville mes jambes contre ma poitrine et pose mon menton sur mes genoux, comme je le faisais enfant.

Devant moi passe un petit couple, tendrement enlacé. Si j'avais de l'essence et un briquet, je les immolerais. Sur le banc à côté du mien, deux gamins flirtent au lieu de faire leurs devoirs. J'espère qu'ils vont se faire recaler tous les deux.

Puis j'aperçois une fille seule à une table, l'air absorbé et un peu perdu. Comme moi, qui sait ? Un instant plus tard, son beau petit visage français s'éclaire d'un joli petit sourire français et un bel homme s'approche d'elle, la prend dans ses bras et l'embrasse comme sur la célèbre photo en noir et blanc de Doisneau.

Tout bien réfléchi, les petits-fours du frigo-bar ne sont pas une si mauvaise idée que ça. Allez tous vous faire voir, Paris, la tour Eiffel et les baisers à la française.

Avec humeur, je prends mon guide et le balance à la poubelle. Au diable cette ville romantique et ses monuments. Au diable les idées toutes faites et tout ce que je me suis mis dans la tête.

Je commence à flâner, me glisse dans les ruelles latérales, monte et descends des escaliers, débouche sur des places de toutes tailles, plus ou moins fréquentées. Je détourne sciemment le regard des noms de rues. Je boycotte tous les repères qui pourraient me permettre de m'orienter.

Je veux que Paris m'engloutisse et me mette à l'épreuve. Je veux que Paris m'anéantisse et me fasse renaître. Française, pourquoi pas… avec le nez retroussé, les hanches étroites et une baguette sous le bras.

Je soupire, tout en gravissant un énième escalier. Les muscles engourdis par la fatigue, je me sens mieux. Paris pèse sur moi de tout son poids fait d'heures de sommeil perdues, d'un voyage interminable et d'un cœur en miettes, dont je ne sais pas s'il pourrait être plus brisé.

Pourtant… Paris est beau. Mais pas selon les clichés des cartes postales. Je regarde autour de moi et il me semble découvrir son visage plus timide, son âme plus éraillée et authentique, éloignée des paillettes du Moulin Rouge.

Le problème, c'est que je n'ai aucune idée de l'endroit où je me trouve. Et j'ai beau m'être réconciliée en partie avec la ville, aucune baguette n'a poussé sous mon aisselle. Je suis toujours dotée d'un nez en patate et toujours totalement hermétique à l'idiome local. Et comme j'ai fait la bêtise de jeter mon guide avec le plan et le reste, si je veux avoir une chance de m'orienter, je dois en acheter un autre.

« Bravo, Alice », me dis-je en pénétrant dans une librairie pour attraper un plan au vol… C'est alors que je m'aperçois, dans la queue à la caisse, que mon portefeuille a disparu de mon sac à main.

Panique totale.

Ce qui reste de mon cœur brisé se soulève péniblement de terre, et se met à tambouriner dans mes oreilles.

Comment vais-je pouvoir rentrer à l'hôtel ?

Comment ai-je pu me faire voler mon portefeuille ?

Merde. Mes papiers !

Où est l'ambassade italienne, bon sang ?

La seule chose qui me reste à faire, malheureusement, c'est de me préparer à ravaler ma bile et à appeler Davide pour qu'il vienne me chercher.

Allons donc, ce n'est pas la première fois que mon amour-propre en prend un coup. Une fois que le feu passe au vert, je regarde droit devant moi, puis fais deux pas sur le passage pour piétons, avant de me figer sur place.

De l'autre côté, Davide s'apprête lui aussi à traverser. « Tu es venue à ma rencontre.

– C'est toi qui es venu à ma rencontre ! »

Il ne faudrait quand même pas qu'il croie que je le cherchais, ou le pire du pire, que je le suivais !

J'appuie de toutes mes forces sur l'écran de mon smartphone, pour bloquer l'appel en partance. Trop tard. Il fouille dans sa poche et en sort son téléphone, qui a seulement vibré, et me regarde haussant les sourcils avec un léger sourire.

Je regarde ailleurs mais il ne dit rien.

On nous klaxonne (un tiers à la française, deux tiers à l'italienne), alors il me prend par le bras et m'entraîne.

« Où allais-tu comme ça ? me demande-t-il une fois que nous sommes sains et saufs sur le trottoir.

– Nulle part, finis-je par admettre, faisant mine de m'intéresser à une paire de chaussures dans une vitrine. Je me suis perdue.

– Tu n'avais pas de plan ? »

Je fais un vague geste de la main, comme pour lui dire que c'est une longue histoire et que je n'ai aucune envie de la lui raconter.

« Tu aurais pu mettre ton GPS sur ton téléphone. »

Je n'y avais même pas pensé.

La technologie et moi, ça fait deux.

Je suis une empotée totale, surtout quand mon cerveau est Nardi-centré, et que le hamster qui l'habite joue au ballon avec le seul neurone survivant.

« Il n'a presque plus de batterie. En plus, on m'a volé mon portefeuille. Je suis dans la mouise, Davide. Qu'est-ce qu'on fait, dans ces cas-là ? On va au commissariat de police ? À la gendarmerie ? À l'ambassade ? Je sais à peine commander une eau minérale en français. Et je finirais sûrement par avouer un crime atroce en essayant de m'expliquer. »

Davide sourit encore et hoche la tête. « Ni à la police. Ni à la gendarmerie.

– C'est donc une vie de *clandestinité* qui m'attend.

– Non, il suffit de dire “Merci Davide”. »

Je me tourne vers lui : comme un magicien, il sort quelque chose de la poche intérieure de son blouson.

Mon sauveur ! C'est mon portefeuille. Comment diable… ?

« Tu l'avais laissé sur la table de la crêperie, quand tu t'es enfuie.

– Je ne me suis pas… » Bon, OK, je me suis ridiculisée, mieux vaut la mettre en sourdine. Je le regarde dans les yeux. « Merci de l'avoir récupéré. »

Il a l'air étonné, puis c'est lui qui détourne les yeux et fourre les mains dans ses poches. « En réalité, j'espérais que tu l'oublierais.

– Comment ça ?

– Ça m'a donné une bonne excuse pour te suivre.

– Tu m'as poursuivie ?

– Je t'ai *suivie*. Pas poursuivie. Si tu dis poursuivie, tu me fais passer pour un harceleur. »

Il n'est pas très éloigné de la réalité, puisque je lui ai exprimé plusieurs fois mon souhait de ne plus rien avoir affaire avec lui. Mais je garde pour moi cette réflexion. Je lui dois bien une trêve pour m'avoir retrouvée et sauvée de mon manque chronique de sens de l'orientation.

« OK. Suivie.

– Oui. Mais j'ai fini par te perdre, juste après que tu t'es levée du banc. Puis tu es réapparue devant moi à ce carrefour. »

Je me souviens que je suis restée assise un bon moment sur ce banc où j'ai maudit Paris et tous ses amoureux. « Pourquoi tu ne m'as pas rejointe à ce moment-là ? »

Davide hausse les épaules. « Je me suis dit que tu aurais pu me mordre malgré les crêpes. Tu faisais une de ces têtes… »

Ce devait être au moment où je pensais jouer au petit pyromane avec le couple qui se pelotait. Je hausse les épaules, essayant de détourner la conversation sur un sujet moins périlleux, qui ne nous concerne pas *tous les deux*. « Je voulais voir si Paris pouvait me surprendre… en dehors des habituels sites touristiques.

– Eh bien alors, fait-il en m'offrant son bras comme un gentilhomme de la Belle Époque, quel meilleur guide qu'un ex-Parisien un peu nostalgique ? »

Et voilà. Je n'ai plus la force de refuser. Je ne peux pas lui renvoyer à la figure le énième rameau d'olivier qu'il me tend. J'accepte donc, sans lui prendre le bras (il ne faut pas exagérer), mais je ne peux m'empêcher de sourire. « Qu'y a-t-il dans ton Guide de Paris pour Femmes Sceptiques ? »

38

Le Lion du Pont-Neuf

« Tu sais, je t'envie beaucoup de savoir t'adapter à chaque lieu et chaque contexte, lui dis-je en m'arrêtant en haut d'une volée de marches. Imagine-toi que mes parents ne m'ont jamais autorisée ne serait-ce qu'à traverser l'Europe en train… D'après eux, on ne savait pas ce qui pouvait m'arriver ! »

Davide me fait un clin d'œil. « Eh oui, qui sait, tu aurais pu découvrir un nouveau continent ! »

Même si mon Mercure en Scorpion se vexe légèrement, je comprends que Davide me taquine. Je suis d'ailleurs trop occupée à observer l'endroit magnifique où nous sommes parvenus (et sur lequel mon guide de Paris avait fait l'impasse) pour répondre quoi que ce soit.

« *Et voilà la Coulée verte* », m'annonce Davide en français.

Nous nous trouvons sur un vieux pont de briques rouges, une ligne ferroviaire désaffectée le long de laquelle a été aménagée une promenade avec jardin. « On ne se croirait pas en ville.

– Je venais souvent ici, quand j'habitais Paris et qu'il faisait beau comme aujourd'hui. »

J'imagine qu'il venait y lire, y étudier, peut-être, car ce lieu s'y prête bien. Même s'il y a du monde, l'atmosphère est détendue et les sons atténués.

« Tu as dû t'y promener avec de belles Françaises… », dis-je sur un ton volontairement détaché, en bonne vieille camarade de chambrée.

À cause de son Saturne en Vierge, il s'assombrit soudain. « Non. »

Je l'observe à la dérobée et, encore une fois, je l'imagine comme un homme épris de solitude. Je me demande quelles conséquences cette aspiration peut avoir dans sa vie, et dans son avenir accessoirement.

« Je ne… »

Il hésite. Nous nous asseyons sur un banc.

« Oui ? »

Davide hoche la tête et sourit, énigmatique comme seule une personne avec Pluton dans la maison XII en est capable, puis regarde droit devant lui.

Juste derrière les arbres, on entrevoit les fenêtres des derniers étages des immeubles. Une femme passe derrière une vitre, tenant à la main un cintre sur lequel est accrochée une robe de soirée. Je la regarde ouvrir la porte d'une armoire pour l'y déposer.

« Je n'ai jamais amené personne ici, dit-il ensuite, sans se tourner vers moi.

– Je suis la première ? »

Cette pensée me remue et je déglutis, pour calmer mes ardeurs.

« C'était il y a si longtemps.

– Tu trouves que ça a changé ?

– C'est moi qui ai changé. Mais je pense que cet endroit a gardé tout son charme. » Il continue de regarder devant lui. « Que crois-tu qu'elle fera, ce soir, cette femme ? »

Je cligne des yeux, perplexe. « Quelle femme ? »

Il désigne du menton la fenêtre sur laquelle mon regard s'est attardé tout à l'heure.

« Je ne sais pas trop. Elle ira dîner, je pense. Tu la connais ? »

Davide esquisse un sourire et secoue la tête. « Non. Mais j'aime bien épier les intérieurs et imaginer la vie de leurs habitants. »

C'est très étrange. Je n'aurais jamais imaginé que Davide Nardi puisse être fasciné par les fenêtres étrangères.

« Elle va sortir dîner, dis-je alors que le silence se prolonge un peu trop.

– Ah oui ?

– Pour elle, cette soirée est d'une importance capitale. Tu sais, ce matin, quand elle est sortie chercher le pain, elle a bousculé un homme qui passait dans la rue, sans le faire exprès. »

J'essaie de faire appel à l'imaginaire débridé de mon Mercure en Scorpion.

Davide me regarde d'un air sceptique. « Un homme ? »

Je me creuse la tête pour inventer un autre chapitre de l'histoire.

Mais c'est lui qui intervient le premier : « Un ancien camarade de classe.

– Son premier amour.

– Le frère jumeau de son premier amour, en fait. Mais elle ne le sait pas et l'a pris pour l'autre, dit Davide, qui m'étonne réellement avec cette envolée lyrique digne d'un roman de gare.

– Pourquoi ne lui a-t-il pas dit la vérité ? je lui demande, intéressée par le potentiel de son imagination.

– Parce qu'il a toujours été secrètement amoureux d'elle.

– Génial, comme idée. »

Davide lève la main, et on se fait un *high five*.

Parfois, c'est si simple d'être en sa compagnie.

Après avoir parcouru la promenade arborée sur quelques kilomètres, nous descendons les escaliers pour aller visiter les galeries colorées situées sous les arches. « C'est le viaduc des Arts. La plupart de ces espaces ont été transformés en ateliers d'artistes. »

On y trouve des tableaux, des tissus, des magasins de souvenirs qui feraient briller les yeux de Paola, mais j'avoue qu'ils me font le même effet. Durant quelques minutes, je me perds entre les étals pour choisir des souvenirs à rapporter en Italie. « Partout où je vais, je ramène un aimant à coller sur mon frigo. Je sais que ce n'est pas très original comme souvenir, mais j'aime bien. Et plus ils sont tape-à-l'œil, plus ils me plaisent !

– Moi, je n'achète jamais rien », me répond-il.

Il est resté quelques pas en arrière, mains dans les poches.

« Dommage ! Ton frigo serait un chef-d'œuvre », lui dis-je en riant.

Il hausse les épaules. « Quand tu sais que chaque objet acheté supposera un carton de plus lors de ton prochain déménagement, tu y réfléchis à deux fois avant d'ouvrir ton porte-monnaie.

– Pfff... tu es vraiment trop pragmatique.

– On apprend à l'être quand ton père te dit depuis tes sept ans que tu ne peux pas emporter plus qu'un sac à dos et une valise.

– Vraiment ? » Je repense à mes crises de larmes hystériques quand papa et maman avaient refusé de m'acheter la villa de Barbie, une espèce de catafalque d'environ un mètre cube. « Et avec quoi tu jouais, si tu ne pouvais rien avoir ?

– J'avais une tente de camping.

– Une...

– Oui, une tente. C'était ma cabane, et le seul endroit où je voulais dormir, quand j'étais petit, dit-il doucement, tandis que nous nous retrouvons dans la rue. Je m'y réfugiais pendant des heures, et pour moi c'était à la fois un château, un fort, une tranchée et un vaisseau spatial. C'était marrant. »

Un enfant dans une tente vide, qui joue tout seul par la seule force de son imagination. Oui, Dickens aurait trouvé ça marrant.

Le soleil est en train de se coucher lorsque nous sortons du métro Havre-Caumartin. Davide franchit avec moi le seuil des grands magasins du Printemps, où il a décidé que nous dînerons. Je suis un peu déçue de ne pas monter en haut de la tour Eiffel, mais j'ai suivi son conseil lorsqu'il m'a expliqué que le panorama de Paris est splendide depuis les toits. Tandis que nous sirotons un verre de champagne sur cette superbe terrasse panoramique, la ville s'allume et resplendit de mille couleurs. La tour Eiffel étincelle comme si elle était sertie de diamants.

« Merci, mon cicérone, lui dis-je en faisant tinter mon verre contre le sien. Il n'y a que les imbéciles qui ne changent pas d'avis. J'avoue que je t'ai détesté quand j'ai su que je devais venir ici avec toi pendant deux jours, étant donné que… » Je toussote, car cette conversation m'entraîne sur un terrain glissant. « … que vu la situation et… » Je suis sur le point de nommer Daniele, mais je me retiens pour dire à la place : « … Giorgio. Parce que tu vois, je n'ai pas trop confiance en lui, à l'idée de lui confier mon appart'. » J'avale presque tout mon champagne d'un trait, et il me semble que ma tête est plus légère.

« Écoute, Alice, puisque nous nous sommes… »

Je regarde autour de moi en soupirant ; je ne sens aucun nœud à l'estomac, je n'éprouve ni angoisse, ni palpitations, ni malaise. « Grâce à toi, je découvre des endroits magnifiques, et pour une fois, pour une seule fois dans ma vie, je me sens vraiment en paix avec moi-même. Tu sais quoi ? Travail mis à part, je veux profiter de ces deux jours comme si c'étaient des vacances, et je te promets que j'essaierai de ne pas penser à tous les problèmes actuels. » Je le regarde dans les yeux et admets : « Y compris à nos problèmes à tous les deux. »

Ça y est, je l'ai dit. Est-ce le champagne qui me monte à la tête ? Non, j'ai l'impression d'être totalement lucide. Sereine, pour une fois, même à son égard. *Peace and love*, me dis-je. Et si le *love* ne peut exister… alors qu'au moins le *peace* se réalise.

« Excuse-moi, je t'ai interrompu. »

Davide me regarde. Autour de ses yeux, les fines rides sont légèrement plus marquées. Il semble fatigué. Un instant après, il me sourit. « J'ai oublié ce que je voulais dire…

– Alors c'était un mensonge, dis-je en gloussant.

– Je ne dis pas de mensonges… »

Je fais semblant de lui lancer un regard noir. « J'ai dit que je me sentais en paix avec moi-même, pas que j'étais devenue soudainement idiote. »

Il se met à rire. « Comme tu voudras. Disons que c'était un mensonge. »

Nous nous tournons vers les toits de Paris, la tour Eiffel, Montmartre, les lumières de la ville, et je me dis alors qu'en ce moment même, tout pourrait être défini par ce seul mot : mensonge.

Même nos mains, dont les doigts se frôlent et s'entremêlent un instant à peine, lorsque nous nous taisons pour regarder la ville sous nos yeux.

Un magnifique et scintillant mensonge.

39

Ensemble, nous allons vivre une très, très grande histoire d'horoscope

Sous un véritable déluge, nous courons en riant comme des gosses jusqu'à l'entrée de notre hôtel.

Les nuages se sont amoncelés au-dessus de nos têtes vers la fin du dîner. Lorsque nous sommes sortis de la station de métro, les gouttes froides se sont mises à pénétrer nos vêtements comme des aiguilles. Davide essaie de nous abriter tous les deux sous son blouson de cuir, et je ris parce que nous avançons maladroitement, nous heurtant l'un l'autre.

« Il faudra que je trouve un coiffeur près de notre hôtel… sinon, demain matin, pour l'interview, le cameraman aura du mal à repérer Klauzen derrière mes cheveux hirsutes.

– Ils bouclent », dit Davide en m'observant, après avoir appuyé sur le bouton de l'ascenseur, comme s'il constatait la réaction chimique d'une expérience cruciale de laboratoire.

Et, pour mieux confirmer ses dires, il touche une boucle qui s'est collée à ma joue.

« Oui, j'ai un petit air de colley.

– Il faut toujours que tu ironises. »

Je hausse les épaules. « C'est parce que j'ai Mercure en Scorpion. »

Les portes de l'ascenseur s'ouvrent et nous y entrons sans souffler mot. Davide me regarde en silence, puis il appuie sur le bouton de son étage. « Rendez-vous demain matin à huit heures ?

Pour le petit déjeuner ? me demande-t-il ensuite en s'adossant à la paroi.

– Je dirais que oui. Faisons ce dernier effort », je réponds en soupirant.

Il est presque une heure du matin, et vu le miracle que je vais devoir accomplir pour atténuer mes cernes et redonner à mes cheveux un semblant de coupe, il va falloir que je règle mon réveil à six heures et demie minimum.

« Le dernier effort *avec moi*…, dit-il en faisant la grimace.

– Ce n'est pas ce que je voulais dire. »

Mais lorsqu'il me regarde, je me dis qu'il a raison. C'est mon dernier effort avec lui. Il va bientôt reprendre sa route, partir pour une nouvelle mission et tourner cette page de sa vie.

Je m'éclaircis la gorge, mais me tais.

« Écoute, Alice, le fait qu'on se retrouve ici à Paris tous les deux, bref… Je voulais m'excuser d'avoir tout organisé à la dernière minute. Je sais que tu avais d'autres projets pour la semaine, mais il était très important que… »

L'ascenseur s'arrête, les portes s'ouvrent.

« Je sais, dis-je en l'interrompant. C'est très bien comme ça. »

C'est un adieu et, au fond de moi, je l'ai toujours su. À présent, les heures qui nous séparent du reste de nos vies peuvent se compter sur les doigts de la main. « Cette journée a été comme un beau rêve, Davide. Et je voudrais qu'elle le reste. La réalité appartient à demain. Bonne nuit. » Je me penche vers lui et mes lèvres effleurent sa joue.

Sa main se pose sur mon bras, l'espace d'un bref instant.

« Bonne nuit, Alice. »

Lorsque l'ascenseur referme ses portes et reprend son ascension, j'ai l'impression d'être engloutie par un profond abîme. C'est faux, ce n'est pas demain matin que la réalité me rattrapera : à cet instant précis, mes sens la perçoivent déjà dans toute son amertume. Je suis réceptive comme jamais à l'odeur de renfermé de la moquette, aux graffitis sur les portes en aluminium, au grésillement du néon au-dessus de ma tête. Dans un film, dans un de *mes* films, un vide pareil équivaudrait à une erreur de scénario. Ce serait déjà le matin, on interviewerait Klauzen ou bien, à la limite, un rapide gros plan montrerait ma main éteignant la lumière sur ma table de nuit. Mais la vie n'est pas uniquement composée de scènes décisives, de paroles essentielles et de dialogues pénétrants. Malheureusement. La réalité est surtout faite de moments tels que celui-ci, de temps morts où l'absurdité de l'existence vous tombe dessus comme un train lancé à grande vitesse.

L'ascenseur s'arrête en douceur et, au-dessus de la porte, le numéro 5 s'allume : mon étage. Je quitte à regret le mur du fond en me grattant distraitement une main. Les portes s'ouvrent en bruissant. Je devrais sortir, mais je reste plantée là, bouche bée.

Davide, tout essoufflé, le visage écarlate, est accoudé contre l'encadrement de la porte.

Je lève la tête pour vérifier une fois de plus le numéro de l'étage, au cas où l'ascenseur n'aurait pas bougé. Mais on est bien au cinquième. « Qu'est-ce que tu fais ici ?

– A… A… Alice… »

Derrière lui, la porte de l'escalier de service bat encore.

« Excuse-moi. Excuse-moi… Mais je ne peux pas te laisser partir comme ça… », parvient-il à dire en haletant.

Puis il m'embrasse.

Ah, d'accord.

Il prend mon visage entre ses mains, le lève vers le sien, et ses lèvres m'effleurent d'abord délicatement, puis de manière plus insistante.

Je voudrais rester de glace, ou le repousser, mais j'entrouvre la bouche, m'abandonnant entièrement aux sensations qui m'emportent, à sa douceur, à sa chaleur.

Il murmure quelque chose, tout en continuant d'embrasser mon visage et mon cou. Il prononce des mots incompréhensibles, mais c'est comme si je comprenais tout. Nul besoin de parler.

Lorsque les portes de l'ascenseur commencent à se refermer, il me tire hors de la cabine et continue de m'embrasser là, dans le couloir, se serrant à moi contre le mur.

« Davide…

– Excuse-moi…, murmure-t-il contre mes lèvres. Mais je ne pouvais pas te laisser partir. Je devrais être dans ma chambre… Mais dès que l'ascenseur s'est refermé, je me suis senti si bête. Je ne pouvais pas aller dormir comme si de rien n'était et attendre demain matin. J'ai monté les escaliers en courant. Tu vois, je suis encore essoufflé. Je ne suis pas très en forme on dirait. Mais je ne pouvais pas te laisser partir. Tu as dit que ce que nous avons vécu aujourd'hui est un rêve, que ce n'est pas réel… Mais si, c'est réel, Alice. Plus que jamais. J'ai l'impression, là, tout de suite, qu'il n'existe rien de plus réel que toi et moi. Maintenant. »

Je caresse son visage. J'ai presque du mal à croire que j'ai enfin la liberté de pouvoir le toucher, l'embrasser. Mon Dieu, chaque fibre de mon corps voudrait se mettre à chanter. Il est à moi ! Davide est à moi !

Mes mains tremblent et la clé de la porte me tombe presque des mains. Nous voilà sur le lit. Il déboutonne ma chemise.

Je ne sais même plus depuis combien de temps je rêve de ce moment. Davide qui se serre contre moi, qui m'embrasse comme si toute sa vie en dépendait. Qui essaie d'enlever sa chemise par la tête, maladroitement, et reste tout empêtré, tandis que je me rapproche encore de lui pour l'aider à défaire au moins les premiers boutons.

Je ris, mais il me fait taire aussitôt par un baiser. « Tu ne m'échapperas plus », me murmure-t-il en se penchant sur ma poitrine et en parcourant mon ventre avec sa langue.

« Non, tu ne m'échapperas plus… » Plus que tout au monde, j'ai envie de sentir son poids et son parfum sur moi, et qu'il me prenne dans ses bras.

En faisant l'amour avec lui, je ressens comme une coulée de feu, de lave en fusion dans mon ventre. Ce n'est pas seulement une sensation physique, mais une communion de l'esprit et du corps. Je ne peux m'empêcher de le regarder, je voudrais continuer de l'embrasser, encore et encore. Dans ce lit, cette nuit, plus rien d'autre n'existe que nous, Paris et la pluie.

Dans la vie, certains instants vous restent collés à la peau pour toujours, et je sais que celui-ci en fera partie. Je ne pourrai jamais oublier le visage de Davide posé sur mon épaule, la sensation de son front contre mes lèvres et ses doigts ouverts et possessifs sur ma hanche.

« À quoi tu penses ? »

Il soupire, fermant les yeux pendant un instant. « À la façon dont on s'est rencontrés aujourd'hui. À mi-chemin. Certains couples n'y parviennent pas de toute leur vie. »

Je me tais un moment. « Alors… nous serions un couple ?

– Alice… »

Je soupire. « Et maintenant ? À quoi penses-tu ? »

Je le sens remuer sous la couette. « Alice, écoute, cette manière que tu as de… cette manière que tu as de dire tout ce qui te passe par la tête… eh bien, je n'en suis pas très fan. Je crois même qu'aucun homme ne l'est.

– C'est sûr, avec Uranus en Scorpion, tu es le roi de l'introversion. Mais sache que nous, les femmes, nous sommes terrorisées par les silences. Rien à faire, nous sommes bien deux sexes différents.

– Même dans le silence il peut y avoir de la communication, Alice. Dans les regards, les gestes. Il suffit de savoir regarder les gens. Pas besoin de connaître leur horoscope, comme un mode d'emploi. »

Je me pelotonne contre lui, savourant la chaleur et le parfum de sa peau, le duvet de sa poitrine contre ma joue.

« Avec toi, je l'accepterais bien volontiers, le mode d'emploi. »

Il m'embrasse, et nous faisons encore l'amour avant de nous endormir, enlacés l'un contre l'autre.

C'est ainsi que je rouvre les yeux, mes jambes emmêlées aux siennes, son nez enfoncé dans mes cheveux.

Me rappelant soudain ce qui s'est passé, j'ai de nouveau du mal à respirer, à bouger, parce que j'ai peur que tout cela disparaisse.

Soudain, le réveil sonne.

Sauf que je n'ai mis aucun réveil.

En fait, c'est un téléphone. Davide relève la tête illico, s'extirpant du lit à la recherche de son pantalon. Il me lance juste un coup d'œil, avant de se lever. « Allô ? Oui. Non. Je ne suis pas dans ma chambre, effectivement. »

Je m'assieds puis m'adosse à la tête de lit, l'oreiller entre les bras, pendant qu'il enfile son pantalon et regagne la porte.

« Quoi ? Neuf heures ? Putain ! » Il ouvre la porte, mais se retourne ensuite vers moi, avec un regard affolé. Tout en tenant son téléphone en équilibre entre son menton et son épaule, il m'indique son poignet, où je ne vois aucune montre. Puis il franchit le seuil de la chambre, pieds nus, vêtu de son seul pantalon, et referme la porte. « Barbara, non, écoute, je me suis réveillé tôt et je suis descendu lire les journaux dans le hall », l'entends-je dire en m'approchant.

Cette phrase me fait l'effet d'une douche glacée.

Je ne suis pas seulement frappée par la rapidité avec laquelle, moins de trois minutes après son réveil, il parvient à élaborer un mensonge, mais aussi et surtout par la laideur de toute cette pantomime : la sortie de la chambre en boutonnant son pantalon, sa voix qu'il essaie de camoufler contre le récepteur. Et surtout le cliché pathétique de la coucherie avec une collègue pendant un déplacement professionnel.

Ça me donne envie de vomir.

Soudain, je n'arrive plus à voir le Davide dont je suis tombée follement amoureuse, mais seulement un profiteur mesquin, un vil séducteur qui est parvenu à ses fins.

Oh, les belles paroles qu'il m'a dites, hier soir. Douceur mielleuse et hypocrisie larvée.

Nous deux.

Ici, maintenant.

C'est réel, Alice. Plus que jamais.

Et à présent, je ne mérite plus que d'être cachée derrière une porte fermée ?

Davide continue de parler avec Barbara pendant quelques minutes, à voix basse, à jet continu. Je ne comprends pas ce qu'il dit, mais au fond, pas besoin.

Je pose ma main sur la poignée au moment où il lui dit au revoir et lui promet qu'il sera chez elle le lendemain. Je ravale ma colère, jusqu'au moment où je l'entends pousser la porte pour rentrer à nouveau dans la chambre.

Alors je tiens bon, et la lui claque à la figure.

40

Sexe, mensonge et… Lion

Qu'il essaie seulement de me parler : voilà ce que je me répète en tapotant le bouton de l'ascenseur, une heure plus tard, une fois prête pour aller interviewer Klauzen.

Heureusement, avec mon smartphone, j'ai réussi à modifier ma réservation de train. Après le rendez-vous, je filerai directement à la gare. Sans repasser par la case départ.

Cette fois, aucune concession pour ses beaux yeux ténébreux.

Ni pour ses fesses…

Pas de concession, j'ai dit.

Bon sang. Barbara n'a qu'à se le garder. Elle l'a largement mérité, ce traître, ce menteur, ce faux cul.

Et dégonflé, par-dessus le marché.

Qu'il essaie seulement de m'approcher, avec ses belles manières et ses mots doux : je pourrais lui mordre la main et lui arracher les yeux.

Je fais les cent pas dans le hall, bras croisés sur la poitrine. Voilà qu'en plus, il faut que je l'attende. Certes, je l'ai viré de la chambre à moitié vêtu, et la clé de la sienne est restée chez moi, avec sa chemise, sa veste et ses chaussettes, me dis-je avec une pointe de satisfaction. Il a dû descendre presque en costume d'Adam pour demander son double. Si seulement je pouvais jeter un œil à la vidéosurveillance !

Je regarde ma montre, il est déjà tard. Je feuillette le dossier, sans regarder franchement les notes pour l'interview. Je me contrefous éperdument de ce Klauzen, j'ai juste hâte que toute cette histoire soit terminée. Hâte de pouvoir tourner le dos à ce monstre (Davide, pas Klauzen) et rentrer chez moi.

« *Mademoiselle, excusez-moi…** »

Sur le coup je ne me retourne pas, mais quelqu'un se met à tapoter mon épaule. Une fille portant l'uniforme bleu de l'hôtel me tend une enveloppe.

« *C'est pour vous… de la part de M. Nardi**. »

Il me suffit d'entendre son nom pour comprendre ce que me dit la réceptionniste.

Alice,

Tu as toutes les raisons d'être en colère et de penser du mal de moi. Il serait d'ailleurs injuste que tu n'aies pas droit à une explication orale. Je ne chercherai donc pas à me faire pardonner en t'écrivant trois mots à la hâte.

Malheureusement, je dois partir, pour une affaire de toute urgence. Mais il y a une chose qu'il faut absolument que tu saches, et qui coïncide avec la véritable raison pour laquelle toi et moi nous nous sommes retrouvés ici, à Paris.

Je ne pouvais pas t'en parler avant.

Pour être vraiment sincère… en fait j'aurais pu te le dire hier, mais je ne voulais pas gâcher notre moment. Je suis un imbécile, je sais.

C'est moi qui ai fait en sorte que Marlin soit prise par un casting ces jours-ci, afin de ne pas être libre pour Paris.

Je voulais que ce soit toi qui m'accompagnes, et pas seulement parce que je ne voulais pas confier à cette idiote une interview aussi importante.

Alice, je devais t'emmener loin de Milan.

Giorgio est recherché par la police pour fraudes aux assurances. La chaîne a été contactée par les forces de l'ordre après la retransmission du reportage où il se déchaînait dans les bureaux. Il a été reconnu par plusieurs personnes qui avaient passé au crible ses dossiers après plusieurs accidents présumés, lesquels lui avaient provoqué, soi-disant, une invalidité permanente.

Pour l'instant, j'ai réussi à éviter que le président soit mis au courant de cette affaire, mais j'avais besoin de t'éloigner de chez toi pour que tu n'entraves pas l'enquête et, surtout, pour que tu n'y sois pas mêlée.

Il y a d'autres choses encore que je voudrais te dire. Des choses importantes, cruciales, mais qui méritent d'être dites à haute voix, les yeux dans les yeux. Je n'en ai pas le temps. Je ne peux pas t'expliquer, mais je dois m'en aller. C'est en rapport avec Barbara, mais ce n'est pas ce que tu crois.

Je t'en prie, aie confiance en moi pour une fois. En moi seul, sans consulter les horoscopes ou établir mille et une conjectures sur mon thème astral.

Pour l'interview, je me fie à toi. Je sais que tu es très compétente et que malgré ce que tu peux ressentir à présent, tu rempliras ta mission au mieux. Cela peut être décisif pour l'émission. Et aussi pour ton avenir professionnel. Fonce.

Je voudrais t'embrasser, mais je ne crois pas que tu me le permettrais.

Davide

Je rejoins le taxi dans un état second, et lui donne l'adresse de l'hôtel de Klauzen, gribouillée sur un morceau de papier. J'ai les jambes si flageolantes que j'ai l'impression d'avoir du caoutchouc à la place des genoux. Je suis totalement perturbée.

Je suis encore en colère contre Davide. Comment pourrait-il en être autrement ? Sa lettre a eu l'effet d'une avalanche sur un skieur qui viendrait de se casser une jambe. Bref, la jambe fait un mal de chien, évidemment, mais il reste surtout le problème de la neige.

En résumé, comme si l'histoire de Davide avec sa Barbara ne suffisait pas, voilà qu'à présent je dois aussi encaisser l'histoire de Giorgio, et la mouise sans nom dans laquelle il m'a mise.

L'espace d'un instant, l'idée me traverse de changer à nouveau mon billet et de m'envoler pour Tombouctou.

La suite dans laquelle on m'introduit est d'un blanc immaculé et dégage un je-ne-sais-quoi d'aseptisé qui m'évoque un hôpital. Ou la dernière scène de *2001, l'Odyssée de l'espace.*

Klauzen trône dans un fauteuil, devant la fenêtre par laquelle entre à flots la lumière du matin. Il ne daigne même pas se retourner lorsque je m'avance. Ma main, tendue vers lui, est interceptée par celle de son assistante. « Ma*t*emoi*z*elle Ba*zz*i, sui*f*ez-moi que je *f*ous explique pour l'inter*f*iew. »

Je m'éloigne de Klauzen, qui ne semble toujours pas s'être aperçu de ma présence. Une mouche aurait bien plus sûrement attiré son attention que moi.

Eh bien, mon cher, je ne m'arracherai pas les cheveux parce qu'un Capricorne prétentieux ne daigne pas m'accorder un regard. Tu as beau être le dieu des gynécos, pour moi tu n'es rien d'autre qu'une poussière dans un œil. Sans compter qu'à la lumière de mes trente années de solitude, il est plutôt improbable que je sollicite un jour tes services.

Je décide donc que je ne ferai pas le moindre effort pour m'attirer sa sympathie.

La femelle viking qui lui sert d'assistante m'explique comment procéder pour l'interview, où m'asseoir, quelles seront les questions, comment intégrer les vidéos. Je pourrais bien essayer d'imposer un minimum ma volonté, mais j'ai épuisé ce qu'il en restait lorsque j'ai été obligée de monter jusqu'ici en ascenseur. Je reste donc muette comme une carpe et me contente d'acquiescer.

J'ai hâte de rentrer chez moi.

Vraiment ? Qui sait ce qui m'y attend ?

Oh, mon Dieu, la police ! Dans quel état vais-je retrouver mon appartement en arrivant à Milan ?

Je m'imagine un scénario en mode *Les Experts* : mon immeuble a été encerclé par un ruban jaune et un charmant inspecteur en civil m'informe que ma maison a été mise sous séquestre pour les besoins de l'enquête.

... Et si je devais changer d'identité pour entrer dans un programme de protection des témoins ? Moi qui ai déjà de gros problèmes de socialisation, pas besoin d'en rajouter avec une planque forcée dans un refuge de haute montagne.

Une fois assise devant Klauzen et son assistante, laquelle se penche à son oreille pour lui murmurer avec déférence que nous sommes prêts, il consent à refermer son journal et pose son regard glacial sur moi. « Démarrez la caméra », me dit-il, sans préambule, en claquant des doigts comme si j'étais un caniche de cirque, tandis que son assistante remet en place ses cheveux argentés avec un empressement maniaque.

« Pardon ? »

Il lève les yeux au plafond d'un air impatient. Puis il bafouille à son « Inga » quelques mots dans un allemand à couper au couteau. Oh mon Dieu, même si ce n'était pas de l'allemand à couper au couteau, je me croirais quand même dans un vieux téléfilm sur la Seconde Guerre mondiale.

Inga me regarde sans trahir aucune émotion. « C'est professeur qui parle. Pas à fous de poser questions. »

Certes, je comprends que ce soit la classe d'avoir une assistante cybernétique qui intervient comme un videur de quatrième ordre mais bon sang, tout cela est absurde puisqu'il parle ma langue bien mieux qu'elle.

Sauf s'il y voit une tactique pour impressionner son interlocuteur ; dans ce cas-là, il n'aurait pas tous les torts.

Il faut se rappeler que nous sommes ici en présence d'un Capricorne qui, s'il n'avait pas entrepris une carrière médicale, aurait présenté le CV du parfait dictateur ; en effet, son ascendant

Scorpion lui confère une volonté puissante et tyrannique, ainsi qu'un tempérament bilieux qui fait de Barbe Bleue un pauvre type vulnérable ; et son opposition Lune-Saturne, comme si ça ne suffisait pas, pèse aussi lourdement sur la pédale de l'arrogance.

C'est un peu le leitmotiv de la dernière période de ma vie, tout ça : avaler des couleuvres, voire des vipères, sans me faire piquer.

Je fais donc signe à Pierre, le cameraman, de commencer à enregistrer et je m'assieds, avec toute la bonne volonté qui me reste.

Le petit sourire satisfait de Klauzen me porte sur les nerfs. Il me rappelle celui de Giorgio lorsqu'il me retourne comme une crêpe pour parvenir à ses fins. À moins qu'il ne me rappelle plutôt celui d'Alejandro ? Ou encore celui de Carlo, ou de Davide, de tous ces hommes qui n'ont pas eu le moindre scrupule à m'écraser comme des bulldozers ?

Triomphant, Klauzen se met à évoquer son sujet préféré : lui-même.

Il me parle de la Fondation Klauzen, des Laboratoires Klauzen, des Cliniques Klauzen, de la Méthode Klauzen…

Il est tellement Klauzencentrique que la tête me tourne. Bien sûr, la combinaison entre son signe solaire et son ascendant lui donne une assurance inébranlable, mais je me demande quel genre de relations sociales il peut bien avoir, si tant est qu'il en ait.

« Dans votre *sympathique* émission, lance-t-il soudain sur un ton ironique, vous parlez d'horoscopes… Eh bien, comme vous devez le savoir, mademoiselle, tout cela n'a rien à voir avec la science. En revanche, de récentes études conforteraient plutôt l'hypothèse de l'existence d'un lien entre le mois de naissance d'un individu et ses caractéristiques. Par exemple, les enfants conçus en mai seraient particulièrement sujets aux naissances prématurées, avec des conséquences sur leur santé par la suite. De la même manière, il semblerait que les enfants nés en octobre seraient portés à obtenir d'excellents résultats scolaires, au contraire de ceux qui voient le jour en juillet. Ceux-ci, d'autre part, pourront bénéficier d'autres caractéristiques, telles qu'une forme physique plus résistante. C'est justement cette clairvoyance, voyez-vous, qui place la Méthode Klauzen à l'avant-garde, en apportant aux parents les informations nécessaires pour prendre la meilleure décision concernant leur progéniture. Vous pouvez donc constater au final que grâce à l'Institut Klauzen, il est possible de répondre à ces problématiques fâcheuses et de contrer les inconvénients potentiellement générateurs de remords chez les parents, le nouveau-né lui-même et la société. »

Dans ma tête, une alarme se met à sonner. « Excusez-moi, mais n'est-ce pas là une façon d'exercer une forme de discrimination ? »

Klauzen s'interrompt dans son monologue et me regarde de travers. « Il vous a bien sûr échappé que vous devez vous taire. »

Oh, oui, je suis *très compétente*, et cette interview peut être *décisive pour l'émission*. « Vous savez quoi ? Vous pouvez aller vous faire voir, vous, la Fondation Klauzen, la Méthode Klauzen et même les petits Klauzen fabriqués par vos cliniques nazies. Je vous signale que l'eugénisme a été banni depuis des dizaines d'années, au cas où vous ne seriez pas au courant. Ce que vous proposez est tout bonnement honteux. Vous voulez produire des enfants parfaits sur commande des parents. Des enfants privilégiés grâce à la manière dont ils auront été conçus et mis au monde. Des enfants riches, des enfants de parents aisés qui pourront s'offrir vos soins. Et tous les autres ? Servirons-nous d'esclaves à ces êtres d'exception ? N'avons-nous donc pas tous le droit de rêver de changer de vie ? »

Orara, sous le choc, frise le court-circuit. Elle s'interpose entre le docteur et moi pour lui servir de bouclier. Comme si je voulais attenter à sa vie.

« Vous pouvez bien appeler votre armée de clones, dis-je en la désignant du doigt. Je n'ai aucune intention de vous toucher. Ce serait encore vous faire trop d'honneur. Et vous savez quoi ? Je suis fière de mes imperfections ! Le monde auquel vous aspirez serait d'un ennui mortel. Sur ce, au revoir. »

41

Un Gémeau dingue, dingue, dingue

En posant le pied sur le quai de la gare, un sentiment d'étrangeté me saisit.

Je suis de retour. Me voilà chez moi, à Milan. Toute seule. Je dois affronter ce qui reste de ma vie et y mettre de l'ordre, une fois de plus. Ranger. Me reconstruire.

Quelle barbe !

Tout d'abord, il y a urgence à opérer un petit nettoyage mental. Par exemple : Davide… Heu… Davide qui ?

Voilà la raison principale pour laquelle j'ai ignoré le dernier message de Daniele, que je ne l'ai pas prévenu que je rentrais avec un jour d'avance, et que je suis à présent en train de sortir de la gare et de chercher un taxi des yeux.

Pourtant, sur le coup, je me suis inventé une autre raison, d'ordre bien plus pratique.

En effet, même si les souffrances de la jeune Alice se positionnent encore à la première place dans le classement de mes angoisses quotidiennes, elles sont talonnées, sur le chemin du retour, par mon appréhension au sujet de Giorgio et de la police.

Je ne pouvais pas demander à Daniele de venir me chercher alors que je n'ai pas la moindre idée de ce qui m'attend chez moi. À condition que j'aie encore un appartement et qu'il n'ait pas été mis sous scellés comme scène de crime ou autre délire du même genre.

La file de personnes qui font la queue pour un taxi me paraît disproportionnée, d'autant plus qu'on n'en voit pas l'ombre d'un seul, ce qui est plutôt bizarre pour la gare Garibaldi à dix-neuf heures.

« Il paraît qu'il y a des bouchons monstres et que tous les taxis sont bloqués dans les environs », explique quelqu'un avec impatience.

« Des fourgons de la police viennent de passer, commente quelqu'un d'autre. Il a dû y avoir un accident. »

Bon, heureusement, je n'habite pas très loin et j'opte donc pour le métro. Une véritable odyssée de l'espoir, serrée comme une sardine, dans les effluves musqués des aisselles de fin de journée.

« … Moi, j'ai laissé tomber et j'ai garé ma voiture dans le quartier Loreto, raconte un jeune cadre dynamique. La police est partout. »

Quand je finis par émerger dans la rue, moi aussi je vois passer quelques fourgonnettes. Un hélicoptère passe au-dessus de moi dans un vacarme assourdissant.

Comme par magie, une centaine de scènes de films d'action défilent dans ma tête : les forces de l'ordre pourchassent les criminels en faisant sauter des voitures sur le périph' et ouvrent le feu entre le marché communal de *piazzale* Lagosta et le bureau de poste de la via Pola, tandis que Giorgio, en veste de cuir et lunettes noires, joue à *Matrix* en esquivant les balles au ralenti.

Je m'agrippe à ma valise comme à une béquille.

Une seule pensée : *Je dois. Arriver. Chez. Moi. Tout de suite.*

Si j'ai encore un chez-moi !

Les seules arrestations avec lesquelles j'ai une certaine familiarité sont celles des films américains, qui, en général, ne font pas dans la dentelle.

Est-ce qu'il y aura du sang ? Je ne suis pas douée pour enlever les taches des murs, moi ! C'est dégueulasse, et de surcroît, je n'arriverais plus à trouver le sommeil dans un appartement où *un crime effroyable* a été commis.

Arrête de délirer, Alice ! Pourquoi des coups de feu auraient-ils dû être tirés chez moi ? Après tout, il ne s'agit que de quelques fraudes aux assurances. Bref, rien qui vaille la peine de jouer *Le train sifflera trois fois* en plein milieu de mon couloir.

Me voilà arrivée. Je regarde d'un air perplexe l'interphone avant de décider d'agir. En théorie, je devrais être « une personne extérieure aux événements »... Il est donc normal que je monte pour voir ce qui se passe. Je pourrais éveiller les soupçons de la police si je changeais d'un coup mes habitudes.

Je glisse la clé dans la serrure avec le sentiment d'être un peu Judas.

En effet, nos deux téléphones sont probablement sur écoute, mais je n'ai pas prévenu Giorgio, surtout par peur qu'il lui vienne l'idée extravagante de nous enfuir ensemble. Je préférerais me retrouver en cellule d'isolement à perpétuité plutôt que passer le restant de mes jours à jouer à *Bonnie and Clyde* avec lui.

L'appartement me semble étrangement calme, sauf que...

J'entends des gémissements. Une espèce de lamentation dans le fond, comme les pleurs d'un animal blessé.

L'espace d'un instant, je me dis qu'on lui a vraiment tiré dessus, avant de l'abandonner, en train de se vider de son sang. Allons bon, c'est la police, pas un sordide règlement de comptes ! L'angoisse vous fait toujours imaginer les scénarios les plus dingues.

Malgré ma terreur, je me force à avancer. Je rejoins pas à pas la cuisine, d'où le bruit semble provenir.

Je reste sur le seuil, pétrifiée, la main sur la bouche pour ne pas crier.

Giorgio est complètement nu, hormis la manique pour enlever les plats du four, qu'il utilise pour fesser une parfaite inconnue, tout aussi dénudée que lui, à quatre pattes sur ma table de cuisine.

« Giorgio ! »

Il se retourne, la manique en berne.

Je me cache les yeux avec la main, pour m'épargner le spectacle de leur nudité. « Qu'est-ce que tu fous, bordel ?

– Qui c'est, celle-là ? demande la parfaite inconnue à quatre pattes.

– Ma sœur ! » s'exclame mon ex-petit ami.

Je me serais attendue à tout en rentrant chez moi sauf à trouver deux personnes en train de forniquer entre le four et le lave-vaisselle. Et la police ? Où diable est la police ?

« Ta sœur ? Tu te fiches de moi ?

– Pantouflette, je peux tout t'expliquer, dit-il plus doucement en me faisant un clin d'œil. Laisse-moi travailler », murmure-t-il.

Le laisser travailler ?

Attendez, je ne l'ai quand même pas surpris en train de superviser les opérations pour le lancement d'un Space Shuttle. Au mieux, ça pourrait être une scène pour un film de Rocco Siffredi mais je ne vois pas de caméras.

« Rhabille-toi, lui dis-je sèchement. Et explique-moi ce que fait cette femme chez moi. Même si j'ai une vague idée vu sa position… Mais habille-toi !

– Chez elle ? répond la femme en écho, qui consent à renfiler ses sous-vêtements. Chouchou, tu m'avais dit que c'était ton pied-à-terre… que tu avais besoin d'argent pour le rénover en attendant que tes comptes en Suisse soient débloqués.

– Dans un certain sens… le prêt de ta banque était en effet vital », lui répond-il, le regard dans le vague.

Je me hâte de lui tourner le dos. « Pourrais-tu au moins mettre un slip ? Ça me fait bizarre de voir ma manique à fraises des bois sur tes parties génitales. »

Mais que fait la police ? Dehors, on entend encore les sirènes. Se seraient-ils trompés d'adresse ? Dois-je l'appeler quand même ?

Soudain, je réalise que, puisque je suis rentrée chez moi plus tôt que prévu, je serai donc présente quand on viendra l'arrêter. Bref, comme une gourde, j'ai fait échouer la couverture du voyage à Paris.

« Giorgio, écoute… » Je me dis que si je veux avoir une chance, il ne faut absolument pas qu'il soit arrêté chez moi. Pas *avec* moi, en somme. « Écoute, il faut que tu partes immédiatement.

– Bien sûr, Pantou, bien sûr », dit-il en essayant de me mettre la main sur la bouche.

Ce qui me donne la chair de poule, étant donné ses activités toutes récentes dans la cuisine.

« N'essaye même pas ! dis-je en me libérant de son étreinte d'un bond de félin.

– OK, mais alors écoute-moi, dit-il en enfilant son boxer. J'ai un avion dans moins de trois heures.

– Quoi ? »

Au moins, nous sommes d'accord sur le fait qu'il doit franchir ce seuil en moins de temps qu'il ne faut pour le dire.

« Je crains que la police soit à mes trousses. Un malentendu administratif, une histoire d'assurances… Juste avant que tu partes, mon avocat m'a appelé pour me prévenir. Et… »

Il me montre le couloir d'un geste, et par conséquent la cuisine.

« J'avais besoin de pas mal d'argent pour mon billet pour la Tanzanie. Tu n'en avais pas… » Je ne sais pas avec quel courage, mais il arrive à me regarder d'un air vexé. « Voilà pourquoi elle est là.

– Tu t'es tapé une nana de la banque pour obtenir un prêt ? »

Il hausse les épaules, puis se retourne et soulève la partie supérieure de mon lit, où je cache mon coffre. Dessous, une valise est déjà préparée.

Je n'y prête pas attention tout de suite, mais après qu'il l'a attrapée, et au moment de refermer le lit, j'ai un choc : « Où sont passées mes affaires ? Où… où sont toutes mes VHS ? »

En effet, le coffre sous mon lit est vide. Et avec lui a disparu mon « kit de survie ».

Giorgio me regarde, éberlué. « Tous ces vieux trucs ? Je les ai emportés à la décharge», explique-t-il le plus naturellement du monde.

Je dois m'appuyer contre l'armoire pour ne pas m'évanouir.

«Je croyais que c'était du bric-à-brac rangé n'importe comment en attendant que tu t'en débarrasses.» Cet idiot hausse encore les épaules d'un air évaporé. «C'était mon cadeau d'adieu.»

... Il fait même le romantique!

«Écoute, Pantouflette, c'étaient juste des vieilles VHS, je t'ai acheté un beau Blu-Ray. Tu verras, ça n'a rien à voir, avec le Dolby Surround.»

Mais je ne l'écoute plus. «Tu as jeté...» Je n'arrive plus à respirer. «Tu as jeté...» Oh mon Dieu, je vais mourir. Ma toute première cassette, la première VHS que je me suis achetée à treize ans. Et *Ghost*, *Pretty Woman*, *Dirty Dancing*... «Comment as-tu osé? me mets-je à crier en le poussant vers la porte.

– Mais Pantou, pourquoi tu réagis comme ça?

– Pourquoi je réagis comme ça? Parce que je ne te supporte plus. Ça fait deux mois que tu es étalé sur mon canapé sous prétexte que tu n'as pas de boulot et que tu dois payer la pension de ton ex-femme.

– Ex-femme...?» entend-on crier depuis la cuisine.

Alors j'ajoute: «Oui! Et deux enfants!»

J'entends des talons claquer dans le couloir et la porte d'entrée se refermer.

Giorgio prend un air choqué, comme si on lui avait cassé son jouet. «Tu es jalouse, ma petite Pantouflette?

– Oui, je suis jalouse! Je suis jalouse de ma vie, je suis jalouse de ma maison, de mes affaires, de mon temps! Mais à quoi bon essayer d'expliquer à un... un... un imbécile pour qui le summum d'une soirée réussie, c'est d'enchaîner les shots de vodka avant de vomir ses tripes sur le tapis?»

Je le prends par le col et le propulse, vêtu tel qu'il est, en direction du couloir. Je me fiche éperdument qu'il soit presque nu.

J'ouvre grand la porte et, au moment de le jeter dehors, je

découvre deux types sur le seuil qui me regardent en fronçant les sourcils. « Bonjour… Nous cherchons M. Giorgio Pifferetti. »

Un profond soupir de soulagement m'échappe. « Vous êtes de la police ? »

Ils se regardent, perplexes. « Euh, oui.

– Vous êtes en retard !

– Il y avait des bouchons, dit l'un d'eux en se grattant la tête.

– Il y a une manifestation, aujourd'hui, commente l'autre, comme pour s'excuser.

– Très bien, le voici. Il est à vous. »

Et je pousse Giorgio dans leurs bras en claquant la porte sans attendre de réponse.

POISSONS

Voilà un homme qui n'a pas de mal à vous dire qu'il vous aime. Il vous ment, naturellement. S'il vous dit que vous êtes son unique amour, ne le croyez pas. Il jure que celle que vous l'avez vu embrasser dans la rue n'est que sa cousine, avec laquelle il venait de se disputer. À ce moment-là, vous aurez envie de basculer dans la violence. N'en faites rien, malheureuse ! C'est exactement ce qu'il cherche, afin de pouvoir montrer à ses amis et à ses proches les bleus qui sont la preuve de votre déséquilibre mental et de votre méchanceté innée. Car après tout, s'il y a bien une chose que les Poissons adorent faire, plus que mentir comme ils respirent, c'est se plaindre, et qu'on les plaigne.

42

Qu'est-il arrivé à Baby Balance ?

Tout ce qui me reste, outre des larmes de colère et de désespoir, c'est un appartement en pagaille, et un cœur brisé. Sans aucune possibilité de noyer mon chagrin avec *Pretty Woman*.

J'ai essayé de me laisser aller à la dérive sur mon canapé, mais j'avais trop de choses en tête. Cette inactivité me rendait folle.

Privée de mon « kit de survie » salutaire, j'ai essayé de m'anesthésier à coups de Cif et de Monsieur Propre en briquant mon appartement jusque dans le moindre interstice. Les deux jours suivants, je suis même devenue la reine du Black&Decker, et mon studio s'est transformé en véritable gruyère, à cause de tous les tableaux et placards que j'avais décidé d'y accrocher.

Je dois avouer que me défouler sur les murs m'a fait un bien fou.

Maintenant que j'ai terminé, je dispose d'un appartement de célibataire flambant neuf, rempli de livres et de très chics posters de vieux films. Alors je m'autorise enfin à m'asseoir par terre et à pleurer. De soulagement.

Je me sens étrangement libre et légère, avec l'agréable sensation que je vais enfin pouvoir recommencer de zéro.

Sans Giorgio. Sans Davide… Et aussi, disons-le, sans mes précieuses VHS.

Mais tout nouveau départ suppose toujours la fin d'une étape, pas vrai ?

Après m'être accordé cette petite faiblesse, je jette mes mouchoirs dans les toilettes et tire la chasse. Fini les larmes, Alice. Tu vas grandir, maintenant, et une bonne fois pour toutes.

Je me tamponne les yeux à l'eau froide lorsque j'entends sonner à la porte.

Oh non, me dis-je avec angoisse : je n'ai pas répondu au dernier coup de fil de Paola (j'étais en plein perçage de mur), et elle va encore débouler chez moi dans le but avoué de me ramasser à la petite cuillère.

Mais ce n'est pas le visage de mon amie aux mille ressources que je découvre sur le seuil de la porte.

« Aide-moi, je t'en prie ! »

Cristina me regarde fixement, les yeux brillants et la bouche tremblante ; si je ne m'abuse, elle va éclater en sanglots.

Ce qui ne tarde pas.

Comme si c'était la chose la plus naturelle du monde, elle se jette dans mes bras en sanglotant, puis balbutie : « Carlo me cherche… il faut que tu me caches ! »

« Son problème, c'est sa Lune en maison XII. Quand tu as la Lune en maison XII, tu peux être sûre que tu vas rencontrer des problèmes de cœur. Et une certaine instabilité émotionnelle, dis-je en soufflant sur ma tasse de thé.

– Son problème, c'est que *ton* ex-petit ami, *son* futur mari, est un gros salaud. Le voilà, son problème. »

Ça, c'est Paola tout craché. Pragmatique. Directe. À cause de la Lune en conjonction avec Saturne dans son thème astral – mais gare à vous si vous le lui dites, car avec Vénus et Mars en Cancer, sa rancœur pourrait être éternelle.

Le problème, c'est que Cristina a appris ce qu'elle n'aurait jamais dû apprendre : à savoir que Carlo, ce Verseau indéfectible amant de la liberté et en odeur de paternité, a le béguin pour une autre. Alors, bouleversée bien qu'elle soit Vierge avec Mercure en

Balance, elle a sonné chez moi pour me demander de l'héberger jusqu'à nouvel ordre.

« Oui, mais *mon* problème, dis-je à mi-voix à Paola en l'entraînant à l'écart du canapé où Cristina somnole, c'est que je ne suis pas prête à devenir *mère*... ni mère bis, ni pseudo-tante, si ça suppose d'être réveillée au beau milieu de la nuit pour changer des couches ou réchauffer du lait. Cristina ne peut pas envisager de s'installer chez moi, un point c'est tout. »

Je viens juste de reconquérir ma liberté, de me débarrasser de Giorgio et de rénover mon appart', alors qu'on me laisse en paix !

Je suis peut-être sans cœur, mais je n'ai jamais été très fan des films dégoulinant de bons sentiments et de solidarité féminine. En pratique, ma vie est déjà assez bordélique comme ça, entre précarité professionnelle et précarité sentimentale, pour prendre en charge l'ex-compagne enceinte de mon propre ex. Même Freud ne s'y retrouverait pas dans un tel merdier.

« Comme à ton habitude, tu t'es déjà projetée sur trois ans, Alice, me reproche Paola. Nous devons essayer de gérer la situation, sans imaginer tout de suite le pire. »

C'est justement pour cette raison que je l'ai appelée : Paola est l'amie que tout le monde souhaiterait avoir. Elle est Cancer ascendant Cancer, base de sa profonde humanité, et avec Pluton en maison III, elle est douée d'une grande empathie envers autrui.

Ne sachant à quels saints me vouer quand Cristina a débarqué chez moi en sanglotant, j'ai pris la mesure que n'importe qui, connaissant Paola, aurait prise : j'ai attrapé mon téléphone et je l'ai appelée.

Fidèle à son thème astral, elle a réussi à obtenir de Cristina trois choses en cinq minutes : qu'elle s'arrête de pleurer, qu'elle nous raconte par le menu toute l'histoire et qu'elle fasse un petit somme.

Un véritable exploit.

« Tu es sûre qu'on ne va pas attraper de maladies ? me demande à présent ma prodigieuse meilleure amie avec une grimace de dégoût et en déplaçant du bout des doigts une des chaises de la cuisine.

– J'ai tout astiqué », lui dis-je en grognant.

Son pouvoir de conviction m'a évidemment encouragée à vider mon sac moi aussi. Je lui ai raconté l'affaire Giorgio, son arrestation et la scène digne de *9 semaines et 1/2* que j'ai surprise dans la cuisine.

« Tu as passé du désinfectant ? insiste-t-elle en s'asseyant tout au bord de la chaise. On ne sait jamais, avec les mecs comme lui qui considèrent la tournée des putes comme un hobby aussi respectable que le tricot.

– Écoute, même si j'ai la Lune en Poissons, je suis plutôt tatillonne, tu peux me faire confiance.

– Alice, tu devrais arrêter un peu avec ces histoires d'astrologie. Je ne sais pas si tu te rends compte, mais tu ne prononces pas une seule phrase sans y fourrer une Lune, une conjonction ou une triade.

– Un trigone. Je te l'ai déjà répété au moins trois fois.

– Justement. Écoute, Alice, un ami de Giacomo a eu des problèmes d'alcool et il est allé dans un centre… Il m'a dit qu'on y soigne un peu tout, même les dépendances psychologiques d'Internet, du jeu… et des horoscopes.

– Paola, si seulement tu m'écoutais, une bonne fois pour toutes : l'astrologie te permet de comprendre énormément de choses sur toi-même et sur les autres… et si tu apprends à bien la manier, tu as quatre-vingt-dix pour cent de chances d'éviter les emmerdes. »

Elle hausse un sourcil tout en portant sa tasse à ses lèvres. « Et Davide ? » me lance-t-elle comme un défi.

Il est bien naturel que je lui aie aussi parlé de Davide et de ce qui s'est passé entre nous à Paris. Je lui ai téléphoné exprès dans le train pour m'épancher.

« Davide, c'est… c'est l'exception qui confirme la règle », lui dis-je en me levant pour faire mine de chercher un truc dans un placard, et avoir ainsi une bonne raison de ne pas la regarder dans les yeux. « J'ai beau savoir que nos thèmes sont absolument incompatibles… c'est plus fort que moi, c'est comme si je voulais aller contre les étoiles…

– Cela s'appelle de l'attraction, répond Paola sans se démonter. Je ferais bien une enquête statistique pour voir combien de mariages réussis sont basés sur des thèmes astrologiques compatibles. Tu veux une preuve ?

– Je suis curieuse.

– Giacomo et moi, par exemple. Tu as vérifié ?

– Euh… »

Je suis sur le point de répondre, lorsque le bruit de l'aspirateur attire notre attention et nous fait accourir dans le salon. Je dois avoir contaminé Cristina avec le virus de la ménagite, car la voilà qui s'est lancée elle aussi dans un grand ménage de printemps.

Après un instant d'égarement, Paola et moi prenons conscience qu'une femme enceinte de plus de six mois est hissée sur mon canapé, le manche de l'aspirateur levé au-dessus de la tête à la façon d'un javelot, occupée à aspirer la saleté tenace du dessus des étagères de livres.

« Cristi, arrête ! »

Mais avec l'aspirateur allumé, elle ne m'entend pas.

Paola prend encore la meilleure décision en le débranchant illico. « Cristina, lui dit-elle en lui tendant la main, arrête. »

Cette fois, je dois admettre que le charme du Cancer n'agit pas, et Cristina se retourne, avec la colère de Khan peinte sur son visage. « Vous voulez que je meure étouffée ? Je suis allergique à la poussière. Vous voulez que je fasse un choc anaphylactique ? Vous voulez que j'accouche sur le parquet ? »

Mon Dieu, elle n'a quand même pas des contractions ? Désespérée, je demande à Paola : « Il faut que j'aille faire chauffer de l'eau ?

– Oui, si tu veux te faire une autre tasse de thé, idiote. » Puis elle attrape avec une précision de ninja le manche de l'aspirateur et le bloque au-dessus de la tête de Cristina. « Personne n'accouche ici. Pour le moment. »

En désarmant la femme enceinte, Paola heurte le carton posé depuis des mois en haut de la bibliothèque, celui que mes parents m'ont refilé quand ils ont repeint leur maison, et qui attend encore d'être passé au crible.

« Attention ! » Dans un geste héroïque, je risque l'entorse du poignet pour les sauver toutes les deux d'une avalanche de livres, de paperasses et autre bordel varié.

« Oh bon sang… j'ai cassé quelque chose ? demande Paola aussitôt, en venant à mon secours (elle ne peut vraiment pas s'en empêcher).

– Aucune idée », lui dis-je, puis je rejoins Cristina, qui s'est remise à sangloter sur le canapé, comme dans les meilleurs mélos. « Calme-toi, allez… »

Mais bien évidemment, moi elle ne m'écoute pas et continue de gémir en étouffant ses larmes contre les coussins.

Paola est déjà à l'œuvre pour ranger, et j'abandonne Cristina pour lui donner un coup de main. « Parfait, ça faisait deux mois que je devais m'occuper de ce carton. C'est un signe du destin, à mon avis. »

Paola lève les yeux au ciel.

J'y trouve quelques cahiers de l'époque de la fac. Et même une vieille peluche à laquelle, enfant, j'étais très attachée. Des stylos, qui bien évidemment ne marchent plus. Et des feuilles de cours. Une kyrielle de feuilles de cours jamais triées. Maman a dû vider mes vieux tiroirs directement dans le carton.

« Et ça ? s'exclame Paola en soulevant un objet du sol, comme si elle avait trouvé un trésor. Que fait une cuillère au milieu de feuilles et de cahiers ? Tu es vraiment désordonnée, il n'y a pas à dire, Alice. »

Je soupire et la lui retire des mains. « Ce n'est pas une simple cuillère, je te signale. C'est une cuillère porte-bonheur, le cadeau de mon oncle pour ma naissance, dis-je avec une certaine fierté.

Tu vois ? Ici est gravé mon poids, euh… je pesais presque quatre kilos… » Soudain, une idée me traverse l'esprit. Je m'assieds à côté de Cristina, pour essayer de la distraire. « Et si on en faisait faire une pour ton bébé, qu'est-ce que tu en dis ? Regarde comme c'est joli. Il y a la date de naissance, l'heure de naissance, la taille… »

Toutefois, mes paroles ne semblent pas produire l'effet escompté. Cristina se met à sangloter de plus belle, au point que je caresse un instant l'idée de la calmer avec un coup de cuillère bien senti sur la tête. Décidément, mon instinct maternel n'a pas duré longtemps.

Je commence à me lever du canapé. Mais je me rassois aussitôt. Je regarde fixement devant moi pendant quelques secondes.

Paola se relève en s'étirant, mains sur les hanches. « Tout va bien ? »

Je continue de regarder devant moi. « Je ne sais pas.

– Comment ça ? Tu as la tête qui tourne ? Tu te sens mal ? »

Elle accourt et me pose la main sur le front.

Pour toute réponse, je soulève la cuillère, comme si c'était un indice crucial.

« L'heure, dis-je en balbutiant, regarde l'heure.

– "Alice Bassi, née à 23 heures 45"… Eh bien ? Et alors ?

– Ma mère m'a toujours dit que j'étais née à onze heures. »

Paola hausse un sourcil et me regarde comme si elle envisageait d'appeler le 15. « Et alors ? Tu es née à minuit moins le quart.

– Oui, mais le soir ! »

Cette fois, je bondis du canapé pour courir au téléphone et appeler mes parents.

« Ma chérie, comment ça va ? » me demande mon père à l'autre bout de la ligne.

Je saute les préliminaires, d'une voix tremblante :

« Papa, quand est-ce que je suis née ?

– Comment ça ? Chouchou, tu vas bien ? Tu as de la fièvre ?

– C'est aussi ce que je lui ai demandé, monsieur Bassi, dit Paola à voix haute.

– Ah, Paola ! Salut ! Tu passeras le bonjour à ta maman de ma part.

– Merci !

– Vous allez arrêter, tous les deux ? C'est une question de vie ou de mort !

– Il faut toujours qu'elle en rajoute ! s'exclame Paola.

– Qu'est-ce qui se passe, ma puce ? me demande papa.

– Papounet, j'ai besoin de savoir à quelle heure je suis née. Précisément. »

J'entends la voix de ma mère dans le lointain. « Dis-lui de passer, j'ai récupéré ses chaussures chez le cordonnier.

– Ta mère dit que tes chaussures sont prêtes chez le cordonnier. Tu passeras quand ?

– Bientôt, papa. Mais…

– Tu sais qui j'ai vu, l'autre jour au parc ? Ta prof d'italien du lycée. Tu t'en souviens ? Tu sais qu'elle a pris un sacré coup de vieux ?

– Papa, ça fait presque vingt ans, le lycée, alors tu sais… Quelqu'un aurait-il l'obligeance de me dire à quelle heure je suis née ? J'ai retrouvé la cuillère avec toutes les infos, le cadeau de tonton Christian…

– À propos, on l'a eu hier au téléphone. Il te donne le bonjour. Il demande toujours de tes nouvelles, le pauvre. Pourquoi tu ne lui téléphones pas de temps en temps ? Il doit se faire faire une radio du genou.

– Oh, le pauvre. Papounet, s'il te plaît… Je vous ai téléphoné parce que j'ai besoin de savoir à quelle heure je suis née. Dis-le-moi, après je téléphonerai à qui tu voudras… et tu pourras faire de moi ce que tu veux », lui dis-je sur un ton suppliant.

À l'autre bout du fil, un silence embarrassé s'ensuit. Puis : « Adalgisa, à quelle heure est née Alice ? »

Je peux presque la voir, ma mère, se pencher à la porte de la cuisine et le regarder d'un air suspicieux. Je l'entends marmonner quelques mots, mais sans comprendre. « Ta mère dit que tu es née à onze heures.

– Oui, mais à onze heures du matin ou du soir ?

– Du soir », lance ma mère.

Je m'écroule à genoux.

« Alice ? Allô, Alice ? »

Le choc est si fort que je ne réagis pas quand Paola me prend le téléphone des mains. « Oui, bonsoir, monsieur Bassi, c'est Paola. Oui, tout le monde va bien, merci. Alice est ici mais elle ne peut pas parler maintenant. Non… Elle est en train de regarder les étoiles… »

Lorsque je me retourne, je vois que Cristina a cessé de pleurer et me tend un verre d'eau, que j'ingurgite sans autre forme de procès.

« Alors ? » me harcèle Paola, bras croisés sur la poitrine.

Je ne l'écoute pas et me traîne vers mon ordinateur, où j'ouvre le programme d'astrologie. J'y insère les données de ma nouvelle heure de naissance pour calculer mon véritable thème astral.

Certaines configurations ne sont pas modifiées. La position des planètes est identique. Mais… les planètes dans les maisons et les maisons par rapport à mon signe, tout comme les aspects entre les planètes et même mon ascendant sont complètement chamboulés.

OhMyGod, il faut que je m'assoie. Sauf que je suis déjà assise.

J'entrouvre la bouche et parviens à murmurer dans un souffle : « Qui suis-je, alors ? »

43

Lost in astrology

Vraiment trop de monde. C'est la première chose que je remarque en franchissant le seuil de l'open space. Le brouhaha m'agresse. Quelqu'un se tourne vers moi et me lance un : « Salut, Alice !

– Bonjour, Alice.

– Hello, Alice !

– Alice… »

Alice. Alice. Alice.

Mon prénom fuse de partout, pourtant il ne m'a jamais semblé plus inadapté. C'est comme si je le prenais du bout des doigts pour l'observer, puis le mettais de côté, dégoûtée.

« Alice ! »

Je sursaute lorsqu'une main se pose sur mon épaule.

« Enrico ! dis-je avec enthousiasme, puis je recule aussitôt d'un pas.

– Bonjour, me dit mon chef, avec un sourire aussi large que l'autoroute du Soleil. Je paye ma tournée de croissants, tu en veux un ? »

Je jette un regard vers son bureau, cerné par une foule de gens.

J'ouvre la bouche, mais pas un mot n'en sort. Comment doit se comporter la nouvelle Alice Balance ascendant Lion, avec le Soleil en maison IV, Mars en maison II, la maison VI en Capricorne, et ainsi de suite ? Sans compter tous les nouveaux aspects entre les planètes, trigones, conjonctions et oppositions ?

Mange-t-elle des croissants ? Les snobe-t-elle pour se mettre sans plus tarder au boulot ?

Je lui tourne le dos et sors les feuilles sur lesquelles j'ai imprimé mon thème astral tout récent, pour y jeter un rapide coup d'œil.

« Un instant.

– Ça ne va pas ? me demande Enrico. Tu as mal au ventre ? Autrement, tu ne refuserais jamais un croissant.

– Vraiment ? » lui dis-je d'un air suspicieux.

Je crois me souvenir que le Scorpion est en général assez sceptique et ombrageux. Sa question pourrait donc bien cacher des intentions moins avouables.

Ou pas.

Qui peut le dire, désormais ?

J'ai la tête comme une citrouille.

Après avoir supporté mon mutisme quelques instants, Enrico hausse les épaules, puis fait demi-tour et s'éloigne. « Si tu changes d'idée rapidement, il en restera peut-être encore. Mais dans une demi-heure, je ne garantis plus rien. »

Je profite de ce moment de calme pour relire mon nouveau thème. Mais j'ai les jambes en pâté de foie.

Comment puis-je m'assumer telle que je suis, avec mon désir de relation durable, mon envie de fonder une famille, mon aspiration à la stabilité… alors que ma Lune en carré avec Neptune indique sans équivoque que je n'arrive pas à m'enraciner ? De surcroît, je suis décrite comme une individualiste… Et comme quelqu'un d'énergique, d'autoritaire et d'égocentrique. Je ne sais plus où j'habite. Quant à l'énergie, il faudrait décidément que quelqu'un me secoue un bon coup.

Je sais qui.

Tio n'a pas encore répondu à mes messages, ce qui est étrange, étant donné que d'ordinaire il court sans délai à mon secours.

Soudain, un détail me revient en mémoire, et je feuillette compulsivement les cinq pages imprimées.

Maison XI en Taureau : les amis peuvent se lier au natif par intérêt économique personnel.

OhMyGod… Et si on m'avait embobinée ?

Quelle idée ! Qu'est-ce que Tio en aurait retiré ?

Voyons voir… il est devenu une star de la télévision. Hum…

Soudain, je l'aperçois. Il se pavane au milieu des invités d'Enrico le Fournisseur de Croissants, avec son maquillage de faux pirate jamaïcain. Bras levés au-dessus de la tête, tenant comme un trophée un croissant et un *cannolo*, il est presque impossible de ne pas le remarquer. « Alice, ma chérie ! » s'exclame-t-il comme une mère poule en se frayant un chemin vers moi.

Ma chérie, tu parles. S'il croit pouvoir me shooter avec ses graisses saturées, il n'a vraiment pas compris qui je suis. « Tio ! » Je suis frustrée, oui, mais je ne peux pas m'empêcher de me jeter à son cou.

« Hé, doucement… Si tu es si affamée, je te laisse les deux, me dit-il avec un clin d'œil. Tu aurais quand même pu venir fêter ça avec Enrico. À ce qu'il paraît, sa petite femme est enfin rentrée au bercail. »

Je jette un regard vers Enrico qui rit de bon cœur en ce moment, avec ses joues rubicondes de joyeux bûcheron. Je suis contente pour lui. Toute bonne nouvelle, ou happy end, est bienvenue aujourd'hui.

Mais… comment fait Tio pour penser à la bouffe alors que c'est la catastrophe intégrale ? Mystère.

Essayez de me comprendre : c'est comme si, à bientôt quarante ans, on vous annonçait que vous avez été échangé à la naissance, ou qu'enfant, vous avez été adopté ou enlevé par vos parents. Plus ou moins. Bref, n'y a-t-il pas là de quoi se sentir comme une espèce en voie d'extinction ?

« Tu as reçu mes messages ? Tu as lu mon e-mail ? Et la pièce jointe ? »

Mais Tio ne semble pas du tout conscient de la gravité de la situation et porte une main à sa bouche pour réprimer un bâillement. « J'ai jeté un coup d'œil. On a fini tard hier soir avec Andrea. J'ai besoin d'un autre café. »

OK, si c'est le prix pour qu'on m'écoute, je veux bien aller au Brésil les lui cueillir et les lui torréfier personnellement, ses grains de café.

Dix minutes et un café plus tard, je lui demande : « Alors ?

– Alice. C'est merveilleux.

– Comment ça, c'est merveilleux ? Tio, tu te rends compte de ce que tu dis ? As-tu idée de ce que cela signifie pour moi ? »

Mais il reste assis, l'air séraphique, au bord de son bureau et continue de balayer des yeux les feuilles froissées que je lui ai refourguées.

Pour lui, *c'est merveilleux*. Moi, je n'en ai pas dormi de la nuit. Je me suis levée je ne sais combien de fois pour me regarder dans le miroir, convaincue que mon visage commençait à muter, comme dans *L'Invasion des profanateurs de sépultures*.

« Mais si, ma chérie. D'abord, c'est merveilleux que tu puisses devenir une femme forte et déterminée. Et puis… tu as bien vérifié la compatibilité de couple avec… euh, tu sais qui, n'est-ce pas ? Ça ne va peut-être pas si mal, maintenant. »

C'est évidemment la première chose que j'ai faite. La deuxième, si on compte les coups de tête dans le mur.

La troisième, ça a été de recommencer à me taper la tête contre le mur. Nos thèmes astraux, à Davide et moi, sont encore plus en conflit qu'avant.

« Rien à voir, cette fille n'est pas moi ! » dis-je en pointant l'index vers ma nouvelle carte du Ciel qui m'a jetée dans les affres de l'incertitude, m'a volé mon identité et rendue complètement parano. Je la lui arrache des mains. « Ici, je peux lire que je suis soi-disant ascendant Lion. Rien que ça. Et que j'aurais donc une personnalité de leader. Et ici, encore… que j'ai Mars en maison II… Ce qui veut dire que j'ai un talent inné pour gagner de l'argent. Ah, si seulement c'était vrai ! Tu crois que je pourrai présenter ce document quand je demanderai un prêt ?

– Arrête, Alice, minimise Tio. Tu parles comme si tu ne savais pas interpréter un horoscope. Et franchement, après ces mois d'initiation, j'aurais pensé que tu t'emmêlerais moins les pinceaux. » Il me reprend la feuille. « Voyons voir. Ton ascendant. C'est vrai que le Lion est habituellement caractérisé par un leadership naturel, mais ici, tu peux lire : "Il est doté d'une énorme créativité, mais a tendance à tout dramatiser, sûrement en raison d'un manque profond de confiance en lui", proclame-t-il avec une certaine satisfaction. Ce profil, c'est *toi.* »

Je lui arrache à nouveau les feuilles et relis le passage : une ligne et demie au milieu de quinze autres qui racontent combien j'aime avoir le dessus, diriger, mener des équipes et me présenter (allons-y gaiement) comme une source d'inspiration. Moi, une source d'inspiration ! Moi, qui n'ai réussi pour l'instant qu'à inspirer aux hommes de m'abandonner ! « Et tout ça ? » dis-je en lui indiquant le reste de cette bouffissure astrologique.

Tio hausse les épaules. « En réalité, même si ce profil pourrait te correspondre, il est possible que tu n'aies pas encore trouvé la force de sortir de ta coquille. » Il reprend les feuilles. « Par contre, écoute ça : "Vous avez un grand cœur et êtes si gentil et bienveillant que vous vous sentez blessé lorsque vous devez faire face à la cruauté et à l'égoïsme d'autrui." »

Je soupire et reprends mon thème astral en faisant signe à Luciano de s'approcher. « Écoute ça, dis-je à mon collègue de la régie, tout en regardant Tio d'un air de défi. Si quelqu'un, en te lisant ton horoscope, te disait : "Tu as un grand cœur et tu es si gentil et bienveillant que tu te sens blessé lorsque tu dois faire face à la cruauté et à l'égoïsme d'autrui"… comment réagirais-tu ? »

Luciano acquiesce, serrant les lèvres en une grimace songeuse. « Bien dit, Alice. Rien de plus exact. Rares sont ceux qui le comprennent, je t'assure. J'ai une âme très sensible. »

Une fois qu'il s'est éloigné en soupirant, Tio applaudit dans ma direction. « Bravo, bravo. Et donc ?

– Et donc n'importe qui te dira qu'il se reconnaît dans cette description. »

Il plisse les yeux, puis croise les bras sur sa poitrine, en mode défensif. « Mais toi, non…

– Bien sûr que je m'y reconnais. Mais si tout le monde le peut, quelle valeur lui donner ? Tio, tu ne comprends donc pas ? Après tous ces mois où j'ai vécu selon ce que je croyais être mon véritable thème astral, où j'ai cherché et trouvé des correspondances partout, suivi chaque jour la course des astres qui avaient l'air de me parler, je suis incapable de me dire à présent : allez, *zou*, tirons un trait sur tout cela et ouvrons un nouveau chapitre. Cette carte du Ciel, Tio, m'indique bel et bien que je suis une personne différente.

– Tu es toi-même, indépendamment de tout cela, ma chérie… »

Je soupire. « Voilà. C'est bien ça le problème, Tio. » Je secoue la tête. « Il vaut mieux que j'aille en studio, maintenant. »

Quelques minutes plus tard, j'arrive devant la porte du studio d'enregistrement. Je passe la tête par l'entrebâillement, juste à temps pour découvrir l'enseigne au néon avec l'inscription GUIDE ASTROLOGIQUE DES qui pendouille vers le sol, attachée solidement à quelques câbles d'acier.

Ferruccio supervise les opérations de démantèlement, tandis que les décors de mon programme télévisé sont rigoureusement empilés dans un chariot, prêts à être remisés dans le hangar des accessoires, où ils seront repeints et recyclés.

La seconde inscription, CŒURS BRISÉS, est encore suspendue, et trône effrontément dans le vide. Juste en dessous, je découvre Carlo ; avec une flèche, la description ne pourrait pas être plus criante de vérité.

« Alors ? » lui dis-je en essayant de ravaler mon sentiment de culpabilité. Il s'en est est fallu de peu que Cristina me fasse signer un pacte de sang pour taire à Carlo l'endroit où elle se planque.

« Euh… », répond-il avec un soupir désespéré.

Ce n'est pas le genre du Verseau de se retrouver sans voix, et encore moins celui de Carlo. Mais je peux comprendre que cette période ne soit pas porteuse pour lui d'énergies très stimulantes. Je m'éclaircis la voix : « Au fond, n'est-ce pas ce que tu voulais ? Comment aurais-tu fait pour vivre auprès d'une femme que tu n'aimes pas, tout en étant amoureux d'une autre ? Et ne me parle pas de l'enfant. L'enfant n'a rien à voir là-dedans. »

Carlo s'assied sur un cube en aggloméré. « Mais qu'est-ce que j'en sais, moi, de ce que je veux ? Qu'est-ce qu'on en sait, Alice ? Toi, tu es sûre de ce que tu veux ? Tout est donc toujours tout blanc ou tout noir ? »

Non, ça ne l'est jamais. Et surtout pas maintenant. Ça l'a peut-être été autrefois, mais avec l'âge notre vue baisse et nous devons déployer de plus en plus d'efforts pour découvrir toutes les nuances existantes. Les mots de Carlo sont étrangement éclairants. Nous avons tous peur. Personne ne connaît réellement le chemin.

Je lui tends la main, et lorsqu'il se lève je le serre dans mes bras. « Tu verras, tout va s'arranger », lui dis-je dans un murmure. Je parlerai avec Cristina, j'essaierai de la convaincre de renouer avec Carlo. Je me sens tout à fait zen et en paix avec le monde.

Soudain, Carlo s'écarte de moi et ses yeux sont si brillants que je suis sur le point de cracher le morceau : *Cristina est chez moi !*

Mais c'est lui qui parle le premier : « J'allais oublier… J'ai croisé le président tout à l'heure, et il m'a dit qu'il veut te voir. »

Ah.

Il faut croire qu'on ne peut pas rester zen et en paix avec le monde plus de trente secondes de suite.

Tout en sortant des studios et en montant les escaliers vers les étages, je cherche encore à me réconcilier avec mon nouveau thème astral. Dans un tel moment, je donnerais tout pour savoir ce qui m'attend.

Tio dirait que c'est typique de la Balance de ne pas aimer les surprises et de désirer tout contrôler. Moi, je dirais plutôt que c'est typique d'Alice Bassi, tout simplement.

En vérité, bien que je considère à présent les conseils astrologiques avec suspicion, ce Mercure en maison IV m'inquiète un peu, car d'ordinaire il est signe d'instabilité. De fréquents déménagements, notamment. En effet, un peu plus loin est indiqué que je pourrais exercer une profession en télétravail, genre ventes par correspondance. Je suis saisie de frissons.

Par automatisme, j'appelle Paola, car je suis sûre qu'échanger trois mots avec elle ramènera mes pensées sur le droit chemin.

« Tu ne lui as rien dit au sujet de Cristina, alors ? me demande ma meilleure amie, sur un ton de reproche. Tu ne crois pas que tout ce cirque a assez duré ? Il faut qu'ils se parlent, tous les deux.

– Paola, j'ai donné ma parole ! En plus, Carlo vient de m'apprendre que le président veut me voir, nous avons donc un problème plus urgent à régler.

– Va voir ce qu'il te veut. »

Voilà ce que m'a dit Paola la Pragmatique, la femme la plus réaliste de l'univers. Et pas à tort. Pourquoi ne suis-je pas capable d'être aussi efficace ? Ça n'a pourtant pas l'air si compliqué.

« Tant que tu ne lui auras pas parlé, tu ne pourras pas savoir pourquoi il te convoque, répond mon amie, ce qui a pour effet de me tranquilliser. Après tout, hormis l'histoire avec Giorgio, qui lui a procuré quelques ennuis avec la justice, en plus d'un œil au beurre noir et la pagaille dans les bureaux… quelle raison aurait-il de t'en vouloir ? »

Je m'arrête devant la porte du président, poing levé, prête à frapper. Mais oui, quelle raison aurait-il de m'en vouloir ?

Je dis Paola que je la rappellerai après, puis je raccroche pour frapper à la porte, sans y réfléchir à deux fois. « Monsieur le Président…

– Entrez, Alice, je vous en prie. »

En refermant la porte derrière moi, une vingtaine de minutes plus tard, il me semble que j'ai été télétransportée dans un film de science-fiction, où il suffit de franchir un seuil pour vivre une réalité parallèle.

Le président vient de m'informer que je ne serai plus l'Alice godiche et rêveuse que je pensais être, mais la combative Alice qui transforme ses rêves en projets d'avenir tangibles.

J'ai les jambes en coton et je fixe l'écran de mon portable, sur lequel j'ai déjà sélectionné le numéro de Paola. Dans ma vie précédente, je l'aurais sûrement appelée sur-le-champ. Mais maintenant ?

Maintenant, j'ai besoin que cette nouvelle se fraie un chemin en moi, dans le silence. J'ai besoin d'en savourer le goût, les tenants et les aboutissants.

Le Présidentissime m'a demandé de quitter Love Angeles.

Je n'ai pas été licenciée, pas dans le véritable sens du terme.

Ces derniers mois, le *Guide astrologique des cœurs brisés* a rebattu les cartes de la course à l'audimat entre les chaînes principales, ce qui n'est pas passé inaperçu. Notre chaîne a donc reçu, en plus d'une offre de fusion qui la sauvera de la débâcle, la proposition de céder ce format à la RAI. Oui, à la RAI. Et une maison de production aurait soi-disant demandé à m'embaucher. On veut me faire passer un entretien. À Rome. Serais-je intéressée ?

Bonne question.

Sans même m'en rendre compte, je m'arrête devant une porte fermée. Le bureau de Davide. Rien de mieux qu'un bureau vide pour méditer en paix.

Sans compter que ça me fera peut-être du bien d'être là, sans lui ni toutes ses affaires. Cela m'aidera à chasser son image de mes pensées et à réaliser que bientôt, il ne fera plus partie de ma vie. À réaliser que si je prenais cette décision, la plupart des gens que je connais ne feront bientôt plus partie de ma vie non plus. Je ne sais pas si j'en aurai la force.

Si, d'un certain côté, cette idée me galvanise, de l'autre elle me terrifie.

Je saisis la poignée de la porte et j'entre.

Dans la pièce lumineuse, le silence règne. Sur le bureau trône un carton et quelques rares affaires. Les halos sur les murs blancs trahissent les emplacements récents de cadres et d'affiches. À côté de la fenêtre, on a déjà posé un pot de peinture qui fera disparaître toute trace du passage de Davide en ce lieu.

Je soupire doucement et me retourne pour m'en aller, mais la porte que j'avais laissée ouverte est à présent fermée. Bien que j'aie du mal à y croire, Davide se tient devant moi.

D'une voix suraiguë, je lui demande : « Qu'est-ce que tu fais ici ?

– Hum, c'est mon bureau, tu sais. Enfin, pour aujourd'hui du moins. Je suis venu... » Il me montre le carton sur la table. « Et toi ? »

Les mots sortent péniblement de sa bouche, comme si chacun d'eux lui coûtait un effort surhumain.

Je voudrais que mon cœur ne batte pas si fort dans mes oreilles, et ne me perturbe pas autant, tandis que le souvenir de nos baisers m'arrache à la réalité pendant quelques secondes. « Alors...

– Alice... »

Nous parlons en même temps. Même nos paroles veulent s'étreindre.

Quelle stupide petite romantique je fais. Cet homme peut bien dire ce qu'il veut, la vérité c'est qu'il s'est servi de moi de la pire des manières.

« Je te laisse terminer de ranger tes affaires », lui dis-je en détachant mes yeux des siens et en avançant vers la porte. Manœuvre hasardeuse, puisqu'il se trouve devant, mais je dois lui donner un signal sans équivoque de ma détermination. Pas question de me faire encore avoir. « Excuse-moi », lui dis-je sur un ton pressé, pour lui faire comprendre qu'il faut qu'il s'écarte.

Davide obtempère, mais il continue de garder la main sur la poignée. « S'il te plaît, Alice, nous n'avons plus eu l'occasion de nous parler, après... Paris. »

Les émotions me retournent l'estomac. Que veut-il de moi ? Ma bénédiction ? « Il n'y a rien à dire, Davide. Nous nous sommes fait avoir par la situation et par l'attraction réciproque que nous avons éprouvée ces derniers mois. » Tout en parlant, je pense à mon nouvel ascendant Lion que je refuse d'accepter, mais qui, telle une double personnalité, peut devenir un avantage. « Nous avons crevé l'abcès. Inutile d'aller plus loin. Maintenant, nous pouvons retourner à nos vies respectives. »

Il me regarde en fronçant les sourcils, puis retire enfin sa main de la porte, mais seulement pour attraper la mienne. « Tu n'as pas tort de dire que durant tous ces mois, nous avons été attirés l'un par l'autre comme des aimants. » Je sens son pouce caresser le dos de ma main. « Alice... ce n'est pas facile pour moi. Je suis... hum... Je n'arrive pas à me fier aux gens. Ma vie n'a jamais été très stable, depuis que je suis enfant. Je te l'ai raconté. Voilà pourquoi j'ai de sérieuses difficultés à... à m'attacher. Et je finis par me faire du mal à moi-même, ainsi qu'à ceux qui voudraient se trouver à mes côtés. Regarde Barbara... »

Ah non, il ne va pas en plus béatifier Barbara. Je ne pourrais pas le supporter. « Écoute, Davide. Tu n'as pas besoin de te justifier. » Au prix d'un énorme effort de volonté, je parviens à retirer ma main de la sienne. « J'y ai réfléchi moi aussi et vraiment, ça ne pouvait pas marcher entre nous. Nos thèmes astraux sont totalement incompatibles, pour commencer. Et puis... pour te dire toute la vérité, ce n'est pas un homme comme toi que je veux dans ma vie. Moi, je veux un homme qui soit présent, qui me fasse sentir que je suis sa reine à chaque fois qu'il me regarde. Un homme qui ne m'inspire pas d'angoisse à chaque fois qu'on se dit au revoir, ni la crainte qu'on ne se revoie jamais, qu'il me cache quelque chose ou qu'il soit mal luné la fois suivante. » Je soupire et le regarde dans les yeux. « Je n'ai plus envie de plaisanter. Je veux un homme avec qui construire une histoire. Ou du moins avec qui je peux imaginer que c'est possible. » Davide ouvre encore la bouche pour parler, mais je l'interromps aussitôt : « Et Daniele pourrait être cet homme-là. »

J'ai l'impression que mon cœur va éclater en prononçant ces mots. Il me semble avoir fait tomber une hache entre hier et aujourd'hui et que, désormais, les deux morceaux de ce qui fut ma vie ne pourront plus être recollés.

Davide me regarde dans les yeux. Puis il se dirige vers son bureau et son carton. « Je suis content que tu aies les idées aussi claires, dit-il en me tournant le dos. Tu es une personne magnifique, Alice. » Il se retourne un instant vers moi et son sourire en coin, doux et un peu mélancolique a encore le pouvoir de me bouleverser. « Si toute cette histoire a pu t'aider à le comprendre et à révéler ta détermination… je ne peux que m'en réjouir. »

44

La sirène de l'astrologie

« Ceci n'est pas un centre commercial.

– Bravo, quelle sagacité, Sherlock. »

Paola me précède dans le hall d'un institut aux couleurs relaxantes, avec une musique planante en fond sonore.

« On peut savoir ce qu'on fait ici ? Tu m'avais dit que tu voulais me montrer un nouveau centre !

– Et je ne t'ai pas menti », dit mon amie en haussant les épaules, tandis que son Jupiter en Vierge la fait sourire d'un air satisfait. « Ceci *est* un nouveau centre. C'est toi qui t'es imaginé qu'il s'agissait d'un centre commercial. »

Elle m'a baratinée, de toute évidence. Depuis quand, dans le vocabulaire de Paola, le mot « centre » a-t-il une autre signification que celui de shopping effréné ?

Je regarde autour de moi : nous sommes entrées sans contredit dans une structure hospitalière. « Tu ne te sens pas bien, Paola ? Il s'est passé quelque chose ? »

Mon Dieu, s'il lui arrivait quoi que ce soit, je me sentirais totalement impuissante.

« Alice, je vais très bien, me rassure-t-elle. C'est toi qui m'inquiètes. »

Je la regarde, éberluée. « Mais je ne suis pas malade !

– Ta fixette sur les horoscopes est de plus en plus inquiétante », me dit-elle sur un ton qui n'admet pas de réplique.

Tout ça à cause d'un aspect négatif entre Mars et Uranus, qui la rend si sûre d'elle qu'elle en frise l'arrogance.

« Je pense que tu devrais en parler avec un professionnel.

– Quoi, un psy ?! »

Je ne peux pas croire qu'elle m'ait tendu un piège aussi grossier. Remarquez, peut-on vraiment se fier à une fille qui a un aspect négatif entre Pluton et son milieu du Ciel ? J'ai toujours pensé que son thème astral déconnait à ce niveau-là, mais à présent, je n'ai plus de doutes : Paola est en train d'abuser de notre amitié indéfectible et m'a menée en bateau pour m'imposer ses quatre volontés.

« Je veux m'en aller d'ici.

– Attends un instant, Alice. S'il te plaît. Faisons un petit tour. Juste pour jeter un coup d'œil. Si tu me rends ce service, je t'invite à déjeuner dans ton japonais préféré. »

Certes, je ne voudrais pas qu'elle croie avoir eu le dessus, mais Paola a aussi Saturne en Bélier, et il ne faudrait pas qu'elle m'en veuille *ad vitam aeternam*. Sans compter que ça fait des mois que je n'ai pas mis les pieds chez Sakura : je pourrais me venger en commandant les plats les plus chers.

Je finis donc par faire semblant d'abdiquer, et Paola se dirige, toute ragaillardie, vers l'accueil.

Je découvre que nous sommes dans un centre de soins et d'accompagnement des pratiques addictives, et que les patients y entrent et en sortent, sans être hospitalisés.

Pas de chambre matelassée pour Alice, alors. Ce qui me rassure un tout petit peu, même si mon Mars en Lion m'enjoint de ne pas baisser la garde.

La femme qui nous accompagne dans notre « petit-tour-de-repérage » est médecin. Elle nous raconte que les gens qui se retrouvent ici présentent des problématiques très diverses : ce sont surtout des personnes « décollées » de la réalité. Elle emploie bel et bien ce terme, comme si nous étions des morceaux de scotch dont la colle a séché et qui ont du mal à adhérer à leur environnement.

« Chez nous, ces personnes apprennent à faire face à d'autres problèmes, à sortir de la coquille protectrice où elles se sont réfugiées, explique le médecin. Peu à peu, nous les rattrapons et les ramenons à la réalité. »

Paola me regarde comme si elle buvait du petit-lait ; du petit-lait sucré, même. Elle jubile tellement qu'elle pourrait faire une crise de diabète séance tenante. S'il y avait une justice dans ce monde, elle n'y couperait pas.

« Ce sont peut-être juste des gens très passionnés… Quand on est fasciné par un sujet, il est normal qu'on en parle souvent.

– Bien entendu, répond le médecin.

– Bien entendu, lui répond en écho Paola, en mode doux-amer, cette fois.

– Mais il n'est pas normal que ce domaine engloutisse tout le reste, ou qu'il nous fasse percevoir la réalité seulement à travers ce prisme déformant.

– *Uniquement* à travers lui », ajoute Paola, qui hoche la tête d'un air féroce.

Le médecin nous invite à la cafétéria, puisqu'elle ne peut nous faire assister à l'une des séances. Tant mieux. Je ne voudrais pas me retrouver à devoir dire : « Bonjour, je m'appelle Alice, et je suis horoscopo-dépendante », même si cela ferait sûrement la joie de Paola.

Le bar a l'air très agréable et plusieurs personnes ont pris place aux tables. Heureusement, aucune n'est en pyjama, les yeux vitreux rivés à la fenêtre, un filet de bave suspendu au menton.

Paola et le médecin prennent place tout en continuant de bavarder, et je suis donc mandatée pour aller commander au comptoir.

À côté de moi se tient un monsieur dans les soixante-cinq ans, qui me rappelle mon père. Il m'est immédiatement sympathique. Il est en train de chercher de la monnaie dans ses poches. Quand il sourit au barman, celui-ci hoche la tête et le réprimande : « Je ne peux pas te faire crédit à chaque fois, Armando. »

Le pauvre, il souffre peut-être de la maladie d'Alzheimer. Il a l'air si perdu que ça ne m'étonnerait pas. J'interviens donc : « Excusez-moi… Puis-je vous offrir votre cappuccino aujourd'hui ?

Il me regarde, abasourdi, tandis que le barman commente : « Armando, tu te dégotes toujours de jolies demoiselles. Quelle chance de cocu.

– Eh oui, oui… La demoiselle est… est vraiment tombée du ciel. »

Je me mets à rire, tout en passant la commande pour Paola et le médecin. Je demande un thé bien chaud et, en attendant qu'on me serve, je m'étire et me masse les bras.

« Vous avez bien fait, dit Armando en versant du sucre dans son cappuccino. Un thé chaud, c'est parfait pour se réchauffer… avec ces baisses de température et les averses qui pourraient toucher notre région d'ici à ce week-end.

– Ah, vous avez écouté les prévisions météo ?

– Écouté ? s'exclame-t-il, outré. Écouté ? »

Le barman se retourne vers moi et hoche la tête. « Armando a construit une station météorologique chez lui, mademoiselle. »

Dans les trois minutes qui suivent, je découvre qu'Armando fréquente le centre à cause de sa passion pour la météorologie et que le simple fait d'aborder le sujet ouvre en lui un gouffre dangereux, face auquel le légendaire Gillot-Pétré n'aurait pas fait le poids.

Courants, trombes d'eau, tempêtes et autres n'ont pas de secrets pour lui, qui manœuvre comme un vieux loup de mer dans sa station météorologique (improvisée dans sa salle de bains, entre l'étendoir à linge et le bidet)… raison pour laquelle il s'est retrouvé au centre, lorsque « son épouse, cette sainte femme », l'a menacé de divorce après quarante-trois années de bons et loyaux services matrimoniaux. Comme on dit, qui sème le vent récolte la tempête !

Le médecin s'est approché pour m'aider à emporter la commande à notre table. En reconnaissant Armando, elle le salue puis lui demande : « Alors, comment ça se passe, avec votre femme ? »

Il soupire. « La situation est très variable. Sur le versant de la vie de couple, les températures sont encore en forte baisse, mais j'ai bon espoir que mon engagement tienne tête à ces trombes d'eau comme un anticyclone providentiel… »

Elle pose la main sur son bras et secoue la tête pour l'arrêter avant qu'il ne nous fasse une embolie météorologique.

« Pardon, pardon…, fait-il en se grattant la tête et en sortant des pilules de sa poche, qu'il avale aussitôt. Elles vont me faire du bien… », explique-t-il en haussant les épaules.

Non mais attendez, je n'en suis pas à ce point. Il me semble que je ne ramène pas tout à des termes zodiacaux… *OhMyGod* ! J'ai un nœud lunaire dans la maison XII ! Je n'y avais jamais prêté attention, mais ça pourrait bien annoncer des problèmes psychologiques, voire une hospitalisation.

Mon Dieu. Mon Dieu. Mon Dieu.

Non, Alice, garde ton calme ! Gar-de ton-cal-me : ça, c'était ton ancienne carte du Ciel !

Dans la nouvelle, voyons voir un peu… Je me mets dans un coin pour regarder mon portable, car je ne la connais pas encore par cœur. J'ai Saturne en maison IV, qui évoque des difficultés, mais passons… et Mars en maison II, qui annonce de nombreux conflits, surtout dans le domaine économique, mais en définitive rien qui dise que je suis folle à lier et que je finirai bientôt dans une camisole de force.

L'espace d'un instant, je remercie littéralement le ciel d'avoir découvert que je m'étais trompée de thème astral.

Puis je me rends compte soudain que je ne vaux pas mieux qu'Armando et ses variations climatiques.

Je vais me réfugier dans les toilettes.

Dans le miroir, je découvre une Alice familière. Ou plutôt une Alice qui me semble familière, mais qui en réalité est une inconnue : oui, car depuis qu'elle a découvert que son thème astral n'est pas celui qu'elle croyait, elle a l'impression d'avoir perdu son identité.

Un rire hystérique s'échappe de ma gorge.

Je ne veux pas finir là-dedans, à recevoir des applaudissements quand j'aurai réussi à passer plusieurs jours sans consulter les étoiles.

Je me rafraîchis les poignets sous l'eau froide, et me décide enfin à sortir. La faim m'est complètement passée, mais Paola va me le payer, de m'avoir fait vivre ce mauvais quart d'heure… bien qu'elle ait eu raison.

« On y va ? » lui dis-je en la rejoignant à la table.

Elle me regarde d'un air soucieux, puis acquiesce. « On y va. » Comme toujours, elle a compris tout de suite.

Le médecin nous accompagne jusqu'à la sortie en continuant de bavarder aimablement, puis nous serre chaleureusement la main. « Votre amie m'a dit que votre problème, c'est l'astrologie », dit-elle.

Je voudrais disparaître sous terre. « Euh, en fait… oui, j'aime beaucoup l'astrologie, mais je ne crois pas que… »

Elle me tapote la main et m'invite à m'éloigner de quelques pas. « Bien sûr, bien sûr… Mais pourquoi n'essaieriez-vous pas les runes celtiques ? C'est bien plus efficace, croyez-moi. »

45

L'impossible monsieur Vierge

« Regarde ce que je t'ai apporté », me dit Daniele en me montrant un paquet, lorsque je le rejoins à la sortie de Canal Love Angeles. Il est debout, appuyé contre sa voiture.

« Qu'est-ce que c'est ? Un cadeau ? » Je suis un peu gênée mais j'accepte et déchire l'emballage.

« Un poncho. Je l'ai vu dans une vitrine… et j'ai pensé qu'il irait bien avec tes cheveux. »

Je soupire, un sourire aux lèvres. Je sors le poncho de son emballage puis l'essaye. Ce n'est peut-être plus la saison, mais Daniele est l'homme le plus adorable de la Terre.

Je me hisse sur la pointe des pieds et effleure ses lèvres d'un baiser.

Voilà presque trois semaines que nous sortons ensemble.

Nous nous sommes vus quasiment tous les jours. Au point que j'ai l'impression de le connaître depuis bien plus longtemps. Ou bien est-ce parce que avec lui, j'ai une vie très stimulante ?

En plus de ressembler à Loki dans *Thor*, il fait partie de ces gens socialement engagés, qui semblent en perpétuelle harmonie avec l'univers. Comme dimanche dernier, où nous sommes allés nettoyer les eaux d'un ruisseau pollué dans la campagne.

Je me laisse aller à ma fatigue et à son étreinte. J'ai eu une nouvelle réunion aujourd'hui, et j'ai hâte de me détendre. Son appartement est petit mais ravissant ; un bon bain, puis un moment devant la télé après un dîner bio préparé par ses soins, ce serait l'idéal.

« Ce soir, on sort. Je te fais une surprise : je t'emmène dans un endroit qui va beaucoup te plaire. »

J'applaudis d'enthousiasme et l'embrasse à nouveau sur la joue. C'est tellement agréable d'avoir un petit ami qui prend toujours des initiatives. Et ses idées à lui sont toujours exceptionnelles.

Une fois dans la voiture, je rallume mon téléphone qui se met à vibrer : j'ai plusieurs messages entrants et coups de fil manqués.

Il y en a deux de Tio. J'ai soudain un nœud dans la gorge, alors j'efface immédiatement la notification et décide de les ignorer. Je ne lui ai pas parlé depuis deux semaines.

Non pas que je sois fâchée contre lui, mais j'ai juste décidé, en mon âme et conscience, d'éviter de succomber une fois de plus aux sirènes de l'astrologie, dont il a largement contribué à me faire subir le charme.

Je ne ressens aucune culpabilité. J'ai acquis assez de maturité pour décider de faire sortir quelqu'un de ma vie quand bon me semble. Ça fait partie de mon plan de croissance. Acquérir une conscience de femme adulte.

Ce plan devrait également prendre en compte le fameux coup de fil que j'ai reçu de la maison de production de Rome. Mais j'en suis encore incapable.

Je découvre que Paola a essayé de me joindre elle aussi. J'ai manqué un appel et reçu un message d'elle.

Rappelle-moi le plus vite possible.

OK, je crois que je vais la rappeler, me dis-je en soupirant. Après tout, elle a toujours été là pour moi lorsque j'en avais besoin, et il est normal qu'elle sente que je peux la soutenir à mon tour. Peut-être après le dîner, même si ce n'est pas très poli de téléphoner quand on est accompagné.

Ah, j'ai aussi trente-deux coups de fil manqués de Cristina.

Je commence à me gratter furieusement le cou.

Daniele se tourne vers moi.

« Tout va bien ?

– Pardon ? Oui… euh… pourquoi ? »

Il me sourit de son air patient, puis tend la main pour me caresser le cou. « Il te faudrait une bonne pommade au thé vert, comme celle que j'ai utilisée au Kenya contre les irritations. Arrête de te gratter, tu vas t'écorcher. »

Mais je ne peux pas m'en empêcher. Je ne supporte plus Cristina. Il me suffit ne serait-ce que d'entendre sa voix ou de voir son prénom apparaître sur l'écran de mon téléphone pour que je fasse de l'urticaire.

Je planque mon téléphone dans mon sac, comme s'il était la preuve éclatante d'un délit.

Ce n'est pas une question de méchanceté. Trente-deux coups de fil. Non mais, je rêve. Trente-deux ! Ce qui représente un appel compulsif toutes les trois minutes et demie, pendant les deux heures où mon téléphone était éteint.

« Allô, Cristina ? Tout va bien ? » J'ai la voix haut perchée, mais en mon for intérieur, je crache du feu comme un dragon qui a des problèmes de transit.

« Je vais tous les dénoncer ! crie-t-elle en me débouchant l'oreille.

– Qu'est-ce qui s'est passé ? »

D'un air las, je décolle mon oreille du téléphone afin de me préparer à l'exténuante tirade de Cristina, qui m'expliquera par le menu pourquoi le monde entier est si cruel avec elle.

« Ma mère m'interdit d'annuler la cérémonie. Elle a pris en main la gestion intégrale de mon mariage et a téléphoné aux invités en annonçant qu'*évidemment*, il aura bien lieu. *Évidemment* mon cul ! Hors de question que j'épouse Carlo, même sous la torture ! »

En effet, si vous avez déjà le ventre comme une pastèque bien mûre et l'équilibre psychologique d'Alex DeLarge dans *Orange mécanique*, il est normal que vous n'ayez pas spécialement envie d'aller dire « oui » à votre fiancé amouraché d'une autre.

Pourtant, à mon avis, qu'elle l'épouse et le tourmente jusqu'à la fin de leurs vies pourrait être une punition tout à fait acceptable. « Cricri, tu ne voudrais pas au moins parler…

– Ah, je savais bien que tu étais passée dans leur camp. Tu n'es plus mon amie ? Non, parce que si tu n'es plus mon amie, tu peux le dire franchement. De toute façon, je sais très bien que tu m'as toujours détestée. Je sais que tu n'as jamais digéré que…

– Cricri, s'il te plaît… Tu as pris tes fleurs de Bach ? »

C'est Paola qui les lui a apportées, tentant pour la énième fois de rétablir en elle un semblant d'équilibre, mais il est peut-être trop tard. On ne peut pas sauver tout le monde.

« Tout va bien ? » me demande Daniele, qui a entamé les manœuvres pour se garer.

Je couvre le récepteur de ma main. « Je ne suis pas prête pour la paternité ! » dis-je d'un air exaspéré. Il me regarde, interloqué. « S'il te plaît, Cricri, calme-toi. Écoute, ce soir, je sors dîner… Non, je ne rentrerai pas tard… Oui, j'appellerai ta mère pour lui dire d'aller se faire foutre… *bien sûr*. Très bien… Mais alors calme-toi, en attendant… Salut. Bien sûr que je t'aime. Salut… Non, je ne te déteste pas parce que tu es une grosse dondon enceinte et givrée. Salut, euh… Tu veux que je t'apporte des cornichons et de la sauce au thon ? Je vais demander au restaurant… Salut. Salut. Oui… Sal… » Je raccroche et m'affale sur le siège en regardant dans le vide.

Daniele me touche le bras. Je lève les yeux vers lui et il me donne un baiser réconfortant sur les lèvres. « Il vaudrait mieux que tu ne répètes pas toutes ces insultes à sa mère. Elle pourrait se vexer et je suis sûr que ton amie ne les pense pas vraiment », ajoute-t-il avant de descendre de voiture.

Quant à moi, je suis surprise de poser les pieds sur un chemin boueux : mon pied glisse et je frise le grand écart latéral à la Nadia Comăneci.

« Attention ! » Daniele me soutient en passant son bras autour de ma taille. Il ne me lâche pas jusqu'à ce que nous soyons devant la porte d'entrée. « Tu vas y arriver ? »

Si je vais arriver à passer la porte ? Humm, voyons voir… Je le regarde dans les yeux en soupirant, puis j'esquisse un sourire. « C'est dur, mais je peux le faire.

– Attends, alors. »

Il me précède, pousse la porte puis me la tient ouverte.

Il faut croire qu'il n'a pas compris ma blague… Bon… Je murmure un : « Merci », puis j'entre.

La première chose que je remarque, c'est que nous sommes dans une ferme avec un dallage en grès, comme celui qu'avaient mes parents quand j'étais petite. Tout est éclairé par des néons blancs, qui diffusent une lumière spectrale. L'un d'eux, dans un coin au fond de la pièce, grésille non-stop.

« N'est-ce pas un endroit fabuleux ? » me demande Daniele.

Ce n'est pas exactement l'adjectif que j'aurais utilisé. Mais pour l'instant, me dis-je en m'installant, contentons-nous de ne pas avoir de convulsions et tournons le dos au néon qui pourrait griller d'un instant à l'autre.

Je ne suis pas amère, non : après tout, je suis Balance avec la Vierge en Balance et la Lune en Poissons, c'est-à-dire naturellement prédisposée à apprécier la beauté et le luxe. Je remarque ainsi très vite toutes les améliorations potentielles à apporter dans un lieu qui m'est nouveau. Que voulez-vous, c'est génétique.

Oh, non. J'ai recommencé ! Je me donne une claque pour me punir de cette *défaillance* astrologique.

Il ne faut pas, il ne faut absolument pas que je pense à l'astrologie !

« Ça ne te plaît pas ? me demande Daniele d'un air soucieux.

– Oh non, ce n'est pas du tout ça. C'est juste que j'ai oublié un truc. Tout est sûrement très bon, ici. » Je tends ma main vers lui et entrelace mes doigts aux siens. « C'est une ambiance très rustique… », dis-je en regardant les murs décrépits.

Daniele sourit et place le menu devant moi. Je reste sans voix.

Dans un tel endroit, je m'attendais à une feuille gribouillée à la main et bourrée de fautes d'orthographe, pas à cet élégant livre relié en soie, ni aux plats que je découvre à l'intérieur…

Tels que les gambas au chocolat, tomates, amandes et pistaches, le risotto aux coquilles Saint-Jacques et à la crème de corail, thym, citron et safran… Je ne savais même pas que le corail était comestible. Je lui souris.

« Je savais que ce restaurant te plairait. Et tu n'as pas encore tout vu. Le corps de ferme fait partie d'un projet de restauration du territoire. »

Il est sur le point de m'en dire davantage, lorsque mon téléphone se remet à sonner. Sur l'écran apparaît le prénom de Paola et je n'ai pas le cœur de déclencher le répondeur. « Excuse-moi une seconde, dis-je à Daniele. Allô, Paola… Écoute, je suis au resto, est-ce que je peux…

– Alice, il faut que tu fasses quelque chose ! » La voix de ma meilleure amie a perdu son éternel ton zen, que je trouve souvent franchement agaçant. « Écoute, je n'en peux plus. Giacomo n'en peut plus non plus. Et Sandrino fait de l'urticaire.

– Qu'est-ce qui s'est passé ?

– *Ton* amie Cristina m'appelle sans arrêt. J'ai dû me taper toute son histoire *avec* Carlo. Toute l'histoire *de* Carlo. Et toute son histoire *sans* Carlo. Elle m'étouffe, je n'ai plus de vie. D'ailleurs, elle n'appelle pas pour avoir des conseils, mais pour déverser sur moi tout son fiel. Il faut que tu téléphones à Carlo ! conclut-elle, sur un ton exaspéré et définitif.

– Paola, je ne peux pas l'appeler. Écoute, j'ai promis à Cristina que je ne m'en mêlerais pas… Toi aussi tu disais que c'était à elle de décider quand elle devrait affronter Carlo.

– Ça, c'est ce que je pensais *avant* de lui donner mon numéro de téléphone. Vraiment, Alice… c'est mon mariage qui est en jeu. Avec Giacomo, juste avant, on était sur le point de… mais… Bref, mon fils est chez ma mère, et tu sais comment elle est, nous…

– OK, OK, j'ai compris, j'ai compris. Je vais l'appeler et essayer de trouver une solution. Ne t'inquiète pas.

– Appelle Carlo. Ils sont les seuls à pouvoir régler leurs affaires.

– Très bien. Je vais y réfléchir, OK. » Je soupire, à cran, et il me faut plusieurs secondes pour reprendre mes esprits et me rappeler de quoi nous parlions avec Daniele. « Tu disais ? »

Mon téléphone se remet à sonner. Cette fois, c'est Cristina.

« Oh, non ! »

Devant moi, Daniele se passe une main sur le visage.

« Je ne répondrai pas », lui dis-je sur un ton décidé, en baissant le volume.

Je suis résolue à le laisser sonner dans le vide. Et si elle se sentait mal ? Je jette un regard à mon téléphone. Qui s'est tu.

J'essaie de me détendre et de savourer le plat succulent qu'on vient de poser devant moi en oubliant Cristina, Paola et toutes les perturbations extérieures. Daniele me verse encore du vin et je m'émerveille une fois de plus face à son inégalable et sauvage beauté.

Cet homme est parfait, me dis-je. Ça valait sûrement la peine d'en baver comme j'en ai bavé, si c'était pour le rencontrer *lui*, avec qui je m'entends si parfaitement bien.

« Le poncho, les fleurs, ce restaurant si spécial… On dirait presque qu'on doit fêter quelque chose. Est-ce que par hasard on fête notre rencontre et je ne m'en suis pas souvenue ? » dis-je en plaisantant, un peu étourdie effectivement. Quand on est habituée à se faire malmener, c'est louche quand quelqu'un jette des pétales de rose sur votre passage.

Daniele s'essuie les lèvres et me regarde d'un air perplexe. « Une rencontre se fête au bout d'un an, Alice. Nous, on ne sort ensemble que depuis quelques semaines. »

D'accord. Je me demande si je devrais lui expliquer que c'était une vanne. Disons alors que notre entente est *presque* parfaite. Après tout, quel couple ne doit pas faire quelques efforts ?

« Il faut que je te parle », lui dis-je en avalant une bouchée d'un air craintif.

Je tergiverse depuis plus de trois semaines sur un problème, mais il faut que je l'exprime enfin, car il concerne mon avenir.

Je n'ai pas encore donné de réponse à la proposition que j'ai reçue de la RAI, à Rome.

« En réalité, il y a bien quelque chose à fêter, dit-il en m'interrompant et en me regardant intensément. Alice, comme on vient de se le dire, ça ne fait pas longtemps qu'on sort ensemble, mais je sens que tu es en train de prendre de l'importance dans ma vie. »

Je fronce les sourcils et j'essaie de me concentrer sur ses mots. Pourtant, j'ai comme l'impression d'entendre l'effet Doppler d'une sirène d'ambulance.

« Oui, en effet, ça ne fait que trois semaines. C'est peu. Très peu, même.

– Oui. Mais je ne veux pas te perdre, Alice. »

Je le dévisage d'un air dubitatif, sans comprendre.

Il se tourne vers le serveur et lui fait un signe, puis se lève et m'invite à le suivre. Nous prenons une porte différente de celle de l'entrée, qui ouvre sur une cour recouverte de gravier. Je la traverse, concentrée sur la chaleur de la main de Daniele posée sur mes hanches.

« On vient juste de me faire une très belle proposition, un projet dont j'ai toujours rêvé, tu comprends ? » m'annonce-t-il.

Nous arrivons devant ce qui ressemble, à première vue, à un panneau de bois. Il en attrape une extrémité et le fait coulisser. C'est une porte, qui donne sur une pièce à l'éclairage légèrement tamisé, où de petits spots de lumière blanche délimitent plusieurs sculptures contemporaines.

« On va de surprise en surprise, ici, lui dis-je, un peu énervée, tout en découvrant peu à peu, dans la pénombre, des silhouettes en mouvement.

– La fondation Wessler croit beaucoup dans ce projet et ils sont disposés à me financer pendant deux ans.

– Deux ans ? » La tête me tourne. « Ah, c'est génial… » Je ne sais pas quoi dire. « Mais où ça ?

– Tout autour du monde. Je ne resterai jamais plus de deux mois au même endroit. »

Ah. Et moi qui avais des complexes à l'idée de lui parler de Rome !

« Mais, Alice… » Il me regarde dans les yeux, me serre les mains et les porte à ses lèvres. « Tu viendras avec moi.

– Pardon ? »

Je me demande pourquoi il fait soudain si chaud là-dedans, et pourquoi j'ai l'impression que cette sculpture, qui ressemble à une énorme ruche, est sur le point de me tomber sur le coin de la figure.

J'inspire profondément. À la seule idée de changer de ville, je suis toute chamboulée, alors je n'ose pas imaginer ce que ça donnerait s'il était question d'un tour du monde pendant deux ans.

« Daniele, je ne sais pas… »

Tout à coup, Tio me manque terriblement. Son étreinte rassurante et fraternelle, ses bêtises qui m'aidaient à relativiser les problèmes, sa légèreté.

Je m'éloigne de Daniele et me sens déjà plus sereine. Je me mets à flâner dans l'exposition comme si je flottais.

J'observe ce qui ressemble vaguement à un visage de femme reconstitué avec des éclats de verre. Le panonceau explicatif indique qu'il s'agit du portrait de la femme de l'artiste.

Je me demande ce que ça fait, d'être la femme de l'artiste et d'être transformée en œuvre d'art.

D'ailleurs, que fait la femme de l'artiste pendant que l'artiste fait l'artiste ?

Dans la pénombre, Daniele discute avec plusieurs silhouettes.

Bien sûr, comme il le dit, je pourrais découvrir le monde. Une occasion unique de rayer presque en une seule fois toutes les rubriques de la liste de mes envies.

Mais après ?

Que désire-t-on lorsque l'on n'a plus rien à désirer ?

Mon Dieu ! J'ai le vertige. Je me pose vraiment trop de questions. Déjà, au lycée, j'ai toujours détesté les cours de philo. Voilà pourquoi j'ai l'impression que mon cerveau est en fusion. Je n'arrive pas à suivre le fil de mes pensées. Je m'imagine sur un chameau, dans une magnifique saharienne… Puis en Inde, dans un sari resplendissant… Là, je grimpe l'Himalaya à mains nues. Et Daniele dans tout ça ? Hum…

Portrait de la femme de l'artiste lorsque l'artiste est artistiquement engagé.

Je continue d'observer les yeux de la femme réalisés en fonds de bouteille. Ou du moins ce que je crois être ses yeux. Ce pourrait tout aussi bien être ses oreilles ou ses narines.

Le problème, c'est que je me sens trop novice pour affronter la situation. Non que je ne sois pas à la hauteur, mais il me semble impossible que la femme que j'imagine puisse être moi-même. Alice Bassi. L'employée qui rêvait de faire du cinéma et se retrouve embourbée dans la paperasse des *talk-shows* d'une petite chaîne de télévision.

La secrétaire de production à qui une maison de production de Rome propose un entretien.

Tout cela ressemble à un rêve plus grand que moi.

Le problème, c'est que ce rêve pourrait bien être *le mien*…

Derrière moi, des lumières s'allument. En me retournant, je remarque une petite estrade cubique sur laquelle est placé un micro. Certaines personnes applaudissent, et je les imite timidement, par mimétisme. Mais lorsque je reconnais l'homme qui monte sur la mini-scène, mes bras se raidissent soudain. « Oh, putain…

– C'est le professeur Klauzen », m'explique Daniele, qui m'a rejointe entre-temps et s'est remis à faire la pieuvre autour de ma taille. « Une partie des bénéfices de l'enchère de ce soir sera reversée à sa fondation.

– L'art, c'est la vie… La vie, c'est l'art…, déclame Klauzen depuis la scène, en Laurence Olivier confirmé. L'art peut aussi redonner la vie, comme ce soir, avec son incroyable potentiel de perfection. "*A thing of beauty is a joy forever*", disait Keats dans le poème qu'il a dédié à la perfection de la beauté. La beauté d'une vie pleine et saine, comme celle que les recherches Klauzen se souhaitent d'atteindre…

– C'est vraiment un grand homme, me murmure Daniele en se penchant un peu plus vers mon oreille. Il est littéralement tombé amoureux de mon travail et il veut que je fasse un reportage sur ses recherches. Avec beaucoup de portraits. » Il m'embrasse sur la joue. « Pour moi, c'est fondamental d'être soutenu par une personne de sa stature. »

Tu m'étonnes. Se pouvait-il qu'il considère Klauzen comme l'éminent et arrogant couillon qu'il est en réalité ? Et surtout, se pouvait-il qu'il ne soit pas d'une importance fondamentale pour sa carrière ? Je me mordille si violemment les doigts que l'un d'eux se met à saigner. « Putain !

– Euh, Alice, ma chérie, parle doucement », me reproche-t-il.

Pendant ce temps, Klauzen continue de se pavaner sur scène, tandis que je me demande si le spot tourné vers lui est assez puissant pour l'empêcher de découvrir les visages du public. En l'occurrence le mien. Si seulement j'avais le temps d'imaginer une diversion.

Aucun doute que lorsque Klauzen aura terminé de faire son Marlon Brando, Daniele voudra aller le saluer. Je ne veux pas contribuer à ruiner sa carrière.

« Je reviens, je vais me repoudrer le nez… »

Daniele me scrute. « Te repoudrer le nez ? Tu es déjà bien assez pâle, tu sais. »

Je ferme les yeux et respire profondément. « Je veux dire que je vais aux toilettes. » Il faut tout lui expliquer, et avec les sous-titres en plus.

– Ah, OK. Les toilettes sont là-bas au fond. Je t'attends ici. »

Ce qui, évidemment, n'est pas pour me réconforter.

Malgré tous leurs fla-flas de travaux de rénovation, je dois avouer que les toilettes sont très décevantes. On entre dans une espèce de niche d'un mètre sur un mètre, avec un seul cabinet. Qui est d'ailleurs occupé.

En attendant, mes yeux se posent sur le miroir. Il a raison, j'ai le teint de l'héroïne des *Noces funèbres*.

Je fais un rictus.

Quelle conne je fais. De quoi je me plains ? Je suis avec un homme parfait, adorable, attentionné... Certes, il a l'humour d'un fer à repasser, mais quel rapport ? Nous ne sommes pas tous égaux en ce monde.

Diable, s'il y avait bien une personne que je n'aurais jamais voulu recroiser, c'est Klauzen. Quelle veine, hein !

Soudain, j'entends la chasse d'eau. Je m'essuie les mains et me redresse, essayant de prendre une expression de neutralité cordiale.

Erratum.

Dans le *top ten* des personnes que je n'aurais jamais voulu recroiser, je me rends compte soudain que Klauzen n'occupe pas la *pole position*.

Car tout en haut du classement se trouve Barbara Buchneim-Wessler Ricci Pastori, qui apparaît justement devant moi.

L'espace d'un instant, je me dis que j'ai une vision, comme Bernadette Soubirou découvrant la Vierge, mais en mode inversé : pour moi, Barbara et Satan sont cousins germains. La deuxième pensée qui me traverse l'esprit, c'est que Barbara Buchneim-Wessler Ricci Pastori fait pipi comme le commun des mortels. Et en plus, elle rajuste l'élastique de sa culotte en se triturant les fesses.

C'est stupide, j'en ai conscience, mais ça me réchauffe le cœur.

J'espère en vain réussir à me confondre avec le lavabo. Mais non, inutile de chercher une issue de secours. Barbara me regarde de ses yeux verts de chatte. Sur son visage, après la sérénité qui suit un moment d'honnête soulagement, se dessine le rictus énervé du passant qui découvre une crotte de chien sous sa chaussure gauche.

Serais-je cette crotte de chien ?

Aucune de nous deux n'ouvre la bouche, et l'eau qu'elle fait couler dans le lavabo résonne avec le fracas assourdissant d'une cataracte.

Un instant plus tard, elle sort. Je m'enferme alors dans les toilettes, où flottent encore les effluves de son coûteux parfum à la vanille et au jasmin.

Et maintenant ? Si pour Klauzen, à la limite, je pouvais encore inventer une histoire, faire mine que je suis atteinte d'un syndrome de Stendhal foudroyant et passer le reste de la soirée à l'ombre d'une statue, je sais déjà que Barbara ne se laissera pas berner.

J'abaisse la lunette et m'assieds dessus, tête entre les mains. Bon sang de bonsoir, est-il possible que je finisse toujours par me retrouver planquée dans des toilettes à pleurer sur mon sort ?

Remarquez, ça pourrait être pire. Je pourrais découvrir que Davide a accompagné sa fiancée.

Oh, non. Je t'en prie, dieu de la poisse, épargne-moi cette épreuve.

« Allô ?

– Ma chérie ! Je n'arrive pas à croire que tu me téléphones enfin ! »

La voix de Tio est gonflée d'émotion, et je souris malgré moi. « Excuse-moi… c'est juste que… j'essaie de prendre ma vie en main et de ne pas me laisser conditionner par mon horoscope.

– Aucune importance, ma chérie. Dis-moi, où es-tu ?

– Heu, enfermée dans des toilettes…

– Ah… Excellente méthode pour prendre sa vie en main.

– Tio, je suis dans une ferme juste en périphérie de Milan. Tu sais, ce genre de lieux branchouilles, qui font dans le social… Avec des expos de temps en temps…

– Hum, oui, je vois où c'est. J'y suis passé il y a quelques semaines avec Andrea. Excellente cuisine. » Il reste silencieux, attendant que je parle à mon tour, puis continue : « Et les toilettes, elles sont comment ?

– Heu... décevantes.

– Et voilà. Les architectes tombent toujours dans le panneau.

– Tio, Klauzen est là.

– Oh, merde.

– Et je viens de tomber nez à nez avec Barbara Buchneim-Wessler-machin-truc.

– Double merde. Il n'y a pas une fenêtre par laquelle tu pourrais t'échapper discrètement ? »

Je relève la tête et en découvre une petite, avec des barreaux. « Tio, je ne peux pas m'enfuir : je suis venue avec Daniele.

– Fais semblant d'avoir un arrêt cardiaque et laisse-toi ramener à la maison, alors.

– Bien sûr, pour donner à Klauzen le plaisir de me palper les nichons et de jouer les héros devant tout le monde.

– Au moins, tu t'en ferais un ami... pour cette fois.

– S'il me reconnaissait, je parie qu'il ferait exprès de me fêler quelques côtes, voire qu'il me laisserait mourir sur place, dis-je en tripatouillant le rouleau de papier toilette.

– Très bien, alors je passerai te voir dans les prochains jours... là, dans les toilettes où tu es assise à présent.

– Sois un peu sérieux.

– Non, c'est à toi de l'être, éclate-t-il, abandonnant son ton léger. Tu as évité ton meilleur ami pendant trois semaines. Maintenant, tu es enfermée dans les chiottes d'un restaurant. C'est comme ça que tu comptes devenir adulte, Alice ? En cherchant toujours à te réfugier là où c'est bien confortable, pour éviter de prendre des décisions plus sérieuses ? En renonçant à de belles opportunités parce que tu pourrais, enfin, être confrontée à toi-même ?

– Qu'est-ce que tu racontes ?

– Je te dis que je suis au courant qu'on t'a proposé un

entretien à Rome et que tu n'as pas encore répondu. Putain, Alice, tu veux perdre l'occasion d'obtenir le job de ta vie pour le énième mec qu'en réalité tu n'aimes pas ? »

Voilà, je savais bien que c'était une erreur de l'appeler. Maintenant, j'ai un nœud dans la gorge, une vraie pelote. « Tu… tu… tu… » C'est tout ce que j'arrive à dire.

« Moi, rien du tout. Tu vas retourner là-bas et sortir tes putains de griffes. Tu es Alice Bassi. Grâce à toi et à ton émission, une chaîne télévisée que tout le monde donnait pour morte a obtenu des pics d'audience que toutes les grandes chaînes lui envient. Tu es une dure à cuire, une survivante. Parce que tu as souffert et que tu t'es relevée, à chaque fois. Et même si tu n'y crois pas, il y a plus de force dans tes petits bras maigrichons que dans ceux d'un sumo. Retourne là-bas et crève-lui les yeux, à cette vipère. »

Je bondis sur mes pieds, tellement galvanisée par son discours d'encouragement qu'en comparaison, Rocky Balboa avant de remporter son titre mondial serait passé pour un gros mou. « J'y retourne et je les éclate.

– Excellent. On se retrouve en enfer, *gringa.* »

Personne ne pourra m'arrêter. J'ouvre en grand la porte des toilettes, avec l'aplomb d'un bandit du Far West. Mais au fur et à mesure que le brouhaha augmente et que la lumière diminue, mon courage se met à vaciller.

Bon, je ne suis peut-être pas obligée de les éclater. Un petit coucou rapide suffira peut-être, puis je fais semblant de m'évanouir et on me ramène chez moi. Voilà qui me paraît une excellente stratégie.

Mais ce que je découvre me refroidit quelque peu : Daniele a rejoint la scène et il est flanqué de Klauzen et de Barbara. Comme si cela ne suffisait pas, maintenant que la présentation est terminée, les lumières se sont rallumées et malgré toute la bonne volonté du monde, je vais apparaître au grand jour.

Je fonce droit dans l'œil du cyclone.

« Te voilà enfin ! Je commençais à croire que tu étais tombée dans la cuvette », s'exclame Daniele, euphorique, puis il se met à rire tout seul.

Je note sa capacité à lancer des vannes de temps à autre, bien qu'il ait choisi de recycler celles de la maternelle. « Hum… », dis-je. (C'est bien, Alice, attaque ! Ils tremblent déjà.)

Puis, étrangement, tandis que Barbara pince les lèvres, amère, Klauzen fronce les sourcils et me sourit. Enfin, disons qu'il exhibe sa denture hyper blanchie, puis me tend la main. « Ah, c'est donc vous, la fameuse petite amie de notre Daniele. »

Point 1. Je n'avais plus été qualifiée de « petite amie » depuis le collège, quand le père de Giampiero Guastamacchia nous avait coincés en train de flirter sur un banc en bas de chez lui.

Point 2. Je ne sais pas si cette version de Klauzen en Papa Noël me fait plus, ou moins, horreur que celle en costume de SS.

Point 3. Ce comportement si affable n'a que deux explications possibles : c'est un piège ou une amnésie.

« Euh, petite amie, c'est beaucoup dire… En fait, je suis une amie.

– Évidemment, intervient Barbara, qui s'est mise à sourire elle aussi, mais d'une manière peu rassurante. Sous le terme “amitié”, on sous-entend beaucoup de choses de nos jours… »

Sa pensée exacte m'échappe, mais mieux vaut faire comme si de rien n'était.

« Vous ! » s'exclame ensuite Klauzen.

Je sursaute et me prépare au pire. Il va me dire que je suis une incompétente, qu'il me fera radier de tous les ordres professionnels auxquels je pourrai aspirer dans ma vie, et montrera en mondovision ma crise d'hystérie prémenstruelle de la dernière fois.

« Votre visage m'est familier, vous savez ? Auriez-vous, par hasard, de la famille en Bretagne ?

– Heu… » Non, allez, sérieusement : il ne m'a donc pas reconnue ? « Non, vraiment, non.

– Peut-être…, intervient Barbara avec un petit sourire sournois, à Paris ? »

Klauzen hoche la tête. « Paris ? Et pourquoi donc ? Je n'y vais que pour raisons professionnelles, je ne connais presque personne là-bas. »

Je hausse un sourcil, en me demandant s'il ne serait pas en train de se ficher de moi. Ne serait-ce pas là une manière de me cuisiner pour me faire ensuite expier mes péchés ?

S'agissant de Klauzen, je n'en mettrais pas ma main au feu, mais avec Barbara je n'ai pas de doute. J'essaie donc de recentrer rapidement leur attention sur mon petit ami. « Daniele m'a parlé du projet que vous lui avez proposé.

– Et j'ai demandé à Alice de m'accompagner. Je crois qu'elle pourrait être très utile à cette entreprise », ajoute Daniele.

Mais Barbara enchaîne aussitôt : « Oh, cela ne fait aucun doute. Mlle Bassi sait toujours comment s'occuper. » En prononçant ces mots, elle me regarde fixement et – oh, mon Dieu – je comprends qu'elle est au courant de tout, pour Davide et moi à Paris.

Au cas où je ne le détestais pas assez de m'avoir utilisée, à présent je le hais carrément d'avoir voulu se blanchir auprès de sa fiancée en me dépeignant comme une Mata Hari, en pire.

Klauzen me regarde, interdit. « Ah, comment cela ? Où travaillez-vous, mademoiselle Bassi ?

– Hum… je travaille… je travaille à la télévision. Je suis productrice déléguée. »

Là, je me dis qu'il va se souvenir. Il va faire le rapprochement et m'emporter dans son laboratoire pour réaliser sur mon corps des expériences inhumaines.

« Ah ! La télévision. Je ne l'estime pas beaucoup, vous savez ? marmonne-t-il. J'ai d'ailleurs eu récemment une très mauvaise expérience lors d'une interview. Je me trouvais à Paris, justement, avec une crétine de journaliste… » Il me regarde dans les yeux et je déglutis. « D'une grossièreté ! Mais surtout bête à manger du foin. Je lui avais donné des indications pour comprendre mon travail, qui est difficile, en lui suggérant les questions à poser, etc.

Mais elle n'a rien voulu savoir, elle n'a voulu en faire qu'à sa tête, au point que j'ai dû suspendre cette affaire. Un moment particulièrement éprouvant. »

Bon sang, non seulement il ne se rappelle pas le visage de la personne qui était devant lui, mais il n'a même pas compris, ou plutôt il n'a même pas écouté ce qu'on lui disait.

« Tu n'es pas allée récemment à Paris toi aussi, mon trésor ? intervient celui qui, s'il continue comme ça, passera vite au rang d'ex-*petit ami.*

– Non… Pas vraiment récemment. Enfin, si… Mais je n'ai eu le temps de rien voir…

– Ça arrive, quand on reste enfermés dans une chambre d'hôtel… », dit Barbara en me lançant un regard noir, puis elle ajoute : « … pour travailler.

– Je vous laisse discuter un peu travail. Je vais aller prendre un verre… »

Mais je n'ai pas fait un pas que j'entends Barbara ajouter : « Je vous accompagne. »

OK, je vais tâcher de ne pas laisser mon verre sans surveillance, pour qu'elle ne soit pas tentée de jouer les Lucrèce Borgia.

Nous commandons. Par je ne sais quel état d'étourdissement mental momentané, je demande un Sex On The Beach, prêtant le flanc à son commentaire : « Toujours fidèle à soi-même. »

Elle, de son côté, murmure deux mots qui ressemblent à Diamond Perfect, ou un truc du genre.

Nous restons muettes, jusqu'à ce qu'on nous serve nos cocktails. Le mien est orange vif, planté d'un mini-parasol chinois ; le sien semble briller d'une lumière intérieure, dans une élégante flûte à long pied.

« Il y a de la poussière de diamant dedans, m'informe Barbara, qui note mon regard curieux. C'est un cocktail très particulier. Et peu demandé, vu son prix. »

Euh, bien sûr. Seuls les ploucs se contentent encore de porter les diamants à leurs doigts. C'est bien plus chic de les boire, non ?

Mon Dieu, si tu existes, envoie-lui des calculs rénaux foudroyants.

« Tu me fais rire, tu sais ? dit-elle soudain, après avoir avalé une gorgée avec un mouvement sinueux de la jugulaire.

– Vraiment ? Heureuse de pouvoir donner de l'exercice aux muscles de ton visage. »

Nous voilà face à face, et je crois qu'il est inutile désormais de faire semblant d'être polies.

Elle a un sourire en coin. « Ça me fait rire d'observer combien tu as travaillé, les efforts que tu as fournis pour atteindre tes objectifs, et de constater que tu en es toujours au même point. Une pauvre fille, pas si jolie que ça, qui essaie de piéger le énième imbécile pour faire avancer sa carrière et devenir ce qu'elle n'arrive pas à être toute seule. »

Je pose mon verre et retire délicatement le mini-parasol. L'espace d'un instant, je me dis que je vais le lui planter dans la gorge, comme le ferait la Mariée de *Kill Bill*. « J'imagine que ça a fonctionné de la même manière pour toi. Que c'est juste une question de prestige. »

Elle laisse échapper un éclat de rire. « Je ne crois pas que tu aies bien compris. Moi, je n'ai rien à prouver, ni à désirer. Ce sont les autres qui désirent quelque chose de moi. Qui *me* désirent. Davide m'a voulue dans son lit depuis qu'il a mis le pied dans la propriété de mon mari. » Elle me regarde intensément, attendant que son estocade me perce le cœur.

Ce qu'elle ne sait pas, c'est que cette blessure est en partie cicatrisée. « Tu es indéniablement très belle. Il est normal que tu suscites le désir sexuel chez les hommes. Mais cela ne veut pas dire que c'est de l'amour. »

Elle hoche la tête. « Ah, l'amour ! Davide aussi m'a asséné les mêmes arguments… Non, Alice, ce n'est pas seulement de beauté dont il s'agit. Vois-tu, moi, j'ai de la classe. Et la classe, ça ne s'achète pas chez Zara, désolée. » Elle fait claquer sa langue d'un coup sec. « Toi, avec tes fringues vulgaires et ta petite vie bourgeoise, tu crois que les gens sont tous égaux et ont droit aux mêmes chances. Davide aussi m'a toujours énervée avec ces discours-là… entre autres. » Elle fait un geste vague de la main, après avoir reposé son verre. « De toute façon, je m'étais lassée de lui. Il est idiot de croire que le monde tourne autour de l'amour. » Elle sourit. « Et d'autre part… toi, tu as choisi le beau Daniele, qui sera sûrement riche et célèbre dans quelques années. Je te féliciterais, si tu n'avais pas oublié de prendre en compte une variable fondamentale.

– Laquelle ?

– Moi, ma chérie. »

Elle s'éloigne avec un déhanchement sexy, presque imperceptible, et de nombreuses têtes masculines se retournent sur son passage.

Mon cœur cogne dans ma poitrine à cause de tout ce que j'aurais voulu lui dire, et lui faire, mais je suis comme bloquée.

Par une seule pensée.

Davide l'a quittée.

46

Verseaux d'une nuit d'été

La tête me tourne. L'air me manque. J'ai des fourmillements dans les mains, les bras. Tout mon corps est en proie à un bouleversement qui me provoque des hausses et des baisses de tension. Un vrai yoyo.

Je décide de sortir, laissant derrière moi la foule et le brouhaha.

Au fond, j'ai seulement besoin d'un peu de silence. Je me dirige vers la porte, histoire de prendre l'air et de m'éclaircir les idées.

Davide et Barbara ne sont plus ensemble.

D'accord, mais est-ce que je ne suis pas censée être amoureuse de Daniele ? Notre histoire est belle, elle file droit, elle est claire. Quelle idiote d'imaginer que…

Davide a bien fait de la quitter. Il a dû se rendre compte de l'étendue de sa connerie. Ce qui, d'ailleurs, ne signifie pas qu'il l'ait fait à mon intention. Peut-être que coucher avec moi lui a ouvert les yeux sur leur histoire, et l'a aidé à comprendre qu'il ne l'aimait pas.

N'ai-je pas le droit de m'en réjouir ?

Alors pourquoi ai-je l'impression que j'ai tort ?

Pourquoi est-ce que j'espère qu'il me reviendra ?

Je suis sur le point de franchir la porte, lorsque j'aperçois dans un coin quelque chose que je n'avais pas vu depuis au moins dix ans. Que dis-je, depuis au moins vingt ans.

Dans cette auberge de luxe se trouve une vieille cabine téléphonique, qui ressemble à une navette spatiale, avec son appareil à jetons et ses murs en plexiglas.

Il me suffit d'y pénétrer pour me sentir tout de suite mieux, comme si j'étais dans les bras de ma grand-mère. Je repense à l'époque où je téléphonais à mes amours de vacances depuis ces cabines.

Je caresse la paroi à la propreté douteuse et repense aux cris et aux pleurs auxquels ces cockpits insonorisés ont assisté à l'époque. J'avais souvent le cœur brisé en été, car mes petits amis infidèles se trouvaient d'autres chéries à la mer ou à la montagne.

Ma vie a toujours été conditionnée par les garçons.

Je me laisse glisser jusqu'à terre, où je me recroqueville, genoux sous le menton, bras serrés autour des jambes.

Tio a raison quand il dit que j'ai peur de prendre réellement ma vie en main. Participer et perdre commencent par la même lettre, après tout. Et si je devais échouer, moi, Alice Bassi ? Si je ne pouvais pas accuser autre chose que les astres, ou bien encore la malchance, de mon fiasco, ce serait tragique.

Est-ce que ce ne serait pas pire de me rendre compte dans vingt ou trente ans, que je n'ai jamais rien accompli toute seule ? Que je n'en ai jamais eu le courage ? Que je n'ai jamais pris de décisions mais laissé les autres, toujours les autres, les prendre à ma place ?

Davide et Barbara ne sont plus ensemble.

Et je ne sais pas ce que cela signifie.

Et je ne sais pas ce que je veux faire.

Je comprends que l'astrologie n'a rien à voir avec tout cela, finalement. Enfin, si, mais seulement si je la considère telle qu'elle est, à savoir une inspiration pour comprendre quelles sont mes potentialités.

Après tout, je suis ascendant Lion, pas vrai ?

Trois coups sourds font soudain trembler la cabine. Je lève les yeux, et dans la longue vitre étroite de la porte, je découvre le visage de Tio, décoiffé et souriant.

Je sens qu'une larme coule sur ma joue, une seule, de soulagement. Il attrape la poignée, ouvre la porte et apparaît devant moi : « Tu es présentable ou bien tu étais en train de mettre ton costume de Superman ? »

Je me suis à nouveau excusée, essayant de lui expliquer pourquoi j'ai dû m'éloigner de lui. Et aussi combien il m'a manqué. Tio en a presque eu les larmes aux yeux.

Moi aussi, mais j'ai l'habitude.

Il conduit dans la nuit. « Comme tu voudras : plus d'astrologie, alors.

– Voilà. Bravo. »

Je croise les bras, même si l'horoscopo-dépendance, à l'heure actuelle, me semble le cadet de mes soucis.

« Et donc…

– Heu…

– Eh oui.

– Il y a beaucoup d'étoiles, hein ? »

C'est mon seul commentaire, tandis que j'observe le ciel par la vitre.

« Si tu recommences, on ne va pas s'en sortir !

– Pff. OK, en fait tout n'est pas de la faute de l'astrologie, tu as raison. Je dois être plus courageuse. Il le faut. » J'évite de lui parler de Davide et de Barbara, car j'aurais l'impression de retomber dans mon sempiternel cercle vicieux. Ils se sont quittés ? Ça ne me regarde pas. À présent, c'est de *ma* vie, dont je dois m'occuper. « Cet entretien… tu as raison. J'appellerai demain pour fixer une date. »

Tio se retourne vers moi et me fait un grand sourire. « C'est bien, ma belle ! En plus, écoute… » Il s'arrête un instant. « Tes énergies sont très bonnes, tu dois juste croire en toi…

– Tio…

– *Selon moi.* C'est une excellente période pour prendre des décisions sur le plan professionnel. Les conditions sont au beau fixe pour que ce que tu sèmes porte ses fruits. »

Je soupire, exaspérée. « OK. Et grâce à quel *trigone* ?

– Un aspect positif entre Mars et le Soleil, admet-il précipitamment.

– Carrément.

– Excuse-moi. »

Mais nous éclatons de rire tous les deux. Lorsque le feu passe au rouge et que nous devons nous arrêter, je détache ma ceinture et me penche pour le prendre dans mes bras.

« Je t'adore, ma petite lunatique ! déclare-t-il.

– Moi aussi, je t'adore. »

Puis nous desserrons notre étreinte et je renifle, encore un peu émue.

« Tu es sûre que ça va ? me demande-t-il alors, avec un regard inquisiteur.

– Oui, oui, lui dis-je sur un ton vague.

– Excuse-moi pour ce que je t'ai dit tout à l'heure au téléphone.

– Quoi ?

– Que tu n'es pas vraiment amoureuse de Daniele.

– Ah.

– Et que je ne te comprends pas... En fait, c'est un sacré beau mec.

– Tio !

– Oh, ça va. Écoute, je t'ai vue perdre la tête, je t'ai vue danser et pétiller comme l'écume de la mer ou briller, pardonne-moi l'expression, comme une étoile, quand tu étais amoureuse.

– C'était peut-être de la passion, Tio. Et comme tu le sais, ça s'est toujours mal fini. » Je hausse les épaules. « Mieux vaut peut-être une histoire moins mouvementée et plus tranquille. »

Il soupire et je le vois secouer la tête. « Ce n'est pas de l'amour. »

Je me mords les lèvres. « Oui, mais ce n'est peut-être pas d'amour dont j'ai besoin en ce moment. »

Je rattache ma ceinture, et Tio appuie sur l'accélérateur, prêt à repartir, lorsqu'une voiture de policiers nous dépasse à toute vitesse. Aussitôt après elle, une ambulance, toutes sirènes hurlantes, tourne au feu suivant, droit dans ma rue.

« Tu vois ? fait Tio. Trêve de jérémiades, il y a pire que nous. »

Je me penche pour monter le son de la radio, qui passe une chanson que j'aime.

« Oh, par les anneaux de Saturne, est-ce que Giorgio ne serait pas de nouveau en liberté ? »

Je relève la tête, tandis que Tio négocie le virage. Nous découvrons alors le barrage routier et l'ambulance garée sur le trottoir en bas de chez moi. « Oh, mon Dieu ! » Je détache à nouveau ma ceinture et bondis hors de la voiture pas encore arrêtée. « Cristina ! »

Le cœur battant, je cours à toute allure vers mon immeuble : j'ai l'impression de me déplacer au ralenti.

S'il est arrivé quoi que ce soit à Cristina, je ne pourrai jamais me le pardonner.

Oh mon Dieu, au restaurant je n'ai pas répondu à son coup de fil.

Mais je ralentis soudain le pas. Quelques mètres devant moi, provenant de l'arrière de l'ambulance, j'entends des gémissements, comme si quelqu'un était déchiré par des coliques.

J'ai une vision : *L'enfant est en train de naître !*

J'ai l'impression que mon sang se retire puis reflue vers mon visage plusieurs fois de suite, et je m'imagine penchée entre les jambes de Cristina, l'aidant *in extremis* à accoucher dans la rue. Que font donc là les secours, Dieu seul le sait !

Soudain, pourtant, il me semble que j'entends de la musique. Le grattement d'une guitare.

Le gémissement grandit, et j'arrive à percevoir une mélopée :

« *Inioeeeed, inioeeeed… Cristinaaaa, Cristina… a-a-a-a-a !* »

Je m'arrête et écarquille les yeux, puis je jette un regard en arrière et j'aperçois Tio affalé sur le coffre d'une voiture, mort de rire.

Quelqu'un crie depuis une fenêtre : « Ça suffit ! Il est presque deux heures du matin ! »

Mais Carlo, ignorant les ambulanciers qui se regardent, ébahis, et les policiers qui l'approchent doucement, continue de chanter : « *Ueeeemust be mistaks !* », modulant sa voix en petits cris et vibratos.

« Qu'est-ce que c'est que…, dit l'un des jeunes ambulanciers. C'est pour ce type qu'on nous a appelés ?

– On a dû penser qu'il était en train d'agoniser. Tu entends comme il chante ? On dirait qu'on lui a tiré une balle dans le genou », commente l'autre.

Je lève les yeux vers la façade de mon immeuble, appréciant d'avance la lettre de plainte des copropriétaires au syndic. De toute évidence, Mme Sacca, la vieille fille du quatrième, ne se privera pas de raconter aux quatre vents que celui qui a martyrisé *Zombie* des Cranberries à deux heures du matin n'est autre que mon ex-petit ami, et que s'il fait tout ce raffut, c'est pour essayer de reconquérir la fille qui vit chez moi depuis plus d'un mois sans que je l'aie déclaré. Je le sais car elle m'a déjà arrêtée quatre fois pour m'en parler.

D'ailleurs, je ne crois pas qu'elle parviendrait à comprendre qu'il s'agit de *Zombie* des Cranberries. Non pas qu'elle soit sourde, puisqu'elle se plaint même quand vous faites tomber une épingle, mais parce qu'une oreille humaine aurait du mal à l'identifier.

Moi, c'est différent. J'ai passé cinq ans avec Carlo, à l'entendre chanter tous les matins sous la douche.

Par contre, son choix de *Zombie* des Cranberries pour une sérénade reste une énigme à part entière. Même s'il a remplacé le mot « zombie » par Cristina, ce gros romantique.

« Mon Dieu, mais pourquoi tout le monde s'est ligué contre moi, ce soir ? » dis-je entre mes dents. Tout en cherchant mes clés, mon téléphone me tombe sous la main : un message clignote dans la nuit. Un message de Paola.

Je n'ai pas pu résister plus longtemps. Excuse-moi, mais j'ai appelé Carlo, ça la calmera peut-être, l'autre.

Et voilà révélé le mystère de la présence de Carlo sous mes fenêtres à cette heure avancée de la nuit, armé d'une guitare et de toute sa bonne volonté.

Mme Mazzanfanti, la vieille du premier étage, est penchée à son balcon en chemise de nuit et se délecte du spectacle en balançant sa tête de haut en bas. « Bonsoir, Alice, me dit-elle aimablement. Vous le connaissez, vous, ce monsieur ?

– Qui, moi ? Non, non… »

D'ici à ce que le coq se mette à chanter, j'aurai certainement renié Carlo plus de trois fois.

« Je ne comprends rien à ce qu'il dit. Vous savez, je suis un peu sourde…

– Vous avez de la chance, madame ! Vous avez de la chance ! » crie Arcelli, le professeur de musique du deuxième, qui doit le plus souffrir de la situation.

Je lève mon regard vers le troisième étage. Mon étage. Seule la fenêtre du salon est ouverte, mais les lumières sont toutes éteintes.

« Allons, venez avec nous… », dit l'un des policiers en touchant le bras de Carlo, qui continue de gratouiller ses trois accords de guitare, et persévère dans sa lamentation déchirante, regard rivé à ma fenêtre. « Vous ne pouvez pas continuer de crier comme ça, à cette heure-ci. Allez ! »

Mais Carlo n'écoute rien ni personne et continue de fixer la fenêtre de mon séjour. Mon cœur se serre si fort que je cours, clés en main, vers ma porte.

Si Cristina ne sort pas d'elle-même, je peux vous dire que c'est moi qui vais la faire descendre.

Avant d'ouvrir la porte d'entrée, je regarde une fois encore Tio, qui lève le pouce dans ma direction en signe d'approbation.

Je n'ai pas la patience d'attendre l'ascenseur. Je m'engouffre dans les escaliers, dont je monte les marches quatre à quatre. Une fois arrivée sur le palier entre le deuxième et le troisième étage, je sens vibrer mon portable dans mon sac. Je l'attrape, et le prénom de Cristina s'affiche sur l'écran.

« Allô ! »

J'entends murmurer dans le téléphone : « Alice… il est ici ! Carlo. Il est là, en bas de chez toi. »

Je m'arrête pour reprendre mon souffle. « Je sais. Je suis juste devant la porte. Ouvre-moi, allez. »

Une dizaine de secondes plus tard, des petits pas feutrés se dirigent vers la porte d'entrée, puis la clé tourne dans la serrure.

« Il est en bas ! siffle-t-elle encore, les yeux brillants et les joues écarlates.

– Je l'ai vu. Enfin, je l'ai entendu, plutôt. »

Cristina m'attrape la main et m'entraîne vers la fenêtre ouverte, mais nous restons derrière le rideau, bien cachées.

« Il me donne la sérénade ! couine-t-elle.

– Je dirais surtout qu'il risque la taule. » Il doit bien exister des programmes de réhabilitation où il pourrait enfin apprendre à chanter, mais je ne crois pas que cela pourrait intéresser Cristina. « Va le voir.

– Non », répond-elle, mais sans grande conviction.

Puis elle se planque encore plus derrière mon rideau.

« Qu'est-ce que tu attends, qu'il te déballe tout l'album ? Sache que des snipers pourraient mettre fin à sa misérable existence. » Après quoi je prends la situation en main et me penche pour crier : « Elle va descendre ! Arrête !

– Il était temps ! » crie quelqu'un de l'autre côté de la rue.

« Non, je ne descendrai pas.

– Cristina, cet homme, là en bas, c'est… » Je hausse les épaules. « D'accord, c'est un couillon. »

Elle grimace.

« Mais il t'aime et tu l'aimes. Je le sais, parce que… parce que tu ne resterais pas là, collée à la fenêtre, les yeux brillants, et, ce qui n'est pas rien, avec un ventre digne du *Guinness des records*, si tu ne l'aimais pas.

– C'est un crétin. Il a tout gâché, répond-elle sur un ton boudeur.

– C'est un ado attardé de presque quarante ans, Cristina. Tu le savais avant que vous ne vous mettiez ensemble. Il a eu peur. Se marier… Devenir père… Fonder une famille… Punaise, moi aussi je me pisserais dessus !

– Moi aussi j'ai peur », admet-elle, et elle se serre contre moi. « J'ai peur de ne pas être à la hauteur de celui qui est dans mon ventre, de ne pas être une bonne mère. J'ai peur aussi d'être une mère tout court…

– Alors va le lui dire », lui dis-je dans un murmure.

Nous prenons l'ascenseur sans dire un mot. Elle tape nerveusement du pied. Je l'accompagne jusqu'à la porte, mon bras autour de ses épaules. Je me sens émue comme si j'étais en train de l'accompagner à l'autel.

Lorsqu'il l'aperçoit, Carlo cesse de jouer et pose sa guitare par terre. Tout autour d'eux éclatent de chaleureux applaudissements. Je crois surtout que c'est par reconnaissance pour le silence providentiel qui va enfin s'installer.

Je le vois tendre ses poings fermés vers le policier, comme dans les films américains quand le bandit se laisse menotter.

Les deux agents échangent un regard et le plus vieux secoue la tête. « Allez, va retrouver ton amoureuse », dit-il en soupirant.

Alors, Carlo et Cristina s'étreignent et s'embrassent. Avec difficulté, dans une position qui n'a rien de cinégénique. Mais tout le monde sait bien que dans les films, on peut tourner cent fois la scène jusqu'à ce qu'elle soit parfaite.

Cette fois, c'est la vie, et la première prise doit être la bonne. Sinon il faut tout refaire, ou bien se contenter de bifurquer, de changer de peau et d'évoluer. Ce que je suis déterminée à faire.

Je regarde Carlo et Cristina qui se retrouvent, qui se laissent aller à leur amour et je me dis qu'après tout, voilà un finale à la hauteur de la situation. L'amour triomphe, même si je n'en suis pas l'héroïne.

Je sens la main de Tio sur mon épaule et me laisse aller à son étreinte. Je me sens forte, vraiment forte. Heureuse de tout ce que j'ai appris, et prête.

Oui. Maintenant, je suis vraiment prête.

ÉPILOGUE

La Balance qui gravit une colline et descendit une montagne

Extérieur. Nuit. Par une de ces nuits profondes mais rassurantes, avec un ciel constellé d'étoiles. On voit parfois passer une comète. En haut de la colline, deux silhouettes se dessinent. Un homme et une femme, assis sur la pelouse, tête levée vers le ciel.

« Maintenant, regarde et fais un vœu.

– Tu ne trouves pas ridicule de penser que si on fait un vœu, il va se réaliser, uniquement parce qu'on a vu une étoile filante ?

– Non, si ça peut te servir à voir clair dans tes désirs. Se perdre dans les étoiles, c'est comme prendre ton âme par la main, l'aider à trouver son chemin. »

Tous deux se regardent. Elle soupire. « C'est très beau. Et très vrai.

– Alors ? Tu as fait un vœu ?

– Oui. » Elle hésite, comme si elle en avait honte. « Et toi ? »

Il approche son visage du sien. « Je n'ai plus qu'à espérer qu'il ressemble au mien. »

Elle se penche vers lui, prête à l'embrasser.

« STOP ! » crie une voix rauque de fumeur.

« Elle est bonne », dis-je en guise de commentaire, puis j'ajoute aussitôt après, en haussant la voix pour que toute la troupe puisse m'entendre : « Pause déjeuner ! »

Les lumières sont rallumées et le *blue screen* réapparaît, remplaçant la voûte étoilée que l'ordinateur avait projetée. Sylvain Morel sautille jusqu'en bas du monticule couvert de pelouse synthétique, fouillant dans ses poches à la recherche d'une cigarette.

« Hey ! Tu pourrais me donner un coup de main, non ? » lui crie Nicoletta Orsini, la superbe actrice qui interprète le rôle d'Alessia, l'héroïne de mon film.

Enfin, « mon film », c'est vite dit... En vérité, ce film est réalisé par Lars Franchini. Dont le vrai nom est Lanfranco Franchini, célèbre réalisateur télé qui rêve de faire du grand cinéma, ce qui explique le sobriquet dont on l'affuble (entre nous). Mais c'est aussi un peu le mien, de film, puisque depuis que nous nous connaissons, Lars et moi sommes comme les doigts de la main.

En moins de temps qu'il ne faut pour le dire, nous avons formé un duo de choc. Comme il me le dit avec un clin d'œil, un duo plein de brio, grâce à ma créativité innée, selon lui.

Étrange mais vrai, il semblerait que Lars apprécie réellement mes idées, mes histoires, mes dialogues. Ce que Sylvain et Nicoletta viennent de jouer, justement, c'est moi qui l'ai écrit. Moi, Alice Bassi, assistante à la réalisation de la mini-série *Je t'ai aimée sous les étoiles*. Bon, évidemment, on est loin de Woody Allen, mais il faut bien commencer un jour, non ?

« *Alors, Alissce, mon acento était bueno* ? demande Sylvain en glissant une cigarette entre ses lèvres.

– Ça allait », lui dis-je en la lui retirant avant qu'il l'allume. Je n'ai pas très envie que nous finissions en étoiles filantes, dans cet espace clos, privé de fenêtres et rempli de matériel électrique. « Écoute, tu pourrais t'y mettre enfin, à l'italien, puisque tu travailles toujours ici. On ferait des économies avec le spécialiste de la diction. »

Il me fait un sourire en coin, genre play-boy. « *Et toi, tu sors avec io, si j'apprendo l'italiano ?* » Puis il relève son tee-shirt pour essuyer, en apparence, son front couvert de maquillage, mais dans le but inavoué de me faire admirer ses abdos de compétition.

Je me mords les lèvres pour réprimer un éclat de rire. Je connais par cœur ses tablettes de chocolat, puisque c'est moi qui ai trié les books des acteurs. Mais depuis l'époque d'Alejandro, je me suis rendu compte que le muscle qui m'intéresse le plus chez un homme, c'est celui qui est caché dans sa boîte crânienne. Voilà peut-être pourquoi je suis encore célibataire. Pourtant, je suis persuadée qu'un million et demi d'Italiennes se damneraient pour être à ma place en ce moment, vu que la cote de popularité de Sylvain est inversement proportionnelle à son intelligence. Je fais semblant de réfléchir : « Hummm, tu es de quel signe ?

– Taureau, *amore mio.* »

Je soupire. « Je suis vraiment désolée. Mauvais, la Balance avec le Taureau… »

Je grimace et fais claquer mes doigts, pour lui faire comprendre que ce n'est vraiment pas de bol. Puis j'ajoute en m'éloignant : « Non, décidément, ce n'est pas compatible. Bon appétit. »

Je vais chercher mon sac à main, car si j'ai annoncé la pause, je resterai personnellement sur le plateau pour revoir quelques notes avec Lars.

En me penchant pour les attraper, j'entends des aboiements et fronce les sourcils : est-ce que j'aurais oublié qu'on doit tourner une scène avec un chien cet après-midi ? Mais je ne prends pas la peine de feuilleter l'ordre du jour. Je sais très bien qu'aucune scène avec des chiens n'est prévue, sauf celles avec Caspar Belli, qui nous a, hélas, été imposé par la production. Je sors donc du hangar et ferme les yeux sous l'éclat intense de la lumière de midi.

Aucun chien à l'horizon. Cependant, il me semble percevoir du mouvement au bout de la rue, mais à une telle hauteur qu'il doit plutôt s'agir d'un poney. C'est sûrement pour l'autre série, *Péplum*, dont le tournage a lieu à côté de nous.

Je rentre à l'intérieur pour récupérer mon sandwich, et salue de la main la secrétaire d'édition, le perchman et la costumière, tandis que Mario, l'assistant-opérateur, s'approche de moi en se grattant le nez. « Excuse-moi de te déranger, Alice, mais tu pourrais m'éclairer sur un truc ? » Il me montre le scénario, qui porte des annotations sur son travail.

Interprétant ses hiéroglyphes écrits au crayon, je lui explique : « Lanfranco pensait à un *dolly* sur rails, mais pour rester dans les coûts, je lui ai suggéré un *dolly* sur roues.

– Ah, parfait ! Ça me simplifie le travail, merci. Je pense d'ailleurs que ça marchera très bien au niveau de la narration, parce que je pense qu'ici, Sylvain…

– Alors ? » entendons-nous tonner depuis la porte. Le réalisateur, un solide gaillard d'une cinquantaine d'années, grand et imposant comme Orson Welles, s'approche en ôtant ses lunettes et en se grattant la barbe. « Tu vas la laisser tranquille, ma copine ? Allez, Marietto, fiche-moi le camp, ouste, dehors ! »

Mario se mord les lèvres. « Excuse-moi, Lars… euh… Lanfranco. » Puis s'adressant à moi : « Tu ne manges pas ? »

Je soulève le paquet contenant mon déjeuner. « J'ai apporté ma tambouille. »

Mario fronce les sourcils et je me mets à rire, car j'oublie parfois que je ne suis pas à Milan mais à Rome, à Cinecittà plus précisément, et que des mots comme « tambouille » leur sont étrangers. « Mon pique-nique, quoi », lui dis-je avec un clin d'œil. Et j'accentue mon accent milanais, histoire d'en rajouter une couche.

Il essaie de m'imiter, puis il rit et disparaît dans la lumière du soleil.

Je ris moi aussi, malgré la fatigue. Plus qu'une semaine avant la fin du tournage, et je m'endors presque sur le plateau. « Je t'écoute, Lars. »

Il grimace en entendant son surnom, puis il me tapote l'épaule, avec un clin d'œil. Je suis la seule ici qui ait le droit de me moquer ouvertement de lui et de l'appeler Lars, sans risquer d'être pendue au *dolly* et fouettée sur la place publique de la série *Péplum*.

« Je vais prendre le scénar' avec les notes. Qu'est-ce que t'en dis, si on se met là-haut ? » propose-t-il en me montrant la zone de pelouse située au sommet de la fausse colline où nous venons juste de tourner la scène des étoiles filantes.

Je hausse un sourcil. « Tu es sûr ? » Je le connais assez bien pour savoir que d'habitude, il préfère rester confortablement assis dans son fauteuil de réalisateur. En plus, il n'échappe à personne que l'ascension lui coûterait un gros effort respiratoire, avec ses kilos en trop dus à son penchant pour les spaghettis *cacio e pepe*.

« Oui, oui. Et toi, prends ça, tiens. » Il me passe le casque que j'utilise pour l'entendre à distance, avec la connexion sans fil, lorsque nous sommes placés à des coins opposés du décor. « Tu vas m'aider à installer le plateau, toi et moi, on se comprend. »

Je remarque que ses yeux brillent d'un éclat particulier, et je le vois se passer la langue sur les lèvres, comme s'il était pris d'impatience. « Tu es sûr que ça va ? Tu ne vas pas faire un coup de sang, pas vrai, Lars ? » Avec son caractère, ce ne serait pas la première fois. Je lui ai déjà fait remarquer qu'avec le rythme actuel, il ferait mieux de perdre du poids. Mais comment convaincre un homme qui s'attendrit comme un enfant devant une queue de bœuf *alla vaccinara* ?

« Tu parles ! répond-il en faisant le signe des cornes du diable. Ce serait la meilleure de faire un coup de sang parce qu'on est heureux… »

Intriguée, je lui demande, pleine d'espérance : « Qu'est-ce qui se passe ?… Des nouvelles de la Film Delfino ? » Je sais qu'il a présenté son projet il y a quelques semaines et que s'il était validé, cela ne pourrait signifier qu'une seule chose : le cinéma ! Enfin.

« Hein ? Non, enfin, si… presque… » Il reprend tout à coup son sérieux. « Alice ! » s'exclame-t-il de son ton le plus bourru, celui qu'il prend d'ordinaire pour éviter de trop s'embarrasser de politesses et d'explications avec l'équipe, laquelle le considère, à juste titre, comme une espèce d'ogre sans cœur, un gros con. « Ne perdons pas notre énergie, OK ? Tu sais que c'est mauvais pour mes triglycérides. Maintenant, mets ce casque et obéis.

– D'accord, pas besoin de s'énerver.

– Allez, allez, me fait-il alors avec un sourire, puis il me pinçote la joue. Si on ne boucle pas, comment tu feras pour aller à Milan le week-end prochain, pour le plus beau jour de ta vie ? »

Je soupire. « Pour ma Sacro-Sainte Journée, Lars. Ma Sacro-Sainte Journée. Je vais me faire faire les ongles, pas me marier.

– Pff. Peu importe, répond-il. Toi seule sais pourquoi tu dois monter jusqu'à Milan pour te faire les ongles. Tu peux t'en faire faire à Rome, tu sais, des manucures. »

Bien sûr, mais Karin est à Milan. Et surtout, Paola est à Milan. Et bien que je n'aie pas à me plaindre de la vie que je mène dans la capitale, je ne renoncerais pour rien au monde à ma Sacro-Sainte Journée avec ma meilleure amie, même si j'étais partie travailler à Hollywood.

Il y a sept mois, quand Cristina a serré Carlo dans ses bras, que les ambulanciers ont fini par capituler et que je suis redevenue l'unique propriétaire et occupante de mon appartement, j'ai enfin passé ce fameux coup de fil.

À peine deux semaines plus tard, j'étais à Rome, avec mes parents, Adalgisa et Guido. Parce que même si votre fille a trente ans et des poussières, il vaut mieux vous assurer en personne que la boîte qui vient de l'embaucher n'est pas un ramassis de maniaques sexuels et de drogués au dernier degré.

« À la télé, on ne trouve que de ça, m'a dit une fois mon père avec une certaine assurance.

– Papa, je travaille à la télé depuis dix ans.

– Oui, oui, mais je parle de la télé sérieuse.

– Ah, merci bien. »

J'ai commencé à collaborer à plusieurs émissions de divertissement, jusqu'au jour où j'ai fait la connaissance de Lars à une fête de production. Un vrai coup de foudre, au premier regard. Pas l'amour que vous imaginez, mais une sorte d'affinité élective. En définitive, Lars est un peu comme moi : il a divorcé trois fois et il ne croit plus à l'amour. Alors, en guise de catharsis, il produit les séries les plus mielleuses qui soient jamais passées à la télé, faisant la joie des femmes au foyer aux quatre coins du pays.

Moi non, je ne me suis pas mariée trois fois, et grâce à Dieu, je n'ai pas eu besoin de signer trois chèques de pension alimentaire tous les mois pour comprendre que l'amour n'est pas central dans une vie. Je peux même dire que j'ai découvert combien il est beau de vivre le présent à la première personne, sans attendre en permanence que quelqu'un me choisisse pour me larguer dès que je commence à m'habituer à lui.

Lars, lui, se console avec la nourriture et l'écriture de séries. S'il est lassé de l'une de ses héroïnes, il la condamne à une syncope ou à un accident de voiture, ou bien, s'il est bien luné, la dote d'une soudaine vocation de missionnaire en partance pour des contrées plus accueillantes. Moi, j'arrive à voir l'amour un peu partout. J'aime l'observer lorsque je me promène dans Rome, le découvrir sur les bancs, dans les couleurs du ciel et les venelles historiques.

Tio continue de me répéter que je n'ai qu'à attendre, et qu'il arrivera. On verra bien… De mon côté, je me répète que nous ne sommes pas égaux devant l'amour. Il n'est écrit nulle part, et encore moins dans les étoiles, que l'amour soit donné à chacun, et que moi aussi je trouverai mon Andrea, disposé à me suivre jusqu'à Rome et au bout du monde, si on m'offre un poste de présentateur, comme ça lui est arrivé.

Pourtant, si les mots « ils vécurent heureux et eurent beaucoup d'enfants » n'apparaissent pas dans mon histoire, cela ne signifie pas pour autant qu'elle soit triste.

Quand j'arrive à rentrer chez moi avant le coucher du soleil, maintenant que le printemps est là, je m'installe sur le balcon de mon appartement et je regarde Rome se parer de mille et une couleurs précieuses. Je me dis alors que c'est ça, le bonheur : avoir un toit, un job de rêve, un chat qui ronronne et des bacs de géraniums. Oui, car une fois qu'on a appris à s'aimer soi-même, on est plus enclin à s'occuper des autres.

J'allume ma radio et je clipse la pince à la ceinture de mon jean.

Puis je pose le casque sur mes oreilles, règle le son et entame l'ascension de la colline artificielle.

« Alice… Un-deux-trois. Un-deux-trois. » La voix de Lars grésille dans le casque. « Tu m'entends, Alice ? »

J'appuie sur le bouton pour répondre. « Oui, oui. Je suis là.

– Voilà, écoute… Hum, heu… Tu vois, tu devrais prendre cette couverture rouge et l'étaler un peu mieux. Le panier de pique-nique, tourne-le vers moi. Légèrement vers la droite. »

Je m'exécute. « OK. Et maintenant ?

– C'est bon. Voilà. Maintenant, assieds-toi, j'arrive. Euh… reste branchée ! »

Je hausse les épaules et obtempère. Je m'assieds en tailleur sur la pelouse synthétique et je commence à grignoter mon sandwich à la mortadelle tout en feuilletant l'ordre du jour et les parties du scénario qu'il reste à tourner.

Tout à coup, un bruit sec me fait sursauter et lever les yeux : tout est plongé dans le noir.

J'appelle Lars dans mon casque.

Pas de réponse. Je commence à me lever, mais sans points de repère, je perds l'équilibre. Ce n'est d'ailleurs pas une super idée, à bien y penser, vu que je suis sur une colline factice à plusieurs mètres du sol.

Un instant plus tard, la lune et les étoiles apparaissent sur le *blue screen*.

Pourquoi ai-je l'impression que quelqu'un joue avec les lumières ? « Lanfranco ! Hé ! Allez, les gars, l'ordinateur va griller. »

Quelque chose grésille dans mon casque. On dirait des voix dans le lointain.

Quelqu'un dit : « Prêt… », puis plus rien. Et enfin : « Partez… »

On dirait la voix de Lars, mais comme s'il s'adressait à quelqu'un d'autre que moi.

Des étoiles filantes se mettent à traverser le ciel.

Je suis fascinée. Si je ne savais pas que cette projection est destinée à un film, j'aurais vraiment l'impression d'être à la montagne, devant un firmament digne d'un Oscar de la meilleure direction artistique.

J'entends soudain une chanson dans le fond de mon casque.

Au début, je me raidis. Cette chanson, c'est *Reality*, de *La Boum* : on ne dirait pas comme ça, en le voyant, mais c'est le film préféré de Lars. OK, me dis-je en souriant d'un air indulgent : le genre de blagues qu'on se fait entre membres d'une même équipe. Le seul truc, c'est que d'habitude on se lâche quand on est un peu plus détendus, pas quand on est en retard sur le tournage. Cela m'étonne de Lars : je le croyais plus professionnel.

« Allez, les gars… C'est bien, super… J'ai compris. Merci infiniment. Allez, on est à la bourre, non ? » Je retourne m'asseoir et croise les jambes sur le faux gazon. Je ne suis pas rabat-joie, je sais rire un peu de moi-même, mais là, je suis un peu désemparée. En plus, malheureusement, *Reality* me fait penser à autre chose… à quelqu'un d'autre, plus précisément, enseveli désormais au fond d'un tiroir à souvenirs.

Je prends mon téléphone et déclenche la fonction lampe de poche, pour me mettre à lire le scénario. Ou du moins, faire semblant.

« Victor Hugo disait que l'âme est pleine d'étoiles filantes. »

Dans le casque, la musique s'est arrêtée, et une voix a pris le relais.

Ce n'est pas la voix rauque de Lars, mais une voix qui m'est inconnue. Pourtant, mon cœur se met à battre la chamade.

« Tu n'avais pas tort de penser que nous étions tous des enfants des étoiles, tu sais ? » continue la voix, et je me mords les lèvres, parce qu'au tréfonds de mon être, il me semble reconnaître ce timbre, qui me blesse comme un couteau. « Tous les atomes dont est composé notre corps ont été créés il y a des milliards d'années. Le fer dans notre sang, l'oxygène qui alimente nos poumons, le calcium dans nos os. »

Alors que je l'écoute, les étoiles dans le firmament artificiel continuent de briller, de tomber, de palpiter, vivantes comme un corps humain.

« Alice… »

Je m'aperçois alors que la voix n'est plus dans mon casque mais juste derrière moi. Quand je me retourne, je discerne une silhouette sombre, exactement comme j'ai imaginé la scène précédente de notre film.

Je cligne des yeux pour essayer d'y voir plus clairement, car je me dis que c'est impossible. Complètement délirant.

Qu'il soit ici, cela ne peut tout simplement pas arriver. Parce que…

Je me déteste, car je sens une larme couler jusqu'à mon menton dans le noir. « Davide… »

Une fois de plus, je me dis que cela ne peut être vrai, pour la bonne et simple raison que rien ne se passe jamais comme on l'avait imaginé. La vie, ce n'est pas un enchaînement de scènes de cinéma. Pourtant, il est réellement en train de gravir la colline. Il laisse glisser son casque autour de son cou puis jette sa veste sur son épaule. « Salut », me dit-il avec cette voix chaude que j'ai essayé en vain d'oublier, cette voix qui n'est qu'une caresse, envers et contre tout, et surtout malgré tout le mal qu'il m'a fait.

« Salut », je lui réponds, et ma voix claque dans les aigus comme un fouet.

Davide s'assied à côté de moi, comme si nous nous étions donné rendez-vous ici pour regarder les étoiles. « Tu as l'air en forme », me dit-il en m'observant, tandis que cet ignoble Lars, sûrement en connivence avec le directeur de la photo, projette des lumières tamisées, pour que je puisse regarder Davide dans les yeux.

« Merci. »

Il soulève la main, mais n'arrive pas à toucher mes cheveux, car je replace hâtivement une mèche derrière mon oreille.

« Pourquoi une coupe aussi courte ?

– C'est plus pratique. Tu sais, quand on n'a plus le temps de se sécher les cheveux ni de se faire de brushing… Des trucs de femme, quoi.

– Des trucs d'Alice », répond-il en souriant.

Je détache mes yeux des siens, dont l'éclat est trop intense. « Possible.

– Mais tu es toujours aussi belle. Tu l'es même plus qu'avant. Tu es devenue… sophistiquée. »

J'éclate de rire malgré moi. Durant tous ces mois romains de travail et de reconstruction personnelle j'ai tout tenté, sauf devenir sophistiquée. Mais je me tais soudain, car il me prend la main. « Davide, ça, c'est ma vie… C'est ici que je travaille, maintenant. Pourquoi es-tu venu ? Pourquoi débarques-tu ici, aujourd'hui, maintenant, après tout ce temps ? »

Je le vois se mordre les lèvres et regarder la fausse voûte céleste qui nous surplombe. « Tu me manques. »

Je hoche la tête. « Qu'est-ce qui te manque ? La fille godiche et hystérique qui n'en avait que pour toi ?

– Tu n'as jamais été ni godiche ni hystérique. Tu es ironique et marrante, tu es intelligente, tu es belle, douce et altruiste…

– Et idiote. Puisque je suis toujours tombée dans le panneau avec toi. Écoute, Davide, tu sais très bien qu'entre nous, ça ne peut pas marcher. »

Il sourit et ferme les yeux. « Parce que je suis Lion ascendant Balance ?

– Parce que tu es un con. Rien à voir avec les signes du zodiaque. »

Davide encaisse le coup en fermant les yeux et en hochant la tête.

« Excuse-moi, mais il y a des mois, je rêvais d'avoir cette discussion avec toi, avec ces mots-là, textuellement. J'en connais les répliques presque par cœur. Mais je me rends compte que ça n'a plus beaucoup de sens.

– Parce que tu ne le penses pas vraiment ?

– Parce que ça ne me fait plus souffrir. J'ai beaucoup appris, notamment que, pour être heureuse, je n'ai besoin ni d'amour, ni d'un homme. J'ai été bien plus heureuse durant ces sept mois que toutes les fois où j'ai joué le rôle de petite amie.

– Je sais. »

Je le regarde. « Comment ça, tu sais ?

– Je savais que tu étais venue à Rome, je savais que tu avais fini par quitter Daniele, et je savais ce que tu faisais. Non, écoute-moi. » Il m'arrête en levant la main. « Si tu es sur le point de m'accuser de t'avoir suivie ou, pire, de m'être introduit dans ta vie, sache que c'est faux. Du moins jusqu'à aujourd'hui. Mais j'ai été heureux pour toi, pour tes succès, et parce que tu as enfin sorti tes griffes et voulu te réaliser, pour toi-même.

– Et maintenant, pour moi-même, je te demande de t'en aller. » Je me lève, car tout cela devient extrêmement douloureux, et je refuse de souffrir à nouveau. Pas ici, pas maintenant, après tous les efforts que j'ai déployés. « C'est trop tard. Peut-être que si tu étais venu il y a plusieurs mois, quand Barbara et toi vous vous êtes quittés…

– Alice, Barbara, je l'avais quittée avant Paris. »

Je fais un pas en arrière. J'ai besoin de prendre du recul.

« Je voulais être avec toi. Je t'aimais…, dit-il en me regardant dans les yeux. Je t'aimais déjà alors, depuis bien longtemps. Mais j'avais une peur bleue de ce qui allait se passer si je te le disais, après une existence passée à essayer de me suffire à moi-même, par crainte d'être abandonné. »

Il essaie de s'approcher, mais c'est moi qui l'arrête. « Non…, lui dis-je dans un murmure.

– Et je t'aime encore. Et je sais parfaitement ce que tu ressens.

– Va-t'en.

– Alice…

– Tu sais parfaitement ce que je ressens. Parce que c'est toi qui l'as provoqué. Toi qui l'as voulu. Tu n'as pas cherché à me revoir pendant des mois, tout en sachant que j'étais là… toute seule… en sachant aussi que… » Pourquoi est-ce que je pleure ? Alice, arrête tout de suite. Alice, réveille-toi ! Tu n'es plus celle d'il y a quelques mois. Tu es forte, pleine d'assurance, tu es une femme déterminée et estimée de tous. « Va-t'en, s'il te plaît. Laisse-moi tranquille. »

Je me rassois et me prends la tête dans les mains, me laissant envelopper par le silence et l'obscurité. Je ne sais pas combien de temps s'écoule ainsi, mais il me semble que c'est une éternité.

Enfin, une voix provenant du haut-parleur du hangar retentit : « Alice !

– Pourquoi tu m'as fait ça, Lars ? »

Je me sèche les yeux en essayant de ne pas avoir la voix trop tremblante.

« Parce que tu le mérites, ma chérie. Tu mérites une occasion d'être heureuse. »

Je secoue la tête. « C'est juste une occasion supplémentaire de souffrir, et tu le sais. Tu le sais très bien, puisque tu t'es marié et que tu as divorcé trois fois…

– Bien sûr. Et si cela devait arriver une quatrième fois, je le ferais. Alice, tu ne peux pas être heureuse sans prendre de risques. Tu ne peux pas monter au sommet sans savoir qu'il existe toujours une possibilité de retomber. » Comme je me tais, il continue : « Ma petite, cet homme que tu viens de laisser sortir m'a raconté qu'il avait complètement changé de vie pour pouvoir te retrouver. Il a pris un autre travail, pour se stabiliser enfin. Pour pouvoir commencer à construire une relation, alors qu'avant il avait toujours peur de s'attacher, peur de tout ce qui pouvait être stable et définitif. Crois-moi, ma chérie, s'il faut sept mois à un homme pour agir comme ça sans jamais fléchir, alors tu pourras toujours demander aux étoiles filantes de te faire gagner à la loterie. »

Il rallume toutes les lumières, et comme par enchantement mon ciel étoilé disparaît. Je suis de nouveau entourée par les quatre murs du plateau, par des câbles, des rails de caméras et les escaliers pour l'éclairage. Je suis de nouveau entourée par ma vie. Et seule.

Davide est venu ici, pour me chercher.

Il a dit qu'il m'aimait.

Mes jambes flageolent lorsque j'essaie de me relever.

Il a dit qu'il m'aimait et je l'ai éconduit.

Moi, qui l'aime toujours depuis un an, malgré la distance, malgré nos thèmes astraux, malgré le chagrin, et bien que j'aie essayé de l'oublier en fuyant mon ancienne vie.

Je voudrais descendre plus vite, mais cette colline semble être devenue une montagne. Je voudrais pouvoir courir vers la porte, mais la peur me tétanise. J'ai peur de l'avoir perdu.

Et j'ai peur de le retrouver.

« Davide ! » Je l'appelle mais je n'ai plus de voix et il ne m'entend pas.

Il continue de marcher tout droit dans l'avenue qui mène vers la reconstitution de la Rome antique. « Davide ! »

Soudain, j'entends des aboiements. Davide s'arrête et écarte les bras, parce que Flash accourt vers lui à toute allure. Mais le chien le dépasse, pour filer en remuant la queue vers moi. Un instant plus tard, il me couche à terre, avec ses pattes puissantes et la force mal maîtrisée d'un danois pris par un élan d'affection.

« Flash ! Alice ! »

Davide court vers moi, vers la femme *sophistiquée* élégamment allongée dans le gravier avec soixante kilos canins sur l'estomac.

Tandis que Flash continue d'aboyer, Davide me soulève de terre et me serre fort contre lui. « Je suis désolé, Alice. Excuse-moi… Je n'aurais pas dû écouter Lanfranco. J'aurais dû venir directement chez toi.

– Lars a un faible pour les histoires romantiques, surtout quand il peut en être le réalisateur. Et… » Je le regarde dans les yeux. « Cette fois, on dirait qu'il a réussi à écrire un beau happy end. »

Davide me sourit, et comme il hésite, c'est moi qui l'embrasse. J'ai encore peur. J'ai peur de faire le mauvais choix, peur que Davide et moi nous nous quittions un jour, peur que nous ne nous quittions plus jamais, peur de souffrir. J'ai peur de ce que je ne sais pas, car si les lendemains sont insondables, ce qui se passera dans une heure l'est tout autant.

C'est peut-être ça, vivre sans l'astrologie : monter sur la scène de la vie sans souffleur pour assumer à votre place l'angoisse du texte à dire et la beauté de la découverte de vous-même, sans une voix qui vous dise que tout est de la faute d'une mauvaise conjonction, d'une planète de travers ou de votre ascendant.

J'embrasse Davide et l'enlace de toutes mes forces. Alors, je n'ai plus peur de mes peurs, car je sais que cette fois, les étoiles se contenteront de nous regarder.

REMERCIEMENTS

Pour accomplir ce voyage, nous avons dû traverser les quatre éléments, escalader des trigones, disséquer des thèmes astraux, observer les constellations, dévider des décans et nous battre avec les planètes... Mais si Alice et moi sommes parvenues à écrire cette page finale, nous le devons à des personnes sans lesquelles elle aurait difficilement pu s'exprimer, et sans lesquelles je n'aurais pu mener à terme ses aventures.

Laura Ceccacci : merci de m'avoir écoutée, lue, d'avoir ri et participé aux « aliciades » d'Alice, et aussi un peu aux miennes ! Évidemment, puisque toi aussi tu es Balance, il est normal que le feeling soit tout de suite passé entre nous, mais ton énergie, ainsi que le professionnalisme de la Laura Ceccacci Agency ont contribué grandement à ce projet.

Patrizia Rizzo : la meilleure native du Cancer que l'on puisse rencontrer. Je ne bénirai jamais assez le jour où, il y a plusieurs années de cela, les astres ont provoqué notre rencontre. C'est bien grâce à nos soirées, à nos discussions interminables et à tes conseils qu'Alice a pu être ce qu'elle est, tout comme Paola... et aussi un peu Silvia.

Cristina Caboni : auteure délicate et merveilleuse amie, qui, comme tout Gémeaux qui se respecte, a été capable de jouer plusieurs rôles, de me cajoler ou de me réprimander selon les besoins. Si tu n'avais pas cru en moi dès le début, et avant même le début, tout cela aurait difficilement vu le jour.

Cristina Prasso : elle nous a conquises, Alice et moi, à coups de chaussures mal assorties et d'amour pour le cinéma. Si je me suis tout de suite sentie chez moi aux Éditions Nord, c'est grâce à toi ; et ton enthousiasme pour le *Guide astrologique* s'est avéré bien plus fructueux que n'importe quel trigone positif. Le seul reproche que l'on puisse te faire, comme tu l'admets toi-même, c'est que tu es Bélier… mais je te pardonne.

Giorgia di Tolle : une Sagittaire ascendant Balance. Bref, mon miroir, et pour cette raison (mais pas seulement !) la meilleure éditrice dont on puisse rêver.

Barbara Trianni, Capricorne jusqu'au bout des doigts, comme elle se définit elle-même, et surtout exceptionnelle dans son travail de service de presse, et Giacomo Lanaro qui, bien qu'il soit Scorpion, a des idées géniales pour le marketing aux Éditions Nord. Je remercie aussi Marco Tarò, Cristina Foschini, Giuseppe Somenzi, Paolo Caruso, Benedetta Stucchi, Elena Pavanetto, Caterina Sonato, Viviana Vuscovich, Grazielle Cerutti, Mauro Tosca, Oriana Di Noi et Laura Passarella, et j'espère n'oublier personne, car tout le monde à la GeMS a cru en moi et en ce roman, se démenant avec enthousiasme pour le faire connaître à la presse.

Un remerciement spécial à Simon, qui a eu la patience de me lire et de corriger les erreurs astrologiques. Si des erreurs subsistent, c'est à moi évidemment qu'il faut les imputer, et j'espère qu'elles seront considérées comme des licences poétiques.

Jean-Paul Bosco, qui est entré avec enthousiasme, professionnalisme et efficacité dans la famille des Balances de l'agence, en offrant à ce livre des perspectives inimaginables.

Gisella Guidi et Roberto Zucca : mes parents, respectivement Poissons et Gémeaux, preuve que même les associations bizarres de signes et de thèmes astraux dans un couple peuvent effectivement fonctionner. Merci aussi à ma sœur Carlotta, parce que je t'aime même si nous sommes si différentes, et merci à Fabrizio, Matteo et Martina.

Claudio Canossi : un Verseau qui m'a appris tant de choses et qui, malgré le passage des ans, est toujours à mes côtés comme un bon frère aîné. Je n'ai pas fait mourir Carlo, comme tu me l'as demandé jusqu'à l'épuisement, mais il a trouvé le bonheur que je te souhaite à toi aussi, dans tous les domaines.

Jean-Claude Rousseau, sans les précieux conseils, les sourires et les encouragements duquel je me serais sûrement perdue en chemin au cours de ces années.

Et merci aussi à Corina, qui me fait des manucures exceptionnelles lors de mes Sacro-Saintes Journées, et qui est une amie très chère.

Un remerciement très sincère, du fond du cœur, à Valeria Sciandra, petit Poisson nageant parmi les fleurs dans un merveilleux magasin qui est une véritable inspiration en soi. Merci de m'avoir réconfortée et d'avoir été si patiente avec moi. J'adore la phrase que tu m'as écrite un jour, et qui reflète ce que je ressens moi aussi : « Je suis heureuse de t'avoir dans ma vie, tu l'embellis. »

Ma petite tribu d'amies dansantes : Amanda, Deborah, Laura et Serena, qui en plus de danser sont toujours prêtes à écouter et à comprendre.

Merci aussi à Valerio, même si je ne conçois absolument pas qu'il puisse être Vierge. Quel regret de ne pas t'avoir rencontré plus tôt, toi qui t'y connais tant en astrologie ! Et merci à Bianca, qui est un Bélier d'assaut et une vraie force de la nature.

Merci encore à un trio de Sagittaire : Roberto, Pietro et Marialuisa, qui, s'ils m'ont inspirée pour créer le personnage d'Alejandro (je ne ferais un tort pareil à personne) m'ont apporté leur amitié, leur soutien et leurs précieux conseils.

Merci aussi à Alessandra Roccato, qui a été mon amie pendant tant d'années et m'a énormément appris sur l'écriture et la traduction.

Merci à Musetta, Byron, Modì ainsi qu'à ma douce et délicate Drusilla, qui me câlinent avec leurs yeux de chats pendant que j'écris.

Enfin, je ne peux pas oublier mes deux petites tribus ; ma famille de théâtre, avec Silvia, Ilaria, Lidia, Stefano et Raffaella, Roberto, Paolo, Oscar, Fabio, Chiara et Elena.

Enfin mon « N° 69 », l'édifice symbolique dans lequel mes rêves ont grandi durant les deux années de cours d'écriture du maître Raul Montanari (charismatique Capricorne), et qui est maintenant habité par Francesco, Carmen, Paolo, Elena, Rosa et Marta.

Mes amis, que les étoiles soient avec vous. Merci pour tout.

Composition : IGS-CP
Impression CPI Bussière en mai 2018
Éditions Albin Michel
22, rue Huyghens, 75014 Paris
www.albin-michel.fr
ISBN : 978-2-226-31924-1
N° d'édition : 21618/01 – N° d'impression : 2034990
Dépôt légal : juin 2018
Imprimé en France